Karin Sanders · Andrea Kianty

Organisationstheorien

Karin Sanders · Andrea Kianty

Organisations-
theorien

Eine Einführung

VS VERLAG FÜR SOZIALWISSENSCHAFTEN

Bibliografische Information Der Deutschen Bibliothek
Die Deutsche Bibliothek verzeichnet diese Publikation in der Deutschen Nationalbibliografie;
detaillierte bibliografische Daten sind im Internet über <http://dnb.ddb.de> abrufbar.

1. Auflage Februar 2006

Alle Rechte vorbehalten
© VS Verlag für Sozialwissenschaften | GWV Fachverlage GmbH, Wiesbaden 2006

Lektorat: Frank Engelhardt

Der VS Verlag für Sozialwissenschaften ist ein Unternehmen von Springer Science+Business Media.
www.vs-verlag.de

Umschlaggestaltung: KünkelLopka Medienentwicklung, Heidelberg
Druck und buchbinderische Verarbeitung: MercedesDruck, Berlin
Gedruckt auf säurefreiem und chlorfrei gebleichtem Papier

ISBN 978-3-531-14718-5

Inhalt

Vorwort

Dynamik ist eines der herausragenden Kennzeichen der angewandten Organisationsforschung und der Unternehmensberatung. In einigermaßen regelmäßigen Abständen tauchen neue, üblicherweise mit Amerikanismen gespickte Beratungskonzepte auf und bemühen sich um Etablierung in der Gemeinschaft der Organisationsberater. Schaut man sich diese Konzepte genauer an, so stellt man oft fest, dass sie nicht so neu sind, wie der Name bisweilen suggerieren möchte. Viele Grundgedanken wurden bereits vor teilweise erstaunlich langer Zeit entwickelt und formuliert.

Vor dem Hintergrund dieser Beobachtung entstand das vorliegende Buch. Es soll einen Einstieg in die Welt der Organisationstheorien und gleichzeitig einen Überblick über einige zentrale Konzepte bieten. Dabei soll ferner auch ein wenig von dem historischen und argumentativen Kontext vermittelt werden, aus dem heraus die Theoretiker ihren jeweiligen Ansatz begründet haben.

Naturgemäß kann eine Einführung wie diese nur eine Auswahl aus der Vielfalt derjenigen Ansätze beinhalten, die Wesentliches zum Verständnis von Organisationen beigetragen haben. Sollte der Mangel an Vollständigkeit dieses Werkes beim einen oder anderen Leser durch erhöhte Motivation zur Lektüre weiterer Überblicks- oder Originalwerke kompensiert werden, so läge dies durchaus im Sinne der beiden Autoren.

I Begriffliche Vorbemerkungen

Wissenschaft bezeichnet einerseits den Bestand des Wissens einer Zeit, andererseits den systematischen Erwerb von neuem Wissen und neuer Erkenntnisse über die reale Welt. Das neue Wissen wird durch Forschung durch Wissenschaftler erworben.

Die berufsspezifische Tätigkeit eines Wissenschafters besteht daher darin, bestimmte praktische oder theoretische Probleme eines Objektbereiches wie Organisationen auf rationalem Weg zu lösen, Lösungsvorschläge einer möglichst strengen Kritik zu unterziehen, sie gegebenenfalls durch bessere zu ersetzen, sowie ursprüngliche Problemformulierungen zu präzisieren. Damit wird der wissenschaftliche Erkenntnisprozess oder die Methode angesprochen, über den man zu den Erkenntnisangeboten gelangt, den Theorien und Hypothesen. Sie sollen über die realen Gegenstandsbereich, für den sie aufgestellt sind, informieren.

Bevor sich die Arbeit den Ansätzen unterschiedlicher Wissenschaftler und zeitgeschichtlichen Entwicklungen der Erkenntnisse zu Organisationen zuwendet, soll vorab ein einheitliches Verständnis der grundlegenden, in dieser Arbeit verwendeten Begriffe wie Theorie, Hypothese, Methode und Organisation geschaffen werden.

Literaturhinweise

Etzioni, A. (1961): A Comparative Analysis of Complex Organizations. Glencoe/Ill.: Free Press.
Etzioni, A. (Hg.) (1961): Complex Organizations. A Sociological Reader. New York: Rinehart and Winston
Hempel, C. G. (1975): Aspekte wissenschaftlicher Erklärung. Berlin: Walter de Gruyter & Co

Kieser, A. & Kubicek, H. (1983): Organisation (2. Auflage). Berlin, New York: Walter de
    Gruyter
Popper, K. (1994): Logik der Forschung (10. Auflage). Tübingen: Mohr

1   Zum Theoriebegriff

Wenn im Alltag von einer Theorie die Rede ist, wird der Begriff meistens nur im
Sinne von „nur eine Theorie" verstanden, und bezieht sich auf besonders unsichere Erkenntnisse. Dies hat mit der wissenschaftlichen Definition von „Theorie" kaum etwas gemein.
    In den Wissenschaften bezeichnet der Begriff Theorie ein Konzept zur Be-
schreibung der Welt. Das Wort selbst stammt aus dem Griechischen „theorein"
und bedeutet ursprünglich beobachten, betrachten, schauen. Bezeichnet wurde
damit die Betrachtung der Wahrheit durch reines Denken, und zwar unabhängig
von ihrer Realisierung.

2   Theorienbildung

Zur Theorienbildung werden Hypothesen aufgestellt, die dann in ein Gesamtkonzept eingebunden zu werden. Sobald dieses Gesamtkonzept einen Teilbereich
der Wissenschaft umfasst, spricht man von einer Theorie.
    Im Rahmen einer Theorie treten Schlussfolgerungen, Gesetzmäßigkeiten
und Prognosen über einen Gegenstand auf, die einen Vergleich der Theorie mit
der von ihr beschriebenen Realität erlauben. Von diesem Vergleich ausgehend
kann der Anwendungsbereich bestimmt werden. Dadurch dienen Theorien dem
Zuwachs an Wissen über die Welt und der Wissensakkumulation. Theorien entstehen nie zeitlich und sachlich voraussetzungslos, sondern sind vielfältigen
Einflüssen ausgesetzt:

- Gesellschaftliche Bezüge: Problemstellungen und Handlungsbedarf werden
  über gesellschaftliche Werte und Interessen konstituiert. Damit wird erst der
  Raum geschaffen, ein Thema überhaupt als wissenswerten Erkenntnis-
  gegenstand anzusehen (Beispiel: Wie kann Produktivität gesteigert werden?).
- Der Platz wissenschaftlicher Theorien ist gelegentlich besetzt von so genannten Alltagstheorien („Was Hänschen nicht lernt, das lernt Hans nim-
  mermehr") oder von Weltanschauungen und Ideologien („Kapitalistische
  Betriebe beuten die Arbeitskraft der Menschen aus").

■ Vor Theorien existieren oft einzelne Beobachtungen über Phänomene, die sich in den bisherigen Wissensbestand über den Gegenstand nicht ohne weiteres einfügen, deshalb auffallen und Klärungsbedarf erzeugen.

In den Organisationstheorien wird versucht, diese Einflussgrößen zu ordnen und in ein widerspruchsfreies System von Aussagen über den betreffenden Gegenstand zu bringen, das jedoch unter dem Vorbehalt der empirischen Überprüfung steht. Doch auch wenn die jeweiligen Theorien Überprüfungen standhalten, ist der empirische Geltungsbereich nur zum Teil eingelöst, denn das gesicherte empirische Wissen ist fragmentarisch und nie vollständig. Aus Theorien ergeben sich daher regelmäßig Fragen und Hypothesen, die in und mit den Methoden der empirischen Forschung überprüft werden. Die Ergebnisse werden dann ihrerseits wieder in den Theorien Berücksichtigung finden.

Theorien wirken ihrerseits auf Alltagstheorien und Ideologien, auf die gesellschaftliche Wahrnehmung des Auffälligen und Erklärungsbedürftigen sowie auf die Artikulation gesellschaftlicher Interessen und Werte zurück. Es ergibt sich ein Bild vielfältiger Wechselwirkungen.

2.1 Hypothesen

Theorien bestehen aus Hypothesen oder Thesen. Hypothesen bilden den Ausgangspunkt der deduktiven Vorgehensweise (Schließen vom Allgemeinen auf das Besondere) und sind zunächst einmal nichts anderes als eine Vermutung über einen Tatbestand, oder anspruchsvoller: eine Vermutung über einen positiven oder negativen Zusammenhang zwischen mindestens zwei Sachverhalten. Thesen sind Behauptungen. Sowohl bei Hypothesen als auch bei Thesen handelt es sich um Aussagen über Erkenntnisgegenstände in Form von Sätzen. Interessant ist, ob sich die Vermutung empirisch widerlegen oder bestätigen lässt. Sie gliedern sich zumeist in einen „Wenn" und einen „Dann" Teil.

Dann-Teil: Der Informationsgehalt einer Hypothese ist am größten, wenn der Dann-Teil möglichst viele reale Möglichkeiten ausschließt (Gegenbeispiel: Wenn der Hahn kräht auf dem Mist, ändert sich das Wetter oder es bleibt wie es ist).

Wenn-Teil: Der Informationsgehalt einer Hypothese ist am größten, wenn der Wenn-Teil möglichst wenige Bedingungen beinhaltet, d. h. die Hypothese allgemein gefasst wurde. (Beispiel: Wenn menschliches Handeln belohnt wird, stellen sich positive Gefühle ein.).

Hypothesen müssen falsifizierbar, also widerlegbar sein, können jedoch nicht bewiesen werden. Statt von Wahrheitsgehalt wird daher vom *Bewährungs-*

grad gesprochen, der umso größer ist, je öfter eine Hypothese kritische Prüfungen überstanden hat. Dies wird durch einen möglichst großen Gegenstandsbereich erreicht. Eine Theorie, die sich auf das Verhalten der Mitarbeiter in einer einzigen Abteilung oder eines einzigen Unternehmens bezieht und die dann widerlegt wird, lässt offen, wie sich die Mitarbeiter anderer Abteilungen oder anderer Unternehmen verhalten. Umfasst eine Theorie viele Unternehmen, informiert sie mehr über die Realität.

Da in den Sozialwissenschaften eine direkte Konfrontation der Hypothese mit der Realität nicht möglich ist, ist die Entscheidung über deren Falsifikation problematisch. Letztlich erfolgt die Entscheidung über die argumentative Auseinandersetzung in der Wissenschaft *(konventionalistischer Wahrheitsbegriff)*.

Beispiel Arbeitszufriedenheit:

Der Zusammenhang zwischen Lohn und Arbeit könnte falsch erhoben worden sein (schlechter Fragebogen etc.), die Versuchsleiter könnten die Probanden beeinflusst haben, Fehler bei der Kodierung der Daten sind aufgetreten, etc...

Eine Hypothese wird dann als theoretische Gesetzmäßigkeit bezeichnet, wenn sie sich bewährt hat und allgemein ist, also unabhängig ist von situativen Bedingungen.

Zu einer Theorie gehören mehrere Hypothesen, die nicht ungeordnet und isoliert über dieses und jenes Auskunft geben, sondern ein logisch widerspruchsfreies System von Hypothesen über einen Objektbereich sind. Der Erkenntnisprozess, also die Art und Weise, wie Theorien methodisch zustande kommen, ist umstritten. Man unterscheidet zwei Richtungen, die auch als Forschungsparadigmen bezeichnet werden.

2.2   Erklären: Die deduktiv-nomologische Vorgehensweise

Die Deduktion (lat. deducere = herabführen) oder deduktive Methode ist eine Schlussfolgerungsweise vom Allgemeinen auf das Besondere, vom Vielen auf das Einzelne. Mit Hilfe der Deduktion werden spezielle Einzelerkenntnisse aus allgemeinen Theorien gewonnen und Phänomene erklärt. Wissenschaftler dieser Forschungsrichtung gehen von einer generell strukturierten und gesetzmäßigen Welt aus, aus der sie individuelle Tatbestände oder Sachverhalte betrachten und dazu Vermutungen bzw. Hypothesen formulieren.

Wird eine Theorie durch den Erkenntnisprozess der Deduktion gebildet, werden vom Wissenschaftler zunächst Hypothesen erzeugt, deren Übereinstimmung er anschließend mit dem Datenmaterial überprüft. Die Hypothesen werden mit dem ernsthaften Ziel der Falsifizierung (Widerlegung) unternommen. Nur in dem Ausmaß, in dem sich Theorien bewähren, also nicht widerlegt werden können, kann relative Sicherheit gewonnen werden. In der wissenschaftlichen Literatur wird zur Erklärung und Prognose von individuellen Tatbeständen auf das nach seinen Erfindern benannte Hempel-Oppenheim-Schema verwiesen. Die allgemeinen Gesetze und die Antecedensbedingungen bilden das Explanans, das das Explanandum erklärt.

Beispiel: Autokühler (Hempel, 1975)

Explanandum:	Der Kühler meines Autos ist geplatzt
Antecedensbedingungen:	Letzte Nacht hat es überraschend gefroren
Gesetz:	Beim Gefrieren dehnt sich Wasser aus

Der geplatzte Kühler wird durch das gefrorene Wasser erklärt, dass sich durch den überraschenden Frost gebildet hat. Erklären bedeutet demnach, einen bestimmten realen Sachverhalt (Explanandum) aus theoretischen Gegebenheiten (Gesetz) und gegebenen Randbedingungen (Antecedens) auf logisch deduktivem abzuleiten.

Beispiel: Arbeitszufriedenheit

Explanandum:	Herr Müller ist am Arbeitsplatz unzufrieden
Antecedensbedingungen:	Er erhält weniger Lohn als die Kollegen, die die gleiche Arbeit verrichten
Gesetz:	Wer weniger Lohn erhält, ist unzufrieden

Das Explanandum wird wiederum unter Angabe der Antecedensbedingungen den allgemeinen Gesetz untergeordnet. Weil die nomologisch orientierte Wissenschaft von einer strukturiert-gesetzmäßigen Welt ausgeht, lassen sich durch das Erklärungsschema außerdem *Prognosen* ableiten: Wenn Herr Müller mehr Geld erhält, wird er auch zufriedener sein.

2.3   Verstehen: die induktiv-hermeneutische Vorgehensweise

In der wissenschaftlichen Literatur wird meist auf die Aussage von Aristoteles zurückgegriffen, der unter der Induktion das Schließen vom Besonderen auf das Allgemeine versteht. Dieser Erkenntnisweg lässt sich als Schluss wiederholt beobachteter Erfahrungstatsachen zu einer umfassenden Theorie beschreiben. Die Hauptaufgabe wird im verstehenden Nachvollzug von sozialen Handlungen gesehen. Dabei orientiert sich diese Richtung an der völlig unstrittigen Erkenntnis, nach der soziales Handeln verstehensfähig ist, anders als naturwissenschaftliche Phänomene. Einer der bekanntesten Vertreter dieses Paradigmas, Wilhelm Dilthey dazu: „Die Natur erklären wir, das Seelenleben verstehen wir."

Menschliches Handeln ist demnach nicht durch allgemeingültige Gesetzmäßigkeiten, sondern durch „subjektiven Sinn", durch Absichten, Motive, Werte etc. gesteuert, die nicht über alle Zeit feststehen, sondern sich im Laufe der Zeit ändern können. Im Gegensatz zur physikalischen Welt ist die soziale Welt von Menschen geschaffen und durch Symbole vermittelt (siehe: *Kulturanthropologie*). Deshalb gibt es keine sozialen Gesetze.

Während Hypothesen im deduktiv-nomologischen Paradigma den Anfang des Forschungsprozesses darstellen, sind sie im induktiven Ansatz Ergebnis. *Hermeneutische Hypothesen* sind keine Gesetzesaussagen, sondern Vermutungen über das Bestehen eines Sachverhalts, der durchaus einmalig sein kann. Ihre Bestätigung erfolgt wiederum im Zuge der wissenschaftlichen Diskussion, die einem Indizienprozess vergleichbar ist.

Intentionalistische (oder rationale) Erklärungen:

- Jürgen möchte ein Tor schießen *(Zweckbehauptung)*
- Jürgen glaubt, dass er nur dann ein Tor schießt, wenn er sich möglichst oft am Strafraum aufhält (*Meinungsbehauptung*; Zweck-Mittel-Relation)
- Jürgen hält sich möglichst oft am Strafraum auf *(praktischer Schluss)*

Der praktische Schluss ist nicht zwangsläufig, d.h. es können andere Gründe auftreten, die das Verhalten verhindern (Abseitsfalle). Ferner ist nicht entscheidend, ob die Zweck-Mittel-Relation tatsächlich gegeben ist, wichtig ist, dass sie im Subjekt vorliegt.

Die Entscheidung von Personen ist in der Regel eingegrenzt, d. h. sie hält sich an Gesetze, Normen etc. die als Determinanten betrachtet werden können. Stellt man nun etwa für einen bestimmten Zeitraum die Vorherrschaft bestimmter Normen, Werte etc. fest, so ergibt sich eine befriedigendere Erklärung des individuellen Verhaltens.

Die *hermeneutische Analyse* orientiert sich an Aufzeichnungen und Beobachtungen (Dokumente, Gespräche). Diese werden in einen angemessenen Sinnzusammenhang eingeordnet. Für den Prozess des Einordnens ist ein Vorwissen notwendig, das sich mit dem Prozess des Einordnens verändert (*hermeneutischer Zirkel*). Die hermeneutische Rekonstruktion von Handlungen erstreckt sich also immer auch auf die Strukturen und Regeln, welche das soziale Handeln konstituieren und regulieren.

3 Definition „Organisation"

Organisationen sind soziale Gebilde, die dauerhaft ein Ziel verfolgen und eine formale Struktur aufweisen, mit deren Hilfe Aktivitäten der Mitglieder auf das verfolgte Ziel ausgerichtet werden sollen (vgl. Kieser & Kubicek 1983: 1ff). Die Bestimmungsstücke dieser Definition lassen sich wie folgt näher spezifizieren:

1. Unter dem *Ziel* einer Organisation versteht man, "Die Vorstellung von dem zukünftigen Zustand, den die Organisation herzustellen oder zu erhalten sucht" (Kieser & Kubicek 1983: 2). Allerdings ist diese Definition bei näherer Betrachtung nicht ganz unproblematisch:

Organisationen sind im Gegensatz zu Personen wesenslos. Ihre Ziele können lediglich durch die oder einige der beteiligten Personen definiert oder von außen zugeschrieben werden. Die Organisationsmitglieder besitzen jedoch auch eigene, persönlich Ziele. Inwieweit von allen Organisationsmitgliedern ein entsprechendes commitment erwartet werden kann, bleibt von Fall zu Fall offen. Man kann also davon ausgehen, dass organisatorische Ziele lediglich einen konsensuellen, überlappenden Teilbereich aus der Summe der Individualziele der organisatorischen Akteure bilden. Organisation- und Individualziele können wiederum identisch sein (z. B. wenn der Chef eines kleineren Unternehmens möchte, dass der Umsatz steigt), sie können komplementär zueinander stehen (etwa wenn sich ein Organisationsmitglied für das Unternehmen einsetzt, um seinem persönlichen Wunsch nach Aufstieg, Gehalt und Prestige zu verwirklichen), und sie können auch Konflikte bilden (beispielsweise wenn die Arbeit von Konkurrenten um Aufstiegschancen behindert wird).

Gleichzeitig bleibt zu berücksichtigen, dass innerhalb einer Organisation mehrere Ziele definiert sein können, die innerhalb der verschiedenen Positionen eine unterschiedliche Gewichtung einnehmen. Während beispielsweise in der Unternehmensspitze die Gewinnmaximierung und die Übernahme von Marktanteilen dominieren, könnten in der Forschungs- und Entwicklungsabteilung die Förderung kreativer Ideen und in der Produktion die Minimierung des Ausschusses primäre Zielsetzungen bilden.

2. Auch die *Dauer* der Zielverfolgung stellt ein wesentliches Bestimmungskennzeichen von Organisationen dar. Im Gegensatz zu spontan entstandenen Gruppen mit vorübergehenden gemeinsamen Zielen (z. B. ein Demonstrationszug) verfolgen Organisationen ihre Ziele über längere Zeiträume hinweg. Damit wird ihr Erhalt und ihre Funktionsfähigkeit gleichzeitig zu einem Teilziel, das die Organisation als eigenständiges Objekt identifizierbar werden lässt. Während nämlich einzelne Personen ausscheiden oder hinzukommen, muss die Zieldefinition

durch Statuten o. ä. so festgelegt sein, dass unabhängig von den beteiligten Personen zielgerichtetes organisatorisches Handeln gewährleistet bleibt.

3. Organisationen agieren in der Regel in einer hochgradigen Interaktion mit der Umwelt. Insofern ist die *Mitgliedschaft* von Personen zu einer Organisation formal nicht ganz trennscharf zu bestimmen. Die Anzahl der Arbeitsstunden für eine Organisation oder die Vertragsbildung schließt beispielsweise externe Berater mit ein; die Entlohnung durch die Organisation berücksichtigt hingegen keine freiwillige Mitgliedschaft. Eine sehr umfassende Beschreibung schlagen Kieser & Kubicek (1983: 9; kursiv im Original) vor: "Mitgliedschaft in einer Organisation bedeutet ganz allgemein gesprochen das Eingehen einer *Beziehung* mit dieser Organisation". Allerdings ist die Art dieser Beziehung näher spezifizierbar:

Aus Sicht der Organisation ist es notwendig, dass das Mitglied sich compliant zu den Organisationszielen und -tätigkeiten verhält; es wird also eine Übernahme der Organisationsregeln in das persönliche Verhalten in der Organisation erwartet. Nach Etzioni (1961; vgl.: Kieser & Kubicek 1983: 10) besitzt die Organisation drei Macht- bzw. Steuerungsmechanismen, diese Verhaltenskonformität zu bewerkstelligen: Zwang (z. B. durch körperliche Gewalt im Gefängnis), Belohnungsgewalt (z. B. durch Anreizsetzung in Unternehmen) und normative Gewalt (z. B. durch ideologische Systeme, etwa in Kirchen).

Komplementär hierzu können aus Sicht des potentiellen Mitgliedes ebenfalls unterschiedliche Gründe angenommen werden, an der Organisation teilzuhaben. Hierzu lassen sich nach Etzioni drei Beweggründe nennen: Die entfremdete Teilnahme (beispielsweise die Einweisung ins Gefängnis durch staatliche Instanzen oder der Einzug zum Militär), die berechnende Teilnahme (etwa aus materiellen Nutzenüberlegungen bei der Arbeitsplatzsuche) und die moralisch begründete Teilnahme (wie beispielsweise in Kirchen).

4. Weiterhin wird nach obiger Definition eine Organisation durch das Vorhandensein einer *formalen Struktur* gekennzeichnet. Diese beinhaltet die Beschreibung unterschiedlicher Positionen und der dort durchzuführenden Tätigkeit mit Hilfe von formalen Regeln.

Die Sinnhaftigkeit dieser Formalisierung ergibt sich zunächst aus dem Prinzip der Arbeitsteilung. Mit zunehmender Komplexität des Produktionsprozesses sinkt die Wahrscheinlichkeit, Personen zu finden, deren Kompetenz alle notwendigen Schritte umfasst. Um ein Auto herzustellen, müsste man beispielsweise Kenntnisse in Schweißen, Lackieren, Elektroinstallation etc. besitzen. Arbeitsteilige und damit repetitive Tätigkeiten werden schneller angelernt und geübt, so dass in kürzerer Zeit eine hohe, spezifische Kompetenz und Fertigkeit zu erwarten ist. Die Definition von Positionen ergibt ferner den Vorteil, die Gesamtorganisation relativ unabhängig vom Ausscheiden einzelner Personen zu machen (s. o.). Der gesamte, koordinierte Produktionsprozess kann durch Neubesetzung spezifischer Stellen aufrechterhalten werden, wobei nicht die Gesamtorganisation, sondern lediglich ein Teilbereich mit der adäquaten Personalauswahl betraut ist.

Arbeitsteilige Prozesse beinhalten allerdings die Notwendigkeit zur Kooperation. Diese kann beispielsweise durch Verfahrensrichtlinien oder Geschäftsordnungen festgelegt sein, wobei es jedoch unwahrscheinlich sein dürfte, sämtliche Vorkommnisse und anstehende Entscheidungen a priori festzuhalten. Zumindest zur Sicherstellung der Koordination in dieser situativen Residualkategorie "ungeregelte Ereignisse" und zur Einhaltung der Regelvorgaben stellt die Bildung von Hierarchien ein wesentliches Koordinationsinstrument dar. Durch Festlegung bestimmter Personengruppen, die anderen Personen Anweisungen geben können, wird sichergestellt, dass Tätigkeiten regelkonform durchgeführt und unklare Situationen gehandhabt werden können.

Hierarchische Strukturen dienen ferner dem Zwecke der Sicherung von Herrschafts- bzw. Machtpositionen. Mit abnehmender hierarchischer Ebene werden gesamtorganisatorische Prozesse und die Hintergründe und Notwendigkeiten vorgegebener Entscheidungen weniger transparent, wobei der rationalen Grundlage für eventuellen Widerspruch oder eigenen Einflussmöglichkeiten der Boden entzogen wird.

5. Die *Aktivitäten* der Mitglieder können sich schließlich, wie bereits angedeutet wurde, prinzipiell auf unterschiedliche Ziele ausrichten, die nicht notwendigerweise den Organisationszielen entsprechen. Hierzu lassen sich mindestens zwei analytische Dimensionen bestimmen: Regelkonformität und Intensität. Unter ersterem kann verstanden werden, inwieweit ein Organisationsmitglied die formal vorgegebenen Regularien einhält. Zweitens lässt sich bestimmen, wie intensiv er sich verhält, d.h. wie sehr er sich für eigene oder Organisationsziele einsetzt. Der überwiegende Teil der Organisationsforschung beschäftigt sich mit der Intensität organisationskonformen Verhaltens, meist mit dem Zweck der Gewinnung von Gestaltungshinweisen für produktivitätsförderliche Arbeitsbedingungen und Personalentwicklungs- bzw. Schulungsmaßnahmen.

4   Zur praktischen Verwendung von Organisationstheorien

In der betrieblichen Praxis werden alle durch eine Theorie nahe gelegten sachlichen Entscheidungen daraufhin evaluiert, ob sie durchsetzbar und mit eigenen Vor- und Nachteilen verbunden sind. Bereits bei der Problemdefinition liegen individuelle Kalküle zugrunde, die Einfluss auf den Verlauf nehmen. Wer das Thema zuerst benennt (z. B. "Wir haben ein Kommunikationsproblem"), ist in der Regel im Vorteil. Andere müssen das Thema zunächst akzeptieren, um darüber diskutieren zu können.

Durch die organisatorische Problemdefinition wird der Handlungsspielraum eingegrenzt. Der Praktiker fragt z. B. nach Unterstützung bei einem Kommunikationsproblem, der Theoretiker bzw. Berater ist damit gebunden.

Manchmal sind politische Entscheidungen auch bereits gefallen und müssen durch eine "Theorie" oder "Befragung" nachträglich gestützt werden. Es gibt meist mehrere Theorien zu bestehenden Problemen. Die Auswahl ist nicht einfach und erfolgt häufig nach dem Bekanntheitsgrad beim Berater. Oft müssen für die Lösung eines Praxisproblems auch mehrere Theorien herangezogen werden.

Arbeitsbox
- Welchen Stellenwert haben Theorien in der Wissenschaft und wie werden sie gebildet?
- Weshalb wird im Volksmund behauptet, alle Theorie sei grau?
- Weshalb findet Kurt Lewin: *Es gibt nichts Praktischeres als eine gute Theorie?*
- Was ist eine Organisation und was nicht? (Beispiele: Universität, Fußballclub, Seminar, Teilnehmer einer Demonstration, Musikgruppe, Partei, Gefängnis)

II Bürokratieansätze

1   Zur Person

Karl Emil Maximilian Weber wurde am 21. April 1864 in der thüringischen Stadt Erfurt geboren und entstammte einer der reichsten deutsch-englischen Kaufmannsfamilien des 19. Jahrhunderts. Sein Vater war außerdem langjähriger Abgeordneter der Nationalliberalen Partei im Preußischen Abgeordnetenhaus und langjähriges Mitglied des Deutschen Reichstags.

Max Weber erhielt seine akademische Ausbildung auf den Gebieten der Rechtswissenschaft und der Nationalökonomie. Seine Studien sind geprägt von einer tiefen Auseinandersetzung mit der Sozial- und Kulturgeschichte seiner Zeit. 1894 wurde er auf den Lehrstuhl für Nationalökonomie nach Freiburg berufen, 1897 wurde er ordentlicher Professor für Staatswissenschaften an der Universität Heidelberg. Im Jahr 1907 zog er sich aus universitären Institutionen zurück und wirkte als Privatgelehrter und Gastprofessor weiter. Weber war an der Institutionalisierung der Soziologie durch die Gründung der „Deutschen Gesellschaft für Soziologie" im Jahr 1909 beteiligt.

Ausgewählte Publikationen

Weber, M. (1988): Gesammelte Aufsätze zur Religionssoziologie (Band I bis III) (9. Auflage). Tübingen: Mohr
Weber, M. (1976): Wirtschaft und Gesellschaft. Grundriss der Verstehenden Soziologie (5. Auflage). Tübingen: Mohr

1.1   Zeitgeschichtlicher Hintergrund

Wenn man sich heute, zu Beginn des 21. Jahrhunderts, mit gesellschaftlichen bzw. wirtschaftspolitischen Veränderungen beschäftigt, wird man unweigerlich mit dem Stichwort „Globalisierung" konfrontiert. Tiefgreifende Veränderungen, deren Auswirkungen bis weit in das eigene private und berufliche Umfeld hineinreichen, finden statt und werden zunehmend vom öffentlichen Interesse begleitet. Unternehmen wachsen international zusammen und es scheint, als würden sich nationale Grenzen auflösen.

Nun ist diese Entwicklung nicht erst vor wenigen Jahren entstanden. Bereits zu Beginn des vergangenen Jahrhunderts fanden internationale Kooperationen wie beispielsweise zwischen dem deutschen Unternehmen Siemens und dem japanischen Unternehmen Fuji statt. Nach dem zweiten Weltkrieg wurden dann mit zunehmendem Engagement internationale Märkte erschlossen, Produktionsstätten ins Ausland verlagert oder ausländische Unternehmen aufgekauft bzw. inländische Unternehmen von fremden übernommen. Obwohl dieser Prozess internationaler Verflechtungen also schon auf eine beachtliche Vergangenheit zurückblicken kann, tauchte er erst vor wenigen Jahren im Bewusstsein der Medien und der Allgemeinheit auf. Plötzlich hat er offenbar ein Ausmaß angenommen, dem sich die Öffentlichkeit nicht mehr verschließen möchte. Man fragt sich besorgt, was mit dem eigenen Arbeitsplatz geschehen könnte, welche neuen Qualifikationen man erwerben sollte, um den zukünftigen beruflichen Anforderungen weiterhin entsprechen zu können oder wie man sich in einem gesellschaftlichen bzw. sozialen Umfeld verhalten soll, das sich offenbar aufzulösen scheint.

Mitte des 19. Jahrhunderts brachte die Entstehung von Großbetrieben in Staat und Wirtschaft Verwaltungsstrukturen mit sich, die immer tiefer in die individuelle Privatsphäre eindrangen. Der individuelle Handlungsfreiraum musste dabei zunehmend einer anonymen Ordnung gehorchen, die es zu verstehen galt, wenn man sich in ihr bewegen wollte. Erklärungsbedarf war gegeben und Max Weber zählte zu der Gruppe von Autoren, die sich dieser Frage stellten. Doch zunächst ein kleiner Rückblick:

Die ersten, komplexeren Organisationsformen fanden in allen Kulturen im Bereich der Kirche, des Militärs und der staatlichen Verwaltung statt (vgl. Kieser & Kubicek 1978). Schriftliche Fixierungen der dabei gemachten Erfahrungen gewissermaßen die Ursprünge der Organisationswissenschaft reichen bis auf das Jahr 2700 vor Christus zurück. Hier war es Ptah-hotep, ein Vesir des Königs Issi, der Probleme und Erfahrungen beim Bau der Pyramiden auf Papyrus festhielt. Seine Aussagen könnten, wie das folgende Beispiel belegt, noch heute Gültigkeit beanspruchen, wenngleich sich der Sprachstil mittlerweile erheblich verändert hat:

> „Solltest du einer von denen sein, an den Petitionen herangetragen werden, so höre dir in Ruhe an, was der Antragsteller zu sagen hat. Weise ihn nicht zurück, bevor er sich enthüllen konnte und bevor er gesagt hat, weswegen er gekommen ist (...) Es ist nicht notwendig, daß alle seine Bitten gewährt werden, aber gutes Zuhören ist Balsam für das Herz." (aus: Kieser & Kubicek 1978: 78).

In einem „Handbuch zur Verwaltung des Reiches" aus dem Jahr 1100 v. Chr. wurden Anweisungen und Regeln festgehalten, wie das gewaltige chinesische Imperium zu verwalten war, und Platons „Politeia" beschrieb bereits im fünften Jahrhundert vor Christus differenziert Prinzipien und Vorzüge der Arbeitsteilung. Zahlreiche Beispiele für Organisationsliteratur lassen sich auch aus dem Mittelalter für die Staatsführung, das Militär und das Gewerbe anführen, und aus der Renaissance dürften wohl Niccolo Machiavellis „Il Principe" aus dem Jahr 1513 das bekannteste Werk sein. Seine Nüchternheit und fast zynische Aufrichtigkeit bei der Darstellung von Ratschlägen zur Machtausübung verhalfen ihm in kurzer Zeit zu großer Verbreitung:

> „Ein Mensch, der immer nur das Gute möchte, wird zwangsläufig zugrunde gehen inmitten von so vielen Menschen, die nicht gut sind. Daher muß sich ein Herrscher, wenn er sich behaupten will, zu der Fähigkeit erziehen, nicht allein nach moralischen Gesetzen zu handeln, sowie von diesen Gebrauch oder nicht Gebrauch zu machen, je nachdem es die Notwendigkeit erfordert. Ich lasse also alles beiseite, was über Herrscher zusammenphantasiert wurde, und spreche nur von der Wirklichkeit." (Machiavelli, zitiert nach Helferich 1985: 98).

Etwa ab Mitte des 19. Jahrhunderts veränderten sich die Produktionsprozesse und damit verbunden auch die managementtechnischen Anforderungen. Obgleich die literarische Verarbeitung von Organisations- und Führungsprinzipien auf eine lange Tradition zurückblicken kann, setzte erst in dieser Zeit eine so starke Verbreitung des öffentlichen Verwaltungsapparates ein, dass das Interesse von Journalisten und Wissenschaftlern geweckt wurde (vgl. Kieser 1993). Voraussetzung hierzu waren Ausweitungen der Verwaltungsaufgaben im Bereich der Justiz, der Exekutive, der Erziehung sowie sozialpolitischer Aufgaben, die teilweise von den Bürgern gefordert wurden, teilweise aus machtpolitischen Gründen von den Regierenden installiert wurden. Ferner wurden neben öffentlichen Verwaltungen bald auch Industriebetriebe nach bürokratischen Prinzipien gesteuert, und der zeitgeistige Eindruck machte sich breit, mit einem neuartigen Herrschaftsprinzip konfrontiert zu werden. Fragen tauchten auf, wie etwa die nach der Besonderheit bürokratischer Verwaltungen in Abgrenzung zu anderen Formen. Auch war unklar, inwieweit Bürokratien lediglich neutrale Instrumente traditioneller Herrschaftssysteme sind, oder eine gestaltende Eigendynamik entfalten konnten. Im Jahre 1828 beklagte Freiherr vom Stein, der Reformer der preußischen Verwaltung u. a. die Realitätsferne bürokratischer Systeme. Er sah ihr Grundübel darin,

> „ (...) daß wir fernerhin von besoldeten Buchgelehrten, Interessenlosen, ohne Eigenthum seyenden Buralisten regiert werden (...) Diese 4 Worte enthalten den Geist unserer und ähnlicher geistloser Regierungsmaschinen;
>
> ▪ besoldet, also Streben nach Erhalt und Vermehrung der Besoldeten;
> ▪ buchgelehrt, also lebend in der Buchstabenwelt, und nicht in der wirklichen;
> ▪ interessenlos, denn sie stehen mit keiner der den Staat ausmachenden Bürgerklasse in Verbindung; sie sind eine Kaste für sich, die Schreibkaste;
> ▪ eigenthumslos, also alle Bewegungen des Eigenthums treffen sie nicht.
>
> Sie erheben ihren Gehalt aus der Staatskasse und schreiben, schreiben, schreiben im stillen, mit wohlverschlossenen Thüren versehenen Bureau, unbekannt, unbemerkt, ungerühmt und ziehen ihre Kinder wieder zu gleich brauchbaren Schreibmaschinen an." (aus: Kieser 1993: 38).

1885 vermochte Spencer bereits eine erhebliche und staatlich destruktive Eigendynamik festzustellen:

> „Je mehr die Macht einer wachsenden Verwaltungsorganisation zunimmt, um so mehr nimmt die Macht der restlichen Gesellschaft ab, deren weiteres Wachstum einzudämmen und unter Kontrolle zu halten. Durch die in einer sich entwickelnden Bürokratie immer mannigfaltigere Möglichkeiten, Karriere zu machen, werden eben die Schichten, die von ihr beherrscht werden, verführt, ihre Ausweitung zu fördern, weil damit Familienangehörigen und Verwandten zunehmend gesicherte und achtbare Arbeitsplätze geboten werden." (aus: Kieser 1993: 38).

Positive Aspekte der Bürokratie im Vergleich zu feudalistischen Herrschaftsformen beobachtete hingegen John Stuart Mill im Jahr 1861. Bei letzteren sah er die erhebliche Gefahr, dass nach Maßgabe egoistischer Interessen mit relativ geringer Sachkenntnis über Entscheidungen getroffen und Herrschaft ausgeübt wird. Die bürokratische Übernahme der Regierungsarbeit durch Berufsbeamte erbrachte hingegen den Vorteil, dass Erfahrungen angehäuft und festgehalten wurden und mit größerer Sachkenntnis über die Belange des Volkes entschieden wurde.

Die paradox erscheinende Situation der damaligen Zeit lässt sich mit Albrow in der relativ autarken Stellung des bezahlten Beamtentums gegenüber Monarchien oder gewählten Volksvertretern. Sie besaßen eine Machtposition, die erstens kaum ihrer gesellschaftlichen Stellung entsprach und zweitens nicht selten in Opposition zu den tatsächlich Regierenden stand. Ihre Aufgabe bestand darin, sich in den Dienst der Verwaltung zu stellen und als professionelle Staatsverwalter eine kompetente Steuerung auszuüben. Damit war jedoch gleichzeitig die Gefahr gegeben, dass das gesamte System ein Eigenleben entfaltet und sich dem Willen der eigentlich Regierenden entzieht (Schmoller 1894).

Gegen Ende des 19. Jahrhunderts entstanden zwei unterschiedliche organisationstheoretische Ansätze: Webers Bürokratieansatz und das Scientific Management von Taylor (Kapitel III). Während sich Webers Analysen vorwiegend auf die damals noch weitgehend bürokratische Verwaltung der neu entstehenden Großbetriebe bezogen, suchte Taylor pragmatisch nach neuen Fertigungsprinzipien, mit denen technologische Entwicklungen in den Produktionsprozess eingebettet werden konnten.

1.2 Hauptaussagen

Im Bürokratiemodell wird Rationalisierung als wesentlicher Prozess gesehen, der die Bereiche Wirtschaft, Recht, Technik und Wissenschaft umfasst und auch Auswirkungen auf der Ebene der Institutionen hat. Ganz allgemein bedeutet Rationalisierung bei Max Weber Ordnung und Systematisierung. Diese neuartige soziale Ordnung wird durch ein ebenfalls neuartiges, kapitalistisches Handeln begründet. Kapitalistisches Handeln stellt demnach eine neue Form kollektiven, ökonomisch-rationalen Handelns dar, bei dem kein individuelles Gewinnstreben, sondern betriebliche Rentabilität im Vordergrund steht. Mit dem Erscheinen großer, auf Effizienz ausgerichteter Industriebetriebe tauchte im ausgehenden 19. Jahrhundert gleichzeitig die Notwendigkeit effizienter Verwaltungsstrukturen auf, die präzise, vorhersagbare und rasche Erledigung der Amtsgeschäfte erforderte. Durch Rationalisierung wurde versucht, personenbezogene oder traditionelle Herrschafts- oder Koordinationsformen aufzulösen und durch festgeschriebene, legale Ordnungen zu ersetzen. Die Funktionsweise bürokratischer Systeme weist typische Merkmale auf:

Arbeitsaufgaben sind arbeitsteilig mit präzisen Zuständigkeiten festgelegt. Um diese Pflichten zu erfüllen, existieren Weisungsbefugnisse. Die ausreichende Qualifikation für die Aufgaben wird durch die Einstellung entsprechend ausgebildeter Personen sichergestellt. Durch ein festgelegtes System von über- und untergeordneten Stellen wird eine Amtshierarchie eingeführt. Auch in vertikaler Hinsicht sind Kompetenzen voneinander getrennt.

Die *Aufgabendurchführung* erfolgt anhand festgelegter Regeln, die Handlungsziele definieren, Verfahren zu ihrer Erreichung vorgeben und die Kommunikationswege bestimmen. Die korrekte Anwendung dieser Regeln auf Geschäftsvorgänge ergibt sich aus der Qualifikation der Beamteten. Wesentliche Regeln und Entscheidungen werden aktenmäßig erfasst. Die organisationsinterne Kommunikation auf dem Dienstweg erfolgt ebenfalls schriftlich.

Deutlich wird, dass die Organisation einen verhaltensprägenden Einfluss ausübt. Deshalb wurde hinterfragt, wodurch ein Herrschaftsanspruch begründet werden kann, um die Akzeptanz einer als legitim angesehenen Ordnung zu erreichen. Weber entwickelte drei Herrschaftstypen, die allerdings keine Beschreibungen der Realität, sondern Verknüpfungen beobachtbarer Einzelerscheinungen bzw. ein gedankliches Konstrukt darstellen: die charismatische, die traditionelle und die legale Herrschaft.

In der *charismatischen Herrschaft* wird einem Führer aufgrund individueller Persönlichkeitsmerkmale durch Vertrauen gehorcht. *Traditionelle Herrschaft* zeichnet sich durch festgelegte und überlieferte Regeln aus, die bestimmen, wer in bestimmten Situationen die Führung innehat, beispielsweise der Sippenälteste. *Legale Herrschaft* besitzt im Unterschied dazu als einzige einen rationalen Charakter. Sie gründet auf dem Glauben an die Geltung gesetzter Ordnungen. Diese personenunabhängige Ordnung legt fest, welche Person zu einem jeweiligen Zeitpunkt die Weisungsbefugnis besitzt. Die Bürokratie stellt die reinste Form der legalen Herrschaft dar.

Die Vorteile rational geplanter Bürokratie beruhen auf zwei Prinzipien: Die formal freie Arbeit macht den Menschen im Betrieb zu einem kalkulierbaren Wirtschaftsfaktor und die rationale Organisationsgestaltung steigert die Effizienz der Leistungserbringung und ist Voraussetzung für die Steuerung hochkomplexer Organisationen.

Für Max Weber verband sich mit dem Bürokratiemodell das Anliegen, einen Idealtypus zu beschreiben und das Verständnis über diesen zu fördern. Die genannten Merkmale und Prinzipien waren und sind nicht unbedingt in jeder bürokratischen Organisation oder Organisationseinheit im gleichen Ausmaß vertreten. Auch bürokratische Organisationen lassen sich nach dem Grad der Ausprägung jeweiliger Komponenten differenzieren, beispielsweise aufgrund unterschiedlicher Aufgaben und Zielsetzungen von Organisationen. Weber sah in der Eigendynamik bürokratischer Systeme erhebliche Risiken. Besonders in der Monopolstellung des Wissens lag die Gefahr begründet, dass darin eigene Interessen verfolgt wurden, die gegenläufig zu Organisationszielen waren.

2 Max Webers Bürokratiemodell

Der öffentliche Verwaltungsapparat erfuhr im 19. Jahrhundert eine zunehmende Ausweitung und auch die mittlerweile entstandenen industriellen Großunternehmen mit ihren kapitalistischen Maximen wurden nach den gleichen Prinzipien verwaltet. Der allgemeine Eindruck machte sich breit, mit einer neuen Herrschaftsform konfrontiert zu werden und es tauchte die vieldiskutierte Frage auf, was diese von früheren Herrschaftsformen unterscheidet. Webers Antwort auf die damit verbundenen Fragen zentrierte sich um das Konzept der Rationalisierung, das er auf drei Ebenen beschrieb.

Auf der Ebene der Weltbilder beschrieb Weber über mehrere Stufen eine zunehmende Verweltlichung des Wertesystems bis hin zum Calvinismus bzw. der protestantischen Ethik des 16. Jahrhundert. Nicht mehr das Seelenheil nach dem Tod, sondern der sichtbare Erfolg zu Lebzeiten wurde darin zum Kennzeichen eines erfüllten Lebens. Ein stetes, arbeitsames Streben bei gleichzeitiger asketischer Lebensführung ließ dabei die Kapitalbildung und -reinvestition als einzigen Weg offen, den religiösen Ansprüchen zu genügen; das erworbene Geld durfte schließlich nicht verkonsumiert werden. Im Zuge dieser Entwicklung entstanden immer größere Produktionsbetriebe, die gleichzeitig eine zunehmende gesellschaftliche Bedeutung einnahmen.

Mit dem kapitalistischen Geist und seinem Effizienzdenken, als auch den gestiegenen Anforderungen an geeignete Verwaltungsstrukturen, begannen sich öffentliche und private Institutionen zu rationalisieren. Großbetriebe lassen sich effizienter dadurch leiten, dass Aufgaben arbeitsteilig zerlegt werden und die jeweiligen Aufgaben so festgeschrieben werden, dass sie relativ unabhängig von Einzelpersonen – die schließlich aus der Organisation ausscheiden können – bewältigt werden können. Auch öffentliche Verwaltungen müssen die wirtschaftlichen Austauschbeziehungen zuverlässig sicherstellen. Aus diesen Notwendigkeiten heraus entstanden maschinenartige Bürokratien mit festgelegten Aufgaben, den zugehörigen Regeln der Aufgabenerledigung und legalen Herrschaftsformen.

Daraus entstanden Konflikte mit der zunehmend nach eigenen Wertvorstellungen geplanten Lebensführung. Die bürokratischen Reglementierungen, die sich immer weiter in den privaten Bereich ausweiteten, standen dem Wunsch nach Selbstbestimmung im Wege. Auch wenn feudalherrschaftliche Verhältnisse abgeschafft waren, entstand für die Mehrheit der Bevölkerung doch nicht mehr Freiheit; willkürliche Maßregelungen wurden lediglich durch legale ersetzt.

2.1   Einführung zur Soziologie und sozialen Strukturbildung

Weber legte zunächst ein sehr umfassendes soziologisches Konzept vor, dessen Grundlage das soziale Handeln bildete, ein Handeln, welches sich unmittelbar am Verhalten anderer orientiert und diesbezüglich mit subjektivem Sinn belegt ist:

> „Soziologie (im hier verstandenen Sinn dieses sehr vielseitig gebrauchten Wortes) soll heißen: eine Wissenschaft, welche soziales Handeln deutend verstehen und dadurch in seinem Ablauf und seinen Wirkungen ursächlich erklären will. ‚Handeln‘ soll dabei ein menschliches Verhalten (einerlei ob äußeres oder innerliches Tun, Unterlassen oder Dulden) heißen, wenn und insofern als der oder die Handelnden mit ihm einen subjektiven Sinn verbinden. ‚Soziales Handeln‘ aber soll ein solches Handeln heißen, welches seinem von dem oder den Handelnden gemeinten Sinn nach auf das Verhalten anderer bezogen wird und daran in seinem Ablauf orientiert ist." (Weber 1976: 1).

Demgemäß ist weder das gleichmäßige Handeln (etwa das kollektive Aufspannen von Regenschirmen bei einsetzendem Regen) noch das beeinflusste Handeln (beispielsweise durch eine Pressemeldung verursachte Aktienverkäufe an der Börse) dem sozialen Handeln zuzuordnen. Soziales Handeln lässt sich nach vier Beweggründen weiter differenzieren:

> „Wie jedes Handeln kann auch das soziale Handeln bestimmt sein
> 1. zweckrational: durch Erwartungen des Verhaltens von Gegenständen der Außenwelt und von anderen Menschen und unter Benutzung dieser Erwartungen als 'Bedingungen' oder als 'Mittel' für rational, als Erfolg, erstrebte und abgewogene eigene Zwecke,
> 2. wertrational: durch bewußten Glauben an den ethischen, ästhetischen, religiösen oder wie immer sonst zu deutenden unbedingten Eigenwert eines bestimmten Sachverhalts rein als solchen und unabhängig vom Erfolg,
> 3. affektuell, insbesondere emotional: durch aktuelle Affekte und Gefühlslagen,
> 4. traditional: durch eingelebte Gewohnheit." (Weber 1976: 12).

Soziales Handeln orientiert sich an sozialen Beziehungen. Diese liegen dann vor, wenn der Sinn von Handlungen zweier oder mehrerer Personen aufeinander abgestimmt ist und dadurch eine gemeinsame, wechselseitige Handlungsorientierung vorherrscht. Dabei genügt die subjektiv erlebte Möglichkeit oder Chance einer gemeinsamen Orientierung, um von sozialem Handeln zu sprechen:

> „Soziale 'Beziehung' soll ein ihrem Sinngehalt nach aufeinander gegenseitig eingestelltes und dadurch orientiertes ‚Sichverhalten‘ mehrerer heißen. Die soziale Bezie-

hung besteht also durchaus und ausschließlich: in der Chance, daß in einer (sinnhaft) angebbaren Art sozial gehandelt wird, einerlei zunächst: worauf diese Chance beruht (...) Die soziale Beziehung besteht, auch wenn es sich um sogenannte 'soziale Gebilde', wie 'Staat', 'Kirche', 'Genossenschaft', 'Ehe' usw. handelt, ausschließlich und lediglich in der Chance, daß ein seinem Sinngehalt nach in angebbarer Art aufeinander eingestelltes Handeln stattfand, stattfindet oder stattfinden wird." (Weber 1976: 13).

Die Existenz eines Staates oder einer Organisation ist in dieser Sichtweise dann beendet, wenn die Chance sinnhaft orientierten sozialen Handelns verschwindet. Dabei ist es irrelevant, ob die Mitglieder einer sozialen Einheit gleiche oder widersprüchliche Orientierungen verbinden, entscheidend ist, dass in den Beteiligten subjektive Sinngebungen vorhanden sind. Beispielsweise stellen ein Lehrer, der dem Schüler Bildung vermitteln möchte und ein Schüler, der lediglich das Ziel verfolgt, die nächste Klausur zu bestehen, eine soziale Beziehung dar, obwohl sie mit dem Unterricht einen unterschiedlichen Sinn verbinden. Ihr soziales Handeln bleibt dennoch wechselseitig relativ vorhersagbar und subjektiv sinnhaft.

Soziale Beziehungen besitzen typischerweise einen zeitlichen Verlauf, innerhalb dessen bestimmte wechselseitige Handlungsabläufe regelmäßig wiederholen durchgeführt werden:

„Es lassen sich innerhalb des sozialen Handelns tatsächliche Regelmäßigkeiten beobachten, d. h. in einem typisch gleichartig gemeinten Sinn beim gleichen Handelnden sich wiederholende oder (eventuell auch: zugleich) bei zahlreichen Handelnden verbreitete Abläufe von Handeln. Mit diesen Typen des Ablaufs von Handeln beschäftigt sich die Soziologie, im Gegensatz zur Geschichte als der kausalen Zurechnung wichtiger, d. h. schicksalhafter, Einzelzusammenhänge." (Weber 1976: 14).

Diese Regelmäßigkeit sozialer Beziehungen wird wiederum durch vier kollektive Faktoren bedingt:

- durch Brauch:
  „Eine tatsächlich bestehende Chance einer Regelmäßigkeit der Einstellung soll heißen Brauch, wenn und soweit die Chance ihres Bestehens innerhalb eines Kreises von Menschen lediglich durch tatsächliche Uebung gegeben ist." (Weber 1976: 15).

- durch Sitte:
  „Brauch soll heißen Sitte, wenn die tatsächliche Übung auf langer Eingelebtheit beruht." (Weber 1976: 15)

- durch Interessenlagen:
  „Sie soll dagegen bezeichnet werden als 'bedingt durch Interessenlage' ('interessen-bedingt'), wenn und soweit die Chance ihres empirischen Bestandes lediglich durch rein zweckrationale Orientierung des Handelns der Einzelnen an gleichartigen Er-wartungen bedingt ist." (Weber 1976: 15).

- durch eine legitime Ordnung
  „Handeln, insbesondere soziales Handeln und wiederum insbesondere eine soziale Beziehung, können von Seiten der Beteiligten an der Vorstellung vom Bestehen ei-ner legitimen Ordnung orientiert werden. Die Chance, daß dies tatsächlich geschieht, soll 'Geltung' der betreffenden Ordnung heißen." (Weber 1976: 16).

Unter Berücksichtigung individueller Motive des sozialen Handelns lassen sich nun zwei Prozesse der Entwicklung sozialer Beziehungen unterscheiden:

- Vergemeinschaftung ist bedingt durch emotionale (affektuelle und traditio-nale) Beweggründe:
  „'Vergemeinschaftung' soll eine soziale Beziehung heißen, wenn und soweit die Ein-stellung des sozialen Handelns, im Einzelfall oder im Durchschnitt oder im reinen Typus, auf subjektiv gefühlter (affektueller oder traditionaler) Zusammengehörigkeit der Beteiligten beruht." (Weber 1976: 21).

- Vergesellschaftung beruht auf rationalen (wert- und zweckrationalen) Be-weggründen:
  „'Vergesellschaftung' soll eine soziale Beziehung heißen, wenn und soweit die Ein-stellung des sozialen Handelns auf rational (wert- oder zweckrational) motiviertem Interessenausgleich oder auf ebenso motivierter Interessenverbindung beruht." (We-ber 1976: 21).

2.2   Zum Verständnis der modernen, kapitalistischen Gesellschaft

Im Zuge des abendländischen Vergemeinschaftungs- und Vergesellschaftungs-prozesses hat sich nach Weber eine ausgeprägte Tendenz zur Rationalisierung herausgebildet, d. h. eine im Laufe der Geschichte gestiegene Fähigkeit, sich mit der natürlichen und sozialen Umwelt geistig auseinanderzusetzen und gestaltend auf sie einzuwirken. Neben den Bereichen „Wissenschaft", „Kunst" und „Bau-wesen" hat diese insbesondere im Entstehen des Beamtentums für die soziale Ordnung ihren Ausdruck gefunden:

„Vor allem: den Fachbeamten den Eckpfeiler des modernen Staats und der moder-nen Wissenschaft des Okzident. Für ihn finden sich nur Ansätze, die nirgends in irgendeinem Sinn so konstitutiv für die soziale Ordnung wurden wie im Okzident. Natürlich ist der 'Beamte', auch der arbeitsteilig spezialisierte Beamte, eine uralte Erscheinung der verschiedensten Kulturen. Aber die absolut unentrinnbare Gebanntheit unserer ganzen Existenz, der politischen, technischen und wirtschaftlichen Grundbedingungen unseres Daseins in das Gehäuse einer fachgeschulten Beamtenorganisation, den technischen, kaufmännischen, vor allem aber den juristisch geschulten staatlichen Beamten als Träger der wichtigsten Alltagsfunktionen des sozialen Lebens, hat kein Land und keine Zeit in dem Sinn gekannt wie der moderne Okzident (...) Der 'Staat' überhaupt im Sinn einer politischen Anstalt, mit rational gesetzter 'Verfassung', rational gesetztem Recht und einer an rationalen, gesetzten Regeln: 'Gesetzen', orientierten Verwaltung durch Fachbeamte, kennt, in dieser für ihn wesentlichen Kombination der entscheidenden Merkmale, ungeachtet aller anderweitigen Ansätze dazu, nur der Okzident." (Weber 1988: 3f).

Diese neuartige soziale Ordnung wird durch ein ebenfalls neuartiges, kapitalistisches Handeln begründet. Kapitalistisches Handeln ist nach Weber nicht gleichzusetzen mit Herrschaft oder Ausbeutung, es stellt selbst eine neue Form kollektiven, ökonomisch-rationalen Handelns dar. Dabei steht nicht individuelles Gewinnstreben, sondern die betriebliche Rentabilität, gemessen am eingesetzten Kapital im Verhältnis zum damit erwirtschafteten Ertrag, im Vordergrund:

„Und so steht es nun auch mit der schicksalsvollsten Macht unseres modernen Lebens: dem Kapitalismus 'Erwerbstrieb', 'Streben nach Gewinn', nach Geldgewinn, nach möglichst hohem Geldgewinn hat an sich mit Kapitalismus gar nichts zu schaffen. Dieses Streben fand und findet sich bei Kellner, Ärzten, Kutschern, Künstlern, Kokotten, bestechlichen Beamten, Soldaten, Räubern, Kreuzfahrern, Spielhöllenbesuchern, Bettlern: man kann sagen: bei 'all sorts and conditions of men', zu allen Epochen aller Länder der Erde, wo die objektive Möglichkeit dafür irgendwie gegeben war und ist. Es gehört in die kulturgeschichtliche Kinderstube, daß man diese naive Begriffsbestimmung ein für allemal aufgibt. Schrankenloseste Erwerbsgier ist nicht im mindesten gleich Kapitalismus, noch weniger gleich dessen 'Geist'. Kapitalismus kann geradezu identisch sein mit Bändigung, mindestens mit rationaler Temperierung, dieses irrationalen Triebe. Allerdings ist Kapitalismus identisch mit dem Streben nach Gewinn, im kontinuierlichen, rationalen kapitalistischen Betrieb nach immer erneuertem Gewinn: nach 'Rentabilität'. Denn er muss es sein. Innerhalb einer kapitalistischen Ordnung der gesamten Wirtschaft würde ein kapitalistischer Einzelbetrieb, der sich nicht an der Chance der Erzielung von Rentabilität orientierte, zum Untergang verurteilt sein." (Weber 1988: 4).

Eine der zentralen Fragen, die Weber beschäftigten, war, wie diese ökonomischrationale Form der Wirtschaftsorganisation gerade in der abendländischen Kultur entstehen konnte:

„Es kommt also zunächst wieder darauf an: die besondere Eigenart des okzidentalen und, innerhalb dieses, des modernen okzidentalen, Rationalismus zu erkennen und in ihrer Entstehung zu erklären." (Weber 1988: 12).

Mit anderen Worten: Wie kann es dazu kommen, dass sich eine allgemeine Gesinnung breit macht, in der Abstrakta wie „Rentabilitäts-" oder „Gewinnmaximierung" eine so dominierende Rolle spielen? Die präkapitalistische Verhaltensorientierung zielte auf die Befriedigung unmittelbarer Bedürfnisse ab, die Anhäufung von Kapital oder Gütern hatte lediglich eine untergeordnete Rolle gespielt und dem Aufbau überlebenssichernder Reserven gedient:

„Das aber ist es eben, was dem präkapitalistischen Menschen so unfasslich und rätselhaft, so schmutzig und verächtlich erscheint. Daß jemand zum Zweck seiner Lebensarbeit ausschließlich den Gedanken machen könne, dereinst mit hohem materiellen Gewicht an Geld und Gut belastet ins Grab zu sinken, scheint ihm nur als Produkt perverser Triebe: der 'auri sacra fames', erklärlich." (Weber 1988: 55).

Die gerade entstandene kapitalistische Gesellschaft, mit ihrer Geldorientierung einerseits und ihren ausgeprägten Verwaltungsstrukturen andererseits, stellte eine Herausforderung an die junge Soziologie der Jahrhundertwende dar. Ihre Ursachen, Erscheinungsformen und Auswirkungen beschäftigten auch Max Weber. Damit verbunden war auch die Frage, warum diese Entwicklung gerade in Europa und den USA und nicht in anderen Kulturregionen stattfand.

Webers zentrales Konzept zum Verständnis dieser Entwicklung ist das der *Rationalisierung*. „Rationalisierung nennt Weber jede Erweiterung des empirischen Wissens, der Prognosefähigkeit, der instrumentellen und organisatorischen Beherrschung empirischer Vorgänge" (vgl. Habermas 1981: 228). Diese zunehmende Abkehr von affektuellen oder traditionalen hin zu bewusst geplanten, zweckgerichteten Verhaltensweisen beschreibt er auf drei Ebenen. Die Rationalisierung religiöser Weltbilder führte in der abendländischen Welt durch die protestantische Ethik zu einer Wertorientierung, in der das konkrete Handeln und der dadurch erzielte persönliche Erfolg wichtiger wurden, als die Erfüllung religiöser Normen. Auf der Ebene der Institutionen bedeutet Rationalisierung die Auflösung personenbezogener oder traditionaler Herrschafts- und Koordinationsformen und das Entstehen einer festgeschriebenen, legalen Ordnung. Schließlich bezeichnet die Rationalisierung der Lebensführung eine gewissermaßen humanistische Abkehr von religiösen und traditionellen Bindungen hin zu einer nach eigenen Wertorientierungen geplanten Lebensführung.

Webers Antwort auf die neu entstandenen Fragen seiner Zeit lässt sich grob und verkürzt wie folgt zusammenfassen: Die kapitalistische Gesinnung der modernen Gesellschaft des ausgehenden 19. Jahrhunderts wurde entscheidend geprägt durch die protestantische Ethik. Diese Ethik bildete auch die Triebfeder für das Entstehen der Großindustrie und dem darin verankerten Effizienzdenken. Mit dem Erscheinen großer, auf Effizienz ausgerichteter Industriebetriebe tauchte gleichzeitig die Notwendigkeit für effiziente Verwaltungsstrukturen auf. Dies betraf nicht nur privatwirtschaftliche Verwaltungen, sondern auch öffentliche, da der zunehmende Wirtschaftsverkehr auch hier eine präzise, vorhersagbare und rasche Erledigung der Amtsgeschäfte erforderte. Die bürokratische Verwaltung mit ihrer maschinenhaften Geschäftsbearbeitung kam dieser Anforderung am besten entgegen. Die darin enthaltene zunehmende Reglementierung stand jedoch im Widerspruch zum verstärkten Bedürfnis einer aktiv geplanten Lebensführung. Die folgenden Abschnitte widmen sich einer genaueren Darstellung der drei Ebenen der Rationalisierung.

2.3   Rationalisierung religiöser Weltbilder

Das *magische Weltbild* primitiver Völker war durch eine animistische Sicht gekennzeichnet, in der nicht zwischen toter und lebender Materie unterschieden wurde. Götter, Geister und Dämonen beherrschten die Welt und beseelten alle Materie. Diese Weltsicht verhinderte weitestgehend eine Beherrschung der Natur. Wenn man darin Einfluss nehmen wollte, etwa, indem man einen Baum fällt, so war dieser keine tote Materie, sondern stand unter Umständen unter dem Schutz des Baumgottes, dessen Zorn man sich leicht zuziehen konnte. Lediglich Gegenzauber zählte zu den legitimen Einflussmöglichkeiten. Regeln für den Umgang mit der Natur durch Brauchtümer oder religiöse Rituale stellten fast unveränderliche Barrieren auf; jede Änderung brachte schließlich die Gefahr mit sich, den Zorn der Götter auf sich zu ziehen.

Das magische Weltbild ist insofern monistisch, als die natürliche und die übernatürliche Welt nicht voneinander getrennt sind. Dies geschah erst mit der Entstehung *dualistischer Weltbilder*, in denen die Götter sich an einem besonderen, für sie reservierten Ort aufhalten. Der Übergang erfolgte durch eine Hierarchisierung der göttlichen Ordnung. Die unteren Götter erhielten zunehmend speziellere Aufgaben während sich die höheren gleichzeitig immer weiter von der realen Welt entfernten, bis hin zum Monotheismus. Damit war zunehmend für eine direkte Einflussnahme auf die natürliche Umwelt der Weg geebnet. Je weiter die Götter als „Beseeler der Natur" entfernt sind, desto eher ist es möglich, diese zu manipulieren, ohne sich den allmächtigen Zorn zuzuziehen.

Für die abendländische Entwicklung war später insbesondere die *jüdische Religion* prägend, die extrem magiefeindlich war. Jahwe wurde als mächtige und unnahbare Gottheit konzipiert, der man im Gegensatz etwa zu indischen Pendants mit kontemplativen oder gottesvereinigenden Techniken kaum näher kommen konnte. So ließ die jüdische Religion keine Weltflucht zu, sondern regte zu direktem, aktivem Handeln an.

Im *mittelalterlichen Katholizismus* entstand eine vorläufige Gegenbewegung. Menschliche Unzulänglichkeiten konnten gebeichtet und durch die Sakramentsgnade der Kirche gesühnt werden, um Entlastung zu schaffen. Das strenge Leben nach religiösen Gesetzen war den Mönchen vorbehalten.

Mit der *Reformation* wurden diese Möglichkeiten zur ideellen Heilsfindung entkräftet. Die Protestanten waren auf sich selbst angewiesen, um durch ihr Handeln das Seelenheil zu erlangen. Nicht mehr das Kloster, sondern das tägliche Leben war das Tätigkeitsfeld des Christen. Die Berufsarbeit war nach Luther die einzige gottgefällige Lebensweise. Im Gegensatz zum Katholiken, der seine Hoffnungen auf Seelenheil auf das Leben im himmlischen Paradies richten konnte, musste sich der Protestant im Alltag durch Pflichterfüllung in dem durch Gottes Fügung vorgegebenen Beruf bewähren.

Diese reformatorischen Züge fanden schließlich im *Calvinismus* und seiner Prädestinationslehre ihren vorläufigen Kumulationspunkt. Durch Gottes unabänderlichen Beschluss war es einem Teil der Menschheit vergönnt, ewiges Seelenheil zu erlangen, der andere Teil geriet in Verdammnis und es gab kein Mittel, diesem Schicksal zu entfliehen:

> „Gottes Gnade ist, da seine Tatschlüsse unwandelbar feststehen, ebenso unverlierbar für die, welchen er sie zuwendet, wie unerreichbar für die, welchen er sie versagt. In ihrer pathetischen Unmenschlichkeit mußte diese Lehre nun für die Stimmung einer Generation, die sich ihrer grandiosen Konsequenz ergab, vor allem eine Folge haben: ein Gefühl der unerhörten inneren Vereinsamung des einzelnen Individuums. In der für die Menschen der Reformationszeit entscheidendsten Angelegenheit des Lebens: der ewigen Seeligkeit, war der Mensch darauf verwiesen, seine Straße einsam zu ziehen. Niemand konnte ihm helfen (...) Es gab nicht nur kein magisches, sondern überhaupt kein Mittel, um die Gnade Gottes dem zuzuwenden, dem Gott sie zu versagen sich entschlossen hatte." (Weber 1988: 93f).

Die Aufgabe des Menschen bestand in dieser ausweglosen Situation darin, zu erkennen, ob er zu dem Auserwählten zählte. Aber wie konnte man das erkennen? Calvins Antwort „Die Erkenntnis Gottes und unsere Selbstkenntnis (...) hängen vielfältig zusammen" (nach Helferich 1985: 93) verwies auf den eigenen Erfolg im Leben. Wer sich als auserwählt wahrnimmt, der ist es auch nach Gottes Erkenntnis. Aber „auserwählt" bezieht sich nun nicht mehr auf die vollständige Befriedigung eigener Bedürfnisse, sondern stets auf die eigene Stellung im Vergleich zu anderen. Nicht satt zu werden, sondern herauszuragen lautet die Handlungsmaxime. Dies geschah durch rastlose Berufsarbeit und einen asketischen

Lebensstil. Nicht mehr die Pflichterfüllung in einer vorgegebenen Ordnung, wie bei Luther, sondern durch willenhafte Selbstbeherrschung und Distanzierung von der verdorbenen Welt sollte der „status naturae" überwunden werden. Zeitweilige Schwächen konnten nicht, wie im Katholizismus, durch erhöhtes Engagement kompensiert werden. Gott und die Welt waren mit der Prädestinationslehre voneinander getrennt. Das Bibelwort „An ihren Früchten sollt ihr sie erkennen" wird zum Inhalt des Berufslebens und sichtbarem Ausdruck göttlicher Erwähltheit. Da es infolge des asketischen Lebensstils verpönt war, diese Früchte zu genießen, war die Tendenz zu ständig steigender Kapitalbildung der einzige Weg, den religiösen Ansprüchen zu genügen.

Viele der religiösen Normen Calvins begannen sich im 18. Jahrhundert zu verbürgerlichen und wandelten sich in *soziale Normen*, die den Kapitalismus zwar nicht unbedingt hervorbrachten, jedoch eine entscheidende rationale Grundlage für den darin enthaltenen „Berufsmenschen" bildeten.

2.4   Rationalisierung der Institutionen

Das Funktionieren von Institutionen bzw. Organisationen basiert u. a. auf der Tatsache, dass das Verhalten der Mitglieder durch die Institution codeterminiert wird, diese also einen verhaltensprägenden Einfluss ausübt. Umgekehrt bleibt damit zu hinterfragen, wodurch dieser Herrschaftsanspruch begründet wird, um eine Akzeptanz der damit verbundenen legitimen Ordnung zu erreichen. Nach Weber gibt es drei Legitimationsgründe: Die charismatische, die traditionelle und die legale Herrschaft.

- In der *charismatischen Herrschaft* wird einem Führer, der sich durch außerordentliche Religiosität, Heldenhaftigkeit oder Vorbildlichkeit auszeichnet, durch persönliches Vertrauen gehorcht.
- Die *traditionelle Herrschaft* zeichnet sich durch festgelegte und überlieferte Regeln aus, die bestimmen, wer in bestimmten Situationen die Führung innehat - beispielsweise der Sippenälteste. Die Grundlage der Herrschaftsakzeptanz bildet der Glaube an die Heiligkeit geltender Traditionen und der durch sie vorbestimmten Autorität.
- Im Unterschied hierzu besitzt die *legale Herrschaft* als einzige einen rationalen Charakter. Sie gründet auf dem Glauben an die Geltung gesetzter Ordnungen. Diese unpersönliche Ordnung legt fest, welche Person zu einem jeweiligen Zeitpunkt die Weisungsbefugnis besitzt.

Die Bürokratie stellt die reinste Form der legalen Herrschaft dar. In ihr ist die von allen akzeptierte Ordnung vollständig beschrieben, die Grundlagen der Ordnung lassen sich sachlich nachvollziehen, organisatorische Entscheidungen und individuelles Verhalten sind personenneutral festgelegt und berechenbar:

> „Die Grundkategorien der rationalen Herrschaft sind also
> 1. ein kontinuierlich regelgebundener Betrieb von Amtsgeschäften, innerhalb:
> 2. einer Kompetenz (Zuständigkeit), welche bedeutet:
>   a) einen kraft Leistungsverteilung sachlich abgegrenzten Bereich von Leistungspflichten, b) mit Zuordnung der etwa dafür erforderlichen Befehlsgewalten und
>   c) mit fester Abgrenzung der eventuell zulässigen Zwangsmittel und der Voraussetzung ihrer Anwendung.
> Ein derart geordneter Betrieb soll 'Behörde' heißen." (Weber 1976: 125).

Eine dergestalt rational vorgegebene Handlungsstruktur war in früheren Verwaltungsformen kaum anzutreffen. Hier übertrug der König beispielsweise kleinere Einheiten an Fürsten, die einen Teil des Verwaltungsbereichs wiederum an Adelige abgaben. Jeder konnte sich relativ willkürlich nach eigenem Ermessen bereichern und Gesetze wurden in Abwägung der Belange der nächsthöheren Verwaltungsperson wesentlich eigenständiger erlassen. Eine bürokratische Verwaltung setzt sich hingegen, mit Ausnahme des Leiters, aus hauptberuflichen, fest besoldeten Beamten zusammen, die innerhalb einer klar definierten Struktur eine bestimmte Position ausüben. Sie werden nach Qualifikation ausgewählt, haben eine längerfristige berufliche Orientierung, eine vorgezeichnete Laufbahn und keinen Anteil am Amts- oder Betriebsvermögen.

Die Funktionsweise bürokratischer Systeme, sowohl öffentlicher Behörden als auch privater bürokratischer Betriebe, weist außerdem typischerweise folgende Merkmale auf:

- *Arbeitsteilung, feste Zuständigkeit, Weisungsbefugnis, Qualifikation der Beschäftigten*
  Die Arbeitsaufgaben sind arbeitsteilig festgelegt und jedes Verwaltungsmitglied hat klar definierte Zuständigkeiten für bestimmte, sachlich abgrenzbare Leistungspflichten. Zur Erfüllung dieser Pflichten in seinem Bereich besitzt er ferner die notwendige Weisungsbefugnis. Die ausreichende Qualifikation ist durch Einstellung entsprechend ausgebildeter Personen sichergestellt.

„Es besteht das Prinzip der festen, durch Regeln: Gesetze oder Verwaltungsreglements, generell geordneten behördlichen Kompetenzen, d. h.:

1. Es besteht eine feste Verteilung der für die Zwecke des bürokratisch beherrschten Gebildes erforderlichen, regelmäßigen Tätigkeiten als amtliche Pflichten;
2. Die für die Erfüllung dieser Pflichten erforderlichen Befehlsgewalten sind ebenfalls fest verteilt und in den ihnen etwa zugewiesenen (physischen oder sakralen oder sonstigen) Zwangsmitteln durch Regeln fest begrenzt;
3. Für die regelmäßige und kontinuierliche Erfüllung der so verteilten Pflichten und die Ausübung der entsprechenden Rechte ist planmäßig Vorsorge getroffen durch Anstellung von Personen mit einer generell geregelten Qualifikation." (Weber 1976: 551).

- *Amtshierarchie*
  Die gesamte Organisation besteht aus einem festgelegten System von über- und untergeordneten Stellen. Die Abstimmung sowie die eventuelle Konfliktlösung zwischen gleichgeordneten Stellen erfolgt durch die nächsthöhere Instanz. Kompetenzen sind auch in vertikaler Hinsicht voneinander getrennt, d. h. Geschäfte können nicht von der nächsthöheren Instanz an sich gezogen werden. Neben dem hierarchischen Befehlsweg von oben nach unten steht für Berufungen und Beschwerden auch ein Appelationsweg von unten nach oben zur Verfügung.

„Es besteht das Prinzip der Amtshierarchie und des Instanzenzuges, d. h. ein fest geordnetes System von Ueber- und Unterordnung der Behörden unter Beaufsichtigung der unteren durch die oberen, ein System, welches zugleich dem Beherrschten die fest geregelte Möglichkeit bietet, von einer unteren Behörde an deren Oberinstanz zu appelieren." (Weber 1976: 551).

- *Organisatorische Regeln*
  Die Durchführung der gestellten Aufgaben erfolgt anhand festgelegter Regeln, die die Handlungsziele definieren, die Verfahren zu ihrer Erreichung vorgeben und die Kommunikationswege bestimmen. Die korrekte Anwendung dieser Regeln auf Geschäftsvorgänge ergibt sich aus der Qualifikation der Beamteten.

„Die Amtsführung der Beamten erfolgt nach generellen, mehr oder minder festen und mehr oder minder erschöpfenden, erlernbaren Regeln. Die Kenntnis dieser Regeln stellt daher eine besondere Kunstlehre dar (je nachdem: Rechtskunde, Verwaltungslehre, Kontorwissenschaft), in deren Besitz die Beamten sich befinden." (Weber 1976: 552).

- *Schriftliche Fixierung, Aktenmäßigkeit und schriftliche Kommunikation*
  Neben der schriftlichen Fixierung der wesentlichen Regeln der Verwaltungsordnung werden sämtliche Geschäftsvorgänge und Entscheidungen ak-

tenmäßig erfasst. Die organisationsinterne Kommunikation auf dem Dienstweg erfolgt ebenfalls schriftlich. Akten werden zur Sicherstellung des Ge-
schäftsablaufs – insbesondere bei Personalwechsel – aufbewahrt.

„Die moderne Amtsführung beruht auf Schriftstücken (Akten), welche in Urschrift
oder Konzept aufbewahrt werden und auf einem Stab von Subalternbeamten und
Schreibern aller Art. Die Gesamtheit der bei einer Behörde tätigen Beamten mit dem
entsprechenden Sachgüter- und Aktenapparat bildet ein 'Büro' (in Privatbetrieben
oft 'Kontor' genannt)." (Weber 1976: 552).

Die rational geplante Bürokratie bringt für Wirtschaftsunternehmen Vorteile, die
auf zwei zentralen Prinzipien beruhen. Die formal freie Arbeit machte den Beschäftigten zu einem kalkulierbaren Wirtschaftsfaktor und die rationale Organisationsgestaltung steigerte die Effizienz der Leistungserbringung bzw. ermög-
lichte erst die die Steuerung hochkomplexer Organisationen:

- *Zur formal freien Arbeit*
  Während zu Beginn der Neuzeit Menschen beispielsweise Erwerbslose,
  Verbrecher oder Obdachlose teilweise noch durch Zwang zur Arbeit verpflichtet wurden, setzte sich im 18. Jahrhundert die Beschäftigung durch
  formale Arbeitsverträge durch. Damit waren Vorteile für Kapitalgeber verbunden, da beispielsweise das Existenzrisiko auf den Arbeitnehmer abge-
  wälzt werden konnte. Dessen Tod stellte nun beispielsweise nicht mehr einen Kapitalverlust dar; er konnte vielmehr kalkulatorisch ohne Auswirkungen und exakt planbar durch einen anderen Arbeitnehmer ersetzt werden. Die Sorge um die Nachkommenschaft des Beschäftigten wurde dabei
  ebenfalls auf diesen übertragen. Bezahlte Arbeiter, die nun stärker nach
  Qualifikation im Gegensatz zu Verfügbarkeit ausgewählt (und u. U. auch
  wieder entlassen) werden konnten, waren in ihrer Arbeitsleistung ebenfalls
  hochwertiger.

- *Zur rationalen Organisationsgestaltung*
  Der zweite Vorteil der Bürokratie bestand in der Möglichkeit zur rationalen
  Arbeitsorganisation. Anders als bei feudalen oder ehrenamtlichen Verwaltungen, lassen sich Arbeitsprozesse dabei leichter arbeitsteilig gliedern und
  insbesondere die Koordination schneller, präziser, kontinuierlicher und ein-
  heitlicher gestalten. Dabei ist es auch erheblich einfacher, Personen mit spezifischen, der jeweiligen Position angemessenen Erfahrung einzustellen
  bzw. entsprechende Qualifikationen zu vermitteln. Der Verwaltungsapparat
  gleicht einer kalkulierbaren Maschine, die nur wenig Raum für eigensinni-

ges Verhalten lässt, und Organisationskonformität und Sachlichkeit zumindest im Ideal fast erzwingt.

„Der entscheidende Grund für das Vordringen der bürokratischen Organisation war von jeher ihre rein technische Überlegenheit über jede andere Form. Ein voll entwickelter bürokratischer Mechanismus verhält sich zu diesen genau wie eine Maschine zu den nicht mechanischen Arten der Gütererzeugung. Präzision, Schnelligkeit, Eindeutigkeit, Aktenkundigkeit, Kontinuierlichkeit, Diskretion, Einheitlichkeit, straffe Unterordnung, Ersparnisse an Reibungen, sachlichen und persönlichen Kosten sind bei streng bürokratischer, speziell: monokratischer Verwaltung durch geschulte Einzelbeamte gegenüber allen kollegialen, oder ehren und nebenamtlichen Formen auf das Optimum gesteigert. Sofern es sich um komplizierte Aufgaben handelt, ist bezahlte bürokratische Arbeit nicht nur präziser, sondern im Ergebnis oft sogar billiger als die formell unentgeltliche ehrenamtliche. Ehrenamtliche Tätigkeit ist Tätigkeit im Nebenberuf, funktioniert schon deshalb normalerweise langsamer, [ist] weniger an Schemata gebunden und formloser, daher unpräziser, uneinheitlicher, weil nach oben unabhängiger, diskontinuierlicher und schon infolge der fast unvermeidlichen unwirtschaftlicheren Beschaffung und Ausnutzung des Subaltern- und Kanzleiapparats auch oft faktisch sehr kostspielig (...) Vor allem aber bietet die Bürokratisierung das Optimum an Möglichkeit für die Durchführung des Prinzips der Arbeitszerlegung in der Verwaltung nach rein sachlichen Gesichtspunkten, unter Verteilung der einzelnen Arbeiten auf spezialistisch abgerichtete und in fortwährender Übung immer weiter sich einschulende Funktionäre." (Weber 1976: 561f).

Webers Anliegen mit dieser Kennzeichnung war es gewesen, einen Idealtypus zu beschreiben und das Verständnis über diesen zu fördern. Die genannten Kriterien sind nicht unbedingt in jeder bürokratischen Organisation oder Organisationseinheit im gleichen Ausmaß vertreten. Wie beispielsweise Pugh et al. (1963; nach Kieser 1993: 60) später zeigten, lassen sich auch bürokratische Organisationen nach dem Grad der Ausprägung jeweiliger Komponenten differenzieren. Dies kann insbesondere aus heutiger Sicht nicht überraschen, da die vielfältigen Aufgaben und Zielsetzungen von Organisationen (z. B. Produktionsbetrieb, Krankenhaus etc.) unterschiedliche strukturelle Ausprägungen nahelegen. Eine genauere Untersuchung der Zusammenhänge zwischen formal-strukturellen Merkmalen und dem Tätigkeitsfeld der Organisation führte später zum situativen Ansatz.

Wie beispielsweise Spencer (s. o.) sah auch Weber in dem Problem der Eigendynamik bürokratischer Systeme erhebliche Risiken. Insbesondere in der wissensmäßigen Monopolstellung lag die Gefahr begründet, dass darin eigene Interessen verfolgt wurden, unter Umständen auch entgegen organisatorischer bzw. politischer Zielsetzungen:

„Stets ist die Frage: wer beherrscht den bestehenden bureaukratischen Apparat? Und stets ist seine Beherrschung dem Nicht-Fachmann nur begrenzt möglich: der Fach-Geheimrat ist dem Nichtfachmann als Minister auf die Dauer meist überlegen in der Durchsetzung seines Willens." (Weber 1976: 128f).

Als Ausweg aus diesem Dilemma schlägt Weber vor, an die Spitze der bürokratischen Stäbe charismatische Führer zu stellen. Diese sollten eigenverantwortlich und auf der Grundlage persönlicher Wertvorstellungen den bürokratischen Mechanismus kontrollieren und der gesellschaftlichen Entwicklung eine Richtung geben. Das Parlament erschien ihm hierfür nicht geeignet, da politische Parteien mittlerweile ebenfalls weitgehend bürokratisiert waren und Abgeordnete sich durch den parlamentarischen Fraktionszwang der Parteimaschinerie unterwarfen; eigenverantwortliche, dem Dienst der Wählers gewidmete Entscheidungen war von ihnen ebensowenig zu erwarten wie fraktionsunabhängige Diskussionen im Parlament. Wie sich einige Jahrzehnte später mit dem Aufkommen des Nationalsozialismus in Deutschland zeigte, sind jedoch auch mit dieser Lösung erhebliche Gefahren verbunden.

In späteren Jahren wurden noch weitere Dysfunktionalitäten von bürokratischen Organisationen festgestellt. Diese stehen im Brennpunkt der weiteren Autoren, die in diesem Kapitel besprochen werden. Ergänzend seien noch einige zusätzlich benannt:

- Die bürokratisch geforderte schriftliche Fixierung von Geschäftsvorgängen verursacht hohe Kosten und hemmt Entscheidungen, da große Aktenberge durchgearbeitet werden müssen. Ferner sind manche Informationen schnell veraltet, so dass ihre Fixierung bestenfalls historischen Wert besitzt.
- Zur sichtbaren Dokumentation der eigenen Machtposition bzw. Stellung in der Organisation oder der eigenen Bezahlung neigen Abteilungsleiter dazu, die Zahl der ihnen zugeordneten Stellen zu erhöhen, unabhängig davon, ob dies organisatorisch notwendig und sinnvoll ist (Kieser 1993: 61f).
- Die bürokratische Regelerstellung wird häufig zum Selbstzweck. Vorschriften, die naturgemäß nie jeden möglichen Geschäftsvorgang perfekt beschreiben, werden laufend differenziert und präzisiert. Abgesehen von der ökonomischen Fragwürdigkeit resultieren daraus Regelwerke, die sich grundlegenden Änderungen immer hartnäckiger widersetzen (Couvé 1955: 49; nach Kieser 1993: 62).
- Mit zunehmender Komplexität der bürokratischen Aufgabenstellung benötigen auch Bürokraten die Unterstützung von Spezialisten, die sich dem Regelwerk der Entscheidungsfindung weniger verpflichtet fühlen. Zwischen beiden entstehen häufig Konflikte mit intensivsten Argumentationen, die jedoch weniger der Klärung von Sachverhalten, sondern eher der Verteidi-

gung eigener Machtpositionen entspringen (Luhmann 1972: 367; nach Kieser 1993: 62).

▪ Mit dem Auftreten von Reibungen im Organisationsablauf durch veränderte Anforderungen und dem Sichtbarwerden des inadäquaten Organisationsmodells findet ferner eine kommunikative Entkopplung zwischen Abteilungen und zwischen der Organisation und deren Umwelt statt. Diese unterstützt die Tendenz, nicht nach neuen Organisationsformen oder Anpassungsmöglichkeiten zu suchen, sondern führt zu Machtkämpfen und der Tendenz, eigene Freiräume und zu sichern und persönliche Privilegien zu erhalten und auszubauen (Crozier 1964; nach Kieser 1993: 61).

2.5   Rationalisierung der Lebensführung

Der zu Webers Zeiten moderne Mensch entledigte sich bei der Gestaltung seines Lebens zunehmend traditioneller und religiöser Bindungen. Die individuelle Lebensplanung unterlag damit stärker rationalen, aktuellen Erwägungen, Entscheidungen und Handlungen, das Schicksal wurde in die eigene Hand genommen.

Aus diesem zeitgeistigen Trend erwuchsen jedoch Konflikte mit der allgegenwärtigen Bürokratisierung. Die sich im Aufbau befundenen Institutionen erforderten vom darin Arbeitenden strikteste Unterordnung. Gerade in ihnen, die einen immer wesentlicheren Bereich des täglichen Lebens ausmachten, wurde Entscheidungsfreiheit und Selbstverantwortung eingeschränkt.

„Die der Rationalisierung des menschlichen Verhaltens entsprungene Rationalität der modernen Verhältnisse richtet sich gegen den Menschen selbst." (Abramowski 1966: 163; nach Kieser 1993: 49).

Dies galt auch für die immer stärker reglementierten Bürger. Sie wurden nun zwar nicht mehr von relativ willkürlich entscheidenden Regenten beherrscht, die diese ablösenden Reglementierungen, die sich nun auch in immer weitere Lebensbereiche ausbreiteten, ließen ihm jedoch ebenfalls keine Freiheit. Sie schafften auch keine soziale Gleichberechtigung. Zwar war individuelle Willkür durch formale Regeln ersetzt worden, die zu einer Gleichbehandlung aller Bürger führten, eine ausgewogene Berücksichtigung von Interessen setzte jedoch eine entsprechende Formulierung dieser Regeln voraus, und diese war nicht gegeben:

„Die entscheidende Triebkraft für diese Veränderung der technischen Formen autonomer Rechtschöpfung waren: politisch das Machtbedürfnis der Herrscher und Beamten der erstarkenden politischen Staatsanstalt, ökonomisch aber – zwar nicht ausschließlich, jedoch in stärkstem Maße – die Interessen der Marktmachtinteressenten, d. h. also: der durch Besitz als solchen ('Klassenlage') im formal 'freien' Preis- und Konkurrenzkampf auf dem Markt ökonomisch Privilegierten. Denn z. B. die einer formalen Rechtsgleichheit entsprechende allgemeine 'Ermächtigung': daß 'jedermann ohne Ansehen der Person' beispielsweise eine Aktiengesellschaft gründen oder etwa ein Fideikommiß stiften dürfe, bedeutet natürlich in Wahrheit die Schaffung einer Art faktischer 'Autonomie' der besitzenden Klasse als solcher, die ja allein davon Gebrauch machen können." (Weber 1976: 419).

„Das formale Recht eines Arbeiters, einen Arbeitsvertrag jeden beliebigen Inhalts mit jedem beliebigen Unternehmen einzugehen, bedeutet für den Arbeitsuchenden praktisch nicht die mindeste Freiheit in der eigenen Gestaltung der Arbeitsbedingungen und garantiert ihm an sich auch keinerlei Einfluss darauf. Sondern mindestens zunächst folgt daraus lediglich die Möglichkeit für den auf dem Markt Mächtigeren, in diesem Fall normalerweise den Unternehmer, diese Bedingungen nach seinem Ermessen festzusetzen, sie dem Arbeitsuchenden zur Annahme oder Ablehnung anzubieten und bei der durchschnittlich stärkeren ökonomischen Dringlichkeit seines Arbeitsangebots für den Arbeitsuchenden diesem zu oktroyieren." (Weber 1976: 439).

3   Weiterentwicklungen

Obwohl Weber auch Dysfunktionalitäten von Bürokratien beschrieb, galt sein primäres Interesse der Identifizierung ihrer wesentlichen Charakteristiken, ihrer chronologischen Entwicklungen, ihrer Funktionalität und ihren gesellschaftlichen Voraussetzungen und Begleiterscheinungen. Er versuchte zugleich darzustellen, wie die Bürokratie durch eine arbeitsteilig geregelte Nutzung individueller, spezialisierter Kompetenzen die Grenzen der Entscheidungsfindung oder der intellektuellen Fähigkeiten von Einzelpersonen bzw. alternativer Organisationsformen überwand. Spezifischeren menschlichen Eigenschaften oder Motiven schenkte er in diesem nach Funktionalität suchenden Denkrahmen allerdings nur eine geringe Beachtung. Das Individuum wurde als relativ mechanistischer Bestandteil des organisatorischen Geschehens betrachtet; relativ deswegen, weil die korrekte Anwendung organisatorischer Regeln eine zumindest rudimentäre individuelle Entscheidungsfreiheit beinhaltete.

Dies änderte sich bei späteren Autoren zum Bürokratieansatz, durch die auch erhebliche Dysfunktionalitäten aufgedeckt wurden.

Eine mangelhafte Effizienz infolge zu großer Starrheit diagnostizierte Merton (Merton 1940; nach: Kieser 1993: 61). Schon bei einer geringfügigen Änderung der Aufgabenstellung verbleibt kein Spielraum zur Anpassung. Die vom Organisationsmitglied geforderte Notwendigkeit der strikten Beachtung der Regeln führt dazu, dass diese zum Selbstzweck entarten und nicht mehr die zu bewältigende Aufgabe, sondern regelkonformes Verhalten das Arbeitsziel darstellt. Die Innovationsfähigkeit der Organisation ist damit nicht nur eingeschränkt, das Entstehen von Gruppensolidarität mit der Selbstbestätigung des eigenen Verhaltens verhindert zusätzlich häufig die Öffnung für eine Neuorientierung. Kommt es allerdings in einzelnen Abteilungen dennoch zu Innovationsbestrebungen und der Ausbildung eigener Zielsetzungen, so entstehen zusätzliche Konflikte zwischen Abteilungen (Selznick 1943; nach Kieser 1993: 61).

Arbeitsbox
- Nennen Sie fünf zentrale Merkmale der Bürokratie!
- Welche Herrschaftsformen gibt es bei Max Weber?
- Wie kommt es, dass wir heute nach immer mehr streben, wo unsere unmittelbaren Bedürfnisse doch längst befriedigt sind?
- Worin liegt die zentrale Stärke der Bürokratie, auch was ihre Effizienz und Macht betrifft?

III Wissenschaftliche Betriebsführung (Scientific Management): Frederick Winslow Taylor

1 Zur Person

Taylor, Frederick Winslow (1856-1915)
Frederick Winslow Taylor wurde 1856 in Philadelphia/USA als Sohn wohlhabender Quäker geboren. In jungen Jahren unternahm er viele Reisen, unter anderem nach Europa und fiel schon in dieser Zeit durch seinen Hang zu exakten Methoden und Systematisierungen auf. Taylor beabsichtigte, in Harvard Jura zu studieren und besuchte das College Exeter, das er allerdings im Alter von achtzehn Jahren aufgrund eines starken Augenleidens verlassen musste. Er begann daraufhin eine Ausbildung als Werkzeugmacher und Maschinist und stellte seine Arbeitskraft nach dem Abschluss in die Dienste der Midvale Stahlwerke, wo er sich schnell hocharbeitete. Parallel dazu studierte er am Stevens Institute of Technology und wurde 1883 als diplomierter Ingenieur Chefingenieur in den Midvale Werken.

Während seiner Tätigkeit dort entwickelte er Zeit- und Bewegungsstudien und ein System der Prämienentlohnung. 1890 wechselte er schließlich zur Manufactoring Investment Co., Philadelphia, um die Umsetzung seiner Ideen in die Praxis voranzutreiben. Da seine Realisierungsmaßnahmen kaum erfolgreich waren, gab er 1893 seine Position als Generaldirektor auf und arbeitete als selbständiger Unternehmensberater. Auf der Pariser Weltausstellung 1900 erhielt er sogar eine Goldmedaille für seine Erfindung des Taylor-White-Prozesses zur Behandlung moderner Hochgeschwindigkeitswerkzeuge. Während seiner Tätig-

keit als Ingenieur entwickelte Taylor ca. 100 Patente (vor allem in der Stahlbear-
beitung) und schrieb seine Erfahrungen in fünf Büchern nieder, wobei „The
Principles of Scientific Management" und „Shop Management" als Wegbereiter
der modernen Managementlehre gesehen werden.

Ausgewählte Publikationen

Taylor, F. W. (1903): Shop management. New York.
Taylor, F. W. (1913): The principles of scientific management. New York.
Taylor, F. W. (1917): Die Betriebsleitung insbesondere der Werkstätten. Berlin: Springer.
    (Autorisierte deutsche Bearbeitung von A. Wallichs; 3. Auflage)
Taylor, F. W. (1977): Die Grundsätze wissenschaftlicher Betriebsführung. Weinheim,
    Basel: Beltz. (Nachdruck der autorisierten Ausgabe von 1913, München: Olden-
    bourg)

1.1   Zeitgeschichtlicher Hintergrund

Während sich der Bürokratieansatz vorwiegend auf Verwaltungsprobleme und
ihre Einbettung in gesamtgesellschaftliche Entwicklungen richtete, entstand ungefähr zur gleichen Zeit im anglo-amerikanischen Raum ein Ansatz, der die Analyse und Gestaltung von Produktionsprozessen im weiteren Sinn zum Gegenstand hatte und der sehr pragmatisch orientiert war das Scientific Management.
    Entsprechende Grundgedanken zum Prinzip der Arbeitsteilung gab es schon
lange. Platons oben erwähnte „Politeia" sei als frühes Beispiel nur erwähnt;
prominenter sind zweifellos die Arbeiten *Adam Smiths*, der seiner 1776 erstmals
erschienenen „Untersuchung über das Wesen und die Ursachen des Volkswohlstandes" die Vorzüge der Arbeitsteilung aufs deutlichste hervorhob:

„Einer zieht den Draht, ein anderer richtet ihn, ein dritter schrotet ihn ab, ein vierter
spitzt ihn zu, ein fünfter schleift ihn am oberen Ende, damit der Kopf angesetzt werden kann; die Verfertigung des Kopfes erfordert zwei oder drei verschiedenen Verrichtungen; das Ansetzen desselben ist ein eigenes Geschäft, das Weißglühen der
Nadel ein anderes; ja sogar das Einstecken der Nadel in Papier bildet ein Gewerbe
für sich. So ist das wichtige Geschäft der Stecknadelfabrikation in ungefähr 18 verschiedene Verrichtungen verteilt, die in manchen Fabriken alle von verschiedenen
Händen vollbracht werden, während in anderen ein einziger Mensch zwei oder drei
derselben auf sich nimmt. Ich habe eine kleine Fabrik dieser Art gesehen, wo nur
zehn Menschen beschäftigt waren, und manche daher zwei oder drei verschiedene
Verrichtungen zu erfüllen hatten. Obgleich nun diese Menschen sehr arm und darum
nur leidlich mit den nötigen Maschinen versehen waren, so konnten sie doch, wenn

sie sich tüchtig dran hielten (...) täglich über 48000 Nadeln machen. (...) hätten sie dagegen alle einzeln und unabhängig gearbeitet und wäre keiner für dies besondere Geschäft angelernt worden, so hätte gewiß keiner 20, vielleicht nicht eine einzelne täglich machen können." (Smith 1908: 7f; nach Kieser 1993: 65).

Smith führte diesen Produktivitätszuwachs auf die gesteigerte Geschicklichkeit der Arbeiter, die ersparte Zeit zwischen den Übergängen von einer Tätigkeit zur nächsten und die Entwicklung entsprechender Maschinen zurück. Weitere Vorteile des Prinzips der Arbeitsteilung erkannte Babbage im Jahr 1832. Für jede Tätigkeit konnten Personen eingestellt werden, die genau darin besonders qualifiziert waren. Für Geschicklichkeitsarbeiten könnten beispielsweise manuelle Fertigkeiten gefragt sein, für Hebearbeiten körperliche Kraft („Babbage-Prinzip"). Außerdem sah er in der Maschine ein disziplinierendes Instrument, das vor „Unachtsamkeit, Trägheit oder Spitzbüberei der Arbeiter" bewahrt.

Der Gedanke der rationalen Gestaltung arbeitsteiliger Prozesse war lange Zeit jedoch ohne größere praktische Relevanz. Zu Beginn der Industriellen Revolution waren zwar die Anzahl der Produktionsbetriebe und die Anzahl der darin jeweils Beschäftigten gestiegen, die Fertigungsprozesse waren jedoch im Wesentlichen noch handwerklich organisiert. Die Maschinen waren lediglich größer und leistungsfähiger als bisher und Koordinationsprobleme konnten durch den jeweiligen Handwerksmeister vor Ort aufgefangen werden. Dies änderte sich mit dem Übergang zur Massenproduktion gegen Ende des 19. Jahrhunderts. Einzelne Produktionsschritte mussten nun genauer aufeinander abgestimmt und die Effizienz zur Erreichung größerer Stückzahlen erhöht werden. Die Idee, Fabriken als eine einzige, große, arbeitsteilige Maschine zu gestalten, wurde geboren. Neben damit verbundenen ingenieurtechnischen Anforderungen tauchte dabei insbesondere das Problem der Einbettung des Menschen in diese Maschinerie auf. In der Zeit des Übergangs von der Manufaktur zur großindustriellen Massenfertigung, die ab 1913 insbesondere durch Henry Fords Experimente mit der Fließbandproduktion eingeleitet wurde, entstand um die Jahrhundertwende der Ansatz des Scientific Managements, der später in die anglo-amerikanische Managementlehre bzw. in die deutsche betriebswirtschaftliche Organisationslehre mündete.

Frühere Managementansätze, wie etwa der oben erwähnte von Smith, hatten einschneidende Defizite, die in der gerade einsetzenden Zeit industrieller Veränderungen deutlicher zum Vorschein kamen (Kieser 1993):

- Es wurden zwar allgemeine Regeln benannt, wie Managementprozesse ablaufen sollten, *spezifische Bedingungen*, unter denen bestimmte Regeln gültig sind, wurden hingegen nicht benannt. Beispielsweise wurde das

Thema der optimalen Leitungsspanne, der Anzahl der Mitarbeiter, die einem Vorgesetzten unterstellt sind, ausgiebig diskutiert. In der Praxis zeigte sich jedoch, dass unter verschiedenen Produktionsbedingungen eine unterschiedlich große Leitungsspanne optimal ist.

- Damit ist ein zweiter Nachteil verbunden. Die Akzeptanz allgemeingültiger Organisationsprinzipien schuf eine *Vergangenheitsorientierung*, die gegen Veränderungen weitgehend immun war. Sie entledigte die Führungskräfte vom Legitimationsdruck ihrer Handlungen und Entscheidungen, konformes Verhalten war korrekt.

- Die formulierten Regeln waren ferner sehr *wertgeladen*. Arbeitsteilige Produktion, Standardisierung und Formalisierung wurden allgemein als notwendig erachtet, warum diese sinnvoll sind, wurde, von Ausnahmen abgesehen, nicht näher spezifiziert. Damit war die Gefahr gegeben, dass sie zum großen Teil Herrschaftsansprüche sichern sollten, unabhängig von der organisatorischen Effizienz. Die ideologische Überzeugung bei Staat, Unternehmen und Gewerkschaften, dass die arbeitsteilige Produktion angebracht sei, schuf damit die Bedingungen für ihre Einführung. Alternativ wäre beispielsweise die Einrichtung kleinerer Produktionseinheiten bei ganzheitlicher Arbeit ebenso denkbar gewesen, mit dem Vorteil erhöhter Flexibilität.

1.2   Hauptaussagen

Taylor objektivierte die Arbeit durch experimentelle Zeit- und Bewegungsstudien. Aus deren Ergebnissen waren individuelle Leistungen planbar, konnten zurückgemeldet und individuell belohnt werden. Damit konnte ein objektives, auf jeden Arbeiter individuell bezogenes und transparentes Anreizsystem geschaffen werden, das sich sowohl auf die aktuelle Leistung (Pensum-Belohnungssystem), als auch auf die längerfristigen Beförderungschancen bezog.

Das System war eingebettet in einen umfassenden organisatorischen Verwaltungsapparat mit insgesamt acht Funktionsmeistern. Vier Funktionsmeister planten und überwachten die Arbeiten im Arbeitsbüro, vier kontrollierten die Arbeiten vor Ort.

Durch größere Produktivität der Organisation sollten dadurch für beide Parteien, Arbeitgeber und Arbeitnehmer, materielle Vorteile entstehen, die gleichzeitig den damals bestehenden Konflikt zwischen Kapital und Arbeit entschärfen sollten.

2   Taylors Scientific Management

Frederick Winslow Taylor wuchs, wie oben erwähnt, als Sohn wohlhabender Quäker (einer asketischen protestantischen Sekte) auf, was nach Weber (s. o.) auf beste Voraussetzungen für eine handlungsorientierte Gesinnung schließen lässt. Gleich Calvin („Jeder Mensch ist in sich verloren und ruiniert (...) Verflucht sei, wer dem Menschen vertraut und seine Tugend auf das Fleisch baut." (vgl. Helferich 1985: 93) war auch Taylors Menschenbild offenbar recht pessimistisch:

1. „Der Mensch ist von Natur aus faul und nur auf sein Vergnügen bedacht.
2. Glück erreicht der Mensch nur durch Konsum.
3. Deshalb ist er zur Arbeit nur durch finanzielle Anreize zu motivieren.
4. Da (1) und (2) im Widerspruch stehen, muß der Mensch seine Natur durch Disziplin überwinden, um Glück zu erreichen.
5. Da der Mensch, zumindest der körperlich arbeitende Mensch, aufgrund von Einsicht dies nicht schafft, muß er rigiden Regeln unterworfen werden.
6. Ingenieure, die die „Wissenschaft" zur Erhöhung der Produktivität beherrschen, können diese Regeln am besten konstruieren. Auf diese treffen die Annahmen (1) bis (5) nicht zu und deshalb setzen sie ihr Wissen ein, um den Arbeitern zu Einkommen, Konsum und Glück zu verhelfen." (Merkle 1980: 291f; nach Kieser 1993: 86).

Calvins Antwort auf die Frage, wie man denn erkennen könne, ob man für die göttliche Vorsehung prädestiniert sei („Die Erkenntnis Gottes und unsere Selbstkenntnis (...) hängen vielfältig zusammen." (Calvin nach: Helferich 1985: 93), führte bei Taylor offenbar zu einer religiös vermittelten Überhöhung des eigenen Berufsstandes - den des Ingenieurs. Pragmatisch galt sein Interesse der Steigerung der Produktivität der Arbeiter und der Effizienz des Managements.

Taylor (1913) wandte sich gegen die personifizierten Herrschaftsansprüche in den Organisationen seiner Zeit:

„Bisher stand die 'Persönlichkeit' an erster Stelle, in Zukunft wird die Organisation und das System an erste Stelle treten. Daraus ist aber nicht etwa der Schluß zu ziehen, daß man keine bedeutenden Persönlichkeiten mehr braucht. Im Gegenteil, die Aufgabe eines jeden guten Systems muß es sein, sich erstklassige Leute heranzuziehen, und bei systematischem Betrieb wird der beste Mann sicherer in führende Stellung gelangen als je zuvor." (Taylor 1977: 4).

Sein Ansatz kann in der Sprache Webers ebenfalls als eine Form der Rationalisierung bezeichnet werden, wenngleich mit unterschiedlicher Blickrichtung. Bei Weber wird die Funktion einer Person in Hinblick auf das organisatorische Gesamtsystem über den Begriff der „Position", die durch Regeln festgelegt und unabhängig von Individuen definiert ist, depersonalisiert bzw. objektiviert. Taylor richtet hingegen sein Augenmerk auf die Tätigkeit, deren Objektivierung weniger durch die funktionale Zweckbestimmung der Person, sondern durch wissenschaftliche zu ergründende Gesetzmäßigkeiten im Arbeitsprozess erfolgt. Er schafft damit ebenfalls ein rational vorgegebenes, von den Akteuren relativ unabhängiges Organisationsbild im Sinne verallgemeinerter Organisationsprinzipien.

2.1   Taylors Analyse der Situation in Organisationen

Den Ausgangspunkt seiner Arbeiten bildete die Beobachtung motivatorischer Defizite bei den Arbeitern seiner Zeit, eine offenbar gezielte, zumindest teilweise Verweigerung der Arbeitsleistung:

> „Das stillschweigende oder offene Übereinkommen der Arbeiter, sich um die Arbeit zu drücken, d. h. absichtlich so langsam zu arbeiten, daß ja nicht eine wirklich ehrliche Tagesleistung zustande kommt (...), ist in industriellen Unternehmungen fast allgemein gang und gäbe und besonders im Bauhandwerk recht üblich. Ich glaube mit der Behauptung, daß dieses 'Sich-um-die-Arbeit-Drücken', wie es bei uns meistens genannt wird, das größte Übel darstellt, an dem gegenwärtig die arbeitende Bevölkerung in Amerika und England krankt, keinen Widerspruch fürchten zu müssen." (Taylor 1977: 12).

Als Gründer für diese partielle Arbeitsverweigerung nennt er die grundsätzlich falsche Einstellung der Arbeiter zur Massenproduktion und deren Auswirkungen, falsche Anreizstrukturen in Organisationen und eine mangelhafte Arbeitsgestaltung und -organisation:

A) Fehlerhafte Einstellungen und Normen der Arbeiter

> „Der Trugschluß, der von Urzeiten her fast allgemein unter den Arbeitern verbreitet ist, daß eine wesentliche Vergrößerung der Produktion jedes Mannes und jeder Maschine schließlich dazu führen muß, eine große Anzahl von Arbeitern brotlos zu machen (...) Von dieser Täuschung befangen arbeitet in allen Ländern ein großer Prozentsatz vorsätzlich langsam, um die Produktion niedrig zu halten." (Taylor 1977: 14).

Dieser Ausformung des allgemeinen Konflikts zwischen Arbeiter und Kapital hält Taylor entgegen, dass durch Massenproduktion die Produktivität des Einzelnen steigt, und die Kosten für Güter sinken. Damit steigt gleichzeitig die Nachfrage, was erstens zu einer Mehrbeschäftigung führt und zweitens für den Arbeiter eine erhöhte Kaufkraft aus seinem Lohn mit sich bringt. Grundsätzlich versteht er seinen Ansatz einer rationalen und wissenschaftlich begründeten Betriebsführung auch als einen Beitrag zur Reduktion dieser konfliktuösen Interessenslagen (s. u.).

B) Mangelhafte Anreizstrukturen

> „Die mangelhaften Betriebs- und Verwaltungssysteme, die allgemein verbreitet sind und die jeden Arbeiter zum 'bummeln' zwingen, um seinen eigenen Vorteil zu wahren." (Taylor 1977: 14).

Menschen neigen nach Taylor dazu, nur soviel zu arbeiten, wie unbedingt notwendig ist. Außerdem orientieren sie sich am Verhalten anderer und passen ihre Arbeitsleistung an, um den eigenen Vorteil in bezug zur aufgewandten Arbeit zu maximieren:

> „Warum soll ich mich anstrengen und hart arbeiten, wenn dieser Faulpelz dieselbe Bezahlung wie ich erhält und nur die Hälfte von dem leistet, was ich leiste?" (Taylor 1977: 19).

Diese Tendenzen werden durch das relativ leistungsunabhängige *Zeitlohnsystem* verstärkt. Allerdings kann auch das *Stücklohnsystem* hier keine Abhilfe schaffen, da Arbeiter, die mehrfach erlebt haben, dass der Stücklohn infolge höherer Produktivität mehrfach herabgesetzt wurde, geneigt sind, keine weiteren Lohnminderungen zuzulassen und die eigene Arbeitsleistung zu reduzieren. Genau dies war mit dem Beginn der Massenproduktion häufiger aufgetreten. An dieser Stelle sollte das *Pensum-System* (s. u.) Abhilfe schaffen.

C) Mangelhafte Arbeitsgestaltung und -organisation

> „Die unökonomischen Faustregel-Methoden, die sich noch in allen Gewerben finden, und bei deren Anwendung unsere Arbeiter einen großen Teil ihrer Kraft verschwenden." (Taylor 1977: 14).

Die Faustregel-Methoden wurden über viele Handwerker-Generationen weitergegeben bzw. durch Beobachtung gelernt. Daher existieren für jede Arbeit unterschiedliche Ausführungsmethoden und Werkzeuge, die bislang noch nicht in Hinblick auf ihre Effizienz systematisch analysiert und bewertet wurden. Da jedoch nur eine Methode die beste sein könne, war es wichtig, diese zu finden, sie dem Arbeiter zu vermitteln und im Arbeitsprozess zur Anwendung zu bringen.

Damit ist noch ein zweiter Problembereich angesprochen. Die Kenntnisse der Werksmeister und Vorarbeiter waren gering im Vergleich zur Summe der Kenntnisse und Geschicklichkeit aller Arbeiter zusammen. Da sich bislang kein spezifisches Expertenwissen herausgebildet hatte, das als Leistungsstandard hätte herangezogen werden können, blieb den Werksmeistern nichts anderes übrig, als ihre Arbeiter zu möglichst hoher Leistung und Initiative anzutreiben (*„Initiativesystem"*). Neben materiellen Anreizen empfehlen sich hierzu auch die Gestaltung günstiger Arbeitsbedingungen und die persönliche Wertschätzung des Arbeiters durch den Vorgesetzten. Eine Kontrolle über den erreichten Grad an Leistungserfüllung war jedoch in Ermangelung eines Vergleichsstandards kaum möglich. Die tatsächliche Leistung blieb weitgehend dem Engagement des Arbeiters überlassen.

2.2   *Grundzüge des Scientific Management*

Insbesondere auf die letzten beiden Punkte seiner Diagnose der aktuellen Situation in Organisationen baut das Scientific Management auf. Dabei steht der Gedanke im Vordergrund, wie man die Motivation und damit die Leistung der Arbeiterschaft steigern bzw. das „Sich-um-die-Arbeit-Drücken" vermeiden kann:

> „Bei den alten Betriebssystemen hängt der Erfolg fast ausschließlich davon ab, ob man die Initiative des Arbeiters für sich gewinnen kann, was tatsächlich nur sehr selten der Fall ist. Beim neuen System wird die Initiative des Arbeiters, d. h. angestrengtes Arbeiten, guter Wille und Findigkeit, absolut gleichmäßig einen Tag wie den anderen und in größerem Maße gewonnen, als es unter dem alten System überhaupt möglich ist (...)." (Taylor 1977: 38).

Hierzu bedient sich Taylor der Methode des wissenschaftlichen Experiments. In der Vergangenheit wurde die Ausführung der verschiedenen arbeitsteiligen Tätigkeiten dem tradierten Wissen und der Geschicklichkeit des Arbeiters überlassen. Nun wurden allgemeingültige Gesetzmäßigkeiten zur optimalen Durchführung von Arbeiten empirisch ermittelt und durch das Management als Arbeitsvorgabe geliefert. Diese Gesetzmäßigkeiten bildeten wiederum den Standard, an dem die Leistung des Arbeiters gemessen und entlohnt wurde.

Das methodische Prinzip des Experimentierens wurde damit in ein Programm eingebettet, das den Charakter allgemeiner Organisationsprinzipien besaß. Der Mensch bzw. der Arbeiter wurde dabei als quasi mechanistischer Bestandteil des industriellen Fertigungsprozesses gesehen, den es zu optimieren galt als das häufig beschriebene „Rädchen in der Maschine". Individuelles Arbeitsverhalten wurde der persönlichen Initiative entzogen und einer rationalen, organisatorischen Vorgabe untergeordnet. Diese Mechanisierung war für Taylor allerdings eine unausweichliche Folge jeglicher Art der Spezialisierung von Arbeitsprozessen (vgl. Taylor 1913: 133f), womit er zumindest bezogen auf seine Zeit vermutlich auch Recht hatte. Soziale Beziehungen am Arbeitsplatz waren dabei unerwünscht. Sie führten zu einer gegenseitigen Verstärkung sozialer Normen zur Reduktion der Arbeitsleistung und Hemmung individuellen Engagements. Allerdings betonte Taylor die Notwendigkeit der Zuwendung und des Interesses am Arbeiter durch die Unternehmensleitung. In dieser mechanisierten bzw. rationalisierten Arbeitswelt kam der Frage der Personalauswahl und -entwicklung eine neue Bedeutung zu. Arbeiter konnten nun gezielt hinsichtlich der definierten Aufgabe ausgewählt bzw. geschult werden.

Die Optimierung der Arbeitsgestaltung und der Anreizstrukturen bildete die beiden zentralen Gestaltungspunkte der wissenschaftlichen Betriebsführung. Erstere wurde durch Zeit- und Bewegungsstudien, ergänzende Maßnahmen der Personalauswahl und -entwicklung sowie, falls möglich, eine Umgestaltung der Leitungsstruktur bewirkt, bezüglich letzterem spielt die Pensum-Entlohnung eine entscheidende Rolle.

2.2.1   Die Optimierung der Arbeitsgestaltung

A) Zeit- und Bewegungsstudien

Zunächst sollte das Problem der bisherigen Faustregel-Methoden der Arbeiter durch eine gezielte Analyse der Tätigkeit seitens der Unternehmensleitung abgelöst werden. Durch festgelegte Arbeitsschritte sollten dabei Vorgaben für die Durchführung einer jeweiligen Tätigkeit erarbeitet werden. Zeit- und Bewegungsstudien lieferten hierfür die notwendigen Informationen. Diese bestanden aus folgenden Schritten (vgl. Witte 1928: 52ff; nach Kieser 1978: 70):

a)   Unterteilung der Arbeit in einfache Elementarbewegungen
b)   Ermittlung und Eliminierung überflüssiger Bewegungen
c)   Vergleich der Elementarbewegungen mehrerer geschickter Arbeiter und Feststellung der besten und schnellsten
d)   Beschreibung und Klassifikation der ausgewählten Elementarbewegungen mit Zeitangabe

e)   Feststellung zusätzlicher unvermeidbarer Verzögerungen,
        Unterbrechungen oder Betriebsstörungen mit Zeitangabe
f)   Feststellung der Anlernzeit für ungeübte Arbeiter
g)   Feststellung der notwendigen Zeit für Erholung der Arbeiter

Anhand der dabei gewonnenen Daten konnte jede Tätigkeit in handlungsmäßig und zeitlich klar beschriebenen Arbeitsschritten vorgegeben werden. Am Beispiel der Bestimmung der optimalen Schaufelgröße für Erdarbeiten sei dieses Vorgehen verdeutlicht:

„Für einen erstklassigen Schaufler gibt es eine bestimmte Gewichtslast, die er jedesmal mit der Schaufel heben muß, um die größte Tagesleistung zu vollbringen. Welches ist nun diese Schauffellast? Wird ein Arbeiter pro Tag mehr leisten können, wenn es jedesmal zwei, fünf, zehn, fünfzehn oder zwanzig kg auf seine Schaufel nimmt? Das ist eine Frage, die sich nur durch sorgfältige Versuche beantworten läßt. Deshalb suchten wir erst 2 oder 3 erstklassige Schaufler aus, denen wir einen Extralohn zahlten, damit sie zuverlässig und ehrlich arbeiteten. Nach und nach wurden die Schaufellasten verändert und alle Nebenumstände, die mit der Arbeit irgendwie zusammenhingen, sorgfältig mehrere Wochen lang von Leuten, die ans Experimentieren gewöhnt waren, beobachtet. So fanden wir, daß ein erstklassiger Arbeiter seine größte Tagesleistung mit einer Schaufellast von ungefähr 9 ½ kg vollbrachte, d. h. er leistete mit einer Schaufellast von 9 ½ kg mehr als mit einer solchen von 11 kg oder 8 ½ kg. Selbstverständlich kann kein Schaufler jedesmal genau 9 ½ kg auf seine Schaufel nehmen; aber 1-2 kg darunter oder darüber machen keinen Unterschied, wenn nur der Durchschnitt 9 ½ kg beträgt." (Taylor 1977: 68).

B) Das Funktionssystem und das Arbeitsverteilungsbüro

Bereits durch die Erarbeitung allgemeiner Gesetzmäßigkeiten zur Arbeitsdurchführung wurde ein Teil der Verantwortung vom Arbeiter auf die Unternehmensleitung übertragen. Bezogen auf den Arbeiter bedeutete diese Maßnahme eine „Trennung von Hand- und Kopfarbeit". Durch Installation eines Arbeitsverteilungsbüros wurde diese Trennung von Planung und Ausführung noch weiter vollzogen.

Zur Arbeitsorganisation und -kontrolle wurde dabei das Einliniensytem mit persönlicher Weisung („Unterordnungs- oder militärisches System"; nach Taylor 1917: 48) durch ein relativ anonymes „Funktions- oder Tätigkeitssystem" ersetzt. Die Aufgaben, die von einem Vorgesetzten verlangt wurden, waren so vielfältig, dass es nur wenige Personen gab, die alle gleichzeitig erledigen konnten. Durch die Etablierung spezifischer Funktionsmeister sollte es möglich sein, bestimmte Aufgaben an hierfür zuständige und entsprechend ausgebildete Personen zu delegieren, um dadurch eine kompetentere Aufgabenausführung zu gewährleisten:

> „Es liegt auf der Hand, daß aus der Klasse der Leute, aus welcher die Meister zu wählen sind, keiner zu finden ist, welcher auch nur den größten Teil der genannten Eigenschaften, welche von ihm zur vollen Ausfüllung seines Platzes verlangt werden, in sich vereinigt, und sollte wirklich einer gefunden werden, dann mache man ihn lieber zum Direktor anstatt zum Meister. Hieraus folgt aber, daß mit dem ganzen System in der Weise gebrochen werden muß, daß eine Aufteilung der Pflichten des Meisters in so viele Teile erfolgt, daß jeder dieser Teile von einem Aufsichtsorgan (Meister) voll und ganz bewältigt werden kann." (Taylor 1917: 47).

Die Anzahl dieser Funktionsmeister war nicht eindeutig festgelegt, sondern richtete sich nach den speziellen organisatorischen Erfordernissen. In der Regel gab es acht Funktionsmeister, von denen vier im Arbeitsbüro beschäftigt waren („hauptsächliche Meister oder Beamte des Arbeitsbüros"); vier „Ausführungsmeister" waren in der Produktion beschäftigt. Im Arbeitsbüro wurden zunächst die täglichen Anweisungen für die Durchführung der jeweiligen Tätigkeiten festgelegt und deren Ausführung kontrolliert:

> „Der *Arbeitsverteiler* schreibt, nachdem die Reihenfolge der zu erledigenden Aufträge in großen Zügen vom Betriebsleiter festgelegt ist, die täglichen Anweisungen für die Ausführungsmeister, die insbesondere den Gang der Arbeitsstücke über die Werkbänke regeln. Diese Listen sind das Hauptmittel, um die Vollbringung der täglich vorausbestimmten Arbeit zu sichern.
>
> Der *Unterweisungsbeamte* unterrichtet sowohl die Meister als auch die Arbeiter über alle Einzelheiten der Arbeit; er teilt auf seinen Unterweisungskarten die Nummern der Haupt- und Einzelzeichnungen, die Bestellungs- und Kostennummer, die Aufspannvorrichtung und besondere Werkzeuge mit; er gibt ferner alle Angaben über das Ansetzen der Schnitte, über Schnittgeschwindigkeit und Schnitttiefe, Art der Löhnung, ob im Akkord oder nach dem Prämien- oder Differenziallohnverfahren zu arbeiten ist und gibt die Zeiten und Lohnsätze an; er teilt auch die Namen der Meister mit, welche in den einzelnen Fragen unterrichtet sind (...).
>
> Der *Zeit- und Kostenbeamte* regelt die Vorschriften über die Arbeitszeit und die Eintragungen in die Zeitkarte durch die Arbeiter selbst, sorgt dafür, daß diese Angaben täglich rechtzeitig eingehen und pünktlich an die Kostenbeamten weitergegeben werden.
>
> Der *Aufsichtsbeamte* sorgt für die Aufrechterhaltung der nötigen Disziplin und straft bei wiederholter Pflichtverletzung; er prüft die eingelaufenen Beschwerden, setzt die Strafen für Zuspätkommen und Fehlen fest und spricht das letzte Wort über etwaige Veränderungen der Lohnsätze." (Taylor 1917: 49f).

Die Überwachung der Arbeitserledigung unterlag den vier Ausführungsmeistern:

„Die *Vorrichtungsmeister* sollen die Arbeit vorbereiten, insbesondere dafür sorgen, daß stets mindestens ein Arbeitsstück auf jeder Bank ist, daß der Arbeiter das Stück sachgemäß aufgespannt hat, und daß ihm die dazu notwendigen Vorrichtungen und Hilfseinrichtungen wie Spannfutter, Keile, Beilegstücke, Meßvorrichtungen usw. rechtzeitig geliefert werden. Sie sollen persönlich eingreifen und helfen, wenn die Vorrichtungs- und Aufspannarbeit nicht rasch genug vonstatten geht.

Die *Geschwindigkeitsmeister* sollen vornehmlich darauf achten, daß die vorgeschriebenen Arbeitsgeschwindigkeiten, Schnittiefen und Vorschubgrößen innegehalten werden, daß der Schnitt an der richtigen Stelle beginnt, sowie, daß die richtigen Werkzeuge (Drehstähle, Fräser, Schleifsteine) zur Hand sind, und daß diese nach Normalien völlig gleichmäßig hergerichtet werden. Er soll nicht darauf sehen, daß der Arbeiter die richtigen Anwendungen von den Werkzeugen macht, sondern vor allem, daß die Arbeit in der kürzestmöglichen Zeit vollbracht wird (...)

Die *Prüfmeister* sind für die genaue Ausführung der Stücke nach den vorgeschriebenen Maßen, überhaupt für die Güte der Arbeit verantwortlich; sie prüfen die Arbeitsstücke während und nach der Bearbeitung.

Die *Instandhaltungsmeister* sorgen für die Reinhaltung, Schmierung und Wartung der Maschinen und halten strenge darauf, daß die hierfür geltenden Vorschriften innegehalten werden; sie überwachen außerdem den Zustand der Antriebsmotoren und Riementriebe, und halten auf Reinlichkeit und Ordnung in den abgelegten Stücken auf dem Flur der Werkstätte." (Taylor 1917: 48f).

Durch die Trennung von Kopf und Arbeit mit Hilfe dieses ökonomisch recht aufwendigen Planungs- und Kontrollinstrumentariums konnten einzelne Positionen mit relativ ungelernten, billigen Arbeitskräften besetzt werden. Dennoch resultierte daraus selbst bei komplexeren Produktionsprozessen durch die Erreichung hoher, wenngleich inhaltlich eng begrenzter Fertigkeiten nach Taylors Urteil eine hohe Produktivitätssteigerung. Diese dürfte allerdings auch spezifisch für die USA der damaligen Zeit gewesen sein. Im Gegensatz etwa zu Deutschland gab es dort kaum angelernte Fachkräfte und eine entsprechende Ausbildung wäre mit großem zeitlichem und ökonomischem Aufwand verbunden gewesen.

C) Personalauswahl und -entwicklung

In einem von der Arbeitsbeschreibung sehr spezifischen Organisationssystem kam nun auch der Personalauswahl ein erhöhter Stellenwert zu. Analog zur experimentellen Überprüfung verschiedener Arbeitsschritte konnten auch unterschiedliche Personen hinsichtlich ihrer Fertigkeiten bzw. Leistungsfähigkeit bezüglich einer bestimmten Aufgabe getestet werden. Damit war eine gezielte Personalauswahl ebenso möglich, wie eine gezielte Platzierung bereits Beschäftigter in einen anderen Produktionsbereich. Durch die rational geplante Vorgabe der Arbeitsschritte konnten außerdem gezielte Schulungsmaßnahmen durchgeführt werden.

2.2.2   Die Optimierung der Anreizstruktur durch das Pensum-System

Traditionelle Entlohnungssysteme waren nicht geeignet, dem Problem der Arbeitsverweigerung zu begegnen. Im Zeitlohn erkannte Taylor den Nachteil, dass jemand in Anwesenheit anderer Personen durch Minderarbeit seines Kollegen dazu angetrieben würde, ebenfalls weniger zu arbeiten. Auch Stücklohn war seines Erachtens ungeeignet. Eine erhöhte Produktivität hatte die Herabsetzung des Stücklohns zur Folge und es war dem Arbeiter offenbar kaum plausibel zu machen, wieso er nicht durch Vernachlässigung der Arbeitsgeschwindigkeit den Stücklohn konstant halten sollte.

Mit Hilfe der in Zeit- und Bewegungsstudien festgestellten Arbeitsbeschreibung war es nun möglich, ein zu erfüllendes Arbeitspensum festzulegen. Die Erreichung dieses Pensums in der vorgegebenen Zeit wurde mit einem Bonus in Höhe von 30 bis 100% des Grundlohns belohnt. Ziel war es, damit den Arbeiter zu hohen Leistungen anzuhalten, die jedoch so ausgelegt sein sollten, dass sie ohne gesundheitliche Einbußen über einen langen Zeitraum erreicht werden konnten. Bei Nichterreichung des Pensums oder bei vorsätzlicher Reduzierung der Arbeitsleistung waren allerdings auch Bestrafungen etwa in Form von Kündigungen oder vorübergehenden Aussperrungen möglich.

Unabhängig von der Entlohnung sah Taylor allerdings auch in der klaren Vorgabe einer zu leistenden Arbeit bereits einen motivationsfördernden Faktor:

> „Jeder Schüler bekommt täglich ein scharf umgrenztes Pensum vom Lehrer auf. Nur auf diese Weise macht der Schüler den entsprechenden systematischen Fortschritt. Das Durchschnittskind würde sehr langsam vorwärts kommen, wenn man ihm einfach sagte, es solle so viel tun, als es könne, statt ihm eine bestimmte Arbeit aufzugeben. Wir alle sind erwachsene Kindern, und das gleiche gilt für uns. Der Durchschnittsarbeiter wird zur größten eigenen Zufriedenheit wie zu der seines Arbeitgebers arbeiten, wenn er täglich eine bestimmte Arbeit, die ein richtiges Tagwerk für einen guten Arbeiter darstellt, zugewiesen bekommt. Dies gibt dem Arbeiter einen 'Maßstab', mit Hilfe dessen er selbst jederzeit seinen Fortschritt feststellen kann und dessen Einhaltung ihm die größte Genugtuung bietet." (Taylor 1977: 129).

Die Festlegung individueller Zielvorgaben und Rückmeldungen über deren Erreichung entsprach eher der menschlichen Natur, als die Setzung kollektiver Ziele:

„Es sind nun einmal die Menschen mit verschiedenen Eigenschaften geboren, und jeder Versuch, sie völlig gleich zu machen, verstößt gegen die Naturgesetze." (Taylor 1917: 115).

Durch die Akzeptanz der Individualität war gleichzeitig eine größere Transparenz in der organisatorischen Aufstiegsdynamik geschaffen. Beförderung war von objektiven Leistungskriterien abhängig und im Idealfall allein durch eigenes Verhalten unabhängig etwa von der Klassenzugehörigkeit erreichbar. Die eigene Stellung in der Organisation konnte auf die eigene Leistung zurückgeführt werden, womit ein höheres Selbstwertgefühl und ein größeres Engagement im Rahmen der Organisationsziele verbunden war:

„Die moralische Wirkung unseres Systems ist ganz augenscheinlich. Das Gefühl der gerechten Behandlung macht die Leute freier, männlicher und aufrichtiger; sie arbeiten mit mehr Lust und sind gegen sich und ihre Vorgesetzten höflicher. Sie sind nicht, wie bei den älteren Systemen, durch Ungerechtigkeit verbittert und voll unfreundlicher Gefühle gegen ihre Brotherren." (Taylor 1917: 112).

2.3   Zur Aufhebung des Konflikts zwischen Arbeit und Kapital

Taylors Ansicht nach war das Scientific Management ebenfalls dazu geeignet, den stets latenten Konflikt zwischen Arbeitgeber- und Arbeitnehmerinteressen zu lösen. Durch laufende Erhöhung der Produktivität sollte es möglich sein, den unternehmerischen Gewinn so zu erhöhen, dass beide Parteien einen kontinuierlichen Ertragszuwachs erfahren und die Umverteilungsfrage aus dem Blickfeld gerät:

„Der Hauptzweck dieser Schrift ist nämlich die Verkündung des Grundsatzes, daß hohe Löhne bei niedrigen Herstellungskosten das Fundament für gute Werkstättenleitung bilden (...) Die Verhältnisse, welche nach dieser Richtung hin allein Stetigkeit und Zufriedenheit gewähren, sind dann vorhanden, wenn Arbeitnehmer wie Arbeitgeber so viel oder besser noch mehr leisten als ihre Mitbewerber, und das bedeutet in neun von zehn Fällen 'hohe Löhne und niedrige Herstellungskosten', und beide Teile sollten um Beibehaltung dieses Zustandes ängstlich bemüht sein." (Taylor 1917: 4f).

Mit dieser Verknüpfung von Lohnsteigerung und Produktivitätszuwachs nahm Taylor einen wesentlichen Gedanken der sozialen Marktwirtschaft vorweg. Damit trug er zu einer Annäherung beider Parteien bei, obgleich sein Ideal sicherlich mehr Optimismus als angebracht enthält:

„An Stelle von Streitigkeiten ein herzliches brüderliches Zusammengehen, und an Stelle des Gegeneinanderarbeitens ein gemeinsames Streben! An Stelle eines mißtrauischen Aufpassens gegenseitiges Vertrauen!" (Taylor 1917: 30).

2.4   Abschließende Beurteilung

Taylors hauptsächlicher Verdienst war es, universelle Organisationsprinzipien mit einer wissenschaftlichen Methode, dem Experiment, zu verbinden. Dadurch war es möglich, für bestimmte Bedingungen Gesetzmäßigkeiten empirisch zu erarbeiten, diese an neue oder veränderte Bedingungen anzupassen und damit eine objektive, wertfreie Beurteilungsbasis für Arbeitsprozesse zu schaffen.

Allerdings waren nur 0,13% der Beschäftigten in einer rein tayloristischen geführten Organisation tätig. Einige Jahre später wurde der Taylorismus vom Fordismus abgelöst. Taylor gilt gleichwohl als Vater der Arbeitswissenschaft, dem es darüber hinaus gelang, Kapital und Arbeit zu versöhnen und eine objektive Leistungszumessung zu ermöglichen.

3   Weiterentwicklungen

Hugo Münsterberg (1863-1916) – einer der Begründer der Psychotechnik – war Schüler Wilhelm Wundts, in dessen Leipziger Labor erste experimentelle arbeitswissenschaftliche Untersuchungen durchgeführt worden waren. Er beklagte die Nichtbeachtung psychologischer Prinzipien im Scientific Management. Seine Arbeiten orientierten sich am Vorgehen Taylors, allerdings suchte er nicht nach rationalen, rein physiologisch bzw. am Arbeitsprozess ausgerichteten Gestaltungskriterien des Arbeitsprozesses, sondern nach psychologischen Kriterien für die Auswahl und Anpassung des Arbeiters an den Arbeitsplatz und für die Arbeitsplatzgestaltung. Er untersuchte beispielsweise Belastbarkeit, Ermüdung, Lern- und Vergessensprozesse oder Motive von Arbeitern, mit dem Ziel, die Arbeitsgestaltung entsprechend anzupassen. Seine differenziert angelegten testdiagnostischen Verfahren fanden außerdem weite Verbreitung und wurden in zahlreichen Industrieunternehmen eingesetzt. Ende der 20er Jahre fand die allgemeine Akzeptanz des Programms allerdings ein Ende. In der Praxis wurde dessen Wirksamkeit zunehmend angezweifelt und von seiten der universitären Psychologie immer häufiger Kritik an der Validität der angewendeten Testverfahren geäußert.

Arbeitsbox
- Nennen Sie die Grundgedanken Taylors zur Steigerung der Arbeitspro-duktivität!
- Nennen Sie fünf Merkmale des Taylorismus!
- Welche Zusammenhänge sieht Weber zwischen der Religionszugehö-rigkeit Taylors und seiner Handlungsorientierung?

IV Human Relations: Fritz Jules Roethlisberger und Elton Mayo

1   Zeitgeschichtlicher Hintergrund

In den beiden vorhergehenden Konzepten werden Organisationen als sehr formal konzipierte Gebilde betrachtet, in denen dem Menschen lediglich eine passive, relativ mechanistische Funktion innerhalb des Organisationsablaufs zugewiesen wird. In Webers Bürokratieansatz wird Verhalten in Organisationen – vorwiegend auf öffentliche Verwaltungen bezogen, durch Regeln bestimmt. Seine Analysen stellen die Entwicklung dieser Art der Organisation durch den Begriff der „Rationalisierung" in einen kulturhistorischen Kontext. Taylor legte ein Gestaltungskonzept für Produktionsbetriebe vor, nach dem die Beteiligten (mit Ausnahme der gestaltenden Ingenieure) ebenfalls als mechanistischer Bestandteil des organisatorischen Räderwerks angesehen wurden. Mit der Human Relations Bewegung entstand nun ein Konzept, das die Identität von Arbeitern betonte.

Auch dieser Ansatz kann auf geschichtliche Hintergründe zurückblicken; bereits Ptah-hoteps schriftlich fixierten Empfehlungen aus dem Jahre 2700 vor Christus (s. o.) berücksichtigen das menschliche Bedürfnis, angehört und verstanden zu werden. In der zweiten Hälfte des 19. Jahrhunderts, noch vor Einführung des Scientific Managements, wurde deutlich, dass die Vernachlässigung der Interessen der Arbeiter zu erheblichen Problemen wie Unruhe oder Fluktuation führen kann:

> „Dem Hochmut, der Lieb- und Herzlosigkeit von oben (...) antwortet der Neid, der Trotz und die Rachsucht von unten (...) Der Mensch ist eben kein Stück Holz oder Eisen, er ist auch kein Ochse oder Esel, den man bloß ums Futter an seinen Wagen

spannen kann (...) ein Jeder bringt ein Stück Herz oder Gemüth mit, das je nach seiner Behandlung entweder eine heitere oder eine finstere, eine saure und zuletzt bitte-
re Stimmung annimmt. (...) Die Zufriedenheit unserer Arbeiter liegt darum in unserem wohlverstandenen eigenen Interesse." (Walter-Busch 1977: 243).

Mit zunehmender Verknappung des Arbeitskräfteangebots stärkte sich außerdem, zumindest in Deutschland, die Position der Arbeiter, und die Vorteile eines
an das Unternehmen gebundenen zufriedenen Arbeiterstammes deuteten sich an.
    Der Sozialpsychologe Hellpach veröffentlichte 1922 eine Studie über Grup-
penfabrikation und vertrat die Ansicht, dass sich mit zunehmender Massierung
der Arbeiterschaft in Fabriken, Mietskasernen und politischen Versammlungen
ein stark ausgebildetes, unternehmensfeindliches Zusammengehörigkeitsgefühl
ausgebildet habe. Durch fortschreitende Taylorisierung der Arbeit war es offenbar zu einer Entfremdung gekommen, in der der Arbeiter den Bezug zum Ar-
beitsprodukt verloren habe. Er empfahl daher eine Umstellung der Reihenferti-
gung auf Gruppenfabrikation. Rosenstock ging noch einen Schritt weiter und
forderte die Einführung von dezentralen, selbständig arbeitenden Werkstätten,
die in einem logistischen Verbund aufeinander abgestimmt waren, darüber hinaus jedoch Freiräume für eigene Aufträge ließen.
    Etwa zur gleichen Zeit wurde auch in den USA ein deutliches Absinken der
Arbeitsmoral beobachtet; Taylors Bemühungen führten offenbar nicht zu der
erhofften Disziplinierung der Arbeiter, und auch die unternehmerische Produktivität lag weit hinter den Erwartungen zurück, wie aus der folgenden Schilderung
in einer Managementzeitschrift aus dem Jahr 1930 deutlich wird:

„Die Unterlassung der Behandlung der Arbeiter als 'menschliche' Wesen galt als Ursache für mangelnde Arbeitsmoral, schlechte Leistungen, Verantwortungslosigkeit
und Konfusion. Das Management fand sich von seinem eigenen Wortführer ange-
klagt, daß es versäume, dem Arbeiter das zu gewähren, 'was doch jedes menschliche
Wesen vom Leben verlangt, nämlich: Achtung vor der Persönlichkeit, die Würde
des Menschen, ein Milieu, das er begreifen kann, die Gewissheit, daß er vorwärts
kommen wird." (Bendix 1960: 389).

Fast 3000 Jahre früher hätte Ptah-hotep dieser Feststellung aufgrund seiner eigenen Erfahrung sehr wahrscheinlich ebenfalls zugestimmt. Allerdings fehlte diesen Erfahrungsberichten die wissenschaftliche bzw. ökonomische Legitimation,
um in Organisationen eine explizite Berücksichtigung zu finden. Es kann als das
Verdienst der Hawthorne-Studien gelten, die wissenschaftliche Grundlage dafür
gelegt zu haben, soziale Prozesse explizit in den Anwendungsbereich von Orga-
nisationsgestaltungsmaßnahmen zu integrieren. Hierfür stellte die wissenschaftliche Betriebsführung Taylors in gewisser Hinsicht eine Voraussetzung dar. Erst

mit Hilfe der von ihm eingeführten experimentellen Methode zur exakten Überprüfung des Einflusses verschiedener, meist physikalischer Faktoren auf die
Arbeitsproduktivität konnte empirisch nachgewiesen werden, dass physikalischen Faktoren eben nicht die zentrale Rolle zukommt, die ursprünglich angenommen wurde. Diese Korrektur des Menschenbildes der tayloristischen Organisation erfolgte mit Taylors eigenen Methoden und resultierte, wie im folgenden
Kapitel chronologisch gezeigt wird, zunächst aus Unstimmigkeiten aus den ersten Forschungsergebnissen.

2   Wichtigste Vertreter und Hauptaussagen

2.1   Roethlisberger, Fritz Jules (1898-1974)

Fritz Jules Roethlisberger wurde 1898 in New York geboren. Er war Professor
an der Harvard Graduate School of Business Administration. Roethlisberger
starb 1974.

Ausgewählte Publikationen

Roethlisberger, F. J. & Dickson, W. J. (1939): Management and the worker. Cambridge:
     Harvard University Press
Roethlisberger, F. J. (1941): Management and morale. Cambridge: Harvard University
     Press
Roethlisberger, F. J. (1954): Betriebsführung und Arbeitsmoral. Köln Opladen: West-
     deutscher Verlag

Hauptaussagen

Zentrale Erkenntnisse aus den Forschungen Roethlisbergers gründen sich auf den
Hawthorne Experimenten. Zu nennen sind insbesondere die Bedeutung informeller Gruppen in Organisationen und menschliche Verhaltensänderungen aufgrund
des Wissens, beobachtet zu werden oder Teil eines Experiments zu sein. Folgen
waren im Hawthorne-Experiment Leistungssteigerung und Verbesserungen der
sozialen Beziehungen. Erleben und Verhalten in Organisationen sind demnach
stark durch zwischenmenschliche Beziehungen geprägt. Produktionsergebnisse
werden daher von sozialen Normen mitbestimmt (Leistungsnormen der Arbeitsgruppe, Clique). Gruppenzugehörigkeit beeinflusst die Arbeitsleistung stärker als
beispielsweise finanzielle Anreize.

2.2   Mayo, Elton (1880-1949)

Der australische Wissenschaftler Elton Mayo wurde 1880 geboren und studierte 1899 in England in den Städten London und Edinburgh zunächst Medizin. Er brach das Studium ab und begann 1903 mit dem Studium der Philosophie, Politik- und Sozialwissenschaften. Danach hielt er sich eine zeitlang in Afrika auf, arbeitete dann in Adelaide, Australien für einen Verlag und wurde 1911 als Dozent für Logik, Psychologie und Ethik an die Universität von Queensland berufen und 1919 dort zum Professor ernannt. Nach dem ersten Weltkrieg behandelte er Kriegsveteranen, die durch die Grabenkämpfe an der Westfront traumatisiert waren, mit den Methoden der Psychoanalyse. 1923 siedelte er in die USA über und wurde zunächst Professor an der Universität Pennsylvania und später 1928 in Harvard. Hier erwarb er sich durch die Mitarbeit an den Experimenten in Hawthorne, an denen er ab 1928 mitarbeitete, hohe Anerkennung als Managementtheoretiker. Mayo gilt als Mitbegründer und Hauptvertreter der US-amerikanischen Betriebssoziologie.

Ausgewählte Publikationen

Mayo, E. (1949): Probleme industrieller Arbeitsbedingungen. Frankfurt/a.M.: Verlag der
   Frankfurter Hefte

Hauptaussagen

Grundlegend kritisierte Mayo die Vormachtstellung der Ökonomie bei der Beurteilung menschlichen Verhaltens. Die Zerrissenheit der Gesellschaft führte er auf sozialpsychische Faktoren zurück. Mayo vertrat die These, dass durch das Gefühl, einer zusammenhängenden Gruppe anzugehören, die Produktivität ansteigt. Er trat deshalb entschieden für den Einsatz von Teamarbeit und Verbesserungen in der Kommunikation zwischen Management und Mitarbeitern ein. Nach Mayo ist die formlose Organisation von Gruppen eine wirksame Kraft, die genutzt werden kann.

Ganz allgemein plädierte Mayo dem Faktor Mensch im Betrieb eine größere Bedeutung beizumessen. Er befürchtete, es werde so lange unerwünschte Phänomene wie beispielsweise Streiks geben, wie dort Methoden angewandt würden, die die natürlichen und sozialen Motivationen der Menschen nicht einbezögen. Mayo war der Ansicht, dass Individuen über ein ausgeprägtes Gruppen- und

Gemeinschaftsleben in Organisationen zum gesunden Kern ihres Wesens zurückkehren könnten.

Mayo kritisierte das Menschenbild der Wirtschaftstheorie, nach der sich Menschen, von Eigeninteresse angetrieben, in Konkurrenz um knappe Mittel bekämpfen und lediglich ihr eigenes Überleben sichern. Für Mayo war dies Anlass für eigene Studien.

„Das Kennen der wirklichen Vorgänge, das intime Verständnis der verwickelten menschlichen Beziehungen muss der Formulierung aller Theorien vorangehen, die die alten Auffassungen ersetzen sollen." (Mayo 1949: 95).

Eine erste Untersuchung, die die These aufstellte, Eigeninteresse sei ausreichender Arbeitsantrieb, wurde von Mayo schon im Jahr 1924 vor den Hawthorne-Experimenten in der Spinnabteilung eines Textilwerkes in Philadelphia durchgeführt. Hier herrschten gute Arbeitsbedingungen, die Arbeitgeber waren aufgeschlossen, die Arbeitsvorgänge gut durchorganisiert und das Werk an sich galt als sehr erfolgreich. Beunruhigend war lediglich ein beobachteter verstärkter Wechsel der Arbeitenden in andere Abteilungen des Werkes. Verschiedene technische Berater waren befragt worden, ohne dass sich eine Lösung gefunden hätte, auch ein ausgeklügeltes vierstufiges System finanzieller Anreize hatte keinen Erfolg gebracht. Schließlich wandte sich die Fabrik an eine Universität.

Zunächst wurden keine grundlegenden unterschiedlichen Arbeitsbedingungen zu den anderen Abteilungen festgestellt. Die Arbeit selbst erschien Beobachtern aber besonders monoton, es gab kaum Abwechslung. Etwas später stellte sich heraus, dass viele Arbeiter in dieser Abteilung an Nervenentzündungen in den Armen, Schultern und Beinen litten, dass sie den Status ihrer Arbeit im Werk als sehr gering einstuften und die Arbeit an sich sehr kommunikationsarm war. Kennzeichnend war außerdem die Loyalität zum Präsidenten der Gesellschaft, der Oberst in der Armee gewesen war und unter dessen Befehl viele Arbeiter im Krieg gestanden hatten. Unwillen und Aggressionen richteten sich dagegen vielfach gegen direkte Vorgesetzte im Werk. Es wurde der Universität gestattet, mit einem Drittel der Arbeitenden mit Ruhepausen zu experimentieren, in denen erlaubt wurde, sich 10 Minuten hinzulegen. Der Arbeiterwechsel hörte auf, die Herstellung blieb auf gleicher Höhe und die Arbeitsmoral nahm zu. Jedoch wurde die Wirkung nicht allein auf die Ausschaltung der physischen Müdigkeit zurückgeführt, da die restlichen Arbeiter in der Mittagspause über das Experiment gesprochen hatten und darauf bauten, dass die Werksleitung das Pausensystem auf das gesamte Personal der Spinnabteilung ausdehnen würde. Kurze Zeit später wurde das System dahingehend geändert, dass die Arbeiter ihre Ruhepausen erst nach einem bestimmten Arbeitspensum nehmen durften, dabei wurde das Pensum als Anreizsystem eingebaut. Nach kurzer Zeit sank die Produktivität erheblich. Es stellte sich heraus, dass die Arbeiter ihre Pausen in Form von „gefehlten Tagen" genommen hatten. Als die Pausen wiederum ohne weiteres Anreizsystem genommen werden durfte, verbesserten sich die Arbeitsmoral und Produktivität wieder, es fanden weniger Wechsel in andere Abteilungen statt. Insgesamt wurden die Verbesserungen nicht nur auf das Pausensystem zurückgeführt, sondern auch auf die Aufmerksamkeit der Forschung für die Arbeiter, das Interesse des Präsidenten für ihr Wohlergehen und sein Bemühen um Verbesserungen.

3   Die Hawthorne-Studien: Beginn der Human Relations Bewegung

Ganz in der Tradition des Taylorismus wurden zwischen 1924 und 1932 unter anderem von Roethlisberger und ab 1928 zusätzlich von Mayo im Hawthorne Werk der Western Electric Company, ein Unternehmen der AT&T, umfangreiche Studien durchgeführt, in deren Verlauf die Bedeutung sozialer Prozesse am Arbeitsplatz zunehmend deutlich wurde. Mayo bezeichnete es als Glücksfall, auch in Hawthorne eine Gruppe von Ingenieuren anzutreffen, die auf dem Gebiet der angewandten Wissenschaft führend waren und herausfinden wollten, warum menschliche Zusammenarbeit nicht allein durch organisatorische Maßnahmen exakt und fehlerfrei bestimmt werden konnten.

Das sehr umfangreiche Forschungsprojekt begann zunächst mit der Erforschung des Einflusses unterschiedlicher physikalischer Faktoren auf die Arbeitsproduktivität. Die dabei gewonnenen, inkonsistenten Resultate mündeten in eine Veränderung der Fragestellung, wobei zunehmend soziale Faktoren eine Rolle spielten. Aus den Ergebnissen wurde später ein neues Bild zur Beschreibung und Erklärung von Organisationen gewonnen. Diese Entwicklung wird in den folgenden Kapiteln nachgezeichnet (vgl. Roethlisberger & Dickson 1939).

3.1   Von den Arbeitsbedingungen zum sozialen Umfeld: Eine Studienserie

A) Erste Beleuchtungsexperimente (1924-1927)

1924 begannen im Hawthorne Werk die ersten Experimente, die die Beziehung zwischen der Arbeitsplatzbeleuchtung und der Arbeitsleistung näher erforschen sollten.

„In November, 1924, the Western Electric Company, in connection with the National Research Council of the National Academy of Sciences, planned to study the 'relation of quality and quantity of illumination to efficiency in industry'." (Roethlisberger & Dickson 1939: 14).

Dabei stellten sich Resultate ein, die den Erwartungen widersprachen:

1. Die erste Versuchsreihe wurde in drei Abteilungen durchgeführt, in denen Kleinteile inspeziert, Relais zusammengebaut und Spulen gewickelt wurden. Die Beleuchtungsstärke wurde dann zunächst in mehreren Stufen sukzessive erhöht, anschließend wieder gesenkt. Zu jeder Stufe wurde die Produktivität der jeweiligen Abteilung gemessen und mit der Beleuchtungsstärke in Beziehung gesetzt. In der ersten Abteilung zeigte sich, dass die Produktivität zwar variierte, es wurde allerdings kein Zusammenhang zur Beleuchtungsstärke ausgemacht. In der zweiten und dritten Abteilung stieg die Produktivität im Verlauf der Versuchsreihe zwar an, jedoch ebenfalls nicht als eine direkte Funktion der Beleuchtungsstärke. Ferner wurde beim Absenken der Beleuchtungsstärke nicht immer ein Abfall der Leistung gefunden. Offensichtlich waren also noch weitere Faktoren für die Arbeitsproduktivität verantwortlich:

„The results of this first winters test (...) brought out very forcibly the necessity of controlling or eliminating the various additional factors which affected production output in either the same or opposing directions to that which we can ascribe to illumination." (Roethlisberger & Dickson 1939: 15).

2. Diese Störgrößen sollten in einer zweiten Versuchsreihe näher eingegrenzt werden. Hier wurde in einer Abteilung, in der Spulen gewickelt wurden, eine Experimental- und eine Kontrollgruppe gleicher Größe gebildet, die in unterschiedlichen Räumen untergebracht wurden. Beide Gruppen waren hinsichtlich des Ausbildungsniveaus und der Produktivität der Arbeiter vergleichbar. In der Experimentalgruppe wurde wiederum die Lichtintensität sukzessive erhöht, während sie in der Kontrollgruppe gleich blieb. Nun wurde ein deutlicher Leistungsanstieg gefunden, allerdings in beiden Gruppen:

„This test resulted in a very appreciable production increase in both groups and of almost identical magnitude. The difference in efficiency of the two groups was so small as to be less than the probable error of the values. Consequently, we were again unable to determine what definite part of the improvement in performance should be ascribed to improved illumination." (Roethlisberger & Dickson 1939: 16).

3. Da man zunächst annahm, dass möglicherweise natürlich einfallendes Licht die experimentellen Bedingungen gestört haben könnte, wurde eine dritte Versuchsreihe gestartet, in der ausschließlich unter künstlichem Licht gearbeitet wurde. Nun wurde die Beleuchtungsstärke in der Experimentalgruppe sukzessive gesenkt, während sie in der Kontrollgruppe gleich blieb. Wiederum stieg die Produktivität in beiden Gruppen langsam aber kontinuierlich an. Erst als in der Experimentalgruppe unter extrem schlechten Lichtverhältnissen gearbeitet werden musste, begannen die Arbeiter zu protestieren und ihre Produktivität sank.

4. Danach wurden noch weitere Versuche angestellt, in denen den Arbeitern gesagt wurde, die Beleuchtungsstärke würde erhöht werden, tatsächlich blieb sie jedoch unverändert. Die Glühlampen wurden dabei für jeden sichtlich durch Glühlampen identischen Typs ausgetauscht. Die Leistung blieb nun zwar gleich, jedoch äußerten die Arbeiter ihre Zufriedenheit mit der nun „verbesserten" Beleuchtung. Anschließend wurde die Beleuchtungsstärke nach dem gleichen Muster scheinbar erniedrigt. Wiederum blieb die Arbeitsleistung gleich und es wurden Klagen über schlechte Beleuchtung laut.

Diese Ergebnisse standen im Gegensatz zu der früheren Annahme des Scientific Managements, dass menschliches Arbeitsverhalten eine bloße Funktion der physikalischen Arbeitsbedingungen sei:

> „Irgendetwas war offensichtlich 'verdreht'; man war sich nur nicht ganz klar, wer oder was 'verdreht' war, die Versuchspersonen oder die Ergebnisse. Eines aber war sicher: die Resultate waren negativ; man hatte nichts Positives über die Beziehung zwischen Beleuchtung und Leistung erfahren. Bei oberflächlicher Betrachtung schienen überhaupt keine Beziehungen zu bestehen." (Roethlisberger 1954: 16).

Allerdings war zu diesem Zeitpunkt unklar, wo genau der Fehler zu suchen war. Man vermutete jedoch, dass die Veränderung in der Umwelt nicht unbedingt in stets gleicher Weise ihre Wirkungen auf das Verhalten ausübten. Letzteres schien also keine direkte Funktion der physikalischen Arbeitsbedingungen zu sein:

> „Einige der zähesten Versuchsleiter hegten bereits Zweifel an ihren eigenen Grundideen und Voraussetzungen über die menschlichen Beweggründe. Die Ungenauigkeiten waren offenbar; sie schienen aber nicht so sehr in den Ergebnissen oder bei den Versuchspersonen zu liegen, als vielmehr in ihrer eigenen Vorstellung über das mutmaßliche Verhalten der Versuchsgruppen, d. h. in einer allzu naiven Vorstellung über Ursache und Wirkung, über die unmittelbare Beziehung zwischen gewissen äu-

ßeren Veränderungen des Arbeitsplatzes und der jeweiligen Reaktion des Arbeiters. Man hatte die menschliche Bedeutung dieser Veränderungen für die Versuchsperson völlig außer Acht gelassen." (Roethlisberger 1954: 16).

B) Die Relais-Montage-Testgruppe (1927-1932)

Um diesem Phänomen weiter nachzugehen, bildete man eine Testgruppe, bestehend aus sechs Arbeiterinnen, die in einem gesonderten Raum Relais montierten. Fünf Jahre lang wurden diese Arbeiterinnen genauestens beobachtet und über die verschiedensten Ereignisse Protokoll geführt, z. B. Temperatur und Feuchtigkeit des Raums, Dauer des nächtlichen Schlafs oder Art und Menge der Nahrung. In bestimmten Abständen wurden Veränderungen der Arbeitsbedingungen (z. B. Anzahl und Dauer der Ruhepausen, Länge des Arbeitstages und der Arbeitswoche) vorgenommen und hinsichtlich ihrer Auswirkungen auf das Arbeitsergebnis untersucht. Immer noch an der ursprünglichen Zielsetzung festhaltend, den Einfluss der Arbeitsbedingungen auf die Leistung untersuchen zu wollen, sollten nun auch „psychologische Störvariablen" durch eine möglichst große Beteiligung der Arbeiterinnen an den Arbeitsveränderungen systematisch kontrolliert werden:

> „Zu diesem Zweck wurde nichts unversucht gelassen, um eine rückhaltlose Mitarbeit der Versuchspersonen zu sichern, so daß letzten Endes fast alle althergebrachten Bräuche umgestoßen wurden. Die Arbeiterinnen durften ihre Meinung über die beabsichtigten Veränderungen äußern, und mehrere Pläne wurden fallen gelassen, als sie auf Ablehnung stießen. Sie wurden freundlich über ihre Reaktion auf die ihnen auferlegten Bedingungen befragt, und viele dieser Besprechungen fanden im Büro der Betriebsleiters statt." (Roethlisberger 1954: 18f).

In den ersten 1 ½ Jahren stellte man erwartungskonform eine verbesserte Arbeitsleistung mit den verbesserten Arbeitsbedingungen fest. Die eingeführten Maßnahmen zur Verlängerung der Pausen und zur Verkürzung der Arbeitszeit führten zu einer Produktivitätssteigerung, was die Versuchsleiter in dem Glauben bestätigte, die individuelle Müdigkeit sei der bestimmende Faktor der Arbeitsleistung. Dann führte man jedoch die ursprünglichen Arbeitszeiten wieder ein (48 Stunden-Woche ohne Pausen) und die Leistung blieb auf gleicher Höhe. Dies widerlegte die Erwartungen auf sinkende Leistungen und erforderte eine Erklärung. Die Vermutung tauchte auf, dass möglicherweise die Beziehung der Arbeiter zu den Versuchsleitern bzw. zum Vorgesetzten hierfür eine Erklärung bot:

„Die Versuchsleiter wurden wiederum recht unsanft daran erinnert, daß menschliche Verhältnisse doch recht komplex sind. Ändert sich eine menschliche Situation, z. B. eine Ruhepause, so muß auch mit anderen, unerwarteten und unerwünschrten Veränderungen gerechnet werden. Ich spreche hier eine sehr einfache Tatsache aus. Experimentiert man mit einem Stein, so weiß der Stein nicht von den Versuchsabsichten, eine Tatsache, die solche Versuche wesentlich vereinfacht. Ein Mensch dagegen ist sich seiner Eigenschaft als Versuchsobjekt meist bewußt. Aus diesem Grund wird seine Reaktion entscheidend durch seine Einstellung zum Versuch und zu den Versuchsleitern bestimmt." (Roethlisberger 1954: 18).

Völlig unbeabsichtigt hatte man zwecks Konstanthaltung psychologischer Störvariablen durch die vertrauensbildenden Maßnahmen ein neuartiges Verhältnis zu den Vorgesetzten geschaffen, und dieses neuartige Verhältnis bot sich als Erklärung der wiederum unerwarteten Ergebnisse an:

„Man hatte mit den neuen Testbedingungen für ein sogenanntes 'kontrolliertes Experiment' die soziale Lage im Prüfraum vollständig umgewandelt. Ganz unbewußt hatte sich eine Änderung vollzogen, die sich als viel ausschlaggebender erwies, als die geplanten Neuerungen: das übliche Verhältnis von Vorgesetzten und Untergebenen war grundlegend umgestaltet worden. Daraus erklärte sich die positive Haltung der Arbeiterinnen und ihre höhere Arbeitsleistung." (Roethlisberger 1954: 19).

C) Das Interview-Programm (1928-1930)

Damit wandelte sich die Sichtweise der Forscher von einem erklärenden zu einem verstehenden Forschungsansatz, was zunächst jedoch mit neuartigen methodischen Problemen behaftet war:

„Sinn und Bedeutung einer Umstellung ist fast immer ebenso ausschlaggebend für den Arbeiter wie die Veränderung selbst, ja in vielen Fällen noch wichtiger. In dieser Einsicht lag die große 'Erleuchtung', die sich allerdings keineswegs mit den Erwartungen deckte, die man sich von diesen Versuchen versprochen hatte (...) Als aber nun die Versuchsleiter dem Problem der inneren Einstellung des Arbeiters und der sie bestimmenden Faktoren zu Leibe rückten, als sie das Problem der 'menschlichen Bedeutung' (meaning) aufgriffen, befanden sie sich plötzlich in einem merkwürdigen Zwielicht, das alle Konturen verwischte. Sie sahen sich zudem aller so sorgfältig ersonnenen Hilfsmittel beraubt. Mit ihren bisherigen Werkzeugen hatten sie mechanisch Arbeitsleistung, Temperatur, Feuchtigkeit usw. gemessen, für die Erkenntnis menschlicher Gegebenheiten waren diese Werkzeuge nutzlos. Nunmehr lauteten die Fragen: Was empfindet ein Mensch? Welches sind seine innersten Gedanken, Überlegungen und Vorurteile? Was bejaht er in der Umwelt, was lehnt er ab? Kurzum: Was bedeutet dem Arbeiter der ganze Betrieb, seine Tätigkeit, seine Vorgesetzten, seine Arbeitsbedingungen?" (Roethlisberger 1954: 19f).

Zur Erforschung dieser Fragen wurde 1928 das Interview-Programm ins Leben gerufen. Dabei wollte man die Daten, die man experimentell nicht erhalten konnte, jedoch für notwendig zum weiteren Verständnis ansah, von Arbeiter selbst einholen:

„It was evident that facts were essential. The problem was how such facts could be discovered. At this point one of the test room investigators made a pertinent suggestion: Why not gather the essential facts by approaching the employees themselves and asking them to express francly their likes and dislikes about their working environment?" (Roethlisberger & Dickson 1939: 190f).

Schnell wurde entdeckt, dass eine Befragung im Frage-Antwort-Spiel nutzlos war.

„Die Arbeiter wollten selbst reden, und zwar ganz ohne Hemmungen unter dem Siegel der Verschwiegenheit (das niemals verletzt wurde) und zu jemandem, der die Gesellschaft bevollmächtigt zu vertreten, oder der in seiner ganzen Haltung eine Autoritätsperson zu sein schien." (Mayo 1949: 115).

Es war zu diesem Zeitpunkt durchaus etwas neuartiges, die Mitarbeiter eines Unternehmens nach ihrer Meinung zu fragen und ihnen dabei auch ernsthaft zuzuhören:

„Es war der erste wirkliche Versuch, menschliche Fakten mit neuen, adäquaten Methoden zu erfassen. Damals wurde eine neue Idee geboren; eine neue Methode der Menschenführung gewann langsam Gestalt." (Roethlisberger 1954: 20).

Zunächst bereitete es den Interviewern Schwierigkeiten, den Ausführungen der Arbeiter zuzuhören, ohne Ratschläge zu erteilen oder Wertungen abzugeben. Daraufhin wurde ein Katalog mit Regeln zur Durchführung der Interviews erstellt. Diese umfassten folgende Instruktionen (vgl. Roethlisberger & Dickson 1939: 192ff):

- Interviewer sollten keine Angestellten befragen, die sie kannten, da durch die Bekanntschaft die Offenheit des Befragten beeinträchtigt werden könnte.
- Der Interviewer sollte sich zu Beginn der Befragung mit seinem Namen vorstellen.
- Der Interviewer sollte den Zweck des Interviews erklären.

- Ferner sollte dargestellt werden, was mit den Befragungsergebnissen geschieht. (Die Ergebnisse bestimmter Personengruppen wurden zusammengestellt und soweit möglich im Unternehmen umgesetzt)
- Es wurde auf die Vertraulichkeit im Umgang mit den Angaben hingewiesen.
- Der Befragte sollte sich sowohl dazu äußern, was ihm im Unternehmen gefiel als auch, was ihm nicht gefiel.
- Die Angaben des Befragten wurden vom Interviewer mitgeschrieben.
- Der Interviewer sollte durch sein Verhalten Interesse an den Äußerungen des Interviewten ausdrücken.
- Keine verbalen oder nonverbalen wertenden Äußerungen zu den Aussagen des Befragten sollten abgegeben werden.
- Angaben anderer Personen, die bereits befragt wurden, sollten nicht weitergegeben werden.
- Dem Befragten sollten keine Ratschläge gegeben werden, wie er sich in bestimmten Situationen verhalten könne.
- Die Meinung des Befragten wurde nach drei Kategorien erhoben („Arbeitsbedingungen", „Vorgesetzter" und „Arbeit"), die jeweils in die Untergruppen „wünschenswert" und „unerwünscht" unterteilt waren.

Insgesamt wurden in den drei Jahren 21126 Interviews von je ca. 90 Minuten Dauer durchgeführt. Man war davon ausgegangen, dass die Kenntnis der Meinungen der Arbeiterschaft dazu führen könne, organisatorische Umgestaltungen durchzuführen und auf diesem Weg zu einer größeren Arbeitsleistung beizutragen. Zwischen der Beschwerde des Arbeiters und dem Gegenstand seiner Beschwerde sollte also ein linearer Zusammenhang bestehen. Nahm man etwa vermehrt Klagen zu einem unerwünschten Aspekt der Arbeitsgestaltung wahr, so sollte die Abschaffung dieser Mangelsituation zu einer größeren Arbeitszufriedenheit führen. Wiederum waren die Ergebnisse teilweise recht überraschend:

- In manchen Fällen wurden die Beschwerdegründe beseitigt, die Haltung des damit unzufriedenen Mitarbeiters änderte sich jedoch nicht. Es handelte sich offensichtlich um chronische Nörgler.
- In anderen Fällen wurde nach einer Beschwerde nichts unternommen, der Beschwerdeführer zeigte sich anschließend jedoch rechts zufrieden damit, dass die Weiterleitung der Beschwerde und deren rasche Beseitigung so gut vonstatten ging.
- Es stellte sich auch heraus, dass manche Personen für ihre Beschwerde gar keine Abhilfe suchten, sondern offenbar nur einen Zuhörer für die eigenen Sorgen und Nöte brauchten.

- Außerdem wurden manchmal sehr weit zurückliegende und aktuell irrelevante Ereignisse mit einer Heftigkeit beklagt, als hätten sie sich gerade erst ereignet.

„Auch hier war etwas 'verdreht', aber diesmal wußten die Versuchsleiter, daß ihre eigenen Voraussetzungen irrig gewesen waren. Sie waren von der Annahme ausgegangen, daß die Menschen Erfahrungen in logische Erkenntnisse umsetzen. Dabei operierten sie mit dem Begriff des 'homo ökonomicus', der in erster Linie von wirtschaftlichen Motiven geleitet ist und seine logischen Fähigkeiten lediglich zur Förderung seiner persönlichen Interessen nutzt." (Roethlisberger 1954: 22).

In einem weiteren Experiment wurde schließlich das Verhalten von Gruppen untersucht und man gelangte zu dem Ergebnis, dass Gruppen:

- spezifische Normen über eine angemessene Arbeitsleistung entwickelten,
- ihre Mitglieder zur Einhaltung dieser Normen drängten, auch wenn dadurch die mögliche Arbeitsleistung nicht erreicht wurde und
- ihre Leistungsdaten so manipulierten, dass besonders auffällige Arbeitsleistungen (zu viel oder zu wenig) nicht die Aufmerksamkeit des Vorgesetzten erregen und damit eventuelle Maßnahmen auslösen konnten.

Diese Versuchsreihe legte den Grundstein für einen Wandel der Organisationsforschung hin zu der Berücksichtigung sozialer Gruppenprozesse. Während das Scientific Management alleine den Lohn als wirksamen Arbeitsanreiz betrachtete, rückten nun die sozialen Beziehungen ins Zentrum, wobei insbesondere der Vorgesetzten-Mitarbeiter-Beziehung Bedeutung beigemessen wurde.

„Für uns alle stammt das Gefühl der Sicherheit und Gewißheit immer aus der gesicherten Zugehörigkeit zu einer Gruppe. Ist diese Gruppenbildung erst einmal verloren, so kann kein finanzieller Gewinn, keine Sicherheit des Arbeitsplatzes einen ausreichenden Ersatz dafür bieten. Dort, wo sich die Gruppen mit den Tätigkeiten und den technischen Verfahren laufend unaufhörlich verändern, bemächtigt sich des Einzelnen unvermeidlich ein Gefühl der Vergeblichkeit und Leere; tritt dieses Gefühl an die Stelle dessen, was unsere Väter als das erhebende Gefühl der Kameradschaft und Sicherheit kannten. Und ist er einmal in eine solche Lage hineingedrängt, so nimmt beim Arbeiter das Gefühl der Angst zu, und er wird immer schwieriger zu behandeln, von Arbeitskameraden und Vorgesetzten." (Mayo 1949: 120).

Von Mayo und seinen Mitarbeitern wurde noch während der letzten Experimente nach über 21000 durchgeführten Interviews mit verschiedenen Organisationsmitgliedern ein Konzept erarbeitet, nach dem Vorgesetzte in einem *mitarbeiterorientierten, kooperativen Führungsstil* geschult wurden. Die Hawthorne-Studien zeigten, dass das Verhältnis der Arbeitsgruppen zur Leitung eins der grundlegenden Probleme ist Großindustrie war. Nach Mayo zählte die Organisation der Arbeitsgemeinschaften zu den Hauptaufgaben der Werkleitung, das heißt die Entwicklung und Erhaltung der Zusammenarbeit. Hierzu zählte etwa höfliche und freundschaftliche Umgang mit unterstellten Mitarbeitern, die Anerkennung guter Leistung oder auch die Beratung bei betrieblichen und familiären Problemen mit dem Ziel, der Depersonalisierung sozialer Beziehungen in großen Organisationen entgegenzuwirken.

Diese Ansätze gingen allerdings nicht so weit, strukturelle Maßnahmen zur tatsächlichen Verbesserung der Rechtsstellung des Personals durchzuführen. Die Berücksichtigung menschlicher Belange durch den Vorgesetzten war lediglich so angelegt, dass innerhalb einer nahezu unveränderten Organisationsstruktur die Unzufriedenheit der Arbeiter genommen wurde, zugunsten einer erhöhten Produktivität und einer Ruhigstellung der zunehmend stärker gewordenen Gewerkschaften.

3.2   Ein neues Bild: Die Organisation als soziales System

Die Entdeckung des Einflusses sozialer Faktoren auf das Geschehen am Arbeitsplatz, die informell stattfindenden Prozesse jenseits der formalen Organisation, führte zu einem neuen Verständnis der Organisation als ein soziales System. Die Studien der Bank-Wiring-Gruppe zeigten, dass es nicht möglich ist, individuelles Arbeitsverhalten ohne die informelle Organisation der Arbeitsgruppe und deren Beziehung zur sozialen Organisation des gesamten Unternehmens zu verstehen:

> „The point of view which gradually emerged from these studies is one from which an industrial organization is regarded as a social system (...) By 'system' is meant something which must be considered as a whole because each part bears a relation of interdependence to every other part." (Roethlisberger & Dickson 1939: 551) .

Der Differenzierung in formal und informell weiter folgend können der Organisation zwei Funktionen zugeschrieben werden:

1. Die erste Funktion ist die ökonomische. Ein Unternehmen stellt irgendetwas her bzw. zur Verfügung und wird aus dieser Perspektive anhand von Kosten, Profit oder technischer Effizienz bewertet. Daraus resultiert das Problem der externen Balance, beispielsweise dem Problem des Wettbewerbs und des Absatzes von Produkten im Markt.
2. Die zweite Funktion ist sozialer Natur und bezieht sich beispielsweise auf die Herstellung guter sozialer Beziehungen unter den Mitarbeitern oder ihre

Kooperation. Die Bewertung erfolgt anhand von Kriterien wie Fluktuation, Fehlzeiten oder Arbeitszufriedenheit und das organisatorische Engagement richtet sich auf die Herstellung eines inneren Gleichgewichts, in dem Individuen und Gruppen zusammen arbeiten und ihre eigenen Wünsche befriedigen.

Zentrale Ergebnisse waren die Erkenntnis, dass Produktionsergebnisse durch soziale Normen und nicht durch physiologische Leistungsgrenzen bestimmt werden. Nicht-finanzielle Anreize und Sanktionen sind bedeutender für das Verhalten als finanzielle Anreize. Arbeiter handeln öfter als Mitglieder einer Gruppe, denn als Individuum. Weiterhin wurden die Bedeutung von Führung und Führungsstil, sowie die Bedeutung von Kommunikation erkannt.

4   Weiterentwicklungen

4.1   Organisationspsychologie

Mit der Verbreitung der Human Relations erfolgte ein Aufschwung der Organisationspsychologie, die sich nach dem zweiten Weltkrieg auch in Deutschland festigte. Ihre wichtigsten Gebiete sind derzeit (Kieser 1993):

- Arbeitsmotivation
- Arbeitszufriedenheit
- Psychische Beanspruchung am Arbeitsplatz
- Führung
- Einflüsse der Arbeitsgruppe auf das Arbeitsverhalten
- Technikgestaltung und Ergonomie
- Problemlöse- und Entscheidungsprozesse von Individuen und Gruppen
- Eignungsdiagnostik zur Personalauswahl und -entwicklung
- Qualifikation von Mitarbeitern
- Konfliktmanagement

Typischerweise wurden dabei immer komplexere Theorien entwickelt, die miteinander konkurrierten. Unterschiedliche, sich teilweise sogar widersprechende Ansätze konnten vom Praktiker zur Lösung seiner Probleme herangezogen werden, ohne dass jedoch klare Auswahlkriterien vorhanden waren. Zum Thema „Führung" liegen beispielsweise Persönlichkeitstheorien, Theorien des Führungsverhaltens oder Kontingenztheorien vor, die von verschiedenen Annahmen ausgehen und unterschiedliche Empfehlungen geben, deren empirisch ermittelter

Erfolg jedoch generell äußerst beschränkt ist. Damit werden zum einen die Theorien selbst in Frage gestellt, zum anderen fällt die Entscheidung zugunsten einer
der zahlreich angebotenen Alternativen sehr schwer.

4.2   Organisationsentwicklung

Einen Ausweg aus diesem Dilemma bot die *Organisationsentwicklung*. Wenn es
schon nicht möglich war, theoretisch eindeutig formulierte und empirisch bestätigte Empfehlungen an die organisatorische Praxis abzugeben, dann sollte doch
eine Methode angeboten werden, die die beteiligten Personen selbst in die Lage
versetzt, für sich gültige Lösungswege zu entwickeln. Lagen beispielsweise
keine Entscheidungsregeln vor, wie in einer bestimmten Abteilung Führungsprozesse zu gestalten seien, so sollten sich doch die Betroffenen selbst darüber klar
werden, welche Führung sie selbst gerne hätten bzw. als effektiv erachteten.
Durch systematisches und gezieltes Ausprobieren sollte es möglich sein, einen
angemessenen Führungsmodus zu erarbeiten. „Hilfe zur Selbsthilfe" lautete die
Devise.

In ihren Ursprüngen geht die Organisationsentwicklung auf Kurt Lewin zurück, der im Jahr 1945 Experimente zur Gruppendynamik durchführte. Als die
Protokolle der Gruppensitzungen ausgewertet wurden, kamen damals zufällig
Probanden hinzu, die die Beurteilungen ihres eigenen Verhaltens sahen und
damit nicht einverstanden waren. Als andere Probanden aus derselben Gruppe
diese Ratings bestätigten, waren sie jedoch erstaunt, anders wahrgenommen zu
werden, als sie glaubten. Lewin folgerte daraus, dass wechselseitiges Feedback
zum Verhalten eine wesentliche Erweiterung der Selbstkenntnis, sowie der Erfahrung über das Verhalten von und in Gruppen bringen kann. Die Verhaltens-
änderung in Gruppen findet nach Lewin in drei Phasen statt:

- In der ersten Phase des „Auftauens" werden alte Einstellungen, Werte und
  Verhaltensweisen in Frage gestellt.
- Die zweite Phase der „Änderung" bringt eine Öffnung für neue Werte, Ein-
  stellungen und Verhalten, sowie die Bereitschaft, diese zu übernehmen.
- Schließlich werden diese in der Phase des „Wiedereinfrierens" durch geeig-
  nete Maßnahmen stabilisiert, um später zum Alltagsrepertoire zu zählen.

In Laboratoriumstrainings wurden Sitzungen abgehalten, um soziale Kompetenz
und Einsicht zu schulen, sowie Möglichkeiten zu bieten, neue Verhaltensweisen
auszuprobieren (T-Gruppen, Encounter-Gruppen, Sensitivity Trainings). Diese

bildeten die Grundlage der am Individuum orientierten Organisationsentwicklung.

Arbeitsbox
- Was wird unter dem Hawthorne-Effekt verstanden?
- Was ist ein wissenschaftliches Experiment?

V Humanistische Organisationsansätze

1 Zeitgeschichtlicher Hintergrund

Bereits mit den Hawthorne-Studien, die die Human Relations Bewegung einleiteten, wurde eine erste Wendung in Richtung auf eine humanistische Organisationsperspektive vollzogen. Mit ihr war die Beachtung sozialer Beziehungen zum Vorgesetzten und zu Kollegen empirisch gestützt in den Vordergrund gerückt worden. Damit war neben der formalen die informelle Organisation als, zumindest prinzipiell, gleichwertiger Aspekt betrieblicher Aktivitäten beschrieben worden. Nicht nur die Erledigung der Arbeitsaufgaben zum Zweck des Einkommenserwerbs, sondern auch die befriedigende Gestaltung sozialer Beziehungen wurde als tragendes Motiv der Mitarbeiter erkannt.

Diese Trendwende wurde mit den Humanistischen Organisationsansätzen weiter fortgeführt. Nicht nur soziale, sondern ganz allgemein individuelle Motive und Zielsetzungen, im Gegensatz zu organisatorischen Vorschriften und Notwendigkeiten, führten sie in die organisationswissenschaftliche Diskussion ein. Soziale Motive sind dabei lediglich ein Teilbereich von mehreren Varianten persönlichen Strebens. Betont werden folgender Aspekte:

- Die Würde des Menschen und das Bedürfnis, die Persönlichkeit zu schützen und zu entwickeln
- Die kontinuierliche Entwicklung in Richtung Vollkommenheit des Menschen
- Organisatorische Gewinne sind in erster Linie Gewinne der darin arbeitenden Personen und sollten so schnell wie möglich an diese weitergegeben werden
- Organisatorische Entscheidungen und Veränderungen sollten sich an der Zustimmung und dem Einverständnis der darin arbeitenden Personen orientieren und konsensuell unter allen Beteiligten erreicht werden.

Der Human-Resource Ansatz rückt die von der Human Relations Bewegung vernachlässigten Organisationsstrukturen wieder mehr in den Mittelpunkt. Durch die Human Relations Bewegung wurden Divergenzen zwischen den traditionellen Organisationsstrukturen des Taylorismus, des Bürokratieansatzes und menschlichen Entfaltungsbedürfnissen festgestellt. Daraus resultiert eine Verschwendung menschlicher Ressourcen und die Entwicklung menschlicher Potenziale wird behindert. Um hindernde Bedingungen zu beseitigen, müssen Organisationsstrukturen nach dem Human-Resource Ansatz so variiert werden, dass für Mitarbeiter mehr Entfaltungsmöglichkeiten entstehen. Durch die Berücksichtigung menschlicher Bedürfnisse soll die bessere Nutzung der Human-Resources erreicht werden.

2   Wichtigste Vertreter und Hauptaussagen

2.1   *Argyris, Chris (1923-)*

Chris Argyris wurde 1923 in Newark, New Jersey/USA geboren und wuchs in Irvington, New Jersey auf. Während des zweiten Weltkrieges war er Leutnant der US-Army. Er besuchte dann die Universität in Clark, wo er die Bekanntschaft Kurt Lewins machte. Sein Studium beendete er 1947 mit einem Abschluss in Psychologie, erwarb 1949 den Titel eines Magister Artium für Psychologie und Ökonomie an der Universität Kansas und promovierte 1951 zum Themenbereich Verhalten in Organisationen. Argyris war von 1951-1971 an der Yale Universität Professor für Verwaltungswissenschaften und Vorsitzender der Fakultät. Seit 1971 ist Argyris Professor für Erziehungswissenschaften und Verhalten in Organisationen an der Harvard University und Dirktor der Monitor Company in Cambridge, Massachusetts. Argyris frühe Forschungen bezogen sich auf den Einfluss formaler Organisationsstrukturen, Kontrolle von Systemen und das Management von Individuen. Dann richtete sich der Fokus seiner Arbeiten auf die Veränderungen von Organisationen. Besonders beschäftigte er sich mit individuellem und organisationalem Lernen.

Ausgewählte Publikationen

Argyris, C. (1957): Personality and organization: The conflict between system and the individual. New York, Evanston, London: Harper & Row
Eine verkürzte Darstellung findet sich in: Argyris, C. (1975): Das Individuum und die Organisation: Einige Probleme gegenseitiger Anpassung. In K. Türk (Hrsg.): Organisationstheorie. Hamburg: Hoffmann und Campe
Argyris, C. (1964): Integrating the individual and the organization. New York: Wiley

Hauptaussagen

Chris Argyris versuchte, betriebs- und verhaltenswissenschaftliche Organisationskonzepte in Beziehung zu bringen, um so zu einem umfassenderen Organisationsverständnis beizutragen. In seinem Ansatz werden zunächst ein Bild der menschlichen Persönlichkeit und deren Verhalten in Organisationen entworfen. Zentrale Prinzipien des Organisationsaufbaus schließen sich an, aus denen wiederum Implikationen abgeleitet werden. Sein Forschungsfokus richtet sich auf die Relation zwischen Individuum und Organisation und er sucht nach Möglichkeiten, wie beide Seiten größtmöglichen Nutzen aus diesem Verhältnis ziehen können. Seine zentrale These ist, dass Organisationen wesentlich von den Eigenschaften ihrer Mitarbeiter abhängen. Daraus resultiert die Aufgabe der Organisationen, die Motivation und die Potenziale ihrer Mitarbeiter zu nutzen und zu lenken. Ausserdem wird der Name Argyris vielfach mit dem Konzept der lernenden Organisation in Verbindung gebracht. Motivation, die Verbindungen zwischen Organisation und Mitarbeiter sowie die Analyse grundlegender Positionen und Werte sind bei Argyris Grundlagen für die weitere Erforschung organisationalen Lernens und der Entwicklung von Organisationen.

2.2   McGregor, Douglas (1906-1964)

Douglas McGregor wurde im Jahr 1906 als Sohn eines Priesters in Detroit geboren und wuchs in einem streng religiösen Umfeld auf. Er studierte Psychologie
am City College von Detroit, der heutigen Wayne Universität und graduierte dort
im Jahr 1932. Danach ging er an die Harvard Universität und promovierte dort
1935. Er arbeitete zunächst als Dozent im Fachbereich Sozialpsychologie in
Harvard und wechselte dann an das Massachusetts Institute of Technology, wo
er eine Assistenzprofessur für Psychologie innehatte. Im Jahr 1968 wurde er als
Präsident an das Antioch College in Yellow Springs, Ohio berufen. 1954 kehrte
er als Professor für Management an das Massachusetts Institute of Technology
zurück, wo er 1962 die Sloan-Fellows-Professur für das Management im Indust-
riebereich erhielt. Im MIT versammelte McGregor einige der begabtesten jungen
Wissenschafter unter den Managementtheoretikern um sich, wie beispielsweise
Warren Bennis und Ed Schein. Im Jahr 1960 erschien sein Buch „The Human
Side of Enterprise", das ihn und die von ihm entwickelte klassische Zweiteilung
des Motivationskonzeptes in die Theorietypen X und Y bekannt machte.

Ausgewählte Publikationen

McGregor, D. (1960): The human side of enterprise. New York, Toronto, London:
    McGraw-Hill
McGregor, D. (1971): Der Mensch im Unternehmen (Erstauflage: 1970). Düsseldorf,
    Wien: Econ

Hauptaussagen

McGregor (1971) stellt das Maslow'sche Motivationsmodell in einen gesamtgesellschaftlichen Zusammenhang und beschreibt damit einen Wandel in der Bedürfnisstruktur der Mitarbeiter in Organisationen. Früher standen überwiegend
physiologische Bedürfnisse und damit verbunden der Wunsch nach Entlohnung
durch die Arbeit im Vordergrund. Mit der Zeit wurden diese materiellen Bedürfnisse befriedigt, und es entstand zunehmend der Wunsch nach Selbstverwirklichung im Rahmen der Arbeit. Diese Entwicklung wird allerdings von den Führungskräften seiner Zeit nicht berücksichtigt. Vielmehr behandeln sie ihre
Mitarbeiter immer noch nach einem traditionellen Führungsverständnis, von
McGregor als „Theorie x" bezeichnet, und sehen sie als relativ passive Empfänger von Anweisungen. Sein Plädoyer geht dahin, das Bedürfnis nach Selbstverwirklichung in den Führungsprozess einzubeziehen, ihm Verantwortung zu über-

tragen und damit gleichzeitig seinen Wunsch nach aktivem Engagement zu entsprechen und sein Potential organisatorisch besser zu nutzen. Diese neue Sichtweise bezeichnet er als „Theorie y".

2.3   Likert, Rensis (1903-1981)

Rensis Likert wurde 1903 in Wyoming/USA geboren. Er besuchte die University
of Michigan und beendete sein Studium 1922 als Ökonom und Soziologe. Später
studierte er Psychologie an der Columbia University und promovierte 1932.
Likert lehre von 1930-35 an der New York University an der Fakultät für Psychologie. 1935 wurde er Forschungsleiter an der Life Insurence Agency Management Association in Hartfort, Connecticut. Während dieser Zeit begann er mit
seinen Forschungsprogrammen zu Supervisionen. 1939 wurde er Direktor des
Division of Program Suveys im Bureau of Agricultural Economics in Washington, DC. 1946 gründete er ein interdisziplinäres Institut für Sozialforschung, in
dem er bis 1970 als Direktor tätig war. Danach war er als privater Berater für
Organisation und Management tätig.

Ausgewählte Publikationen

Likert, R. (1961): New patterns of management. New York, Toronto, London, St. Louis,
    San Francisco, Mexico, Sydney: McGraw-Hill
Likert, R. (1972): Neue Ansätze der Unternehmensführung. Bern, Stuttgart: Haupt
Likert, R. (1975): Die integrierte Führungs- und Organisationsstruktur. Frankfurt, New
    York: Campus
Jeserich, W. & Opgenoorth, W. P. (1977): Führungsstilanalyse. Köln: Hanstein

Hauptaussagen

Ein zentrales Produkt seiner Studien ist die Skala für Einstellungsmessung, die
Likert Skala. Likerts Forschungsarbeiten sind darüber hinaus Grundlage für ein
methodisches Verfahren, das später als Stichprobenauswahl bekannt wurde.

3   Chris Argyris: Der Konflikt zwischen Person und Organisation

Chris Argyris lehrte an der Yale Universität „Administrative Sciences" und unternahm in seinem Ansatz (1957) einen Versuch, betriebswirtschaftliche Organi-

sationskonzepte mit verhaltenswissenschaftlichen in Beziehung zu bringen, um so zu einem umfassenderen Verständnis beizutragen.

In psychologischer Hinsicht basieren seine Ideen im Wesentlichen auf umfangreichen Literaturanalysen aus der Entwicklungs-, Persönlichkeits- und Motivations- sowie der klinischen Psychologie, aus denen er grundlegende und allgemein akzeptierten Annahmen aufgriff und in einen integrierten Bezugsrahmen setzte. Dabei war es ihm offenbar auch ein Anliegen zu zeigen, dass die mit der Human Relations Bewegung aufgekommene Beachtung sozialer Prozesse zwischenzeitlich einer verhaltenswissenschaftlichen Fundierung zugänglich geworden ist:

> „A primary motivation for this book is to suggest that 'human relations' is becoming a scientifically rooted field, as evidenced by the increasing use of the behavioral sciences to understand *why* people behave the way they do. By bringing together some of the present behavioral science research results, a systematic picture of a basic and useful field of knowledge emerges" (Argyris 1957: 2; kursiv im Original).

In seinem Ansatz entwirft er zunächst ein Bild der menschlichen Persönlichkeit und deren Verhalten in Organisationen. Anschließend skizziert er zentrale Prinzipien des Organisationsaufbaus und leitet daraus Implikationen ab.

Argyris thematisiert den autoritären versus den partizipativen Führungsansatz etwas anders als McGregor und Likert. Für ihn stellt der Übergang vom ersten zum zweiten weniger ein Phänomen der gesellschaftlichen Entwicklung dar wie etwa für McGregor, sondern repräsentiert ein grundsätzliches Phänomen der organisatorischen Eingebundenheit. Dabei beansprucht er für seine Theorie eine, zumindest im westlichen Kulturkreis, allgemeine Gültigkeit. Im Gegensatz zu Likert, der seinem Ansatz zahlreiche empirische Ergebnisse zugrunde legte, orientierte sich Argyris (1964) zunächst an bestehenden Theorien.

3.1   Grundzüge der menschlichen Persönlichkeit

Analog zur systemtheoretischen Sichtweise (Bertalanffy 1968) definiert er „*Persönlichkeit*" zunächst als eine Gesamtheit, deren Elemente in Beziehung zueinander stehen und durch die Art und wechselseitige Beziehung der Elemente diese Gesamtheit konstituieren:

> „The parts of the personality, no matter what they are, plus the way they are related to one another, constitute the 'whole' that all personality theorists would call personality. Whatever we try to understand personality we must not only understand the parts, but also how these parts are related to each other. Personality, therefore, is ne-

ver simply the sum; nor is it greater that its parts. Personality is something different from the sum of the parts; it is an organization of these parts." (Argyris 1957: 21).

Die Beziehung bzw. die Organisation dieser Elemente untereinander, wie auch in ihrer Außenbeziehung mit der Umwelt kann *ausgeglichen oder unausgeglichen* sein. Ist die interne Organisation in Balance, so ist die Person adjustiert, ist die Außenbeziehung der Person mit ihrer Umwelt in Balance, so ist die Person adaptiert:

> *„Internal* personality balance exists when the parts of the individual personality are in equilibrium or balance with each other. People whose personality are in equilibrium are called *adjusted*. *External* balance exists when the personality as a whole is in equilibrium with the outside environment. People whose personalities are externally balanced are called *adapted*." (Argyris 1967: 22; kursiv im Original).

Mit dieser Unterscheidung trägt er dem Umstand Rechnung, dass eine Person sich gemäß ihrer Persönlichkeit völlig korrekt verhalten kann, in ihrer Außenbeziehung dabei allerdings mit diesem Verhalten Konflikte verbunden sind. Ein Mitarbeiter in einer Organisation kann beispielsweise aus seiner Sicht völlig richtig handeln, wenn er sein Engagement zugunsten der Organisation gering hält, dieses Verhalten wäre allerdings nicht konform mit den äußeren Anforderungen, die an ihn gestellt werden.

Völlige Balance liegt dann vor, wenn das Individuum intern adjustiert und extern adaptiert ist. Diesen Zielzustand versucht das Individuum anzustreben, wobei äußere und innere Störungen einen kontinuierlichen Anpassungsprozess erforderlich machen. *„Selbst-Aktualisierung"* als motivatorische Tendenz bedeutet in diesem Sinn, eine konstante, adjustierte und adaptierte Persönlichkeit in einem kontinuierlichen Anpassungsprozess in einem dynamischen Gleichgewichtszustand zu erhalten:

> „Practically speaking, this means that the balance [equilibrium] an employee exhibits in his personality is not a static affair. It is quite the opposite. The balance is maintained through active behaviour, which ceases only when the person dies. To put it another way, the individual personality is continually working hard to maintain itself in its present basis state. It works hard not to change. Therefore, the basic parts of the human personality are stable. This inherent tendency to maintain itself is called a basic trend toward self-actualization, which guaranties the constancy of personality." (Argyris 1958: 23).

Der Erhalt des dynamischen Gleichgewichts „Persönlichkeit" ist offenbar mit energetischen Prozessen verbunden. Damit ist eine *„psychische" Energie* gemeint, die phänomenal vorliegt bzw. beobachtbar ist, jedoch nicht unbedingt in physiologischen Prozessen ihre Korrespondenz finden muss. Diese Energie bildet die Grundlage des Anpassungsprozesses. Sie ist unzerstörbar, kann von der Stärke her variieren und sucht sich bei Störungen unterschiedliche Ausdrucksformen:

> „For the administrator, the following ideas seem important: (1) All people have psychological energy. (2) Psychological energy is indestructible. (3) The amounts of energy people express vary with their states of mind. (4) If the expression of people's energies is temporarily blocked, these energies will eventually try to find expression in some other way. (5) If the expression of people's energies is channeled (for example by the administrator) in directions not equally satisfying, the people will some day try to obtain expression elsewhere." (Argyris 1957: 25).

Wenn sich beispielsweise ein Vorgesetzter darüber beklagt, dass einer seiner Mitarbeiter sich nicht ausreichend für die Arbeit einsetzt, so ist es wenig sinnvoll, sich lediglich darüber zu beklagen oder ihn anzuhalten, mehr zu arbeiten. Vielmehr muss hinterfragt werden, warum, d. h. aufgrund welcher Persönlichkeitskonstruktion er sich nicht angemessen einsetzt, um wirkungsvolle Abhilfe schaffen zu können.

Die Grundlage für energetische Prozesse liegt in den menschlichen Bedürfnissen bzw. in *Bedürfnissystemen*. Bedürfnisse sind stets latent vorhanden und wenn sie nicht in ihren Grenzen gehalten werden, führen sie zu Handlungen:

> „Personality has energy; and energy is located in the need systems. The energy in every need system is always ready to release itself, to bubble over. But so long as the boundary of the need system is strong enough, the energy will not release itself. When the energy bubbles over, the need system is in *action*. Need systems that are quiet and not in action are *inert* needs or *potential active needs*. This is similar to the pressure in a boiler. So long as the pressure does not become too great, the boiler will not burst." (Argyris 1957: 27; kursiv im Original).

Diese Handlungen sind zielgerichtet und dauern so lange an, bis die dem Bedürfnis zugrunde liegende Spannung abgebaut wird, bzw. bis sich die Spannung auf andere Art und Weise löst. Konform mit der eingangs geschilderten systemtheoretischen Sichtweise der Persönlichkeit werden Bedürfnisse dabei als ein wechselseitig miteinander in Beziehung stehendes System betrachtet, das Bedürfnissystem.

Zur Unterscheidung verschiedener Bedürfnisse schlägt Argyris (vgl. 1957: 32f) unterschiedliche Kriterien vor:

- Innere und äußere Bedürfnisse: Innere Bedürfnisse (z. B. der Erhalt des Gleichgewichts der internen Adjustierung) sind tief in der Persönlichkeit verankert, besitzen ein großes Maß an Energie und sind mit starken Emotionen verbunden. Äußere Bedürfnisse (z. B. sich einen neuen Anzug kaufen) sind weiter an der Oberfläche der Persönlichkeit angesiedelt und von geringeren Emotionen begleitet.

▪ Bewusste und unbewusste Bedürfnisse: In der Regel sind die inneren Bedürfnisse eher unbewusst während man sich äußeren eher bewusst wird.

▪ Soziale Bedürfnisse: Ein weiteres Merkmal, um Bedürfnisse unterscheiden zu können, bezieht sich darauf, inwieweit sie sozial vermittelt sind oder nicht, d. h., inwieweit der kulturelle Rahmen einer sozialen Gemeinschaft ein bestimmtes Bedürfnis (z. B. nach Wohlstand) induziert.

▪ Physiologische Bedürfnisse: Schließlich lassen sich Bedürfnisse auch danach unterscheiden, inwieweit sie physiologisch notwendig sind, um überleben zu können (z. B. essen und trinken).

Während Bedürfnisse die energetische Grundlage des gleichgewichtserhaltenden Prozesses „Persönlichkeit" bilden, sind *Fähigkeiten* die Werkzeuge, mit denen sic zum Ausdruck gebracht werden:

„Abilities are the tools, so to speak, with which a person expresses and fullfills his needs. (...) Once the energy bubbles over from the needs, it goes 'through' the appropriate ability designed to express the need." (Argyris 1957: 33).

Bedürfnisse und Fähigkeiten stehen gewöhnlich in einer Folgebeziehung zueinander: Zunächst entwickeln sich Bedürfnisse und mit der Zeit lernt das Individuum Fähigkeiten hinzu (oder modifiziert vorhandene), diese Bedürfnisse auszudrücken und zu befriedigen. Fähigkeiten bilden damit das Bindeglied zwischen individuellen Bedürfnissen und der Umwelt.

Dabei lassen sich drei Hauptkategorien von Fähigkeiten unterscheiden:

▪ Kognitive Fähigkeiten, z. B. Intelligenz.

▪ Motorische Fähigkeiten, z. B. handwerklicher Natur.

▪ Emotionale Fähigkeiten, die darin liegen, eigene Gefühle, sowie Gefühle anderer in ihrer Komplexität erfahren zu können.

Die Organisation der miteinander in Beziehung stehenden Bedürfnisse und Fähigkeiten konstituieren das *Selbst*. Dieses Selbst erschließt sich für das Individuum im Zuge seiner ontogenetischen Entwicklung über die Erfahrung, dass es über einen eigenen, von der Umwelt getrennten Körper verfügt, mit dem es in ihm spezifischer Weise mit der Umwelt interagiert:

„It has been found conveniant to label the unique personality whole created by the specific interrelationship of the parts, *the self*. (...) The *self* is more than just the physical body. It includes the child's unique organization, conscious and unconscious, of his needs, goals, abilities, and the resulting feelings, values, and prejudices. It includes how he evaluates his abilities (e.g., the confidence he has in them). Finally it includes his sensitivity for understanding himself and others." (Argyris 1957: 35f).

In Zusammenhang mit der Selbst-Aktualisierung (s. o.) wurde bereits erwähnt, dass Menschen dazu neigen, einen internen wie auch externen Gleichgewichtszustand zu erhalten, um ihre Persönlichkeit zu bewahren. Das Selbst bildet dabei den Rahmen, innerhalb dessen Erfahrungen interpretiert bzw. bewertet werden. Erfahrungen werden vor diesem Hintergrund akzeptiert und in das Selbstbild integriert, ignoriert, wenn sie innerhalb des Selbstbildes keinen Sinn ergeben oder verleugnet bzw. modifiziert, wenn sie inkonsistent mit dem Selbstbild sind:

„Once the picture of the self is formed, it serves as a framework or a guide with which to make sense out of experience. All future experiences are either (1) accepted and integrated with the picture one already has of the self, (2) ignored because the experiences do not make sense to the person in terms of his self concept, and (3) denied or distorted because the experience is inconsistent with the picture of the self. Those ways of behaving are adopted that are consistent with, or in agreement with, the self picture. Because individuals tend to see only that which agrees with their concept of self, it is difficult to be a truly objective observer. There is in fact no objective world for the individual; rather, it is always his *picture* of the objective world. It is always his 'private world'." (Argyris 1957: 36).

Während die ersten beiden der oben genannten drei Mechanismen relativ problemlos verlaufen, im ersten Fall kann die neue Erfahrung integriert werden, im zweiten Fall erscheint sie belang- bzw. bedeutungslos, so stellen inkonsistente Erfahrungen (Fall 3) zunächst eine Bedrohung für das Selbstkonzept dar. Derartige Bedrohungen werden als Angst, innerer Konflikt, Frustration oder Versagen erlebt. In diesem Fall stehen dem Individuum zwei Möglichkeiten zur Verfügung die *Bedrohung* abzuwenden und ein konsistentes Selbstbild zu erhalten. Die erste Möglichkeit besteht darin, das Selbstkonzept selbst zu verändern, um dadurch die Erfahrung in das neue Selbstkonzept integrieren zu können (was dann nachträglich dem Fall 1 entsprechen würde). Alternativ kann auch die Erfahrung durch eine „Verteidigungsreaktion" selbst so verändert werden, bis sie wieder mit dem Selbstkonzept übereinstimmt bzw. nicht mehr als Bedrohung wahrgenommen wird:

„A defence reaction, therefore, is any sequence of behaviour in response to a threat whose goal is to maintain the present state of the self against threat." (Argyris 1967: 36f).

Zur subjektiven Abwendung bedrohlicher Erfahrungen stehen prinzipiell unterschiedliche *Verteidigungsmechanismen* zur Verfügung:

- Aggression: Dieser regressive Mechanismus versucht, die Person, die Personen oder das Objekt, das die Bedrohung verursacht, anzugreifen, z. B. durch Beleidigungen.
- Ambivalenz: Es kann auch vorkommen, dass eine andere Person in einer Konfliktsituation nicht nur gehasst, sondern auch gleichzeitig verehrt wird (z. B. ein autoritärer Vorgesetzter, den man zwar aufgrund seines autoritären Führungsstils als bedrohlich empfindet, ihn gleichzeitig jedoch als durchsetzungsfähig erlebt).
- Schuld: Wird die Blockade in der eigenen Person gesehen (z. B. wenn es einer Person nicht gelungen ist, die Qualifikation für eine Beförderung zu erreichen), so kann sich eine Aggression auch nach innen richten und zu Schuldgefühlen führen.
- Fortsetzung des Konflikts: wobei der Konflikt nicht tatsächlich gelöst wird, sondern man lediglich eine zweitrangige Alternative wählt (z. B. indem man Germanistik studiert, weil man den Numerus Clausus für Medizin nicht erreicht hat, dabei aber dennoch seinem ursprünglichen Studienwunsch „nachtrauert").
- Diskriminierende Entscheidungen werden bei weniger starken Konflikten meist bewusst und rational anhand sachlicher Kriterien durchgeführt, um zwischen zwei oder mehreren Alternativen auszuwählen (z. B. welchen von zwei geeigneten Mitarbeitern soll man befördern?).
- Verleugnung, indem konfliktträchtige Informationen unbewusst oder zumindest ohne Vorsatz nicht wahrgenommen werden (z. B. wenn der Vorgesetzte über eine anstehende, unangenehme Neuerung informiert, die nicht ausreichend zur Kenntnis genommen wird).
- Unterdrückung stellt eine aktivere, jedoch immer noch meist unbewusste Form der Verleugnung dar, wobei bedrohliche Nachrichten ausgeblendet werden und „nicht sein darf was nicht sein kann" (dies dürfte beispielsweise 1999 in Serbien der Fall gewesen sein, wo man die Zivilverbrechen der Kosovo-Armee nicht zur Kenntnis nehmen wollte).
- Hemmung stellt demgegenüber eine bewusste Form des Ausblendens unerwünschter Erfahrungen dar (z. B. indem man sich in einer Gruppe nicht zu Wort meldet, aus Angst, abgelehnt zu werden).

- Unter Konversion wird die Übersetzung eines psychischen Konflikts in einen körperlichen verstanden, um dem Konflikt zu entgehen (z. B. Bauchschmerzen vor einer problematischen bzw. beängstigenden Klausur).
- Überkompensation besteht darin, mehr Energie als notwendig in eine Problemlösung zu stecken, ohne dabei jedoch eine Befriedigung oder Entspannung zu erleben (z. B. ein Mitarbeiter, der sich aus Furcht vor Versagen über das notwendige Maß in einen Sachverhalt einarbeitet, ohne jedoch eine Reduktion der Versagensangst zu erleben).
- Mit Rationalisierung ist die Suche nach Gründen gemeint, die dazu dienen, eine konfliktreiche Situation zu entschuldigen (z. B. wenn eine Bewerbung auf eine neue Stelle abgelehnt wurde, sich zu sagen, die Stelle sei „eigentlich" ohnehin nicht so attraktiv).
- Durch Identifikation mit anderen Personen, die damit verbunden ist, sich so zu verhalten, wie die Zielperson sich vermutlich verhalten würde, können eigene Unzulänglichkeiten ausgeblendet werden (z. B. ein sozial unsicherer Mitarbeiter, der sich anderen gegenüber so verhält, wie er es bei seinem souverän auftretenden Vorgesetzten beobachtet und dabei gewissermaßen „in dessen Rolle schlüpft").
- Umgekehrt nimmt man bei der Projektion bei anderen Personen Eigenschaften wahr, die mit eigenen, belastenden Eigenschaften korrespondieren, die man an sich selbst dann allerdings nicht erlebt (z. B. jemand ist unsicher in einem Gespräch, erlebt dabei jedoch nicht sich selbst, sondern das Gegenüber als unsicher).
- Wankelmütigkeit ist damit verbunden, sich für eine Alternative zu entscheiden, kurz darauf eine andere Alternative zu bevorzugen, anschließend wieder die erste Alternative zu präferieren, ohne tatsächlich Stellung zu beziehen.
- Schließlich können auch so genannte „Freudsche" Versprecher unbewusste, abwehrende Ausdrucksformen eines inneren Konflikts sein.

Im Zuge des Erhalts eines internen wie auch externen Gleichgewichtszustandes im Zuge der Selbstaktualisierung ist eine Person durch das soziale Umfeld andauernden äußeren Einflüssen bzw. „Störungen" ausgesetzt, die eine kontinuierliche interne Anpassung erforderlich machen. Längerfristig resultiert daraus ein individueller Wachstumsprozess, in dem die interne Struktur von Bedürfnissen und Fähigkeiten laufend modifiziert und vertieft wird:

> „Most personality theorists are in agreement that as the individual matures, he not only aquires more parts (i.e., more needs, abilities), but he also deepens many of them. As these parts are aquired they are also integrated with the already existing part of the personality. Every part which is added must be added so that the balance

(organization) is not upset. (...) Finally, most personality theories state that the personality becomes complete, organized and integrated only when it interacts with other people, ideas and social organizations." (Argyris 1957: 47f).

Etwas spezifischer sind im Zuge dieses *Wachstumsprozesses* folgende Tendenzen auszumachen:

- Menschen neigen dazu, sich von einem relativ passiven Zustand in ihrer Kindheit hin zu einem zunehmend aktiveren Zustand im Erwachsenenalter zu entwickeln.
- Gleichermaßen entwickeln sie sich von einem Zustand der Abhängigkeit im Kindesalter in Richtung auf zunehmende Unabhängigkeit, in der sie ihr Verhalten selbst bestimmen.
- Die Bandbreite an Fähigkeiten, bestimmte Verhaltensweisen auszuführen, nimmt dabei beständig zu.
- Gleichzeitig vertiefen sich die Interessen. Während sich Kinder bestimmten Dingen eher oberflächlich und in kurzem Wechsel zuwenden, beschäftigen sich Erwachsene andauernder und intensiver mit ihren Interessensgebieten, wobei die Motivation zunehmend intrinsischer wird.
- Ebenso verlängert sich die zeitliche Perspektive, mit der man sich interessierenden Themen zuwendet.
- Bezüglich des sozialen Umfeldes gerät man mit zunehmendem Alter von einer sozial untergeordneten in eine übergeordnete Position.
- Schließlich wird man sich seines Selbst mit zunehmendem Alter stärker bewusst und erlebt dabei, im Idealfall, eine bessere Kontrolle über seine Verhaltensweisen, begleitet von einem wachsenden Gefühl der Integrität.

3.2 Grundzüge und dysfunktionale Implikationen der formalen Organisation

Organisationen sind soziale Gebilde, die rational danach geplant und konstruiert sind, bestimmte Ziele zu verfolgen (z. B. bestimmte Produkte zu fertigen oder Dienstleistungen zu erstellen). Dabei wird unterstellt, dass sich die darin arbeitenden Menschen innerhalb gewisser Toleranzen derselben Rationalität folgend so verhalten, wie es ihnen der formale Organisationsplan vorschreibt:

„Organizations are formed with the intention and design of accomplishing goals; and the people who work in organizations believe, at least part of the time, that they are striving toward the same goals. We must not lose sight of the fact that, however organizations may depart from the traditional description (...) nevertheless most behaviour in organizations is *intendedly rational behaviour*. By intended rationality I mean the kind of adjustment of behaviour to goals of which humans are capable – a very incomplete and imperfect adjustment, to be sure, but one which nevertheless does accomplish purposes and does carry out programms." (Simon 1955; nach Argyris 1967: 55; kursiv im Original).

Die Zielsetzung organisatorischer Planung besteht primär darin, eine logisch geordnete Konstruktion zu errichten, die der gesetzten organisatorischen Zielrichtung optimal entspricht. Probleme, die dadurch entstehen, dass Menschen sich abweichend von dem verhalten, was ihnen diese geplante Ordnung vorgibt, werden nach Argyris von verwaltungswissenschaftlicher Seite als temporäre, in Kauf zu nehmende Erscheinungen betrachtet, die der logischen Planung nachgeordnet möglichst zu minimieren sind:

„He ['der Planer'; d. A.] should never for a moment pretend that these [human] difficulties don't exist. They do exist: they are realities. Nor, when he has drawn up an ideal plan of organization, is it likely that he will be able to fit in all existing human material perfectly. There will be small adjustments of the job to the man in all kinds of directions. But those adjustments are deliberate and temporary deviations from the pattern in order to deal with idiosyncracy. (...) What is suggested is that problems of organizations should be handled in *the right order*. Personal adjustments must be made, insofar as they are necessary. But fewer of them will be necessary and they will present fewer deviations from what is logical and simple, if the organizer first makes a plan, a design – to which he would work if he had the ideal human material." (Urwick 1953; nach Argyris 1957: 56).

Mit der Fokussierung auf die formale Struktur wird von den genannten Autoren gleichzeitig davon ausgegangen, dass Menschen bzw. ihr Verhalten dieser Struktur angepasst werden sollten, um eine optimale Leistungsfähigkeit der Organisation zu erhalten. Die Abweichungen menschlichen Verhaltens von organisatorischen Sollvorgaben wurden als unsystematische Störgrößen im organisatorischen Geschehen betrachtet, die bislang noch nicht auf systematische Effekte untersucht wurden. Argyris griff dieses potentielle Manko auf und stellte die Frage, ob denn die beschriebenen Verhaltensabweichungen tatsächlich unsystematisch sind, oder ob umgekehrt systematische Inkompatibilitäten zwischen Organisationsstruktur und menschlichem Verhalten angenommen werden können:

„But, *why* does 'human nature' resist organizational principles? Perhaps there is something inherent in the principles which cause human resistance." (Argyris 1957: 57; kursiv im Original).

Diese Frage analysiert Argyris anhand verschiedener, allgemein als zentral erachteter Organisationsprinzipien:

- Aufgabenspezialisierung: Die Grundüberlegung der Aufgabenspezialisierung besteht darin, die organisatorische Produktivität durch Bündelung von Anstrengungen auf ein begrenztes Aufgabengebiet qualitativ und quantitativ steigern zu können. Darin sind drei allgemein akzeptierte Annahmen enthalten: Erstens, Menschen handeln effizienter, wenn sie spezifische Aufgaben erledigen (s. o. Adam Smith). Zweitens, es gibt eine optimale Art und Weise der Gestaltung von spezialisierten Aufgaben (s. o. Frederick Taylor). Drittens, interindividuelle Unterschiedene zwischen Menschen sind zunehmend vernachlässigbar, wenn Aufgaben mechanisiert und auf Maschinen übertragen werden.

- Unter Berücksichtigung der oben getroffenen Persönlichkeitsannahmen sind dabei allerdings auch dysfunktionale Konsequenzen für die Personen zu erwarten, die in einem spezialisierten Aufgabenfeld arbeiten. Die Selbstaktualisierungstendenz, derzufolge Menschen danach streben, ihre Organisation individuell auszuweiten, wird mit der Spezialisierung behindert. Es sind damit lediglich relativ repetitive Anforderungen verbunden, die keinen Freiraum für Entwicklungsprozesse belassen. Ferner wird in einem spezialisierten Handlungsfeld nur ein Teil der menschlichen Fähigkeiten gefordert. Dies betrifft mit zunehmender Mechanisierung insbesondere relativ einfache, wenig komplexe motorische Fertigkeiten. Beide Einschränkungen stehen einer Persönlichkeitsentfaltung im Wege, die entsprechenden Tätigkeiten werden dementsprechend von den Beschäftigten auch nicht als Herausforderung wahrgenommen.

- Befehlskette: Spezialisierte Einzeltätigkeiten müssen miteinander verknüpft und koordiniert werden, um ein gesamtorganisatorisches, zielgerichtetes Handeln zu ermöglichen. Hierzu steht Organisationen ein hierarchischer Aufbau zur Verfügung, in dem bestimmte Personen (Führungskräfte) gegenüber untergeordneten Personen formal Machtbefugnisse eingeräumt werden, um durch Belohnung oder Bestrafung die Koordination und Kontrolle der verschiedenen voneinander unabhängigen Einheiten zu gewährleisten.

- Auch dadurch werden wesentliche Tendenzen der menschlichen Entwicklung behindert: Aktivität, Autonomie, Kontrolle und Zeitperspektive. Die meisten (untergeordnet) arbeitenden Personen haben keine Kontrolle über ihre Arbeitsumgebung, sondern befolgen Anweisungen. Dabei sind sie passiv in ihrem Verhalten und haben auch keine Möglichkeit, an Autonomie zu gewinnen. Ferner wird ihre Zeitperspektive verkürzt, da sie auch keine weitreichenden Informationen über zukünftige Planungen besitzen, die ihnen eine längerfristige Orientierung ermöglichen könnte.

- Einheit der Leitung: Ebenfalls mit der Spezialisierung von Tätigkeiten ist verbunden, dass jede Einheit ein wohl definiertes, dem organisatorischen Ganzen untergeordnetes Ziel verfolgt, dessen Einhaltung vom Vorgesetzten kontrolliert wird. Ein psychologischer Erfolg beim Mitarbeiter wird damit behindert. Psychologischer Erfolg besteht gerade darin, sich unter Bezug auf eigene Bedürfnisse seine eigenen Ziele zu setzen und durch das Erreichen dieser Ziele die eigene Persönlichkeit zu entfalten.

- Leitungsspanne: Als „Leitungsspanne" wird die Anzahl von Mitarbeitern bezeichnet, die einem bestimmten Vorgesetzten zugeordnet sind. Dabei wird davon ausgegangen, dass durch Begrenzung der Leitungsspanne auf fünf bis sechs Mitarbeiter die Führungseffizienz gesteigert wird. Mit einer engeren Leitungsspanne ist allerdings auch eine stärkere Kontrolle der Mitarbeiter durch den Vorgesetzten verbunden. Zwar kann dieser nun seine Kontrollfunktion besser ausüben, die Entfaltungsmöglichkeiten der Mitarbeiter werden dadurch allerdings zusätzlich eingeschränkt.

Zusammenfassend lässt sich sagen, dass die korrekte Anwendung dieser Organisationsprinzipien den Entfaltungsbedürfnissen Erwachsener entgegen stehen und, wie Argyris betont, eher kindlichen Bedürfnissen entsprechen:

> „All these characteristics are incongruent to the ones *healthy* human beings are postulated to desire. They are much more congruent with the needs of an infant in our culture. In effect, therefore, organizations are willing to pay high wages and provide adequate seniority if mature adults will, for eight hours a day, behave in a less than mature manner! *If the analysis is correct, the inevitable incongruency increases as (1) the employees are of increasing maturity, (2) as the formal structure* (based upon the above principles) *is made more clear-cut and logically tight for maximum formal organizational effectiveness, (3) as one goes down the line of command, and (4) as the jobs become more and more mechanized* (i.e., take on assembly line characteristics)." (Argyris 1957: 66; kursiv im Original).

Zur Verdeutlichung dieser provokant anmutenden These führt Argyris u. a. eine Untersuchung von Brennan (1953) an: Im Zuge der damals herrschenden Kriegsnotstände wurden im Jahre 1917 in der „Utica Knitting Mill" 24 geistig behinderte Mädchen eingestellt, deren Intelligenzalter zwischen sechs und zehn Jahren rangierte. Diese erwiesen sich als so gute Arbeiterinnen (sie waren pünktlicher, ordentlicher und weniger geschwätzig als ihre gesunden Kolleginnen), dass sie nach Beendigung des Krieges nicht nur nicht entlassen wurden, vielmehr stellte das Unternehmen noch 40 weitere behinderte Arbeiterinnen ein.

3.3   Anpassungsmechanismen an die formale Organisation

Bisher wurde unter Zuhilfenahme allgemein akzeptierter psychologischer Konzepte die Erwartung formuliert, durch formale Organisationsstrukturen werde die Entwicklung der darin arbeitenden Beschäftigten systematisch behindert. Die nächste interessierende Frage lautet nun, mit welchen Anpassungsreaktionen dieser Beschäftigten zu rechnen ist und inwieweit hierfür empirische Bestätigungen vorliegen.

Dabei muss zunächst eine Präzisierung der beschriebenen formalen Organisationsstruktur vorangestellt werden. Die genannten Effekte treffen nicht über alle hierarchischen Ebenen gleichermaßen zu. Abhängigkeit und ein eingeschränkter Handlungsspielraum ist vielmehr ein Kennzeichen der untersten hierarchischen Ebenen; mit zunehmend höherer (Führungs-)Ebene erweitert sich auch der individuelle Gestaltungsfreiraum. Entwicklungsschädigende Effekte sollten folglich insbesondere auf untersten hierarchischen Ebenen zu finden bzw. am stärksten ausgeprägt sein, organisatorisch dysfunktionale Anpassungsreaktionen daher dort auch am deutlichsten zu finden sein.

Argyris differenziert unterschiedliche *individuelle Anpassungsreaktionen*, die aus der wahrgenommenen Diskrepanz zwischen eigenen Bedürfnissen und divergenten organisatorischen Anforderungen resultieren. Mit zunehmender Divergenz gerät der Mitarbeiter in einen Konflikt, in den die eigene Bedürfnisbefriedigung den formalen Vorgaben zuwider läuft. Zur Lösung dieses Konflikts sind unterschiedliche Möglichkeiten denkbar. Er kann der Konfliktsituation aus dem Weg gehen, er kann die psychologische Bedeutung bestimmter organisatorischer oder persönlicher Faktoren verringern, oder er kann in der Konfliktsituation bleiben, was wiederum mit Regression, Frustration oder Aggression verbunden sein kann. Derart typische Verhaltensweisen seien im Folgenden näher vorgestellt und analysiert:

- *Fluktuation und Absentismus:* Zunächst kann ein Mitarbeiter, der sich in seinen Entfaltungsmöglichkeiten behindert sieht, die Organisation verlassen. Zwar ist davon auszugehen, dass er in einer anderen Organisation ebenfalls eingrenzende strukturelle Bedingungen vorfindet, dies aber möglicherweise weniger ausgeprägt, so dass ein Wechsel dann doch zumindest vergleichsweise lohnenswert erscheinen könnte. Außerdem könnte er unter bestimmten Vorwänden der Organisation teilweise fernbleiben, wodurch er den begrenzenden Arbeitsbedingungen zumindest temporär entkommen könnte. Belege für die Fluktuationsthese finden sich bei Guest (1954, 1955; nach Argyris 1957), der zeigte, dass die Mehrheit von 382 befragten Arbeitern in produzierenden Unternehmen den Arbeitsplatz wechseln würden, wenn sie nicht die Schwierigkeit sehen würden, einen neuen Arbeitsplatz zu finden. Befragte Fließbandarbeiter, die bereits gekündigt hatten, gaben ferner an, dass der Arbeitsdruck, die repetitive Tätigkeit und das Fehlen von Herausforderungen (alles Merkmale der Arbeitsspezialisierung) der Hauptgrund für ihre Kündigung gewesen sei. Bezüglich der Abwesenheit vom Arbeitsplatz fanden etwa Mann & Baumgartel (1952; nach Agyris 1957), dass Arbeiter deutlich seltener abwesend sind, wenn sie Tätigkeiten ausüben, die ihnen erlauben, wichtige Fähigkeiten einzusetzen und bei der Lösung von Problemen ihre Meinung mit einzubringen.

- *Karriere:* Eine weitere Möglichkeit, einengenden Arbeitsbedingungen zu entgehen, besteht darin, in der organisatorischen Hierarchie aufzusteigen und eine Aufgabe mit größerem Handlungsfreiraum zu übernehmen (wobei diese Möglichkeit aufgrund des nach oben sich verengenden hierarchischen Organisationsaufbaus und dabei vergleichsweise wenigen Führungspositionen mit erheblichen Engpässen verbunden ist). Für die Stützung dieser Annahme lassen sich indirekte Belege heranziehen. So geht Griffin (1949; nach Argyris 1957) davon aus, dass finanzielle Anreize nur eine untergeordnete Rolle für die Motivation, in der organisatorischen Hierarchie aufzusteigen spielen. Prestige, soziale Anerkennung, kreative Entfaltung und Unabhängigkeit seien hierfür wesentlich wichtigere motivierende Faktoren.

- *Defensivmechanismen:* Mechanismen, die dazu dienen, eine als unangenehm wahrgenommene Situation durch Verzerrung oder Abwehr mit dem Selbstbild in Deckung zu bringen, wurden nach Argyris bisher am wenigsten untersucht. Vielmehr werden hier einige anekdotische Beispiele angeführt:

- Rationalisierung des Umstandes, nicht mit der Einsatzbereitschaft zu arbeiten, den die Organisation fordert, z. B. „Es lohnt sich nicht, die Teile jetzt noch zu fertigen, sie werden ohnehin erst in drei Tagen benötigt."

- Projektion eigener Gefühle, indem beispielsweise andere für etwas verantwortlich gemacht werden, wofür man selbst Mitverantwortung trägt, z. B.: „Wenn man mir nicht das Budget gekürzt hätte, könnte ich die Aufgabe viel eher erledigen aber hier denkt ja jeder nur an sich selbst."

- Ambivalenz hinsichtlich eigener Einstellungen oder Entscheidungen, z. B.: „Ich weiß nicht, auf der einen Seite ist das ja ein ganz guter Job, aber andererseits gibt es auch vieles, das mich nervt."

- Realitätsflucht durch Tagträume. Nach Studien des „Industrial Fatigue Research Boards" (Argyris 1957) sind Tagträumereien unter Arbeitern weit verbreitete Methoden, um monotonen und langweiligen Tätigkeiten zu entfliehen.

- Psychosomatische Erkrankungen treten auf hohen Führungsebenen häufig in Form von Magengeschwüren auf. Auf niedrigeren Ebenen sind hingegen Rückenbeschwerden, Kopfschmerzen und Niedergeschlagenheit als Anpassungsmechanismen für am Arbeitsplatz erfahrene Ängste beobachtbar.

- Desinteresse und Apathie: Beides stellt insofern einen Anpassungsmechanismus an begrenzende Arbeitsbedingungen dar, als dadurch die Bedeutung dieser Arbeitsbedingungen abgewertet wird. Indem man seinen Einsatz auf das Notwendigste begrenzt und eigenes Interesse an den Unternehmensvorgängen unterbindet, schafft man sich einen Rahmen, in dem man die Tätigkeit und die damit verbundenen Frustrationen als relativ unbedeutend erleben kann und möglicherweise seine eigentliche Entfaltung im Privatleben sucht. Letzteres fand Dubin (Argyris 1957) bei ¾ von 491 untersuchten Arbeitern. Diese nahmen ihren Beruf und ihren Arbeitsplatz nicht als zentral für die Verwirklichung ihrer Interessen war. Dabei ist Desinteresse möglicherweise selbst mit dem eigenen Entwicklungsprozess verbunden: So fand Chinoy (Argyris 1957), dass verheiratete Arbeiter in mittlerem Alter ihr betriebliches „Schicksal" zu akzeptieren beginnen und ein berufliches Weiterkommen nicht mehr in Betracht ziehen.

Anpassungsmechanismen lassen sich auf individueller und auf der Gruppenebene identifizieren. Diese resultieren aus dem Umstand, dass Personen üblicherweise in Gruppen arbeiten, die wiederum eigene Normen entwickeln, deren Befolgung oder Nichtbefolgung belohnt bzw. sanktioniert wird. Individuelles Verhalten wird dabei an die soziale Gruppe angepasst.

- *Niedrighalten von Leistungsnormen:* Durch das Niedrighalten von Arbeitsnormen und den sozialen Ausschluss von Arbeitskollegen, die sich an diese Norm nicht halten, wird eine Form des kollektiven Widerstandes gegenüber den organisatorischen Vorgaben aufgebaut. Dabei handelt es sich um eine Form kultivierter Apathie, Desinteresse und mangelnden Leistungsbewusstseins. Die weite Verbreitung leistungslimitierender Einstellungen bestätigte beispielsweise eine Untersuchung der „Opinion Research Corporation" (Argyris 1957), in der 41% der Befragten antworteten, dass ein Arbeiter nicht sein Bestes geben, sondern lediglich eine durchschnittliche Leistung erbringen sollte.

- *Formalisierung von Gruppen (Gewerkschaften):* Während sich die Reduktion von Leistungsnormen im Rahmen informeller Gruppierungen abspielt, sind gewerkschaftlich organisierte Gruppen formalisiert. Damit bilden sie ein institutionalisiertes und gesellschaftlich akzeptiertes Gegengewicht zur formalen Autorität der Führungskräfte, in dem der eigene Gestaltungsraum

ausgeweitet wird. Mit zunehmender Entwicklungsstufe beginnen sie sich
dabei selbst zu bürokratisieren und übernehmen Organisationsprinzipien
wie Aufgabenspezialisierung, Leitungsspanne oder Befehlskette. Dabei
konnte gezeigt werden, dass innerhalb bürokratisch organisierter Gewerkschaften ebenso Anzeichen von Desinteresse und Apathie zu finden sind,
wie in den Betrieben selbst (Argyris 1957).

- Betonung monetärer oder materieller Belohnungen: Unzufriedene Arbeiter
  neigen dazu, die psychologische Bedeutung ihrer Arbeit herunterzuspielen
  und stattdessen die Bedeutung der materiellen Kompensation hierfür zu betonen. Wie Smith & Lund (Argyris 1957) in einer Studie konstatierten, ist
  Geld dabei offenbar eine Form der Rationalisierung, warum man einer persönlich unbefriedigenden Tätigkeit nachgeht. Während das Gehalt überbe-
  wertet wird, werden umgekehrt persönlichen Bedürfnisse heruntergespielt

3.4   Reaktionen des Managements auf Anpassungsmechanismen

Betrachtet man die Situation von Arbeitern aus deren Sicht, so lässt sich plausibel erklären, warum sie sich organisatorisch dysfunktional verhalten. Diese
Sichtweise wird allerdings von Managementseite nicht vertreten, vielmehr sind
dort andere Interpretationsmuster vorzufinden:

> „The top administrators, however, tend to diagnose the problems in another way.
> They observe their employees while at work and they conclude: (1) *The employees*
> are lazy. (2) *The employees* are uninterested and apathetic. (3) *The employees* are mo-
> ney crazy. (4) *The employees* create errors and waste." (Argyris 1957: 123; kursiv
> im Original).

Die Ursache für mangelhafte Einsatzbereitschaft etc. wird also in den Mitarbeitern gesehen, und folglich müssen die Mitarbeiter geändert werden. Damit folgen
sie der Logik der formalen Organisation, die die Struktur als Primat einer erfolgreichen Organisationstätigkeit in den Vordergrund rückt und das menschliche
Verhalten dieser Struktur anzugleichen versucht.

Als Resultat werden unterschiedliche *Maßnahmen* konzipiert und in Organisationen realisiert, die diesen Verhaltensangleich bei den Mitarbeitern bewirken sollen:

- *Direktive Führung:* Ein Ansatz besteht darin, Führungskräfte u. a. dahingehend auszubilden, die Organisationsziele und die notwendigen Verfahrensweisen zu kennen, im Rahmen der Zielvorgaben effektive Entscheidungen
  zu treffen, den Mitarbeitern notwendige Verfahrensweisen mitzuteilen, die

Mitarbeiter durch Druck oder Überzeugung zu größerer Einsatzbereitschaft zu bewegen und deren Leistung anhand der jeweils organisatorisch üblichen Verfahrensweisen zu bewerten. Im Rahmen einer derartigen, autoritären Führung werden alle Ziele und Aktivitäten durch den Führer festgelegt, die Mitarbeiter besitzen keinerlei Einflussmöglichkeit. Nach Ergebnissen zur Auswirkung autoritärer Führungsstile neigen Mitarbeiter von autoritären Führungskräften allerdings dazu, die Organisation zu verlassen, unterwürfig und abhängig zu werden, ihre aufgestauten Gefühle bei Abwesenheit des Vorgesetzten zu entladen, vom Vorgesetzten vermehrte Aufmerksamkeit einzufordern, untereinander um die Gunst des Vorgesetzten zu streiten und materielle Aspekte ihrer Arbeit zu betonen. Die Situation für den Mitarbeiter wird durch diese Art von Gestaltungsmaßnahmen also eher verschärft als verbessert, mögliche Entfaltungsfreiräume zusätzlich eingegrenzt:

„We must conclude that the impact of directive leadership upon the subordinates is similar to that which the formal organization has upon the subordinate. Pressure-oriented directive leadership 'compounds the felony' that the formal organization commits every minute every hour of the day and every day of the year. Authoritarian leadership reinforces and perpetuates the 'damage' created by the organizational structure." (Argyris 1957: 130).

- *Engere Kontrollmechanismen*: Ein zweites Gestaltungsprinzip liegt in der Anwendung von Kontrollmechanismen aus tayloristischer Tradition. Organisationsabläufe werden darin detailliert bis in kleinste Schritte vorgeplant und anhand der Planungsvorgaben vom Arbeiter ausgeführt. Mit Hilfe von empirischen Messdaten aus Zeit- und Bewegungsstudien wird dann die Effizienz der Vorgaben überprüft und es werden gegebenenfalls Korrekturen vorgenommen. In einer derart gestalteten Organisation kommt dem Arbeiter lediglich die Verantwortung für die Durchführung hoch spezialisierter Tätigkeiten zu, für eine eigenständige Beteiligung bei Planungsentscheidungen ist kein Freiraum belassen. Dementsprechend berichten beispielsweise Segerstedt & Lundquist (Argyris 1957), dass Arbeiter, die in Bereichen arbeiteten, in denen Zeit- und Bewegungsstudien durchgeführt wurden, diesbezüglich eine große Abneigung und den verstärkten Wunsch nach Arbeitsplatzwechsel äußerten. Ebenso wie die direktive Führung erscheinen also auch rationale Kontrollmechanismen eher dazu geeignet, die Situation aus Sicht des Arbeiters zu verschlechtern.
- *Der Irrtum der „Human Relations"*: Im Zuge der Hawthorne-Studien, aber auch mit zunehmender Stärke der Gewerkschaften, die die Unzufriedenheit der Mitarbeiter über das Management wirkungsvoll zum Ausdruck brach-

ten, entwickelte sich als Alternative zu zentral-direktiven Gestaltungsansätzen der eher dezentral angelegte Human Relations Ansatz:

„If directive leadership and tight management controls do not succeed, perhaps helping the workers to identify with their jobs and the company might succeed." (Argyris 1957: 139).

Eine wesentliche Zielsetzung dieses Ansatzes lag darin, wie es die empirischen Befunde der Hawthorne-Studien nahe legten, die Mitarbeiter durch ein Gefühl der sozialen Verbundenheit und der Identifikation mit der Organisation zu mehr Leistung zu motivieren. Human Relations Ansätze verbreiteten sich zunehmend in den USA und Europa, ohne dass wirklich klar wurde, was unter „Human Relations" zu verstehen sein könnte:

„Hundreds of Europeans *feel strongly* that they must have good human relations, yet they do not seem to have any idea what is human relations. An analysis of the comments of over two hundred top managers in an industrially advanced country in Europe leads one to conclude: (1) The majority of the top administrators feel strongly about the importance of good human relations. (2) The majority are unable to give a definition of 'good' human relations that satisfies even them! (3) Over 75 percent of the managers interviewed expressed antagonistic opinions about good human relations within the same discussion period." (Argyris 1957: 141; kursiv im Original).

Problematisch am Human Relations Ansatz ist aus Sicht von Argyris, dass mangelhaftes Leistungsverhalten dabei nach wie vor als unerwünscht betrachtet wird und Human Relations Ansatz eine zentral geplante Methode war, hier Abhilfe zu schaffen; die Sicht der Mitarbeiter bzw. deren Interessenlage wurde dabei nach wie vor nicht berücksichtigt:

„A difficulty with Mayo and other 'human relators' is that they observed employees goldbricking, expressing low feelings of identification, apathy, and disinterest and they conclude, like management, that this is 'bad'. It may be bad from management's point of view, but as our analysis suggests, it may be adaptive as long as relatively mature workers are working in a difficult work situation." (Argyris 1957: 139).

Der Einsatz solcher ,pseudo-partizipativer' Programme, die den Mitarbeitern das Gefühl geben, ein wichtiger Bestandteil der Organisation zu sein, birgt dabei aufgrund der Diskrepanz zwischen der eigenen Wahrnehmung und der vorgeblichen Eingebundenheit in die Organisation die Gefahr, deren Unzufriedenheit mit dem Management eher zu vergrößern:

„Research suggests that telling a worker he is an important part of the company, when through *actual experience* he sees he is a very minor part (thanks to task specialization) with little responsibility (thanks to chain of command, directive leadership, and management controls) may only *increase* the employees' dissatisfaction with management." (Argyris 1957: 154).

Alle drei genannten Managementansätze sind also nicht geeignet, das Leistungsverhalten der Mitarbeiter zu verbessern. Sie gehen von der Sichtweise des Managements aus, diese wird quasi über die Mitarbeiter gestülpt und vernachlässigen dabei deren motivatorische Bedürfnisse.

3.5 Ansätze zur Verringerung der Inkongruenz zwischen formaler Organisation und individuellen Bedürfnissen

Konsequenterweise müssen Ansätze, die geeignet sein sollen, eine bessere Kongruenz zwischen individuellem Verhalten und organisatorischen Anforderungen herzustellen, menschliche Bedürfnisse in stärkerem Maße berücksichtigen. Hierzu lassen sich mit Blick auf die Tätigkeit bzw. die Integration in organisatorische Entscheidungsprozesse zwei Ansatzpunkte skizzieren:

- *Aufgabenerweiterung (Job Enlargement):* Die Erweiterung von Aufgaben stellt eine Umkehrung des Prinzips der Aufgabenspezialisierung dar. Dabei werden dem Mitarbeiter mehr Einzelaufgaben innerhalb des Arbeitsprozesses übergeben, was ihm die Möglichkeit bietet, mehr Fähigkeiten einzusetzen.
- *Partizipative bzw. mitarbeiterorientierte Führung:* Durch einen demokratischen Führungsstil, im Gegensatz zu einem autoritären, können den Mitarbeitern mehr Freiräume und Möglichkeiten zur Partizipation bei Entscheidungen eingeräumt werden.

4 Douglas McGregor: Theorie x und Theorie y

McGregor (1971) begann seine Arbeiten 1954. Zusammen mit Alex Bevelas (1956 schied dieser aus und Theodore Alfred sprang dafür ein) untersuchte er den beruflichen Werdegang von Managern, um Hinweise für eine systematische Personalauswahl und -entwicklung zu gewinnen. Er stellt das Maslow'sche Motivationsmodell in einen gesamtgesellschaftlichen Zusammenhang und beschreibt damit einen Wandel in der Bedürfnisstruktur der Mitarbeiter in Organisationen.

4.1   Analyse zur Situation seiner Zeit

Früher standen überwiegend physiologische Bedürfnisse und damit verbunden der Wunsch nach Entlohnung durch die Arbeit im Vordergrund. Mit der Zeit wurden diese materiellen Bedürfnisse befriedigt, und es entstand zunehmend der Wunsch nach Selbstverwirklichung im Rahmen der Arbeit. Diese Entwicklung wird allerdings von den Führungskräften seiner Zeit nicht berücksichtigt. Vielmehr behandeln sie ihre Mitarbeiter immer noch nach einem traditionellen Führungsverständnis, von McGregor als „Theorie x" bezeichnet, und sehen sie als relativ passive Empfänger von Anweisungen. Sein Plädoyer geht dahin, das Bedürfnis nach Selbstverwirklichung in den Führungsprozess einzubeziehen, ihm Verantwortung zu übertragen und damit gleichzeitig seinen Wunsch nach aktivem Engagement zu entsprechen und sein Potential organisatorisch besser zu nutzen. Diese neue Sichtweise bezeichnet er als „Theorie y".

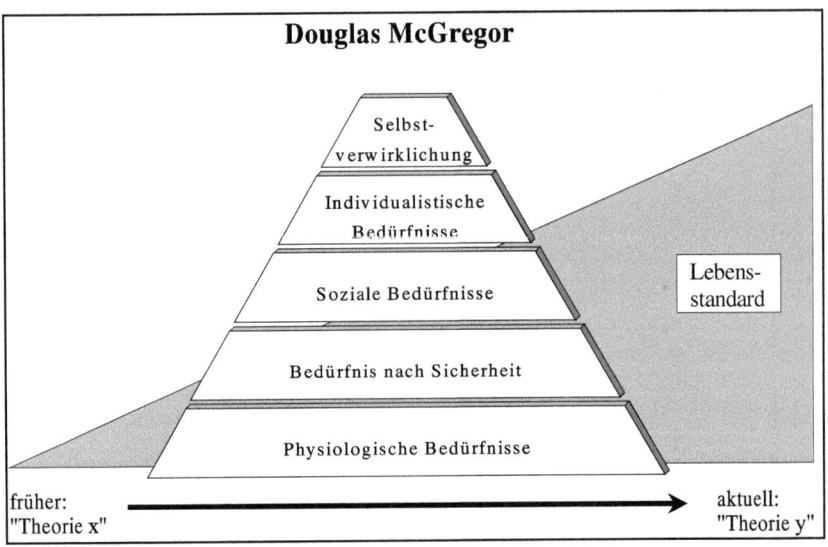

Abbildung 1:   Entwicklung individueller Bedürfnisse im gesellschaftlichen Wandel nach McGregor

Bedürfnisse und Wünsche. Dabei kann es zu organisatorisch äußerst dysfunktionalen Folgen kommen, die mit der Anreizsetzung nicht vorgesehen waren, z. B. falsche Aufzeichnungen über die geleistete Arbeit, Feindschaft gegenüber den

Verantwortlichen oder Gleichgültigkeit in der Zusammenarbeit mit anderen Personen. Paradoxerweise wird den Arbeitern von organisatorisch Verantwortlichen gerade dieser Unterschied zwischen Menschen und Maschinen, die individuelle Handlungsfreiheit, zum Vorwurf gemacht. Nicht die falsche Sicht- und Handlungsweise des Managements wird beklagt, sondern der Mitarbeiter, der in diese Sichtweise nicht hineinpasst: Im Zuge dieser Arbeiten stellte McGregor fest, dass viele Manager zwar hinsichtlich der Bewältigung von Arbeitsaufgaben anhand von formal begründeten Regeln (z. B. zur Leitungsspanne, Stabs- und Linieneinteilung oder Aufgabenspezialisierung) gut ausgebildet seien, dass sie jedoch ihre sozialen Aufgaben vernachlässigten und damit kreatives Mitarbeiterpotenzial brach liegen ließen. Im Rahmen ihrer Führungsaufgaben leiteten sie die Mitarbeiter anhand eines Regelkatalogs zu konformem Verhalten an, motivierten sie jedoch nicht zu erhöhtem Engagement. Diese Mitarbeitermotivierung erkannte er allerdings als eine zentrale Führungsaufgabe. Damit plädierte er für die Abschaffung des von Taylor eingeführten organisatorischen Regel- und Kontrollmechanismus. An die Stelle des vortayloristischen Vakuums setzte er gleichzeitig die Notwendigkeit der Vorhersage und Kontrolle individuellen Verhaltens:

> „Eine der Hauptaufgaben des Managements ist es, menschliche Schaffenskraft in den Dienst wirtschaftlicher Unternehmensziele zu stellen. Jede im Management getroffene Entscheidung zieht Folgen im Verhalten der Leute nach sich. Erfolgreiches Management ist nicht allein, aber in bedeutendem Maße eine Funktion der Fähigkeit, menschliches Verhalten vorauszusagen und die Vorhersage auf ihre Richtigkeit zu überprüfen." (McGregor 1971: 15).

Ebenfalls in Abkehr zu Taylor unterlegte er diese sozialwissenschaftliche Sicht mit einem veränderten Wissenschaftsverständnis. Dessen Anspruch nach allgemeinen Gesetzmäßigkeiten, denen organisatorisches Verhalten unterliegen sollte, relativierte er, indem er soziale von physikalischen Prozessen unterschied:

> „Der Ingenieur versteht unter Kontrolle Anpassung an die einzelne Gesetze der Natur. Kontrolle bedeutet für ihn nicht, daß die Natur sich unserem Gebote anzupassen habe. Wir graben doch zum Beispiel nicht Kanäle und erwarten dann, daß das Wasser darin bergauf fließt (...) Im Hinblick auf physikalische Prozesse bedeutet Kontrolle ihrem Wesen nach die Auswahl der Mittel, die der Natur der Erscheinungen, mit der wir uns befassen spezifisch sind (...) Im menschlichen Bereich befinden wir uns in derselben Lage, nur daß wir oft Kanäle graben, um zu erreichen, daß das Wasser bergauf fließt. Viele unserer Versuche, das Verhalten zu beeinflussen, weit davon entfernt, Anpassung durch Auswahl zu bewirken, verletzen die menschliche Natur geradezu. Sie bestehen darin, auszuprobieren, ob man ohne Rücksicht auf das

Naturgesetz Leute zu einem Verhalten bringen kann, wie wir es wünschen." (Mc-Gregor 1971: 21).

So sind beispielsweise individuelle Lohnanreiz-Verfahren für eine Verhaltens-kontrolle nur begrenzt geeignet. Sie unterstellen hinsichtlich der Wirksamkeit von Lohnanreizen, dass die Menschen Geld möchten, vernachlässigen jedoch deren übrige Motive.

> „Der Ingenieur macht nicht das Wasser dafür verantwortlich, daß es eben bergab und nicht bergauf fließt (...) Doch wenn die Mitarbeiter den Entscheidungen des Managements nicht in der gewünschten Weise nachkommen, reagiert man norma-lerweise so: Man gibt einfach ihnen die Schuld. Ihre Einfältigkeit, ihre Unfähigkeit zur Zusammenarbeit, ihre Trägheit greift man heraus, um zu erklären, was geschah, nicht aber, daß das Management selbst versagt hat, die richtigen Mittel für die Kon-trolle ausgewählt zu haben." (McGregor 1971: 23).

Führung besteht also nicht primär, wie es lange Zeit in Managerkursen gelehrt wurde, in der Anwendung formal begründeter Regeln, sondern in der Kunst, Mitarbeiter zu engagiertem Arbeitsverhalten zu bewegen. Dies geschieht, indem man den Mitarbeiter in die Lage versetzt oder zumindest prinzipiell versetzen kann, seine Bedürfnisse zu befriedigen. Dabei besteht eine soziale Asymmetrie dahingehend, dass der Vorgesetzte und nicht der Mitarbeiter über die notwendi-gen Ressourcen und Möglichkeiten verfügen muss. Hierfür ist nicht nur der ob-jektive Sachverhalt, sondern vielmehr die subjektive Meinung des Mitarbeiters, ob die Bedürfniserfüllung erfolgen kann, ausschlaggebend:

> „Der Erfolg jedweder Form sozialer Einflußnahme oder Führung hängt letztlich da-von ab, ob und wie man andere befähigen kann, ihre Ziele zu erreichen oder ihre Bedürfnisse zu befriedigen (...) Solche Eingriffe in die Fähigkeiten des Einzelnen, seine Ziele zu erreichen oder seine Bedürfnisse zu befriedigen, mögen verhältnismä-ßig schwach sein (wie im Falle der Werbung für Waren durch Massenmedien) oder stark (wie es der Fall ist, wenn ein Vorgesetzter im Netz der betrieblichen Organisa-tion auf die langfristigen Aufstiegserwartungen seiner Untergebenen auf bedeutende Weise einzuwirken vermag). Doch kann es in jedem Fall zu einer Einflußnahme nur dann kommen, wenn ein bestimmter Abhängigkeitsgrad der einen von der anderen Partei gegeben ist (...) Wer nicht erkennt, daß sein Gegenüber irgendwie auf seine Fähigkeit einzuwirken vermag, die eigenen Wünsche zu erfüllen, dessen Verhalten kann auch nicht beeinflußt werden." (McGregor 1971: 33f).

Der von anderen Autoren mehrfach beschriebene Geldanreiz zur Motivierung wird damit allgemeiner durch Anreize, die sich an generellen individuellen Bedürfnissen orientieren, ersetzt. Das Bedürfnis nach Geld im Sinne einer materiellen Sicherheit o. ä. stellt hierzu lediglich einen Spezialfall dar. Gleichzeitig wird mit der expliziten Betonung der relativen Abhängigkeit des Mitarbeiters vom Vorgesetzten bzw. der Organisation nach Ansicht McGregors theoretisches Neuland beschritten. Frühere Konzeptionen hatten traditionelle Organisationsformen wie Kirche und Militär, bei denen dem Mitglied kaum eine Alternative zur Befolgung von Anordnungen blieb, zum Vorbild. Sie bezogen ihre Macht aus dem Fehlen offenkundiger bzw. zugänglicher Alternativen. Aus modernen Industrieorganisationen kann der Mitarbeiter jedoch leicht austreten, kündigen und sich eine neue Stelle suchen. Daher ist die Organisation in einem stärkeren Maß auf den Kooperationswillen des Mitarbeiters angewiesen:

„Die konventionelle Organisationstheorie zollt der Abhängigkeit nach oben volle Anerkennung, doch versagt sie, wenn es gilt, die Bedeutung gegenseitiger Abhängigkeit zu beachten. Dies ist erneut auf die Denkmodelle zurückzuführen, die sich der Theoretiker wählt. Die Kirche als Organisation beruht auf einem System der Abhängigkeit, das seinem Wesen nach eine Einbahnstraße ist. Der letzte Ursprung aller Autorität und aller Macht ist für sie Gott, und alle Mitglieder der Organisation sind demnach von oben abhängig. Beim Militär wird unter Kriegsbedingungen, für die eine militärische Organisation aufgebaut ist, von den einzelnen gefordert, ihre persönlichen Ziele und Wünsche den Notwendigkeiten der nationalen Krise aufzuopfern und sich unterzuordnen (...) Auf der anderen Seite ist die Industrie das ökonomische Organ der Gesellschaft, das für alle da ist. Ihr letzter Zweck ist, dem Allgemeinwohl zu dienen. Daher kann sie keine Autorität aus übernatürlichen Quellen herleiten; da gibt es keinen vernünftigen Grund, aus dem man erwarten könnte, daß der einzelne seine persönlichen Ziele und Wünsche für die Organisation opfern wollte (außer vielleicht in Krisenzeiten)." (McGregor 1971: 37f).

McGregors analytische Ausgangsbasis zentriert sich also um ein überkommenes, unzeitgemäßes Bild von Organisationen und die darin erforderlichen Gestaltungsaufgaben für das Management. Der Arbeiter wird darin als passiver Befehlsempfänger gesehen, dessen einziger Arbeitsanreiz materieller Natur ist und der als Kompensation hierfür die ihm übertragenen Aufgaben möglichst korrekt erledigen soll. Gleichzeitig wird deutlich, dass ein angemessenes Managementverständnis die Bedürfnisse der Mitarbeiter in ihrer ganzen Breite berücksichtigen muss, um ihn zu erhöhtem Engagement zugunsten der Organisation zu bewegen.

4.2   Bedürfnisse und Motive des Organisationsmitglieds

Um Bedürfnisse und Motive zu erfassen ist es notwendig, Annahmen über die
Beweggründe menschlichen Handelns zu treffen, wobei sich McGregor auf die
Motivationstheorie nach Maslow (1954) stützt. Demzufolge wird menschliches
Verhalten durch Bedürfnisse initiiert. Ist ein Bedürfnis befriedigt, so stellt sich
das entsprechende Verhalten ein bis ein anderes Bedürfnis auftaucht. Menschli-
che Bedürfnisse lassen sich in fünf hierarchische Klassen einteilen:

1.   An unterster Stufe stehen physiologische Bedürfnisse, z. B. Essen und Trin-
     ken.
2.   Sind die physiologischen Bedürfnisse ausreichend befriedigt, so stellt sich
     das Bedürfnis nach Sicherheit, sowie nach Schutz vor Bedrohungen und Ge-
     fahren ein.
3.   Ist auch auf dieser Stufe eine ausreichende Befriedigung erreicht, so erwa-
     chen soziale Bedürfnisse nach Gesellschaft, Akzeptanz oder Freundschaft.
4.   Die nächste Stufe bilden individualistische Bedürfnisse, die sich einerseits
     auf die Selbsteinschätzung beziehen (z. B. Streben nach Selbständigkeit,
     Selbstachtung oder Leistungsvermögen), aber auch die Einschätzung durch
     andere betreffen (z. B. Status, Anerkennung oder Wertschätzung).
5.   Schließlich stellt das Bedürfnis nach Selbstentfaltung den Antrieb zur Ver-
     wirklichung des eigenen Leistungsvermögens, zur eigenen Entwicklung und
     zur schöpferischen Selbstverwirklichung dar.

Während noch zu Beginn des Jahrhunderts das Bedürfnis der Arbeiter nach Essen und Sicherheit als tragendes Bedürfnis wirksam war, wandelten sich die
ökonomischen Verhältnisse dergestalt, dass mittlerweile Wünsche nach sozialem
Anschluss und Selbständigkeit dominierten. Dieser Wandel blieb vom Management allerdings bislang unbeachtet, woraus eine falsche Behandlung des Personals mit einer mangelhaften organisatorischen Effizienz resultierte:

„Legt man die heutigen Verhältnisse zugrunde, so hat das Management verhältnis-
mäßig gut dafür gesorgt, dass der physiologische Bedarf und das Sicherheitsbedürf-
nis befriedigt werden (...) Die Tatsache, daß das Management für diese physiologischen und die Sicherheitsbedürfnisse gesorgt hat, hat den Schwerpunkt der
Motivation auf die sozialen und Ego-Bedürfnisse verlagert. Wenn sich bei der Arbeit keine Gelegenheiten bieten, diese höher gelagerten Bedürfnisse zu befriedigen,
werden die Leute völlig davon ausgeschlossen sein; und dieses Ausgeschlossensein
wird sich in ihrem Verhalten widerspiegeln." (McGregor 1971: 55f.)

4.3   Theorie x und Theorie y

Die aktuelle, fehlerhafte und an niederen Bedürfnisebenen orientierte Managementphilosophie kennzeichnete McGregor als „Theorie x". Ihr stellte er eine, seiner Meinung nach, richtige Sichtweise als „Theorie y" gegenüber, die die veränderte Bedürfnislage des Mitarbeiters berücksichtigt.

A)   Theorie x

Das traditionelle Verständnis von Führung beinhaltet nach McGregor folgende Vorurteile:

> „1. Der Durchschnittsmensch hat eine angeborene Neigung gegen Arbeit und versucht, ihr aus dem Wege zu gehen, wo er kann.
> 2. Weil der Mensch durch Arbeitsunlust gekennzeichnet ist, muß er zumeist gezwungen, gelenkt, geführt und mit Strafe bedroht werden, um ihn mit Nachdruck dazu zu bewegen, das vom Unternehmen gesetzte Soll zu erreichen.
> 3. Der Durchschnittsmensch zieht es vor, an die Hand genommen zu werden, möchte sich vor Verantwortung drücken, besitzt verhältnismäßig wenig Ehrgeiz und ist vor allem auf Sicherheit aus." (McGregor 1971: 47f).

Dies waren tatsächliche Philosophien, die das reale Führungsverhalten in (amerikanischen) Organisationen prägten. Sie gingen als Vorurteile in den Führungsprozess ein und erzeugten damit gleichzeitig das Verhalten, das von ihnen unterstellt wurde.

Materielle Errungenschaften der vergangenen Jahrzehnte hatten jedoch dafür gesorgt, dass physiologische und Sicherheitsbedürfnisse längst befriedigt waren und der Mitarbeiter, gemäß Maslows Bedürfnispyramide, nach Selbstentfaltung und sozialer Anerkennung strebt. Das aus der Theorie x abgeleitete autoritäre Lenkungs- und Kontrollsystem mit rein materiellen Anreizen und Bedrohungen war daher nicht mehr geeignet, individuellen Bedürfnissen und Entwicklungspotenzialen entgegen zu kommen. Vielmehr sollte versucht werden, Organisationsstrukturen zu schaffen, die Raum zur Selbstentfaltung ließen, um damit nicht nur persönlichen Bedürfnissen zu entsprechen, sondern auch Mitarbeiterpotenziale organisatorisch nutzen.

B)   Theorie y

Eine solche zeitgemäße Sichtweise wurde in der Theorie y formuliert und lässt
sich durch folgende Annahmen kennzeichnen:

> „1. Die Verausgabung durch körperliche und geistige Anstrengung bei Arbeiten
> kann als ebenso natürlich gelten wie Spiel oder Ruhe. Dem Durchschnittsmenschen
> ist Arbeitsscheu nicht angeboren. Je nach den beeinflußbaren Bedingungen kann
> Arbeit zum Born der Befriedigung (und dann freiwillig geleistet) oder als Strafe
> hingenommen (und dann, wenn möglich, links liegengelassen) werden.
> 2. Von anderen überwacht und mit Strafe bedroht zu werden, ist nicht das einzige
> Mittel, jemanden zu bewegen, sich für die Ziele des Unternehmens einzusetzen. Zu-
> gunsten von Zielen, denen er sich verpflichtet fühlt, wird sich der Mensch der
> Selbstdisziplin und Selbstkontrolle unterwerfen.
> 3. Wie sehr er sich Zielen verpflichtet fühlt, ist eine Funktion der Belohnungen, die
> mit ihrem Erreichen verbunden sind. Die bedeutendste solcher Belohnungen, die
> Möglichkeit, Bedürfnisse der Persönlichkeit und ihrer Entfaltung zu befriedigen,
> kann nachgerade aus Bemühungen um die Ziele des Unternehmens herrühren.
> 4. Der Durchschnittsmensch lernt, bei geeigneten Bedingungen Verantwortung nicht
> nur zu übernehmen, sondern sogar zu suchen. Flucht vor Verantwortung, Mangel an
> Ehrgeiz und Drang nach Sicherheit sind im allgemeinen Folgen schlechter Erfah-
> rungen, nicht angeborene menschliche Eigenschaften.
> 5. Die Anlage zu einem verhältnismäßig hohen Grad von Vorstellungskraft, Urteils-
> vermögen und Erfindungsgabe für die Lösung organisatorischer Probleme ist in der
> Bevölkerung weit verbreitet und nicht nur hier und da anzutreffen.
> 6. Unter den Bedingungen des modernen industriellen Lebens ist das Vermögen an
> Verstandeskräften, über das der Durchschnittsmensch verfügt, nur zum Teil ge-
> nutzt." (McGregor 1971: 61f).

Die Sichtweise der Theorie y ist dynamisch, auf Wachstum und Vervollkomm-
nung ausgerichtet. Die Grenzen der Zusammenarbeit in Organisationen sind ihr
zufolge nicht Begrenzungen der Natur des Menschen (wie etwa in der Wissenschaftlichen Betriebsführung), sondern hängen von der Möglichkeit ab, das Mitarbeiterpotenzial zu fördern und zu nutzen. Nicht die angemessene Erledigung
der übertragenen Aufgabe, sondern die Entwicklung des eigenen Potenzials zugunsten der Organisation steht in Brennpunkt:

> „Das zentrale Organisationsprinzip der Theorie x heißt Lenkung und Kontrolle
> durch Autorität, das so genannte 'skalare Prinzip'. Das zentrale Prinzip der Theorie
> y dagegen lautet Integration: Schaffung von Bedingungen solcher Art, daß die Mit-
> glieder der Organisation ihre eigenen Ziele am besten erreichen, wenn sie sich um
> den Erfolg des Unternehmens bemühen." (McGregor 1971: 63).

4.4   Zur praktischen Anwendung der Theorie

Wie diese neue Theorie y in Organisationen zur Anwendung gebracht werden
kann, erläutert McGregor (1971: 75ff) an mehreren Beispielen und Problemfel-
dern:

A)   Management durch Integration und Selbstkontrolle

Führung sollte nicht in der Lenkung und Kontrolle, sondern in der Schaffung von
Bedingungen bestehen, unter denen Organisationsmitglieder ihre Ziele am besten
erreichen. Diese Führungsmethode, die deutliche Ähnlichkeiten mit dem damals
viel diskutierten Prinzip der „Unternehmensführung durch Zielvorgabe" („Management by Objectives") aufwies, nannte McGregor „Management durch Integration und Selbstkontrolle". Die Aufgabe des Vorgesetzten bestand darin, als
Berater und Experte gemeinsam mit den Mitarbeitern Ziele angemessen zu formulieren, konsequent zu realisieren und eine Rückmeldung geben. Dabei war es
entscheidend, dass diese Ziele tatsächlich vom Mitarbeiter formuliert wurden,
um eine persönliche Verpflichtung und Selbstkontrolle sicherzustellen. Das strategische Vorgehen in solchen Führungsgesprächen umfasste vier Schritte:

1. Klärung der allgemeinen Anforderungen des Arbeitsplatzes. (Wie sieht der
   Mitarbeiter die Anforderungen aus seiner Tätigkeit?)
2. Festlegung der Teilziele für einen begrenzten Zeitraum. (Welche Teilziele
   möchte der Mitarbeiter in den nächsten sechs Monaten erreichen?)
3. Das Vorgehen des Managements in Richtung auf das terminierte Ziel. (In
   der Phase der Zielerfüllung soll der Mitarbeiter durch das Management unterstützt und sein persönliches Wachstum und Vorankommen gefördert
   werden.)
4. Bewertung der Ergebnisse. (Wie gut wurden die Ziele erfüllt? Diese Bewertung wird vom Mitarbeiter vorgenommen und soll im weiteren Gespräch
   mit dem Vorgesetzten zur Selbsterkenntnis eigener Stärken und Schwächen
   führen.)

B)   Kritik der bislang gebräuchlichen Leistungsbewertung

Die Vorgehensweise bei der häufig angewandten Leistungsbewertung besteht
nach McGregor prinzipiell darin, den Mitarbeiter zunächst zu motivieren, sich
für das Unternehmen einzusetzen, anschließend zu bewerten wie gut oder

schlecht die Aufgaben erfüllt wurden und entsprechend Lob oder Tadel auszusprechen. Hierzu wird zunächst eine formale Stellenbeschreibung formuliert, innerhalb derer vom Vorgesetzten Anweisungen gegeben und deren Ausführung kontrolliert wird. In periodischen Abständen wird dann eine Leistungsbeurteilung erstellt und dem Mitarbeiter mitgeteilt. Dabei werden ihm Ratschläge zur Leistungsverbesserung gegeben. Die formale Beurteilung entscheidet gleichzeitig über Gehalt oder Beförderung des Mitarbeiters.

Diese Vorgehensweise zur Mitarbeiterbeurteilung kann man aus unterschiedlichen organisatorischen Zielsetzungen beleuchten und kritisch beurteilen: Mit einer administrativen Zielsetzung dienen die Beurteilungsdaten der Gehaltsfestsetzung, Beförderung oder Versetzung. Neben der Tatsache, dass die exakte Beurteilung sehr problembehaftet ist, reflektiert das Verhalten des Mitarbeiters auch das Führungsverhalten des Vorgesetzten. Mit gleicher Logik könnte man also die Beurteilung des Mitarbeiters auch zur Beurteilung des Vorgesetzten heranziehen.

Mit der Beurteilung soll dem Mitarbeiter auch eine Information über den aktuellen Leistungsstand gegeben werden, um ihm eine Hilfestellung für Verhaltenskorrekturen zu geben. Dabei gerät der Vorgesetzte insbesondere im Falle negativer Beurteilungen in einen Rollenkonflikt, der seine Führungsmöglichkeiten gefährdet. Einerseits sollte er ein Berater sein, der dem Mitarbeiter hilft, sich weiterzuentwickeln, andererseits nimmt er beim Beurteilungsgespräch die Rolle des Richters ein, der zukunftsentscheidende Urteile fällt.

Schließlich soll der Mitarbeiter im Rahmen der Beurteilung motiviert werden, indem man ihm mitteilt, wo er schlecht gearbeitet hat und ihm damit ein Motiv setzt, das ihn bewegt, sich zu ändern. Auch hierbei gibt es zwei Probleme. Erstens erfolgt die Rückmeldung auf bestimmte Verhaltensweisen meist viel zu spät, um verhaltenswirksam werden zu können. Zweitens wird der Mitarbeiter in aller Regel am Standard des Vorgesetzten gemessen. Möglicherweise hat er seine Leistung – gemessen an seinem eigenen Standard vor einigen Monaten – aufgrund größerer Anstrengungen deutlich verbessert. Die negative Rückmeldung würde hier frustrierend wirken.

5 Rensis Likert: Die integrierte Führungsstruktur

McGregors Ansatz wurden von Likert (1961) weiterentwickelt, wobei insbesondere auch eine deutlich stärkere empirische Fundierung zugrunde lag. Auch er sieht in der Umgestaltung von Führungsprozessen und dem Abbau von Vorurteilen eine wesentliche Aufgabe zur Effizienzsteigerung. Allerdings geht sein Ansatz über den McGregors insofern hinaus, als er nicht nur Führungsverhalten,

sondern auch zusätzliche Merkmale der Arbeitsgruppe und Organisation in seine
Überlegungen mit einbezog.

5.1 Analyse der Situation seiner Zeit

Likerts Überlegungen gründen auf empirischen Untersuchungen, die seit 1947
vom „Institute for Social Research", dessen Leitung Likert und u. a. auch Daniel
Katz und Robert Kahn (s. u.) zeitweise innehatte, durchgeführt wurden. Das Ziel
dieser Untersuchungen bestand im Wesentlichen darin, Managementprozesse
und deren Auswirkungen auf das Leistungsergebnis bei erfolgreichen und weniger erfolgreichen Abteilungen kontrastierend gegenüberzustellen:

> „Es wurden eine ganze Reihe von Untersuchungen durchgeführt, um jene Organisa-
> tionsstruktur und jene Grundsätze und Methoden der Unternehmensführung zu er-
> mitteln, mit welchen die besten Leistungsergebnisse erzielt werden. Der Zweck der
> meisten dieser Untersuchungen bestand darin, die Art und Weise der Führung von
> erfolgreichen und weniger erfolgreichen Abteilungen und ihre Auswirkungen fest-
> zustellen." (Likert 1972: 13).

Methodisch sind die angestellten Untersuchungen in der Tradition Taylor bzw. in
der Weiterentwicklung der von ihm vorgeschlagenen experimentellen Methode
anzusiedeln:

> „Zu Beginn dieses Jahrhunderts wies Taylor (1913) darauf hin, daß die individuellen
> Unterschiede in der Arbeitsleistung dazu benutzt werden könnten, bessere Arbeits-
> methoden zu ermitteln. Dank der heutigen Methoden der Sozialwissenschaft ist es
> möglich, die Variablen im menschlichen und organisatorischen Bereich zu messen
> und die Ideen Taylors von der Organisation der Arbeit auf die Errichtung einer pro-
> duktiven und befriedigenden Organisation aller menschlichen Beziehungen in der
> Unternehmung auszudehnen." (Likert 1972: 11).

Bei den durchgeführten Untersuchungen wurden auch in Abhängigkeit vom
jeweiligen Organisationstyp unterschiedliche, abhängige Maße zur Beurteilung
der organisatorischen Leistungsfähigkeit erhoben:

> „Leistung pro Arbeitsstunde oder andere geeignete Messgrößen für die Produktivität
> einer Unternehmung; Arbeitsfreude und andere Ausdrucksformen für die Zufrieden-
> heit der Mitarbeiter; Arbeitsplatzwechsel, Absenzen u. ä.; Kosten; Ausschußquote;
> Motivation für das Handeln der Mitarbeiter und der Unternehmensleitung." (Likert
> 1972: 13).

Diese Leitungsmaße wurden (in den meisten Untersuchungen) zu unterschiedlichen Faktoren der Arbeitsorganisation in Beziehung gesetzt, um darüber zu er-
mitteln, was eine leistungsfähige Organisation gegenüber einer weniger leis-
tungsfähigen auszeichnet. Zentrale Ergebnisse aus diesen Untersuchungen seien
im Folgenden hinsichtlich der verschiedenen, arbeitsorganisatorisch als relevant
erachteten, unabhängigen Faktoren dargestellt:

a) Persönlich und sachlich ausgerichtete Führung

Dabei wurde festgestellt, dass in etlichen Unternehmungen nach „sachlichen"
Führungsgrundsätzen, die deutliche Parallelen zur Theorie x von McGregor
aufweisen, gearbeitet wurde. Diese Grundsätze fanden sich insbesondere in Abteilungen mit geringerer Produktivität:

> „In zahlreichen Unternehmungen herrscht der Grundsatz, daß es Aufgabe der Unter-
> nehmensführung sei,
>
> 1.   die Gesamttätigkeit in einzelne, einfache Teilaufgaben aufzugliedern;
> 2.   Methoden zu ermitteln, um jede dieser Teilaufgaben möglichst gut zu lösen;
> 3.   Mitarbeiter einzustellen, welche die Fähigkeit und Fertigkeit besitzen, diese
>   Teilaufgabe zu lösen;
> 4.   die Mitarbeiter darin zu schulen, ihre Aufgabe auf die beste Weise zu erfüllen;
> 5.   die Mitarbeiter zu überwachen, damit sie die ihnen übertragenen Aufgaben in
>   der angeordneten Art und Weise und in einer angemessenen Zeit, wie sie z. B.
>   durch Vorgaben festgelegt werden kann, lösen;
> 6.   sofern möglich, individuelle und gruppenweise Leistungsanreize einzuführen.
>
> Vorgesetzte, welche diese Führungsgrundsätze anwenden, sind vielfach an der Spit-
> ze wenig produktiver Abteilungen anzutreffen, denn sie neigen dazu, sich darauf zu
> konzentrieren, daß ihre Mitarbeiter in genau vorgeschriebener Weise und auf Grund
> vorgegebener, durch Zeitstudien ermittelter Standards arbeiten." (Likert 1972: 14).

Im Unterschied zu dieser sachorientierten Führung richten sich Vorgesetzte pro-
duktiverer Abteilungen stärker nach den persönlichen Belangen der Mitarbeiter:

> „Im Gegensatz dazu legen die Vorgesetzten der Abteilungen mit höherer Produktivi-
> tät das Hauptgewicht auf die menschlichen Probleme und bemühen sich, Arbeits-
> gruppen mit hohen Leistungszielen zu bilden. Die erste Führungsmethode sei 'sach-
> lich ausgerichtete Führung', die zweite 'persönlich ausgerichtete Führung' genannt."
> (Likert 1972: 14).

Die Ergebnisse der Untersuchungen zeigten im Einzelnen, dass beispielsweise:

- Führungskräfte erfolgreicher Abteilungen einen geringeren Leistungszwang auf ihre Mitarbeiter ausübten,
- sie ihren Mitarbeitern größere Handlungsfreiheit beließen,
- ihre Mitarbeiter in Entscheidungen und Zielbildungsprozesse einbeziehen und ihnen für deren Ausführung weitgehende Handlungsfreiheit lassen,
- und sie auf schlechte Leistungen ihrer Mitarbeiter eher verständnisvoll und hilfsbereit als verständnislos und strafend regierten (Katz, Maccoby, Gurin & Floor 1951; nach Likert 1972).

Dabei erwies sich ferner die fachliche Kompetenz von Führungskräften lediglich in Abteilungen mit wenig standardisierten Arbeitsabläufen als produktivitätsrelevant. In Abteilungen mit hoch standardisierten Arbeitsabläufen war das Fachkönnen des Vorgesetzten hingegen nur mäßig für den Erfolg der Abteilung ausschlaggebend.

b) Gruppenverhalten

In Erweiterung zu McGregors Ansatz wurden im Rahmen der Studien des „Institute for Social Research" noch andere Faktoren untersucht, die teilweise nur mittelbar abhängig bzw. relativ unabhängig vom Führungsverhalten und der Vorgesetzten-Mitarbeiterbeziehung sind. Dabei wurde zunächst davon ausgegangen, dass dem Vorgesetzten auch eine zentrale Funktion hinsichtlich des Verhaltens seiner Mitarbeiter in der Arbeitsgruppe zukommt. Auch hier zeigten sich Unterschiede zwischen produktiven und weniger produktiven Arbeitseinheiten, z. B.:

- Führungskräfte, die von ihren Vorgesetzten als geeignet eingeschätzt wurden, führten mit ihren Mitarbeitern häufiger Gruppenabsprachen durch.
- Die Mitarbeiter von produktiven Arbeitsgruppen leisten auch dann mehr, wenn der Vorgesetzte abwesend ist.
- Gruppen mit einer ausgeprägteren Kohäsion bezüglich der Akzeptanz der Unternehmensziele sind produktiver als Gruppen mit einer geringen Kohäsion. Die Mitglieder hoch kohärenter Gruppen erleben ferner eine geringere Angst bzw. Anspannung bei ihrer Arbeit, was offenbar auf eine größere gegenseitige soziale Unterstützung in solchen Gruppen zurückzuführen ist.

c) Kommunikation und Beeinflussung

Ein wesentlicher Aspekt der Unternehmensführung ist der Kommunikation innerhalb der Organisation zuzuschreiben. Dabei werden arbeitstechnische Informationen wie Anweisungen, Bekanntmachungen oder Probleme ausgetauscht, sie beinhaltet jedoch zusätzlich auch motivierende und soziale Funktionen, etwa durch den Ausdruck von Wertschätzung, gegenseitiger Unterstützung oder durch den Abgleich von Einstellungen zu bestimmten Themen. Die reibungslose Kommunikation ist erheblich von einer gut funktionierenden sozialen Struktur abhängig, wobei insbesondere dem wechselseitigen Vertrauensverhältnis eine zentrale Rolle zukommt.

Diesbezügliche Studien des „Institute for Social Research" (ISR) erbrachten u. a. folgende Ergebnisse:

- Führungskräfte und Mitarbeiter fühlen sich erheblich befangener, Fragen der Arbeit offen mit ihren Führungskräfte zu diskutieren, als deren jeweiligen Vorgesetzten annehmen.
- Führungskräfte produktiver Abteilungen können der Unternehmensführung Ideen und Vorschläge leichter mitteilen, als Führungskräfte weniger produktiver Abteilungen.
- Führungskräfte überschätzen die Bedeutung wirtschaftlicher Aspekte (hoher Lohn etc.) hinsichtlich deren Erwartungen an die eigene Arbeit und sie unterschätzen die Bedeutung sozialer Aspekte (gutes Verhältnis zu Kollegen etc.).
- Ein zur Offenheit bei der Informationsweitergabe vergleichbarer Befund fand sich hinsichtlich der Berücksichtigung von Ideen und Meinungen bei der Lösung von Arbeitsproblemen: Führungskräfte geben in deutlich größeren Maße an, die Ideen ihrer Mitarbeiter zu berücksichtigen, als diese kundtun.
- Differenziert nach der Produktivität der Abteilung haben allerdings Mitarbeiter produktiver Abteilungen eher den Eindruck, Einfluss auf ihre Vorgesetzte nehmen zu können als Mitarbeiter weniger produktiver Abteilungen. Bezüglich des Einflusses von Vorgesetzten gaben Mitarbeiter sowohl hoch wie wenig produktiver Abteilungen an, ihre jeweiligen direkten Vorgesetzten sollen einen höheren und die Unternehmensspitze einen geringeren Einfluss besitzen.

d) Zusammenfassende Überlegungen

Diese Ergebnisse aus den vorgestellten Studien machen deutlich, dass nicht nur die Vorgesetzten-Mitarbeiter Beziehung, sondern auch das hiervon relativ autonome Gruppengeschehen einen erheblichen Einfluss auf die Gruppenleistung hat. In Erweiterung zum Human Relations Ansatz wird dieser soziale Einfluss nun allerdings erheblich spezifischer in einem kollektiv-humanistischen Rahmen thematisiert:

> „Nachdem die Bedeutung des Gruppeneinflusses erkannt worden ist und präzise Untersuchungsergebnisse zur Verfügung stehen, verstärkt sich der Beweis für die Macht des Gruppeneinflusses auf das Funktionieren von Organisationen (...) Angehörige von Arbeitsgruppen, welche feste gemeinsame Ziele, eine starke Gruppenkohäsion, ein ungetrübtes Verhältnis zwischen Vorgesetzten und Untergebenen und Geschicklichkeit in der gegenseitigen Einflußnahme aufweisen, erreichen ganz offensichtlich weit mehr, als einige mehr oder weniger zufällig zusammengewürfelte Leute." (Likert 1972: 42).

Die humanistische Position McGregors, die sich auf die Einbindung individueller Motive zur Selbstverwirklichung im Rahmen von Zielvereinbarungen zwischen Vorgesetztem und Mitarbeitern bezog, wird dabei auf Arbeitsgruppen im Sinne einer kollektiven Zielvereinbarung und -akzeptanz ausgedehnt. Der Weg eines erfolgreichen Management wird nun darin gesehen, Arbeitsgruppen zu schaffen, die in sich so gefügt sind, dass sie über Prozesse wie Kohäsion, gemeinsame Zielbildung und gegenseitige Einflussnahme in einem offenen Vorgesetztenverhältnis von sich aus produktive Leistungen erbringen:

> „Die (...) Untersuchungsergebnisse zeigen, daß sehr produktive Chefs die Untergebenen ihrer Einheit oder ihrer Abteilung bedeutend öfter zu einer höchst leistungsfähigen Organisation zusammenfügen als weniger erfolgreiche Vorgesetzte." (Likert 1972: 63).

> „Ebenso wichtig ist die Erkenntnis, daß die (...) Untersuchungsergebnisse nicht den Schluß zulassen, daß jede Organisation, in welcher das gegenseitige Vertrauen, die günstigen Einstellungen und die Befriedigung durch die eigene Arbeit einen hohem Grad erreichen, notgedrungen sehr produktiv sein muß. Denn selbst wenn ein Vorgesetzter seine Abteilung mit all diesen Qualitäten aufgezogen hat, wird er die hohe Produktivität nur erreichen, sofern seine Führung und die Art der angewandten Entscheidungsprozesse die Festsetzung entsprechend weitgesteckter Ziele durch die Mitarbeiter selbst zur Folge haben. Solche Ziele müssen vorhanden sein, wenn die Organisation eine hohe Produktivität erreichen soll." (Likert 1972: 64).

5.2 Entwicklung einer neuen Führungstheorie: Das Modell der übergreifenden Arbeitsgruppen

Reflektiert man die eingangs erarbeiteten Ergebnisse, so zeichnet sich nach Likert ein erfolgreicher Vorgesetzter in sozial-integrativer Hinsicht durch folgende Eigenschaften aus:

- „Er ist hilfsbereit und freundlich. Er ist umgänglich, aber entschlossen, er droht nie, er ist ehrlich besorgt um das Wohlergehen der Untergebenen und bemüht sich, die Leute feinfühlig und überlegt zu behandeln. Er ist gerecht, wenn nicht sogar großzügig. Er ist bemüht, den Interessen seiner Untergebenen wie der Unternehmung bestens gerecht zu werden.
- Er hat Vertrauen in die Integrität, die Fähigkeit und die Leistungsfreude seiner Untergebenen; er ist nicht mißtrauisch.
- Das Vertrauen in seine Untergebenen wirkt sich in hohen Erwartungen bezüglich seiner Leistungen aus. Das führt zu einem aufgeschlossenen, nicht zu gespannten Verhältnis.
- Er sorgt dafür, daß jeder Untergebene für seine besondere Aufgabe gut vorbereitet wird. Er bemüht sich auch, die Beförderung seiner Untergebenen zu erleichtern, indem er sie in die Aufgaben höherer Stufen einführt.
- Er unterstützt auch jene Mitarbeiter, deren Leistungen sich unter dem festgelegten Stand bewegen. Ist ein Untergebener offensichtlich am falschen Platz eingesetzt und daher unfähig, seine Aufgaben befriedigend zu erfüllen, bemüht er sich, einen Platz zu finden, der seinen Fähigkeiten angemessen ist und sorgt für eine Versetzung." (Likert 1972: 100f).

Wesentlich ist dabei nicht die tatsächliche Einstellung des Vorgesetzten, sondern dessen subjektive Einschätzung durch die Mitarbeiter. Derselbe Vorgesetzte kann in anderen Abteilungen prinzipiell gänzlich unterschiedlich beurteilt werden, was veränderte Konsequenzen hinsichtlich der Produktivität nach sich zieht. Daher muss eine organisatorische Zielsetzung darin bestehen, mit möglichst hoher Wahrscheinlichkeit die im partizipativen Sinn vorteilhafte Interpretation durch die Mitarbeiter sicherzustellen.

In arbeitsorganisatorischer Hinsicht sind folgende Tätigkeiten Merkmale erfolgreicher Manager:

- „Planung und Einteilung der Arbeit, Ausbildung der Untergebenen, Beschaffung von Material und Werkzeug, Ansporn zur Arbeit usw.
- Ausstattung mit den nötigen technischen Fähigkeiten in den Fällen, in denen die Arbeit nicht besonders vorgeschrieben ist." (Likert 1972: 101).

Schließlich kommt im noch die Funktion zu, eine hohe Kohäsion mit allgemein akzeptierten Leistungszielen zu schaffen:

> „Der Vorgesetzte formt durch die Anwendung der Mitbestimmung und anderer Grundsätze der Gruppenführung (...) aus seinen Untergebenen ein Arbeitsteam mit starker Gruppenloyalität." (Likert 1972: 101).

Diese Anforderungen an einzelne Führungskräfte überträgt er auf ein umfassendes Organisationskonzept, das strukturell zunächst daran festgemacht ist, Abteilungen und hierarchische Ebenen nicht als unabhängig über- und nebeneinander agierende Instanzen zu konzipieren, sondern als teilüberlappende und ineinander reifende Arbeitsgruppen.

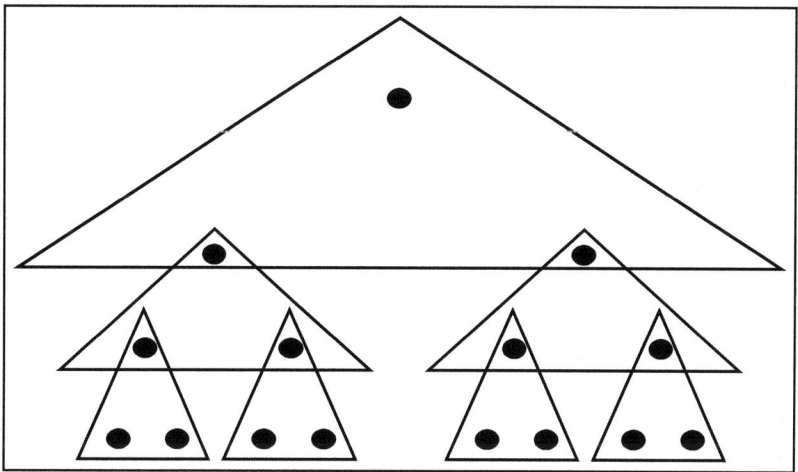

Abbildung 2:   Schematische Darstellung des Modells der übergreifenden Arbeitsgruppen (nach Likert 1972)

Die organisatorischen horizontalen und vertikalen Einheiten werden darin nicht als unabhängig voneinander aufgefasst, sondern als Einheiten, die miteinander verflochten sind: Der Vorgesetzte ist zusammen mit den ihm unterstellten Mitarbeitern Mitglied seiner eigenen Arbeitsgruppe, gleichzeitig ist er zusammen mit den Kollegen seiner Führungsebene und seinen Vorgesetzten Mitglied der nächsthöheren Einheit. Diese gruppenzentrierte Struktur soll dazu dienen, die interne Gruppenbildung zu fördern und gleichzeitig eine gute Kommunikation und Zusammenarbeit zwischen den verschiedenen Einheiten zu gewährleisten:

„Wie die theoretische Erkenntnis gezeigt hat, arbeitet eine Organisation am besten,
wenn die Mitarbeiter nicht als isolierte Individuen, sondern als Mitglieder sehr leistungsfähiger Gruppen mit hohen Leistungszielen eingesetzt werden. Deshalb sollten
sich die Führungskräfte bemühen, solche Gruppen zu verwirklichen und sie mit Hilfe von Verbindungsgliedern zu einer Gesamtorganisation zu vereinigen. Der Vorgesetzte in einer Gruppe ist der Untergebene in der nächsten Gruppe und so weiter,
durch die gesamte Hierarchie hindurch." (Likert 1972: 104).

Nach dem 'Prinzip der unterstützenden Beziehungen' besteht die organisatorische Aufgabe dabei darin, durch Akzeptanz und Unterstützung die individuelle
Einsatzbereitschaft herzustellen. Auf der Personenebene ist die Voraussetzung
für diese Einsatzbereitschaft im Bedürfnis nach sozialer Wertschätzung zu finden:

„Vom Prinzip der unterstützenden Beziehungen läßt sich eine wichtige theoretische
Erkenntnis ableiten, welche auf dem Wunsch nach persönlicher Wertschätzung basiert. Die wichtigste Quelle zur Befriedigung dieses Verlangens liegt im Verhalten
jener Menschen, die uns interessieren und deren Beifall und Unterstützung uns
wichtig ist." (Likert 1972: 103).

Gelingt es, durch individuelle Wertschätzung unter der Mitarbeiterschaft eine
Leistungsbereitschaft zugunsten der Organisation zu erzeugen, so wird sich diese
Leistungsbereitschaft auf Gruppenebene durch positive Rückkopplungseffekte
selbstständig wechselseitig verstärken:

„Diese [... erfolgreichen, d. A.] Vorgesetzten haben entdeckt, daß die Motivationskräfte jedes Mitglieds einer Unternehmung dazu neigen, sich gegenseitig zu verstärken, sobald die Interaktionen zwischen einem Individuum und den anderen Mitgliedern einer Organisation ihm das Gefühl des Rückhalts und der Anerkennung seiner
Persönlichkeit zu vermitteln." (Likert 1972: 101).

Dabei ist auf der subjektiven Sicht des Individuums ein besonderer Stellenwert
einzuräumen. Nicht tatsächliche Sachverhalte, sondern deren Interpretation
durch den Mitarbeiter ist entscheidend dafür, inwieweit dieser eine
wertschätzende Arbeitsumwelt erlebt:

„Die Führung und andere Prozesse in der Organisation müssen darauf abzielen, daß
jedes Mitglied mit einem Maximum an Wahrscheinlichkeit jede Interaktion und alle
Beziehungen innerhalb der Unternehmung [aus der Sicht seiner Umwelt, seiner
Wertmaßstäbe und Erfahrungen] als für seinen Persönlichkeitswert und seine eigene
Bedeutung erhaltend und fördernd beurteilt." (Likert 1972: 102).

Schließlich muss in umgekehrter Richtung auch sichergestellt werden, dass die Organisationsziele angemessen berücksichtigt und vom Mitarbeiter entsprechend internalisiert werden:

> „Das Prinzip der unterstützenden Beziehungen weist auf einen für den Erfolg jeder Unternehmung wichtigen Punkt hin, nämlich, daß ihr Ziel von jedem als wirklich wichtig betrachtet werden muß. Um eine starke Motivierung zu erreichen, muß jeder Mitarbeiter das Gefühl haben, die Ziele der Unternehmung seien von Bedeutung und seine eigene, besondere Aufgabe sei für deren Erreichung unentbehrlich. Das heißt, er muß seine Aufgabe als schwierig und sinnvoll betrachten. Dies ist notwendig, damit das Individuum seinen Persönlichkeitswert und seine eigene Bedeutung erkennt und aufrechterhält." (Likert 1972: 102).

Da nicht zwangsläufig davon ausgegangen werden kann, dass sich die Organisationsziele mit den individuellen Zielen stets in Deckung bringen lassen, schlägt Likert einige Prinzipien vor, um zumindest eine hinreichende Kongruenz bzw. Akzeptanz zu erreichen:

- „Die Ziele der gesamten Organisation und einzelner Teile müssen sich in befriedigender Harmonie mit den wesentlichen Wünschen und Bedürfnissen der Mehrzahl, wenn nicht aller ihrer Mitglieder und Partner befinden;
- Die Ziele und Aufgaben eines jeden Organisationsmitgliedes müssen so festgelegt werden, daß dieses stark motiviert ist, sie zu erfüllen;
- Die Methoden und das Vorgehen zur Erreichung der festgelegten Ziele der Organisation müssen so gewählt und entwickelt werden, daß die Mitglieder motiviert werden, deren Möglichkeiten voll zu nutzen;
- Die Mitglieder der Organisation und die mit ihr verbundenen Personen müssen das Gefühl haben, das Entschädigungssystem (Gehälter, Löhne, Gratifikationen, Dividenden, Zinsen) verschaffe ihnen einen angemessenen Entgelt für ihre Anstrengungen und Leistungen." (Likert 1972: 114).

Meinungsbildungs- und Entscheidungsprozesse laufen innerhalb dieser Arbeitsgruppen auf eine den heutigen Qualitätszirkeln grob vergleichbare Art und Wiese ab. In mehr oder weniger regelmäßig stattfindenden Treffen wird zunächst gemeinsam zwischen Vorgesetztem und Mitarbeitern erörtert, welche Probleme anstehen oder welche Verbesserungsvorschläge anstehen. Verbesserungsvorschläge werden erarbeitet und gemeinsam beschlossen. Der Vorgesetzte bringt die in seiner Einheit getroffenen Entscheidungen auf den Besprechungen der nächsthöheren Führungsebene ein, um dort wiederum Prozesse anzuregen oder zur gemeinsamen Entscheidungsfindung beizutragen. Die Schritte eines Problemlöseprozesses werden folgendermaßen charakterisiert:

1. Problemdefinition.
2. Zusammenstellen von Bedingungen, die einer akzeptablen Problemlösung erfüllen sollte.
3. Aufstellen möglicher Alternativlösungen.
4. Feststellung der Konsequenzen diese möglichen Lösungen.
5. Überprüfung der vorgeschlagenen Lösungsansätze anhand der aufgestellten Lösungsbedingungen.
6. Ausschalten ungeeigneter Lösungsansätze und Auswahl des geeignetsten Lösungsansatzes.

Dem Vorgesetzten kommt dabei die Funktion zu, der Gruppe dabei zu helfen, wirksamen Kommunikationsprozesse zu entwickeln, die dazu beitragen, bessere Informationen, technisches Wissen und persönliche Erfahrungen in die Entscheidungsfindung einfließen zu lassen. Ferner sorgt er für eine unterstützende Atmosphäre und ermutigt die Gruppenmitglieder, Verantwortung zu übernehmen. Likert differenziert unterschiedliche aufgaben- und gruppenzentrierte Rollen zur Erfüllung der Gruppenaufgabe, die entweder vom Vorgesetzten übernommen werden, die dieser aber auch einzelnen Gruppenmitglieder überlassen kann. Die aufgabenzentrierten Rollen umfassen:

- Anregung durch Einbringen neuer Gedanken oder Gesichtspunkte.
- Einholung problem- oder entscheidungsrelevanter Informationen.
- Meinungsbildung hinsichtlich der Urteile oder Wertvorstellungen der Gruppe.
- Berichtswesen durch Weitergabe von Fakten und Erfahrungen aus der Gruppenarbeit.
- Meinungsaustausch von Anregungen und Änderungsvorschlägen.
- Ausarbeitung von Lösungsvorschlägen.
- Koordination von Tätigkeiten, sowie verschiedener eingebrachter Ideen durch Herstellung von Beziehungen zwischen diesen.
- Orientierung des Gruppenverhaltens hinsichtlich gesetzter Ziele.
- Bewertung der Gruppenergebnisse anhand gesetzter Leistungsmaßstäbe bzw. deren Realisierbarkeit.
- Ansporn der Gruppe zu größerer Aktivität oder besserer Arbeitsqualität.
- Unterstützung der Gruppenarbeit durch Übernahmen von Routinetätigkeiten (z. B. Verteilen von Unterlagen).
- Protokollführung hinsichtlich eingebrachter Vorschläge und Diskussionsbeiträge sowie Beschlüssen.

Zusätzlich werden weitere gruppenbezogene Rollen identifiziert, die dazu dienen, die Gruppenloyalität, die Motivation und angemessenen Interaktionen zu fördern:

- Ansporn, indem den Beiträgen der einzelnen Gruppenmitgliedern Aufmerksamkeit und Beachtung geschenkt wird.
- Vermittlung bei Meinungsverschiedenheiten oder sozialen Spannungen.
- Einigung bei anhaltenden Konflikten, etwa durch Herstellung eines Kompromisses.
- Überwachung der Kommunikation zum Zwecke des Freihaltens sämtlicher Kommunikationskanäle.
- Setzen von Leistungsstandards.
- Beobachtung und Fixierung sozialer Prozesse mit dem Ziel, diese an die Gruppe zurückzumelden und von dieser interpretieren zu lassen.
- Als passiver Zuhörer bei Verhandlungsprozessen oder Gruppenaussprachen teilnehmen.

5.3 Entwicklung eines Verfahrens zu Messung sozialer Variablen: Vier Organisationssysteme

Die Ergebnisse aus den unter Kapitel 5.1 beschriebenen Untersuchungen und die daraus abgeleiteten Schlussfolgerungen leiteten Likert zur Frage, wie es denn kommt, dass, obwohl die Vorzüge eines partizipativen Führungssystems so deutlich nachweisbar sind, diese sich noch nicht in Unternehmungen etabliert haben:

„Die erarbeiteten Ergebnisse widerspiegeln eine übereinstimmende Konzeption und führen alle zu den gleichen Folgerungen. Wenn also die Konzeption stets übereinstimmt, weshalb ist dann die Mehrheit der Vorgesetzten und Unternehmensführer aufgrund ihrer eigenen Erfahrungen nicht zu den gleichen Schlüssen gekommen?" (Likert 1972: 66).

Die Antwort auf diese Frage könnte man in heutiger Sprache mit einem fehlenden sozialen Prozesscontrolling zusammenfassen. Zwar liegen in einem Unternehmen typischerweise zahlreiche betriebswirtschaftliche Daten über Betriebsergebnisse zu Produktion, Umsatz oder Nettogewinn vor, wie diese Ergebnisse zustande kommen (die „intervenierenden Variablen" nach Likert) bleibt dabei allerdings offen:

„Doch bedeutend weniger Aufmerksamkeit wird einer anderen Art von Variablen geschenkt, welche die Endresultate maßgeblich beeinflussen. Diese in den üblichen

Erhebungen schwer vernachlässigten Größen beziehen sich auf den Inneren Zustand einer Unternehmung: Loyalität, Geschicklichkeit, Motivation und die Fähigkeit, sich gegenseitig wirksam zu beeinflussen, in Kommunikation zu treten und Entscheidungen zu fällen." (Likert 1972: 66).

Zur weiteren Verdeutlichung der damit verbundenen Konsequenzen wurde eine quasi-experimentelle Studie in vier vergleichbaren Abteilungen durchgeführt. In zwei Abteilungen wurde ein partizipatives „Programm der Mitentscheidung" eingeführt, in den anderen beiden ein „Programm der hierarchischen Kontrolle" mit autoritärem Führungsstil. Nach einem Jahr zeigte sich in beiden Abteilungen eine Erhöhung der Produktivität, diese fiel jedoch beim „Programm der hierarchischen Kontrolle" größer aus als beim partizipativen. Gleichzeitig wurde dort allerdings ein geringeres Verantwortungsbewusstsein, negativere Einstellungen gegenüber produktiven Kollegen, eine geringeres Gefühl der Verbundenheit mit dem Vorgesetzten und eine schwächere Zufriedenheit mit dem Vorgesetzten festgestellt. Das autoritär angelegte Programm war also offenbar dazu geeignet, eine Produktivitätssteigerung zu bewirken, allerdings führte es zu einem deutlich schlechteren sozialen Umfeld. Zusammen mit einer beginnenden verstärkten Fluktuation wäre aus diesen sozialen Variablen zu erwarten gewesen, dass in längerer Hinsicht der Produktivitätsvorteil umschlagen und sich in einen Nachteil verwandeln würde.

Im Zuge der typischen, kurzfristigen Beförderungssysteme für Führungskräfte wird dieser Nachteil allerdings nicht in ausreichendem Maße ersichtlich. Erstens führt ein autoritärer Führungsstil ja tatsächlich zu kurzfristigem und sichtbarem Erfolg, wobei die negativen Nebeneffekte nicht in gleichem Maße offenkundig werden – sie werden ja nicht quantitativ erfasst. Die Verschleierung negativer sozialer Auswirkungen wird zweitens dadurch begünstigt, dass erfolgreiche Führungskräfte nach zu kurzer Zeit durch Beförderung aus der Abteilung verschwinden und daher mit den negativen Konsequenzen auch in ihrer direkten Erfahrung nicht mehr konfrontiert werden:

„Im Lichte dieser Ergebnisse sei nun ein Blick auf die Situation geworfen, der heute eigentlich alle Führungskräfte gegenüberstehen. Die einzigen Angaben, über welche sie verfügen, sind Endgrößen, wie die Produktivität und die Kosten. Welchen Führungsstil wählen die verschiedenen Führungskräfte und Vorgesetzten, um die von der Unternehmensleitung gewünschte Leistung zu erreichen? Man muß sich vor Augen halten, daß diese Führungskräfte gewöhnlich für kurzfristig erzielte höhere Leistungen oder niedrigere Kosten belohnt und befördert werden. Seitdem viele Vorgesetzte ungefähr alle zwei Jahre versetzt werden, ist ihre Aufmerksamkeit erst recht auf kurzfristige Erfolge gerichtet." (Likert 1972: 73).

Demzufolge schlägt Likert vor, ebenso wie betriebswirtschaftliche Variablen auch soziale in regelmäßigen Abständen zu erfassen, um geeignete Korrektur-maßnahmen frühzeitig – also bevor deren erst mit einer gewissen Latenz auftre-tende Auswirkungen auf das Betriebsergebnis spürbar werden – einleiten zu können. Dieses Konzept, das formell deutliche Übereinstimmungen mit Ansät-zen des „Prozesscontrollings" der 90er Jahre aufweist, nennt er einen *„kurzen Rückkopplungszyklus"* (siehe Abbildung 3). Dabei wird davon ausgegangen, dass Arbeitsauffassung und Motivationskräfte der Mitarbeiter deren Verhalten bestimmen und dieses in der Folge wiederum das Betriebsergebnis. Arbeitsauf-fassung, Motivationskräfte und Verhalten werden dabei als „intervenierende Variablen" zwischen den „kausalen Variablen" wie Organisationsstruktur oder Unternehmenszielen und den „resultierenden Variablen" Produktion, Kosten Gewinn etc. betrachtet. Durch regelmäßige Messung dieser intervenierenden und der resultierenden Variablen kann deren Beziehung zueinander analysiert wer-den. Aus den Ergebnissen werden anschließend Maßnahmen abgeleitet, die die Arbeitsauffassung und die Motivationskräfte verbessern, was im Effekt auch zu einem verbesserten Verhalten und einem besseren Betriebsergebnis führt:

> „Kurze Rückkopplungszyklen ermöglichen einer Unternehmung, unerwünschte Entwicklungen zu erfassen und zu korrigieren, bevor sie nicht wieder gut zu ma-chende Auswirkungen haben. Abweichungen der intervenierenden Variablen von einem Sollzustand können kurzfristig erkannt werden, und die auf die Verbesserung einer unbefriedigenden Situation ausgerichteten Anstrengungen zeigen relativ rasch ihre Wirksamkeit. Damit verfügt man jederzeit über die notwendigen Informationen, um die Unternehmung optimal zu führen." (Likert 1972: 171).

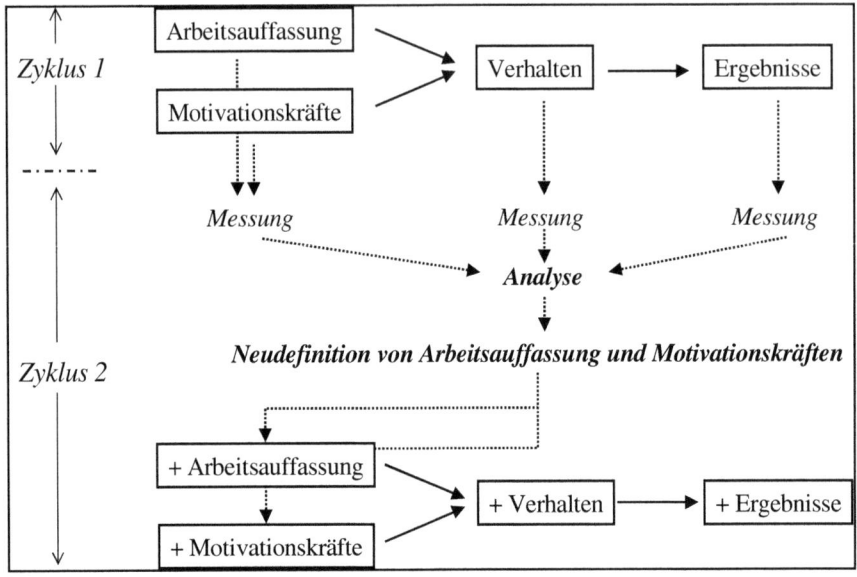

Abbildung 3:   Ein kurzer Rückkopplungszyklus (nach: Likert, 1972)

Das Konzept ist ferner dazu geeignet, auch einzelnen Personen eine Rückmeldung auf ihre Leistungen zu geben und dadurch eine individuelle Leistungsanpassung zu ermöglichen:

> „Auf gleiche Weise kann sich auch der Einzelne kurzfristig über seine Erfolge und Mißerfolge informieren. Das erlaubt ihm, sich auf die Überwindung seiner persönlichen Schwächen zu konzentrieren, ohne viel Zeit auf Dinge verschwenden zu müssen, die er bereits beherrscht. Ein solcher Schulungsprozess ist wirksamer als unternehmensweite Ausbildungsprogramme, die davon ausgehen, daß jeder die gleiche Lücken aufweist." (Likert 1972: 171).

Zur Durchführung solcher Analysen wurde ein Fragebogen entwickelt, in dem die von ihm verwendeten Konstrukte in sieben Kategorien mit unterschiedlichen Items operationalisiert wurden. Die Ausprägung dieser Items wird hinsichtlich ihres Ausmaßes an Gewährung von Partizipation in vier Stufen beschrieben, die ihrerseits vier Systemen zugeordnet werden können:

1. System 1 (ausbeutend autoritär): In diesem Führungssystem sind traditionelle, autoritäre Führungsmethoden sehr ausgeprägt vorhanden.
2. System 2 (wohlwollend autoritär): Dieses „wohlwollend autoritäre" Führungssystem zeichnet sich durch eine weniger extreme Realisierung der Kriterien aus.
3. System 3 (beratend): Im „beratenden System" sind die partizipativen
   Grundsätze teilweise verwirklicht.
4. System 4 (Gruppensystem): Das „Gruppensystem" zeichnet sich durch eine
   vollständige Realisierung partizipativer Führungsgrundsätze im Likertschen
   Sinn aus. Es ist als das optimale System anzusehen.

Im Folgenden sind die sieben Kategorien des Fragebogens zusammen mit jeweils einem Beispiel-Item dargestellt, wobei die vier Ausprägungsstufen möglicher Antworten mit den vier Systemen korrespondieren (vgl. Likert 1975: 12ff):

1. *Angewandte Führungsprozesse:* Ausmaß, in dem Vorgesetzte ihren Untergebenen Vertrauen und Zutrauen entgegen bringen (Haben kein Vertrauen
   und Zutrauen zu Untergebenen; haben herablassendes Vertrauen und Zutrauen, wie der Herr gegenüber dem Diener; recht großes, aber nicht unein-
   geschränktes Vertrauen und Zutrauen; möchten Kontrolle über Entscheidungen nicht ganz aufgeben; volles Vertrauen und Zutrauen in allen
   Angelegenheiten)
2. *Motivation:* Mobilisierung der Motive (Furcht, Einschüchterung, Bestrafung, gelegentlich Belohnung; Belohnung, gelegentlich tatsächliche oder
   mögliche Bestrafung; Belohnung, gelegentlich Bestrafung, Engagement
   (beschränkt); Wirtschaftliche Belohnung aufgrund des Kompensationssys-
   tems. Engagement und Partizipation seitens der Gruppe beim Festsetzen
   von Zielen, bei der Verbesserung von Methoden, der Bewertung der im
   Hinblick auf die Zielerreichung gemachten Fortschritte usw.)
3. *Kommunikation:* Ausmaß an Interaktion und Kommunikation zur Erreichung der Unternehmensziele (sehr gering, gering, beträchtlich, groß sowohl beim Einzelnen als auch in den Gruppen)
4. *Interaktions-Beeinflussungs-Prozess:* Art und Ausmaß der Interaktion (wenig Interaktion und nur mit Furcht und Misstrauen, wenig Interaktion; normalerweise mit Herablassung bei Vorgesetzten und Furcht bei Untergebenen, etwas mehr Interaktion, oft auch ziemlich viel gegenseitiges Vertrauen,
   umfassende, freundliche Interaktion, verbunden mit großem gegenseitigem
   Vertrauen)
5. *Entscheidungsbildungsprozess:* Auf welcher Stufe der Organisation werden
   die Entscheidungen formell getroffen? (Der Großteil der Entscheidungen an

der Unternehmensspitze; Grundsatzentscheidungen an der Spitze, viele Entscheidungen im Rahmen vorgegebener Richtlinien auf unteren Stufen;
Grundsatz- und allgemeine Entscheidungen an der Spitze, Detailentschei-
dungen weiter unten; auf allen Stufen der Organisation, dank der sich über-
schneidender Gruppen trotzdem gut aufeinander abgestimmt)

6. *Zielsetzung und Befehlserteilung:* Art der Zielsetzung bzw. Befehlserteilung
(mittels Anweisung oder mittels Anweisung, evtl. mit der Möglichkeit, sie
zu kommentieren; Zielsetzung oder Befehlserteilung nach Besprechung der
Probleme und Pläne mit den Untergebenen; abgesehen von Notfällen erfolgt
die Zielsetzung in Gruppenarbeit)

7. *Kontrolle* Ausmaß, in dem die Überwachungs- und Kontrollfunktionen
konzentriert sind (stark auf die Unternehmensspitze konzentriert, ziemlich
stark konzentriert, mit beschränkter Delegation auf mittlere und untere Stufen, beschränkte Delegation nach unten; höhere und niedrigere Stellen fühlen sich verantwortlich, über alle Stufen sich erstreckendes Verantwortungsbewusstsein, wobei die hierarchisch tieferen Stellen oft strengere
Kontrollen verlangen als die Unternehmensspitze).

6 Weiterentwicklungen

Insgesamt haben die Humanistischen Organisationsansätze wesentliche Beiträge
zur Weiterentwicklung der Organisationslehre erbracht. Sie verfolgen sowohl
wirtschaftliche als auch humanitäre Ziele, die äquivalent sind. Allerdings lassen
sie die Umwelt der Organisation weitgehend außer Acht und sind daher recht
eng und einseitig. Wandel der Umwelt stellt ein permanentes Phänomen dar, für
dessen Bewältigung es anderer Organisationstheorie bedurfte.

Ansätze der verhaltenswissenschaftlichen Organisationstheorie gehen davon
aus, dass neben der Motivation und der Nutzung menschlicher Fähigkeiten und
Fertigkeiten komplexe Entscheidungsprozesse im Mittelpunkt einer Organisation
stehen. Es geht daher um Fragen, wie Entscheidung in der Realität zustande
kommen und wie sie getroffen werden. Hervorgehoben wird dabei besonders die
kognitive Komponente von Entscheidungen. Deshalb werden besonders das
Verhalten von Menschen und ihre sozialen Beziehungen in Organisationen beachtet. Dies ist allerdings nicht alleiniger Untersuchungsgegenstand, sondern
steht in Verbindung mit Strukturen und Aufgaben.

Besonderes Ziel der verhaltenswissenschaftlichen Ansätze ist es in Folge
der Humanistischen Ansätze, herauszufinden, wie Organisationen ihr Bestehen
in Anpassung an ihre Umwelt sichern können. Dabei wird davon ausgegangen,
dass diese Anpassungsbemühungen auf menschlichem Entscheidungsverhalten

gründen. Hingewiesen wird auf menschliche Beschränkungen und Grenzen, insbesondere auf kognitive und motivationale Kapazitäten.

Organisationen bestehen demnach aus koordinierten Handlungen von Personen, die auf ihre Entscheidung zur Kooperation zurückzuführen sind. In Folge bestehen Organisation in erster Linie aus Handlungen und nicht aus Menschen oder Gebäuden. Zu den an der Organisation teilnehmenden Personen werden Mitarbeiter, aber auch Kreditgeber, Kunden oder Lieferanten gezählt. Verhaltenswissenschaftliche Ansätze zeigen auf, wie Organisationen aufgrund ihrer Entscheidungen verstanden werden können. Besondere Bedeutungen haben hier die formale und informale Organisation.

Arbeitsbox:
- Was ist Humanismus?
- Welche Veränderungen erfährt der Human Relations Ansatz durch den Human Resource Ansatz?
- Skizzieren Sie die Untersuchungsziele und das Organisationsverständnis der einzelnen Vertreter des Human Resource Ansatzes
- Welche Möglichkeiten für Organisationen sehen Sie, intrinsische Motivation zu fördern?
- Wo sehen Sie Grenzen der intrinsischen Motivation?

VI Die Verhaltenswissenschaftliche Entscheidungstheorie

1   Zeitgeschichtlicher Hintergrund

Das Scientific Management war gegen Ende der 30er Jahre durch die empirischen Befunde der Human Relations Bewegung deutlich erschüttert worden. Deren sozialwissenschaftlicher Ansatz und darauf aufbauende Gestaltungsmaßnahmen blieben jedoch weitgehend auf die unteren hierarchischen Ebenen beschränkt (vgl. Kieser & Kubicek 1978). Mit der wirtschaftlichen Depression in den USA stieg bei Führungskräften jedoch der Bedarf nach einem umfassenden Organisationskonzept und zwar auch deshalb, um gegenüber Gesellschaft und Gewerkschaften über eine wissenschaftliche Argumentationsbasis und Rechtfertigung für das eigene Handeln zu verfügen. Die Vorgaben des Scientific Managements konnten angesichts der offensichtlichen ökonomischen Probleme kaum auf öffentliche Akzeptanz hoffen, und die weitgehend auf soziale Prozesse beschränkten Empfehlungen der Human Relations Bewegung boten keine organisationsganzheitliche ideologische Orientierung zur Gestaltung.

Dies war die Situation als Chester Barnard im Jahre 1938 das Buch „The functions of the executive" veröffentlichte und damit die Grundlage einer Verhaltenswissenschaftlichen Entscheidungstheorie legte. Simon (1945), March & Simon (1958) und Cyert & March (1963) griffen diesen Ansatz auf und entwickelten ihn zu einer allgemeinen organisatorischen Verhaltenstheorie. Der Begriff der „Behavioral Sciences" tauchte um 1950 im Rahmen des Forschungsprogramms „Individual Behavior and Human Relations" der Ford-Stiftung erstmalig auf.

2   Wichtigste Vertreter und Hauptaussagen

2.1   *Barnard, Chester Irving (1886-1961)*

Chester Barnard wurde 1986 in Massachusetts geboren, wo er auch aufwuchs. Er musste sich seinen Lebensunterhalt nahezu selber finanzieren. Sein Studium am Harvard College brach er vorzeitig ab und trat im Alter von 23 Jahren bei AT&T eine Arbeitsstelle an. Seine Tätigkeit dort dauerte bis zu seiner Pensionierung. Zwischen 1927 und 1948 war er Präsident von New Jersey Bell Telephone. Barnard war also kein Professor oder Wissenschaftler, sondern Manager. Seine Forschungen betrieb er als Hobby. Er veröffentlichte lediglich zwei Bücher über Organisationstheorie und Management, die im Kontext systemtheoretischer und entscheidungstheoretischer Organisationsforschung großen Stellenwert haben.

Ausgewählte Publikationen

Barnard, C. (1938): The Functions of the Executive. Cambridge: Harvard University Press
Barnard, C. (1970): Die Führung großer Organisationen (Lizenzausgabe der 17. Auflage des amerikanischen Originals von 1938). Essen: Girardet
Barnard, C. (1948): Organizations and Management. Cambridge: Harvard University Press
Barnard, C. (1969): Organisation und Management. Stuttgart: Poeschel

Hauptaussagen

Barnard (1970) entwirft ein offenes, an der biologischen Evolution orientiertes Bild von Organisationen und stellt sich zunächst die grundlegende Frage, wie es denn kommt, dass manche Organisationen schnell wieder zerfallen, während andere einen relativ langen Bestand haben. Dabei fasst er Organisationen als relativ offene kooperative Handlungssysteme auf, die prinzipiell effektiver sind als individuelles Handeln. Sein theoretischer Ansatz beschreibt zur Funktionsweise und zur Sicherung des dauerhaften Erhalts eine informatorische und eine motivatorische Komponente:

■   Zur *informatorischen Komponente*: Ebenso wie dem individuellen liegen auch dem organisatorischen Handeln Entscheidungen darüber zugrunde, welche Ziele erreicht werden sollen und welche Mittel hierfür geeignet sind. Um eine Kooperation zu gewährleisten, besitzen komplexere, arbeitsteilige Organisationen hierfür eine hierarchische Struktur. Entscheidungen über

strategische Ziele erfolgen vorwiegend in der Organisationsspitze; Entscheidungen über zur Zielerreichung anzuwendende Mittel vorwiegend in
den unteren, operativen Ebenen.

▪ Zur *motivatorischen Komponente*: Die organisatorischen Akteure unterstellen in diesen Handlungssystemen ihre persönlichen Interessen denen der
Organisation. Sie leisten Beiträge für die nicht-persönlichen Ziele der Organisation. Die Organisation stellt entsprechende Anreize zur Verfügung, um
individuelle Beiträge dauerhaft zu sichern. Ihre Aufgabe besteht darin, laufend entsprechende Anreize zu erzeugen und an die darin Arbeitenden zu
verteilen. Gelingt ihr dies nicht, so zerfällt sie (Anreiz-Beitrags-Gleich-
gewicht).

Barnards Sichtweise zielt also in erster Linie auf den Erhalt der an sich offenen
Organisation ab. Entscheidungen fallen vor dem Hintergrund, wie dieser Erhalt
sichergestellt werden kann, bzw. wie ausreichende organisatorische Anreize
geschaffen werden können, um individuelle Beiträge für die Organisation dauerhaft zu erhalten.

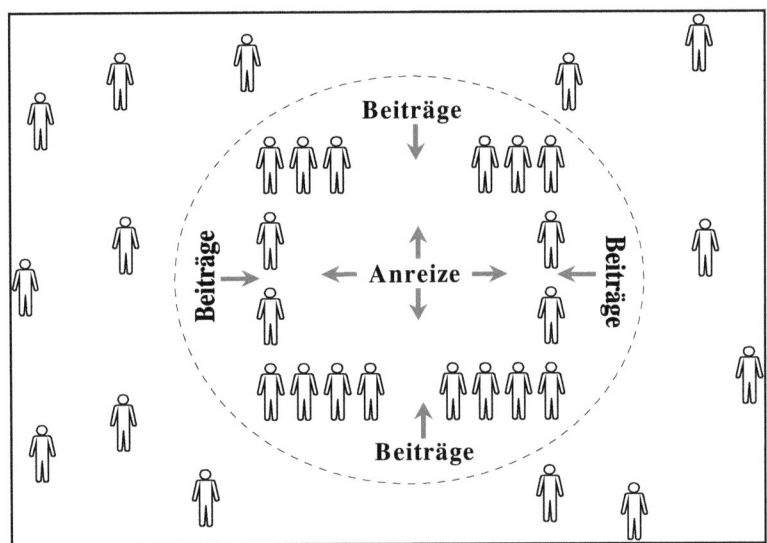

Abbildung 4:   Die Organisation als offenes System koordinierter Handlungen,
                 das durch ein Anreiz-Beitrags-Gleichgewicht aufrechterhalten
                 wird.

2.2   Simon, Herbert Alexander (1916-2001)

Herbert A. Simon wurde 1916 in Milwaukee/Wisconsin USA als Sohn deutsch-stämmiger Eltern geboren und zählte zu den einflussreichsten Sozialwissenschaftlern des vergangenen Jahrhunderts. Sein Vater war Elektroingenieur, der 1903 in die USA ausgewandert war. Simon selbst strebte nach seiner Highschoolausbildung seinem Onkel, einem Sozialwissenschaftler nach und studiert von 1933-36 in Chicago Sozialwissenschaften. 1936-39 war er Forschungsassistent bei der Stadtverwaltung, bis 1942 Leiter einer Forschungsgruppe an der Universität Berkeley. Sein Forschungsinteresse galt der mathematischen Sozialwissenschaft und Entscheidungsfindungsprozessen in Organisationen. Über dieses Thema promovierte er auch 1942 an der Universität von Chicago. Danach trat er in Chicago an der Illinois School of Technology eine Stelle als Politologe an, baute aber gleichzeitig Kontakte zu Ökonomen wie Milton Friedman auf und hörte Vorlesungen in Wirtschaftswissenschaften. Zu seiner mathematisch-sozialwissenschaftlichen Ausrichtung kam nun eine fundierte Ausbildung in Wirtschaftswissenschaften. Gemeinsam mit anderen Wissenschaftlern baute er seit 1949 einen Aufbaustudiengang für Industrieverwaltung am Carnegie Institute of Technology auf. Seit 1954 erforschte er diese Entscheidungsfindungsprozesse in Organisationen mithilfe von Computersimulationen. Nebenher war er von 1968-71 Mitglied des wissenschaftlichen Beraterstabes der US-Präsidenten Johnson und Nixon. 1978 erhielt er den Nobelpreis für Wirtschaftswissenschaften. Im Jahr 2001 starb er in Pittsburgh.

Ausgewählte Publikationen

Simon, H. A. (1945): Administrative Behavior. A Study of Decision-making Processes in Administrative Organizations. New York: Macmillan
Simon, H. A. (1981): Entscheidungsverhalten in Organisationen. Eine Untersuchung von Entscheidungsprozessen in Management und Verwaltung (Übersetzung der dritten erweiterten amerikanischen Auflage von 1976). Landsberg am Lech: Verlag Moderne Industrie

Hauptaussagen

Simon (1981) griff Barnards Ansatz auf und erweiterte speziell die informatorische bzw. entscheidungstheoretische Komponente. Aus motivatorischer Sicht wird das Individuum durch Anreize bewogen, am organisatorischen Entscheidungssystem teilzunehmen, bzw. diesem fernzubleiben. Entschließt es sich zur

Teilnahme an der Organisation und übernimmt es die ihm formal zugewiesene Rolle, so besitzen in der Theorie motivatorische Faktoren keine weitere Bedeutung mehr. Organisatorisches Verhalten wird einzig durch die darin ablaufenden Entscheidungsprozesse bestimmt.

Auf individueller Ebene nimmt das Konzept der „begrenzten Rationalität" eine zentrale Stellung ein. Demzufolge sind die organisatorischen Akteure aufgrund ihrer eingeschränkten subjektiven Informationsverarbeitungskapazität nicht in der Lage, objektiv rationale Entscheidungen zu treffen. Ihr Wissen um aktuelle Zustände, mögliche Verhaltensalternativen und vermeintliche Konsequenzen von Entscheidungen ist zu begrenzt, um in einer Entscheidungssituation korrekte Entscheidungen treffen zu können. Vielmehr entscheiden sie innerhalb der ihnen zur Verfügung stehenden informationellen Möglichkeiten.

Die Organisation selbst stellt ein komplexes Entscheidungsgebilde dar, das es ermöglicht, Informationen von weit größerer Komplexität zu verarbeiten, als dies dem Einzelnen möglich wäre. Hierzu werden globale Zielsetzungen aufgespaltet und in überschaubare, hierarchisch geordnete Teilbereiche strukturiert. Vergleichbar zum Prozess der Arbeitsteilung und Spezialisierung in der Fertigung werden dadurch Entscheidungsprozesse spezialisiert.

Die Koordination von Teilentscheidungen wird im Wesentlichen durch das Autoritäts- und das Kommunikationssystem gewährleistet. Dabei entstehen im Spannungsfeld zwischen Zentralisierung und Dezentralisierung allerdings neben zusätzlichen Kosten für die Kommunikation von Entscheidungen auch mögliche Dysfunktionalitäten für die Organisation. Auf unteren, operativen Ebenen entstehen nämlich ebenfalls relevante Informationen, die einen hierarchisch übergeordneten Entscheidungsträger leicht überlasten würden und besser vor Ort entschieden werden sollten. Einen wesentlichen Mechanismus hierzu bildet die Vorgabe von globalen Zielsetzungen, innerhalb derer von untergeordneter Ebene relativ eigenständige Entscheidungen zur Erreichung dieser Ziele getroffen werden können. Hier den passenden Ausgleich zwischen Zentralisierung und Dezentralisierung von Entscheidungsprozessen zu finden, stellt eine wesentliche organisatorische Aufgabe dar.

Im Wechselspiel zwischen zentraler Koordination und dezentraler Informationsverarbeitung stellen „Kompositentscheidungen" ein typisches Phänomen in Organisationen dar. Personengruppen aus verschiedensten Abteilungen tauschen über hierarchische Ebenen hinweg Informationen aus, die jeweils die Grundlage für nachfolgende Entscheidungen bilden. Die Organisation bildet so gesehen ein komplexes Entscheidungsnetzwerk, das nur teilweise mit dem formalen Organisationsaufbau übereinstimmt.

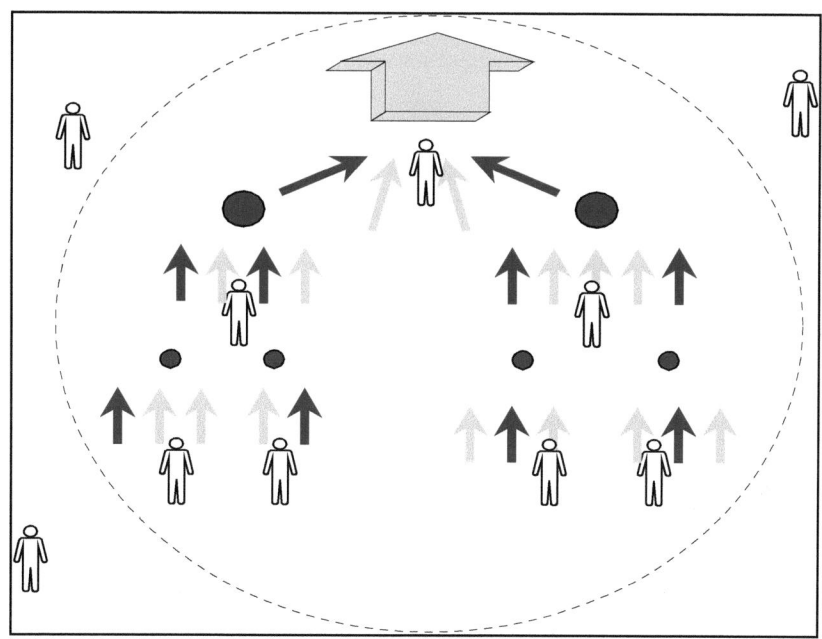

Abbildung 5: Die Organisation als informationsverarbeitendes System. Globale Zielsetzungen werden mit abnehmender hierarchischer Ebene in Einzelziele übersetzt, für die Lösungswege gesucht werden. Aufgrund der begrenzten Rationalität der Akteure können dabei jedoch nicht alle möglichen Alternativen berücksichtigt werden.

2.3   March, James G. (1928-)

James March wurde 1928 in Cleveland/Ohio in den USA geboren. Sein Studium begann er an der Universität von Wisconsin, 1950 wechselte er nach Yale und erwarb dort 1953 den Doktorgrad für Politikwissenschaften. Nach einer Forschungstätigkeit am Carnegie Institute of Technology übernahm er 1964 seine erste Professur für Psychologie und Soziologie an der University of California in Irvine. 1970 wechselte er an die Stanford University wo er bis zu seiner Emeritierung im Jahr 1995 u.a. eine Professur für Politikwissenschaften und Soziologie innehatte. James March erhielt für seine Arbeit zahlreiche Ehrungen und gilt als einer der prominentesten Organisationstheoretiker.

Ausgewählte Publikationen

March, J.G. & Simon, H.A. (1958): Organizations. New York: Wiley & Sons
March, J.G. & Simon, H.A. (1976): Organisation und Individuum. Menschliches Verhalten in Organisationen. Wiesbaden: Gabler
March, J.G. & Olsen, J.P. (Hrsg.) (1979): Ambiguity and Choice in Organizations (Erstauflage 1976). Bergen: Universitetsforlaget

Hauptaussagen (March & Simon)

Das Werk bildet eine Fortsetzung der Arbeit von Herbert Simon, wobei als empirische argumentative Ergänzung zunächst zahlreiche Hypothesen dargestellt werden. Ferner wurde das Konzept der begrenzten Rationalität weiter ausgearbeitet und insbesondere um die Konzepte des „Anspruchniveaus" und des „satisfizing" ergänzt.

Organisatorisches Verhalten wird in hohem Maß durch routinisierte Aktionsprogramme bestimmt. Erst wenn zu einer Situation kein passendes Aktionsprogramm zur Verfügung steht, werden Problemlöseprozesse initiiert. Dabei wird nicht, wie von klassisch rationalen Modellen postuliert, ein Optimum angestrebt, vielmehr erfolgt die Suche sequentiell so lange, bis ein zufriedenstellender Zustand erreicht ist.

Derartigem Suchverhalten liegt ein allgemeines Modell adaptiv motivierten Verhaltens zugrunde, in dem die individuelle Zufriedenheit, beeinflusst durch das individuelle Anspruchsniveau (und kein objektives Optimum) eine zentrale Determinante des Suchausmaßes bildet:

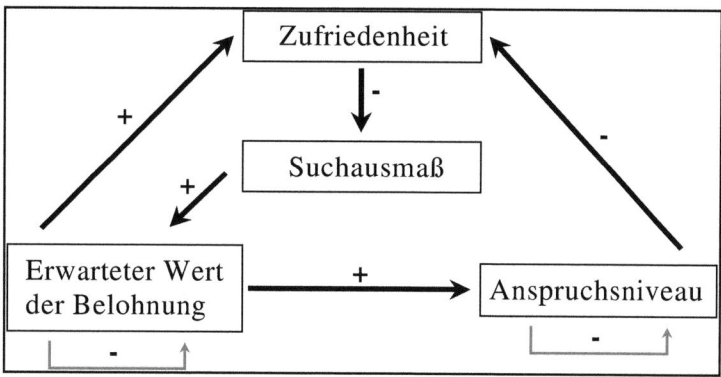

Abbildung 6: Ein allgemeines Modell adaptiv motivierten Verhaltens
Hauptaussagen (March & Olsen)

March & Olsen (1979) beschäftigen sich stärker mit dem sozialen Kontext organisatorischer Entscheidungen. Nach dem von ihnen formulierten „Mülleimer-Modell" hängen Entscheidungsprozesse von 4 Faktoren ab: Lösungen, Probleme, Entscheidungsgelegenheiten und Teilnehmer. Dieses fügen sich in relativ willkürlichen Prozessen zu Entscheidungen zusammen. Einige der recht radikal anmutenden und teilweise per Computersimulation ermittelten Implikationen dieses Ansatzes lauten: Probleme werden nicht von den Kompetentesten gelöst, sondern von denjenigen, die gerade Zeit dafür haben. Manchmal werden Lösungen lediglich weil sie vorhanden sind eingeführt, ohne dass ein eigentliches Problem vorlag (z. B. Computer). Bisweilen können Probleme aber auch ignoriert werden, etwa weil gerade andere Probleme in der Bearbeitung sind. Schwierige, lösungsresistente Probleme können schließlich auch einfach umformuliert werden.

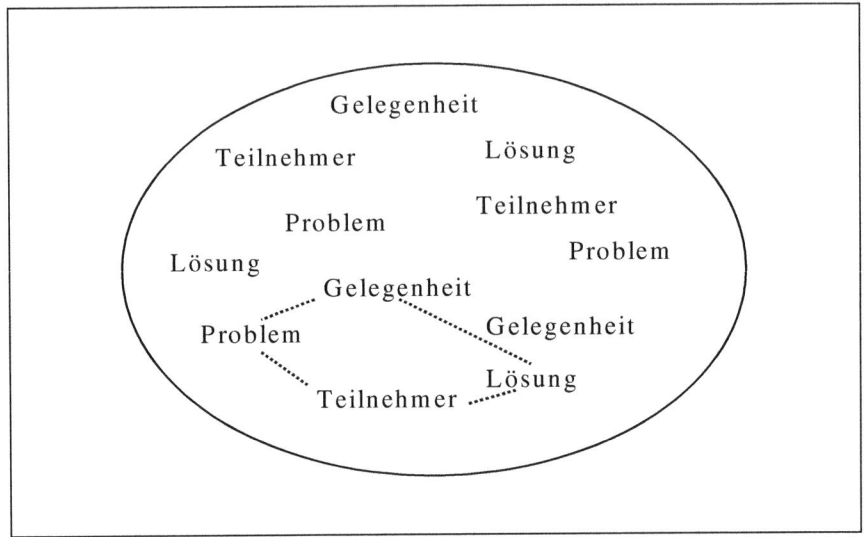

Abbildung 7:   Die Organisation als Konglomerat von Problemen, Lösungen,
                 Gelegenheiten und Teilnehmern

2.4   Cyert, Richard Michael (1921-1998)

Richard Cyert wurde 1921 in Minnesota geboren. An der dortigen Universität
machte er auch seinen Bachelorabschluss bevor er 1943 der US-Navy beitrat.
Nach dem 2. Weltkrieg setzte er sein Studium im Fach Ökonomie an der Columbia Universität fort; bei dieser Gelegenheit beschäftigte er sich auch intensiv mit
Statistik. Als er 1948 an das Carnegie Institute of Technology kam, lehrte er
zunächst Wirtschaftsstatistik. In der Folge arbeitete er sich hoch bis zur Position
eine Professors für Ökonomie und Industrielle Verwaltung, 1962 wurde er zum
Dekan gewählt und 1972 zum Präsidenten der Carnegie Mellon Universität. Im
Jahr 1990 wurde er emeritiert und acht Jahre später verstarb er.

Ausgewählte Publikationen

Cyert, R. M. & March, J. G. (1963): A Behavioral Theory of the Firm. Englewood Cliffs:
     Prentice-Hall

Cyert, R. M. & March, J. G. (1992): A Behavioral Theory of the Firm (zweite überarbeitete Auflage). Malden: Blackwell Publishers

Cyert, R. M. & March, J. G. (1995): Eine verhaltenswissenschaftliche Theorie der Unternehmung (Übersetzung der zweiten überarbeiteten amerikanischen Auflage von 1992). Stuttgart: Poeschel

Hauptaussagen (Cyert & March)

Cyert & March (1995) verwerfen zunächst die Vorstellung von einem oder mehreren Organisationszielen und halten dem entgegen, nur Personen könnten Ziele haben, nicht Organisationen. Ziele werden unter verschiedenen organisatorischen Koalitionen (Geschäftsleitung, Aktionärsvertreter, Gewerkschaften etc.) ausgehandelt, wobei im Gegenzug materielle oder nicht-materielle Kompensationen gewährt werden.

Innerhalb dieses Bezugsrahmens untersuchen die Autoren die vier entscheidungsrelevanten theoretischen Bausteine Ziele, Erwartungen, Wahlakte und Kontrollmechanismen. Für den Entscheidungsprozess selbst sind im Weiteren vier Teilprozesse relevant. Zunächst streben Organisationen danach, im Umfeld eines Entscheidungsprozesses Lösungen für Konflikte unterschiedlicher Interessenskoalitionen zu finden; diese Lösungen haben nur temporären Charakter, sie führen nicht zu einem gemeinschaftlich verbindenden Organisationsziel und sind daher als Quasi-Lösungen gekennzeichnet. Ferner versuchen Organisationen grundsätzlich, Unsicherheit zu vermeiden, sowie bei auftauchenden Problemen Lösungen zu finden. Erfolgreiche Lösungsansätze sollen schließlich in den organisatorischen Wissensbestand integriert werden, womit organisationale Lernprozesse angesprochen sind.

Einen Ablaufplan, der diese Teilprozesse verbindet, vermittelt das folgende Schaubild:

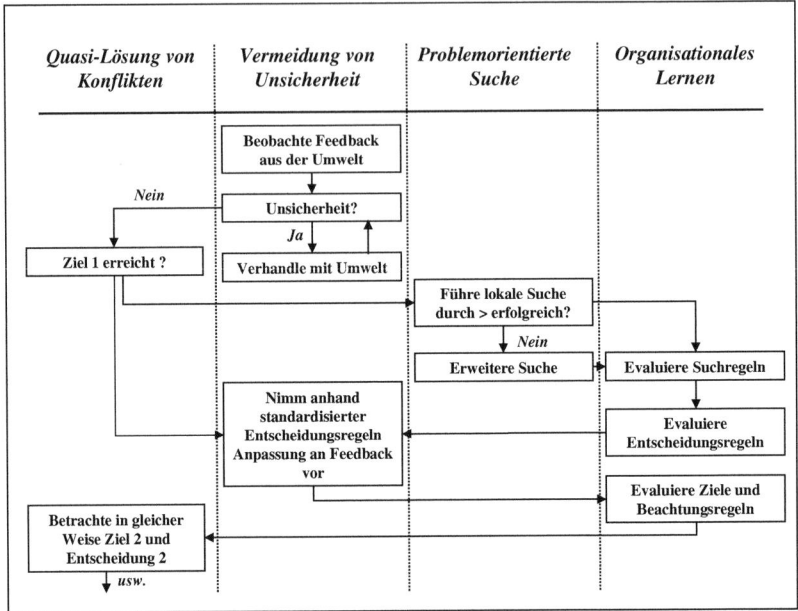

Abbildung 8: Der organisatorische Entscheidungsprozess

2.5 Olsen, Johan Peder (1939-)

Johan Olsen wurde 1939 in Tromsö, Norwegen, geboren. Er ist Professor für Politikwissenschaft an der Universität Oslo und seit 1994 ferner Direktor des „Research Programme on the Europeanization of the Nation-state" (Arena).

Ausgewählte Literatur und Hauptaussagen

Siehe oben Kapitel 3.3

3   Chester Barnard

3.1   *Konzeptuelle Ausgangslage*

Bereits einleitend stellt Barnard (1970) die Frage, wie es denn kommt, dass manche Organisationen überhaupt so lange überleben. Angesichts der Vielzahl mikroskopischer, sozialer Organisationsformen, die tagtäglich entstehen und wieder verschwinden, muss es als Kunststück erscheinen, dauerhafte, formale Organisationen, die teilweise mehrere hundert Jahre alt sind, erschaffen zu haben. Er entwirft ein evolutionäres Bild des Überlebens von Organisationen, in denen deren Untergang als Normalität und deren zeitliche Stabilität als bemerkenswerter Sonderfall dargestellt wird:

> „Tatsächlich ist aber erfolgreiche Zusammenarbeit innerhalb oder mit Hilfe formaler Organisationen die anomale und nicht die normale Situation. Was wir Tag für Tag sehen, sind die erfolgreich überlebenden und nicht die unzähligen fehlgeschlagenen Organisationen (...) Mangelhaftigkeit oder Mißerfolg der Zusammenarbeit, Versagen der Organisation, Desorganisation, Auflösung, Zerstörung der Organisation (und ihre Reorganisation) sind kennzeichnende Tatsachen der menschlichen Geschichte." (Barnard 1970: 16).

Die Gründe für das häufige Scheitern sind nicht nur interner, sondern zu einem erheblichen Anteil auch externer Natur. Organisationen stehen in einem ständigen Austausch mit ihrer Umwelt, mit der sie einen permanenten Gleichgewichtszustand aufrechterhalten müssen. Um diese Austauschbeziehung laufend anzupassen, müssen kontinuierlich interne Anpassungen vorgenommen werden. Versagen diese, so bricht der Gleichgewichtszustand mit der Umwelt zusammen, und die Organisation verschwindet:

> „Manche dieser Schwächen ['mangelnde Solidarität', 'defekte Führung', etc.; d. A.] können gewiß eine Rolle spielen; aber die eigentliche Ursache der Instabilität und der begrenzten Dauerhaftigkeit formeller Organisationen sind äußere Kräfte. Diese liefern die Tatbestände, mit denen die Organisationen sich auseinanderzusetzen hat und begrenzen deren Tätigkeit. Ob eine Organisation überlebt, hängt von der Erhaltung eines höchst komplexen Gleichgewichtes in einer ständig sich verändernden Umwelt physischer, biologischer und sozialer Faktoren, Elemente und Kräfte ab, die eine ständige Neuordnung der Prozesse innerhalb der Organisation verlangen." (Barnard 1970: 17).

Die für eine Anpassung an die Umwelt notwendigen organisationsinternen Prozesse stehen im Zentrum Barnards weiterer analytischer Betrachtungen.

Dieser Organisationsentwurf weist im Gegensatz zu früheren Ansätzen auf die Offenheit von Organisationen und deren Eingebundenheit in ihre Umwelt hin. Gleichzeitig schafft er damit ein neues Organisationsverständnis. Ihr Funktionieren wird nun nicht mehr, wie etwa im Scientific Management, in der Anwendung als richtig geltenden Regeln durch die Führungskräfte konzeptualisiert. Die Organisation stellt nun vielmehr ein Phänomen dar, das selbst der genaueren Exploration bedarf. Nicht die Anwendung von Regeln, sondern der Erhalt der Organisation stellt das Ziel des Managements dar. Damit wird die Organisationen selbst, im Gegensatz zu bloßen Ansammlungen von Individuen innerhalb eines formellen Rahmens, als eine Einheit höherer Rationalität beschrieben, deren Funktionsweise in letzter Konsequenz nur als Ganzheit sichergestellt werden kann.

3.2   Individuum und Kooperation

Den Betrachtungen organisationsinterner Prozesse stellt Barnard zunächst einige Überlegungen über Individuen und deren kooperative Beziehungen voran:

Wie alle lebenden Organismen und auch Organisationen sind Menschen auf Interaktion mit der Umwelt angewiesen. Im Gegensatz zu physikalischen Objekten verhalten sie sich aktiv, können sich dabei an Umweltbedingungen anpassen, diese gestalten und Erfahrungen sammeln. Sie haben Motive und setzen sich Ziele, die sie erreichen möchten. Dabei sind sie üblicherweise in eine Gesamtsituation eingebettet, die die eigene Handlungs- und Entscheidungsfreiheit begrenzt. Die Methode zur Zielerreichung besteht nun darin, innerhalb der situativ zur Verfügung stehenden Alternativen eine oder mehrere auszuwählen und zu beeinflussen.

Ein wesentlicher einschränkender Faktor in der Interaktion mit der Umwelt sind die eigenen biologischen Unzulänglichkeiten. Diese sind motorischer (z. B. zu wenig Kraft), sensorischer (z. B. unzureichende visuelle Wahrnehmung) oder informationsverarbeitender Natur (z. B. ungenügende Kenntnis über eine Situation oder geeignetes Verhalten in dieser). Das wirkungsvollste Mittel, eigene Unzulänglichkeiten zu überwinden, besteht darin, mit anderen Personen zu kooperieren. Durch gemeinsame Kraftanstrengungen, Koordination von Wahrnehmungen (z. B. durch Aufstellen von Wachposten im Feldlager) oder den Austausch von Kenntnissen und Erfahrungen können dabei Begrenzungen überwunden werden. Die Kooperation mehrerer Personen erfordert allerdings die Akzeptanz eines gemeinsamen Gruppenziels, das mit persönlichen Zielen nicht identisch ist und zu diesen nur in einer mehr oder weniger indirekten Beziehung steht:

„Persönliche Ziele können durch kooperatives Handeln nicht befriedigt werden, es sei denn durch Einschaltung eines Vermittlungsprozesses. Dieser Prozeß ist distributiver Art. Was immer kooperatives Handeln erreicht, kann an die Teilnehmer der Kooperation verteilt werden oder auch nicht. Die Verteilung geschieht häufig nicht direkt und nur selten wird alles verteilt." (Barnard 1970: 39).

Der Kooperationsprozess ist sozialer Natur. Die partielle Unvereinbarkeit persönlicher mit globalen Zielen führt zu einer zweifachen Betrachtung von Individuen. Sie sind funktionaler Bestandteil des Kooperationsprozesses aber auch Individuen mit persönlichen Bedürfnissen. Dabei kann jeder Teilnehmer im Kooperationsprozess aus zwei Blickwinkeln heraus behandelt werden. Der erste Blickwinkel betrifft den Beitrag, den jeder im Rahmen des Gesamtprozesses leisten kann (z. B. seine Fähigkeiten), der zweite seine Motive. Zur Sicherstellung der Kooperation wird folglich unter dem ersten Aspekt danach gesucht, jemanden dazu zu bewegen, seinen Beitrag zu leisten, unter dem zweiten, ihn zufrieden zu stellen:

„Diese beiden Gesichtspunkte und die mit ihnen verbundenen Vorgänge erlauben folgenden Schluß: das Verhalten zu anderen Menschen wird entweder dadurch beeinflußt, daß man sie als *Objekte* betrachtet, die *manipulierbar sind*, indem man die auf sie einwirkenden Faktoren verändert; oder daß man sie als *Subjekte* ansieht, die *zufriedengestellt werden* müssen. Einmal werden Personen als Funktionen kontinuierlicher Prozesse angesehen; das andere Mal gelten sie im gegebenen Augenblick als absolut unabhängige einzelne." (Barnard 1970: 45; kursiv im Original).

Auf der Ebene des gesamten Koordinationssystems lässt sich analog zur Behandlung einzelner Individuen seine Wirksamkeit (Effektivität) von der Leistungsfähigkeit (Effizienz) unterscheiden:

Die *Effektivität* eines Kooperationssystems wird danach bestimmt, inwiefern die Ziele der Kooperation erreicht wurden. Persönliche Faktoren besitzen hierbei keine Bedeutung. Die Ermittlung der Wirksamkeit von Handlungen einzelner Akteure zur Zielerreichung kann sowohl aus Sicht des Gesamtsystems als auch der jeweiligen Teilaufgabe erfolgen. Sie kann danach bestimmt werden, in welchen Ausmaß ein Akteur zum Gesamtziel beiträgt aber auch, wie gut dieser seine Teilaufgabe erledigt:

„Daraus ergibt sich, daß die Wirksamkeit der Anstrengungen eines einzelnen im System der Zusammenarbeit unter zwei Gesichtspunkten beurteilt werden muß. Erstens nach ihrer Bedeutung für das Ergebnis der Kooperation; dann wird sie aus der Perspektive des Gesamtsystems eingeschätzt. Zweitens ist ihre Stellung als eine Anstrengung in einer Reihe von Anstrengungen relevant, die der einzelne zum System der Zusammenarbeit beiträgt, um seine persönlichen Motive zu befriedigen." (Barnard 1970: 48).

Die *Effizienz* des Kooperationssystems bemisst sich hingegen daran, inwieweit persönliche Motive befriedigt werden. Die resultierende Zufriedenheit der Akteure bestimmt maßgeblich, inwieweit diese an einer Fortsetzung des Systems interessiert sind; im Falle der Unzufriedenheit löst sich das System auf. Aus Barnards offener, evolutionär ausgerichteter Systemkonzeption resultiert damit ein neues Beurteilungskriterium für die Aktivitäten in einem Kooperationssystem. Nicht nur die Qualität von Einzelhandlungen im funktionalen Sinne der Erreichung des Gesamtzieles, sondern auch die Überlebensfähigkeit des Systems, d. h. dessen Fähigkeit, Mitglieder dauerhaft an sich zu binden, wird zur Bewertung herangezogen:

> „Leistungsfähigkeit oder Effizienz des Gesamtsystems ist das Resultat individueller Leistungen, insofern der einzelne sich auf Zusammenarbeit nur einläßt, um individuelle Wünsche zu befriedigen. Die Summe der Motive aller die an ihr teilnehmen, macht die Motivation des Kooperations-Systems aus. Sie ist ein Kompositum, das aus sehr verschiedenen individuellen Motiven besteht. Die Leistungsfähigkeit kooperativen Handelns mißt sich nach dem Grad, in welchem diese befriedigt werden. Demnach ist ein auf das Individuum bezogener Maßstab der einzige, mit dem die Leistung des Ganzen angemessen bewertet werden kann, weil Motive individuell sind (...) Das bedeutet, daß die Überlebensfähigkeit eines kooperativen Systems der einzige Maßstab ist, nach dem seine Leistungsfähigkeit sich beurteilen läßt." (Barnard 1970. 48f).

Das Überleben bzw. die Dauerhaftigkeit des Kooperationssystems ist nun hinsichtlich der Wirksamkeit und Leistungsfähigkeit wie folgt bestimmt: Das System muss wirksam sein, um über den Kooperationsprozess die notwendigen Stoffe zu beschaffen oder Ergebnisse herzustellen, die dazu dienen, die Motive oder Bedürfnisse der Teilnehmer zu befriedigen. Dazu müssen nicht notwendigerweise alle Ziele erreicht werden, vielmehr sind Erfolge notwendig, die zu individuellen Befriedigungen führen:

> „Sowohl bei der individuellen als auch bei der kooperativen Aktion kann es, obwohl das eigentliche Ziel nicht erreicht worden ist, zu Befriedigungen kommen. Obgleich also die Realisierung eines gegebenen Zwecks um seiner selbst willen nicht nötig ist, braucht man Erfolge zur Aufrechterhaltung der Kooperation. Mit anderen Worten: es gibt ein gerade noch tolerables Minimum an Wirksamkeit, das nicht unterschritten werden darf." (Barnard 1970: 58).

Komplementär hierzu müssen unter dem Gesichtspunkt der Leistungsfähigkeit persönliche Motive in ausreichendem Maß befriedigt werden. Ist dies nicht der Fall, so trennen sich die Akteure vom System. Dies bedeutet gleichzeitig, dass der individuelle Nutzen aus der Kooperation größer sein muss, als bei Nicht-Kooperation und alleiniger Durchführung der Arbeit. Eine studentische Arbeitsgruppe zur Prüfungsvorbereitung wird nur dann relativ dauerhaft bestehen bleiben, wenn jeder einen für sich angemessenen Nutzen daraus zieht bzw. auf individuelle Lernwünsche angemessen eingegangen wird. Ebenso müssen in einem Unternehmen erwirtschaftete finanzielle Mittel angemessen unter den Arbeitern verteilt werden. Ist die Prüfungsvorbereitung allein effektiver oder kann man selbständig mehr Geld verdienen, so wird die Kooperation ebenfalls zum Ende kommen:

„Während die Wirksamkeit kooperativer Anstrengungen davon abhängt, wie weit ein Ziel des Systems erreicht wird und während man sie im Hinblick auf die Bedürfnisse des Systems mißt, ist die Leistungsfähigkeit oder Effizienz eine Funktion der Befriedigung individueller Motive (...) Solange der einzelne seine Motive durch das befriedigt sieht, was er tut, solange wird er kooperieren; andernfalls hört er auf. Verweigert er seine Mitwirkung, so kann diese Aufkündigung für das System fatal sein (...) Das kooperative System muß einen Überschuß an Befriedigungen hervorbringen, um leistungsfähig zu sein. Wenn jeder nur herausbekommt, was er hereinsteckt, entwickelt sich kein Antrieb, genauer, die Netto-Befriedigung durch Zusammenarbeit reicht für ihn nicht aus. Was er herausbekommt, muß ihm einen Vorteil und zwar in Form von materiellen und sozialen Befriedigungen bringen." (Barnard 1970: 59f).

3.3 Die formelle Organisation

A) Definition

Bereits mit der einleitend angestellten Überlegung zum relativ kurzen zeitlichen Bestand der meisten Organisationen bzw. Kooperationssystemen deutet Barnard auf die Offenheit von Organisationen hin. Beständigkeit bedeutet, dass die Mitglieder des Systems lange Zeit in ihm interagieren. Nach dessen Zerfall sind sie wieder dem sozialen Freiraum überlassen. Das System existiert also so lange, wie darin Interaktionen im Sinne einer Kooperation stattfinden. Diese kooperativen Handlungen sind für Barnard damit ein wesentliches Kennzeichen für Organisationen. Ein weiteres Kennzeichen für formelle Organisationen ist die bewusste Koordination dieser Handlungen. Die Analyse organisatorischen Verhaltens sollte demzufolge diese beiden Merkmale zugrunde legen:

„Es ist die zentrale Hypothese dieses Buches, daß die Bestimmung einer formalen Organisation als *System bewußt koordinierter Handlungen oder Kräfte von zwei oder mehr Personen* auch das beste Instrument für die Analyse der Erfahrungen von kooperativen Systemen ist." (Barnard 1970: 71; kursiv im Original).

Ebenso wie Organisationsziele zu persönlichen Zielen nur in einer indirekten Beziehung stehen, so sind auch diese Handlungen unpersönlicher Natur. Ein Angestellter, der einen Antrag formuliert, erledigt diese Aufgabe an einem Ort in einer Form und mit Gegenständen, die mit seinen persönlichen Interessen in keinem unmittelbaren Zusammenhang stehen:

„Wenn wir sagen, wir befassen uns mit einem System koordinierter menschlicher Anstrengungen, so meinen wir daher, daß unter dem für das Studium kooperativer Systeme wichtigen Aspekt die Handlung nicht persönlich ist, obgleich Personen Träger der Handlungen sind. Ihre Beschaffenheit wird durch die Erfordernisse des Systems oder die das System sonst beherrschenden Kräfte bestimmt." (Barnard 1970: 73).

In der Organisation arbeitende Personen zählen also gemäß dieser Definition nicht zur Organisation, sie sind lediglich die Träger der Handlungen. Diese Sichtweise mag auf den ersten Blick etwas befremdlich erscheinen; ihre Bedeutung wird jedoch verständlicher, wenn man eine distanziertere Perspektive einnimmt. Angenommen, man betrachtet einen Ameisenstaat und würde folgendes feststellen: Zu bestimmten Zeiten kommen zahlreiche Ameisen plötzlich zusammen und führen aufeinander abgestimmte Bewegungen aus, die wie regelhafte Muster erscheinen. Nach einer bestimmten Zeit löst sich diese Struktur wieder auf, um sich bald darauf wieder neu zu bilden. Dieser beobachtbare Strukturierungsprozess erfolgt in regelmäßigen Intervallen. In gewissem Sinn gleichen Organisationen diesen fiktiven Ameisenstrukturen. Auch hier strömen Menschen tagtäglich zusammen, um regelhaftes, aufeinander abgestimmtes Verhalten zu zeigen. Nach einer bestimmten Zeit strömen sie wieder auseinander und treffen sich am nächsten Tag wieder. Barnards Definition wird damit auch dem Sachverhalt gerecht, dass es realiter sehr viele unterschiedliche Organisationen gibt, die teilweise ineinander verschachtelt sind. Menschen sind meist nicht nur in einer, sondern in mehreren Organisationen engagiert. Sie sind beispielsweise in einem Unternehmen beschäftigt und gleichzeitig in einer politischen Partei und in einem Sportverein. Anstelle etwa einer temporären Mitgliedschaft, die den Organisationsbegriff relativieren würde, wird bei Barnard der Beitrag für eine jeweilige Organisation konzipiert, ohne jedoch die Person dem eigentlich als zeitlich stabil aufgefassten Organisationskonzept zuordnen zu müssen.

B) Bestandteile der funktionsfähigen Organisation

Die funktionsfähige Organisation erfordert neben Personen, die miteinander in Kontakt treten können, zunächst die Bereitschaft dieser Personen zur Kooperation. Der potentielle Teilnehmer muss dabei die Tatsache akzeptieren, Handlungen durchzuführen, die mit seinen persönlichen Interessen nicht identisch sind:

> „Ex definitione gibt es keine Organisation ohne Personen. Da jedoch, wie mehrfach betont, nicht die Personen, sondern ihre Dienste, Handlungen oder Einflüsse die konstitutiven Bestandteile von Organisationen sind, ist klar, daß die Bereitschaft, an einem Kooperations-System mitzuwirken, unentbehrlich ist (...) Bereitschaft heißt in diesem Zusammenhang: Selbstverleugnung, Delegation der Kontrolle über das eigene Handeln an andere, Entpersönlichung persönlichen Handelns. Sie ist die Bindekraft des Ganzen, stiftet 'Zusammenhalt'. Ihre Basis ist die Disposition zu gemeinschaftlichem Handeln. Ohne sie kann es anhaltende persönliche Anstrengung als Beitrag zur Kooperation nicht geben." (Barnard 1970: 79).

Die Bereitschaft erfolgt aufgrund des erwarteten Gewinns an Befriedigung im Zuge der Teilnahme. Dieser Gewinn aus der Kooperation wird mit dem Gewinn aus der Nicht-Kooperation bzw. dem Gewinn einer Kooperation in anderen Organisationen verglichen. Bei positiver Bewertung erfolgt die Entscheidung zur Teilnahme. Die Organisation ist dabei darauf angewiesen, den Motiven potentieller Teilnehmer entsprechende Anreize entgegen halten zu können.

Neben der motivatorischen Bereitschaft zur Kooperation ist eine subjektive informatorische Zielsetzung über die erforderlichen Handlungen notwendig. „Ziel" stellt als subjektiver Begriff eine perspektivische Orientierung des Handelns dar. Da die Organisation als ganzes nicht-subjektiver Natur ist (sie besitzt kein eigenes Ziel sondern lediglich das, das für die in ihr stattfindenden Kooperationsprozesse von den Beteiligten benannt wird) wird ihr Ziel als „Zweck" bezeichnet:

> „Die Bereitschaft zu kooperieren, die mehr ist als ein unbestimmtes Gefühl oder der vage Wunsch nach Verbindung mit anderen, kann sich nicht ohne ein Ziel für die Zusammenarbeit entwickeln. Ohne ein solches Ziel weiß niemand, welche Leistungen von den einzelnen verlangt werden müssen und welche Befriedigungen ihnen geboten werden können. Ein Ziel dieser Art nennen wir den 'Zweck' einer Organisation." (Barnard 1970: 81).

Für die beteiligten Personen besitzt der Zweck der Organisation demnach zwei Aspekte [die Unterscheidung in „Ziel" und „Zweck" erfolgt in Barnards Darstellung, zumindest in seiner deutschen Übersetzung, nicht immer völlig stringent. Daher werden beide Begriffe synonym gebraucht].

1. Zum einen informiert er über die gemeinsame Zielsetzung und die für den Betreffenden notwendigen Handlungen innerhalb des Gesamtsystems. Er stellt damit eine Orientierung aber auch eine Bestätigung der Tatsache dar, dass die Organisation funktionsfähig ist. Zieldiskrepanzen oder das Fehlen eines Einheit stiftenden Zwecks würden den Sinn des eigenen Handlungs-beitrags bzw. der Funktionsfähigkeit der Organisation zweifelhaft erschei-nen lassen. Aus diesem Grund wird in Organisationen erheblicher Aufwand betrieben, die Überzeugung zu stärken, dass es einen gemeinsamen Hand-lungszweck gibt.

2. Dieser Zweck hat allerdings für den organisatorischen Akteur, wie bereits erwähnt, in der Regel keine direkte Bedeutung. Sein Verhalten innerhalb der Organisation kann sich erheblich von dem außerhalb der Organisation unterscheiden:

> „Diese Unterscheidung ist außerordentlich wichtig. Sie verweist darauf, daß jedes Mitglied einer Organisation aus der Sicht des Analytikers eine Doppelpersönlichkeit ist – eine 'Organisationspersönlichkeit' und eine individuelle Persönlichkeit." (Bar-nard 1970: 82).
> Die Zwecksetzung gibt den Rahmen vor, in dem sich die Organisationspersön-lichkeit entwickelt und aktualisiert.

Barnard geht hier von einer persönlichen Identifikation des Einzelnen mit der Organisation aus, in der die „Organisationspersönlichkeit" idealiter die individu-elle Persönlichkeit dominiert. Darin ist jedoch gleichzeitig Raum für die empi-risch beobachtbare und beispielsweise im Human Relations Ansatz zumindest angedeutete Möglichkeit vorgesehen, dass auch andere als die formal vorgesehe-nen Motive oder Zielsetzungen menschliches Verhalten in Organisationen bestimmen können. Der Beitrag einer Person innerhalb einer jeweiligen Organi-sation bemisst sich jedoch an den Organisationszielen. Die organisationsinterne Kommunikation stellt die Methode dar, mit der zwischen den individuellen Mo-tiven und der organisatorischen Zielsetzung vermittelt wird. Ihr kommt damit eine Schlüsselstellung bei der Sicherstellung einer funktionsfähigen Organisation zu.

C) Die Struktur komplexer Organisationen

Bislang wurden Organisationen lediglich als Gesamtheit betrachtet. Sie weisen jedoch typischerweise eine interne hierarchische Strukturierung auf. Diese resul-tiert aus dem Umstand, dass mit zunehmendem Wachstum und zunehmender Komplexität und Arbeitsteilung die einzelnen Handlungen nicht mehr überblickt und koordiniert werden können. Das Organisationsziel kann dann nicht mehr in einzelne Handlungsschritte übersetzt werden. Die hierarchische Struktur mit Führungspersonen gewährleistet durch Kommunikation die Funktion auch komplexerer Organisationen:

> „Kommunikation ist prinzipiell erforderlich, um ein Ziel in die konkreten Handlungsweisen zu übersetzen. Stets muß klargestellt werden, was zu tun ist, wann und wo." (Barnard 1970: 95).

D) Die informelle Organisation

Dauerhafte und mehr oder weniger regelmäßige Beziehungen gibt es nicht nur in formellen Organisationen, sondern auch im privaten und gesellschaftlichen Leben. Dieser informellen Art der Interaktion liegen keine bewussten, gemeinsamen Ziele zugrunde. Sie entsteht als Folge persönlicher Bedürfnisse bzw. aus einem „Herdeninstinkt" heraus. Gleichwohl beeinflusst sie die Einstellungen, Kenntnisse oder Gefühle der daran Beteiligten und schafft gemeinsame und mehr oder weniger verbindliche Gebräuche, Normen oder Ideale. Informelle, Gmeinsamkeit stiftende Prozesse durchziehen auch formale Organisationen in unterschiedlich ausgeprägter Form:

> „Obgleich gemeinsame Ziele ex definitione ausgeschlossen sind, hat die informelle Organisation wichtige und gleichartige Folgen für alle. Diese Beschreibung macht deutlich, daß die informelle Organisation unbestimmt und unstrukturiert ist und keine eindeutigen Unterteilungen kennt. Sie kann als gestaltlose Masse von verschiedener Dichte angesehen werden. Der Grad der Dichte variiert je nach den äußeren Faktoren, die die geographische Nähe von Menschen bestimmen, oder nach den formellen Zwecken, die sie zu bewußten gemeinsamen Anstrengungen zusammenführen." (Barnard 1970: 104).

Solche gemeinsamen Normen und Orientierungen stellen ein verbindendes Element dar, das von der formellen Organisation nicht erzeugt werden muss, das jedoch für deren Existenz unerlässlich ist.

3.4   Spezielle Prozesse der formellen Organisation

A)   Die Ökonomie der Anreize

Zur Erhaltung der Kooperation muss das auf die Verwirklichung egoistischer Motive ausgerichtete Individuum dazu bewogen werden, in die Organisation einzutreten bzw. sich am organisatorischen Handlungssystem in funktional adäquater Weise zu beteiligen:

> „Die persönlichen Anstrengungen, die die Energien von Organisationen ausmachen, werden der Anreize wegen zur Verfügung gestellt. Dominierend sind die egoistischen Motive der Selbsterhaltung und der persönlichen Befriedigung. Deshalb können sich Organisationen nur dann halten, wenn sie diese Motive berücksichtigen oder wenn es ihnen gelingt, sie zu verändern. Der einzelne ist stets der maßgebliche strategische Faktor der Organisation. Ungeachtet seiner Lebensgeschichte oder seiner persönlichen Verpflichtungen muß er dazu bewogen werden, zu kooperieren; andernfalls gibt es keine Kooperation." (Barnard 1970: 122).

Hierzu stellt die Organisation Anreize zur Verfügung, die eine Kompensation für das individuelle Engagement zugunsten der Organisation darstellen. Die individuelle Entscheidung zugunsten von Kooperation erfolgt dann, wenn der Nutzen durch Anreize die persönlichen Kosten der Kooperation übersteigen. Der organisatorische Handlungsspielraum lässt hier zwei Möglichkeiten zu: Entweder werden die Anreize erhöht oder die Kosten verringert:

> „Der Reingewinn an Befriedigung, der einen Menschen veranlaßt, seine Anstrengungen einer Organisation zur Verfügung zu stellen, ergibt sich aus der Abwägung der Vorteile gegen die Nachteile, die in Kauf genommen werden müssen. Daraus folgt: die Summe der Vorteile kann vergrößert oder ein Nachteil zum Vorteil gemacht werden, indem man entweder die Zahl oder die Stärke der positiven Anreize erhöht oder die Zahl oder die Stärke der Nachteile vermindert." (Barnard 1970: 122f).

Anreize sind nur dann wirksam, wenn sie auch als solche wahrgenommen werden. Ein objektiver Anreiz (z. B. eine Verkürzung der Arbeitszeit) ist nur dann effektiv, wenn der Betreffende darin einen persönlichen Vorteil erkennt. Demzufolge besitzen Anreize einen objektiven und einen subjektiven Charakter. Bei der Gestaltung von Anreizen hat die Organisation daher zwei Möglichkeiten. Sie kann die objektiven Anreize verändern aber auch deren Interpretation beim Mitarbeiter beeinflussen. Ersteres nennt Barnard die „Methode der Anreize", letzteres die „Methode der Überzeugung".

Unter der *Methode der Anreize* können folgende Vergünstigungen von Seiten der Organisation (je nach Art der Organisation mit unterschiedlicher Gewichtung) zur Verfügung gestellt werden:

1. Materielle Anreize, üblicherweise in Form von Geld.
2. Persönliche, nicht-materielle Anreize wie Prestige, Auszeichnungen oder Macht.
3. Angenehme physikalische Arbeitsbedingungen.
4. Ideelle Befriedigungen persönlicher Werte, z. B. durch verstärktes Engagement für den Umweltschutz (Greenpeace) oder für soziale Zielsetzungen (Rotes Kreuz).
5. Soziale Attraktivität der Zugehörigkeit zur Organisation durch als günstig eingeschätzte soziale Bedingungen, etwa bei gleicher Ausbildung und sozialer Herkunft der restlichen Belegschaft.
6. Angepasstheit von Arbeitsbedingungen an gewohnte Methoden und Haltungen, z. B. bei Gruppenarbeit in der Fertigung, die einem Bewerber bekannt ist und als vorteilhaft angesehen wird.
7. Die Chance, sich als Teilhaber bedeutsamer Ereignisse zu fühlen, etwa in einer politischen Organisation.
8. Das Erleben von Gemeinschaft in sozialen Beziehungen mit dem Gefühl von Solidarität, Zugehörigkeit oder soziale Sicherheit.

Die *Methode der Überzeugung* zielt darauf ab, subjektive Faktoren der Interpretation von Gegebenheiten zu beeinflussen. Hierfür stehen die folgenden Möglichkeiten zur Verfügung:

1. Durch Zwang kann die Mitwirkung in einer Organisation verhindert, aber auch gesichert werden. Durch den Ausschluss unerwünschter Personen kann bei verbleibenden Personen Furcht erzeugt werden, im Falle der Missachtung der Organisationsregeln selbst vom Vorteil der Teilnahme ausgeschlossen zu werden. Auch der Zwang zur Teilnahme (z. B. Sklaverei) kann ein Mittel sein, die Funktionsfähigkeit der Organisation sicherzustellen.
2. Die Rationalisierung von Anreizen ist ein gebräuchlicheres Mittel, Personen dazu zu bewegen, bestimmten Verpflichtungen nachzukommen oder sich den Erfordernissen einer Organisation zu fügen. Sie sollen Überzeugungen schaffen, ein bestimmtes Ziel sei im Rahmen eines übergeordneten, ideellen Systems notwendig und die Mitwirkung daher sinnvoll. Diese Methode wird häufig in Verbindung mit politischen oder religiösen Gedankensystemen angewendet, wie etwa im Nationalsozialismus oder bei den Kreuzzügen.

3. Die wichtigste Form der Überzeugung besteht jedoch darin, auf persönliche
    Motive einzuwirken und diese zu verändern oder zu schaffen. Die Werbung
    ist hierzu ein marktwirtschaftliches Beispiel, die Jugenderziehung ein ge-
    sellschaftliches. In Organisationen wird häufig im Rahmen der Führungs-
    tätigkeit versucht, individuelle Motive zu beeinflussen.

In der *Ökonomie der Anreize* wird die mit der Methode der Anreize verbundene
Distribution von Vergünstigungen an die Beschäftigten als ökonomisches Handeln verstanden. Anreize müssen in ausreichendem Maß hergestellt oder im
Rahmen der Umweltbeziehungen erwirtschaftet werden, um laufend an die Mitarbeiter verteilt werden zu können:

> „Die Ökonomie der Anreize beschäftigt sich mit dem Gewinn aus einer Bilanz der
> Einnahmen und Ausgaben von Werten, die sich aus der Herstellung objektiver An-
> reize und aus den Überzeugungsversuchen ergibt. Eine Organisation, die materielle
> Güter als hauptsächlichen Anreiz verwendet, wird nur so lange in der Lage sein, sie
> anzubieten, wie sie imstande ist, so viele Güter oder so viel Geld hereinzubringen,
> wie sie auszahlt. Das ist der normale ökonomische Aspekt, den jedermann versteht.
> Aber dasselbe Prinzip gilt auch für andere Anreize. Die Möglichkeiten, nicht-
> materielle Gelegenheiten, verlockende Bedingungen, angenehme Beziehungen, Sta-
> bilität der Tätigkeit, erhöhte Teilhabe oder sonstige Vorteile anzubieten, sind ge-
> wöhnlich so begrenzt und unzureichend, daß die äußerste Wirtschaftlichkeit nicht
> nur im materiellen Sinn, sondern auch generell wesentlich ist." (Barnard 1970:
> 132f).

Die Beschaffung und Verteilung der Anreize stellt eine zentrale und gleichwohl
äußerst schwierige Aufgabe in Organisationen dar. Die Organisation befindet
sich hierbei in einem hochdynamischen Spannungsfeld, in dem sich äußere Um-
stände zur Erwirtschaftung von Anreizen und die Motive der Mitarbeiter laufend
ändern:

> „Wahrscheinlich ist das Schema der Anreize das am wenigsten stabile Element eines
> kooperativen Systems, weil die Möglichkeiten, materielle Anreize zu bieten, ständig
> von äußeren Umständen beeinflußt werden und weil die menschlichen Motive eben-
> falls variabel sind." (Barnard 1970: 136).

Aufgrund dieser dynamischen Situation wird unterstützend auf die Methode der
Überzeugung zurückgegriffen. Insbesondere durch die Einwirkung auf persönliche Motive kann dabei eine zusätzliche Stabilität erreicht werden, indem versucht wird, den Mitarbeiter von der Angemessenheit der bestehenden Anreize zu
überzeugen. Diese stabilisierende Maßnahme erfordert allerdings ihrerseits einen
zusätzlichen ökonomischen Aufwand durch die Organisation:

„Die Schwierigkeit, ein Gleichgewicht der Anreize zu finden, ist so groß, daß man auf Überzeugungen zurückgreifen muß. Überzeugung involviert jedoch in Zusammenhang mit einer industriellen Anstrengung selber wieder materiellen Aufwand." (Barnard 1970: 134).

Mit dieser Instabilität sind zwei bedeutsamen Konsequenzen verbunden:

1. Organisationen besitzen die Tendenz, sich auszudehnen. Der Grund hierfür liegt in dem Umstand begründet, dass bestimmte Anreize ständig erweitert werden müssen, um aufrechterhalten werden zu können. Damit wird das Wachstum einer Organisation selbst zu einem Anreiz:

„Die Aufrechterhaltung der Anreize, insbesondere derjenigen, die sich auf Prestige, Organisationsstolz und Bedürfnis nach Gemeinschaft beziehen, erfordert Wachstum, Vergrößerung, Ausdehnung (...) Wachstum scheint eine Chance zur Realisierung vieler Arten von Anreizen zu sein. Das zeigt sich bereits daran, daß Größe als Indiz für das Vorhandensein wünschenswerter Anreize gewertet wird und daß in Organisationen, die klein sind oder sich in ihrem Wachstum behindert sehen, durch Rationalisierung andere Anreize geschaffen werden müssen." (Barnard 1970: 136f).

2. Aus dem Umstand, dass Organisationen möglichst ökonomisch mit ihren Anreizen wirtschaften müssen, ergibt sich eine asymmetrische Distribution an die Organisationsmitglieder, die sich an den jeweiligen Beträgen bzw. Leistungen orientiert. Wer im Sinne der Organisation einen großen Beitrag leistet, erhält hierfür auch größere Anreize. Die Asymmetrie von Anreizen wird damit selbst zu einem Anreiz, indem die Möglichkeit, größere Privilegien oder materielle Entlohnungen zu erhalten, eine dauerhafte Beteiligung begünstigt:

„Da alle Anreize für die Organisation kostspielig sind, und die Kosten das Überleben des Ganzen gefährden können, da zudem ein Ausgleich von Einnahmen und Ausgaben nur bei äußerster Ökonomie möglich ist, muß die Verteilung von Anreizen stets dem Wert der verschiedenen Beiträge proportional sein (...) Dieselbe Regel gilt prinzipiell und praktisch sogar noch in höherem Maße für nicht-materielle Anreize. Die Hierarchie der Ränge mit Abstufungen von Würden und Privilegien, die eine Begleiterscheinung aller komplexen Organisationen ist, reguliert im wesentlichen nicht-materielle Anreize, um die Dienste besonders befähigter Individuen oder wertvoller potentieller Mitwirkender für die Organisation zu induzieren (...)." (Barnard 1970: 137).

B) Autorität

„Autorität" stellt nach Barnard eine spezifische Form der organisationsinternen Kommunikation dar und beschreibt die Akzeptanz einer Information von anderen Personen als Richtlinie für das eigene Verhalten. Sie ist nicht institutionell vorgegeben, sondern liegt erst dann vor, wenn sie vom potenziellen Befehlsempfänger als solche akzeptiert wird:

> „Autorität ist das Merkmal einer Kommunikation (eines Befehls) in einer formellen Organisation, kraft dessen ein Mitwirkender oder 'Mitglied' sie als Richtlinie für sein Verhalten akzeptiert; das heißt als Richtschnur für das, was er im Hinblick auf die Organisation tut oder unterläßt. Gemäß dieser Definition schließt Autorität zwei Momente ein:
> 1. ein subjektives und persönliches, das darin besteht, daß man eine Kommunikation als verbindlich akzeptiert (...);
> 2. der objektive Gesichtspunkt - das Element der Kommunikation, kraft dessen sie angenommen wird (...).
> Nach dieser Definition liegt die Entscheidung, ob ein Befehl Autorität hat oder nicht, bei dem, an den er gerichtet ist und nicht bei den 'Personen mit Autorität' oder denen, die die Befehle erteilen." (Barnard 1970: 140f).

Ähnlich wie organisatorische Anreize erst dann wirksam sind, wenn sie von Individuum als solche gesehen werden, muss auch die Autorität bestimmter Personen vom Mitarbeiter akzeptiert werden. Selbst wenn die Autorität auf physischem Zwang beruht, muss sie vom Beherrschten erst akzeptiert werden, auch wenn diese Akzeptanz lediglich auf Furcht vor körperlicher Gewalt beruht. Neben diesem subjektiven Kriterium der Akzeptanz existieren ferner objektive kommunikative Kriterien, die erfüllt sein müssen, damit eine Kommunikation innerhalb einer autoritären Beziehung koordinativ wirksam werden kann. Beispielsweise müssen Informationen schnell und exakt den Empfänger erreichen. Beide Aspekte der Kommunikation in autoritären Beziehungen werden im Folgenden näher erläutert.

Die *subjektive Akzeptanz von Informationen* innerhalb einer autoritären Beziehung hängt von vier Faktoren ab, die gleichzeitig erfüllt sein müssen:

1. Die Information muss vom Empfänger verstanden werden.
2. Der Befehlsempfänger muss im Moment der Entscheidung davon überzeugt sein, dass die Anweisung mit dem Zweck der Organisation (aus seiner persönlichen Sicht) nicht kollidiert (Beispiel: Er soll ein Kühlaggregat im Kraftwerk abschalten). Gegebenenfalls muss ein scheinbarer Widerspruch zum Organisationszweck erklärt werden.

3. Er muss ferner davon ausgehen können, dass die Anweisung mit seinen persönlichen Interessen im Rahmen der Kooperation vereinbar ist und bestehende Anreize nicht in Frage stellt (Beispiel: Er soll unbezahlte Überstunden leisten).
4. Der Empfänger muss physisch und intellektuell in der Lage sein, die Anweisung auszuführen.

Der *objektive Aspekt der Autorität* wird innerhalb des Koordinationssystems sichtbar. Wie oben bereits erläutert besitzen Organisationen ab einem bestimmten Komplexitätsgrad typischerweise eine hierarchische Struktur, um ihre Funktionsfähigkeit zu erhalten. Relativ unabhängig von persönlichen Fähigkeiten werden dabei Positionen eingerichtet, deren Inhaber mit Weisungsbefugnissen ausgestattet sind:

> „Diese Autorität ist weitgehend unabhängig von den persönlichen Fähigkeiten des Inhabers der Position. Bekannt ist, wie häufig man die Empfehlungen eines Mannes in bedeutender Position, dessen persönliche Befähigung durchaus begrenzt sein kann, einfach wegen des Ranges akzeptiert. Das ist es, was wir unter *Autorität der Position* verstehen." (Barnard 1970: 147; kursiv im Original).

Daneben gibt es noch Personen, die gerade aufgrund ihrer persönlichen Qualifikation akzeptiert werden:

> „Manche Menschen zeichnen sich freilich durch überlegene Fähigkeiten aus. Ihre Kenntnisse und Erkenntnisse finden unabhängig von der Position Respekt. Deshalb und nur deshalb haben ihre Worte in der Organisation Autorität. Das ist die *Autorität der Führerschaft*." (Barnard 1970: 148; kursiv im Original).

Beide Aspekte der Führung sind autoritativ wirksam. Die Organisation ist daher bestrebt, Personen für Führungspositionen auszuwählen, die entsprechende Fähigkeiten aufweisen und diese zusätzlich mit Informationen zu versorgen, die ihnen einen Wissensvorsprung und eine Akzeptanz bei den Geführten sichern.

Unter diesen beiden Gesichtspunkten weist das autoritative Kommunikationssystem innerhalb einer hierarchischen Struktur folgende Merkmale auf, um eine Koordination innerhalb der Organisation zu gewährleisten:

1. Die Kommunikationskanäle müssen bekannt und alle Positionen in der Organisation innerhalb des Liniensystems eindeutig definiert sein.
2. Der formale Dienstweg, in dem jedem ein Vorgesetzter und gegebenenfalls unterstellte Mitarbeiter zugewiesen sind, muss klar beschrieben sein.

3. Die Kommunikation zwischen verschiedenen Positionen muss so direkt und kurz wie möglich sein. Da Informationen in höheren Ebenen meist eher strategischer Natur sind und von oben nach unten zunehmend spezifischer auf die Arbeit bezogen werden müssen, besteht ansonsten die Gefahr von Missverständnissen.
4. Das gesamte organisatorische Kommunikationsnetz von oben nach unten sollte benutzt werden, um auch Mitarbeiter auf niedrigen Ebenen über die Organisationsziele vollständig zu informieren.
5. Die fachliche Kompetenz von Vorgesetzten und anderen Personen, die Informationen verteilen, sollte umfassend sein, damit Anweisungen und Nachrichten sachgerecht übermittelt werden können.
6. Die Kommunikationslinien sollten während der Dauer des Betriebs nicht unterbrochen werden. Ist beispielsweise ein Führungsposition vakant, so besteht die Gefahr, dass sich die Koordination im betreffenden Bereich auflöst.
7. Die Kommunikation soll authentisch sein. Anweisungen sollten nur von denjenigen Führungspersonen gegeben werden, in deren Zuständigkeitsbereich diese fallen.

C) Entscheidungen in Organisationen

Menschliche Handlungen resultieren grundsätzlich entweder als Ergebnis bewusster Überlegungen oder sie werden automatisch aufgrund unbewusster innerer und äußerer Einflüsse aus Vergangenheit und Zukunft durchgeführt. Im Gegensatz zur informellen Organisation orientieren sich Handlungen in formellen Organisationen an den Organisationszielen und nicht an persönlichen Zielen. Diese Ziele sind stets bewusst und werden explizit formuliert. Entscheidungen als Grundlage von Handlungen sind dementsprechend ebenfalls das Ergebnis bewusster Überlegungen:

> „Die Handlungen von Organisationen sind Handlungen von Personen, die Ziele der Organisation und *nicht* persönliche Ziele verfolgen (...) Da die Organisationsziele im Unterschied zu persönlichen Zielen aber bis zu einem gewissen Grad stets klar formuliert werden müssen, involvieren sie immer logische Prozesse, und zwar nicht als Rationalisierung bereits getroffener Entscheidungen, sondern als Elemente der Entscheidung selbst." (Barnard 1970: 157; kursiv im Original).

Entscheidungen beziehen sich auf anzustrebende Ziele und die zu deren Erreichung als notwendig erachteten Mittel. Ziele können aus der Situation vorgegeben sein (z. B. Anordnungen von vorgesetzter Stelle) oder selbst das Ergebnis von Entscheidungen sein (z. B. bei strategischen Planungen). Im Rahmen einer globalen Zielerreichung können ferner auch Teil- oder Zwischenziele gebildet werden. Die Erreichung gegebener Ziele macht eine weitere bewusste Entscheidung darüber notwendig, welche Mittel bzw. Handlungen hierfür eingesetzt werden sollen:

> „Entscheidungen involvieren regelmäßig zwei Begriffe: das Ziel, das erreicht werden soll, und die dafür notwendigen Mittel. Das Ziel selber kann Ergebnis logischer Überlegungen und zugleich wieder Mittel für umfassendere oder fernere Ziele sein (...) Es ist die bewußte Auswahl von Mitteln, die das Wesen formeller Organisationen ausmacht. Sie vor allem bedingt die Überlegenheit der Kooperation in dauerhaften Organisationen gegenüber individuellen Handlungen." (Barnard 1970: 157f).

Das globale, *letztendliche Ziel organisatorischer Entscheidungsprozesse* besteht darin, das innere und äußere Gleichgewicht der Organisation zu deren „Wohl" aufrechtzuerhalten:

> „'Wohl' bezieht sich entweder auf das innere Gleichgewicht der Organisation, soweit dieses den Kontakt zu den Mitwirkenden betrifft, oder auf das äußere Gleichgewicht, das die Beziehungen zur allgemeinen (einschließlich der sozialen) Umgebung berührt. In jedem Fall hat es mit Zukunftsentscheidungen zu tun und verlangt Voraussicht, die durch eine Norm, ein gewünschtes Ziel geleitet wird. Dieses Ziel ist das Ideal der Organisation." (Barnard 1970: 168).

Die gesamte Organisation lässt sich somit als ein Gebilde verstehen, innerhalb dessen die globale Zielsetzung der inneren und äußeren Stabilität zunehmend aufgebrochen und in spezifische Einzelziele zerlegt wird:

> „Der Begriff Organisation bezeichnet ein System von Anstrengungen, in dem die Entscheidungsprozesse aufgespalten und spezialisiert sind." (Barnard 1970: 176).

In der Organisationsspitze erfolgen dabei meist Entscheidungen über strategische Ziele, mit abnehmender hierarchischer Ebene werden zunehmend Entscheidungen über hierfür einzusetzende Mittel erforderlich.

Aus Sicht des Mitarbeiters stellen sich innerhalb dieses differenzierten Systems von Entscheidungsprozessen zwei Arten von Entscheidungen, die aus seiner „Doppelpersönlichkeit" resultieren. Wie bereits dargestellt ist er gleichzeitig eine Privatperson, die persönliche Ziele und eine Organisationsperson, die organisatorische Ziele verfolgt:

1. Die erste Art von Entscheidungen, die persönliche, besteht darin, an organisatorischen Handlungen mitzuwirken oder nicht. Im Falle der Nichtteilnah-

me wird die weitere Mitgliedschaft in der Organisation eventuell aufgegeben. Sie wird maßgeblich durch die organisatorischen Anreize, aber auch
durch die Akzeptanz von Autorität bestimmt.

2. Die unpersönlichen Organisationsentscheidungen beziehen sich auf die
sachlichen Entscheidungsgegenstände im Rahmen der organisatorischen
Zielerreichung. Sie erfolgen unter dem Gesichtspunkt, wie gut eine geplante
Entscheidung die Organisationsziele vermutlich realisiert.

Beide Entscheidungen sind im organisatorischen Alltag vorzufinden:

> „Die Unterscheidung zwischen zwei Arten von Entscheidungen ist im Alltag wohl
> bekannt. Oft sagen oder hören wir: 'Wenn ich verantwortlich wäre, würde ich so
> entscheiden – aber es ist ja nicht meine persönliche Angelegenheit'; oder: 'Ich mei-
> ne, die Situation verlangt die und die Reaktion – aber ich habe nicht die Macht zu
> sagen, was getan werden müßte' (...)." (Barnard 1970: 159).

Für die in Organisationen tätigen Personen gibt es drei Arten von *situativen Anlässen,* in denen organisatorische Entscheidungen getroffen werden müssen:

1. Wenn Anweisungen von vorgesetzter Stelle kommen, muss entschieden
werden, wie die Anweisung zu interpretieren ist, welche weiteren Instruktionen notwendig sind und an wen diese verteilt werden müssen.

2. Sind unterstellte Mitarbeiter unsicher, wie in einer bestimmen Situation zu
verfahren ist (z. B. wenn sich in den Arbeitsbedingungen etwas geändert
hat), so muss der Vorgesetzte die Entscheidung übernehmen.

3. Schließlich können Entscheidungen im Rahmen eigeninitiativ geplanter
Maßnahmen bei organisatorischen Entscheidungsträgern anfallen.

3.5 Führung in formellen Organisationen

A) Funktionen der Führung

Aus den oben besprochenen organisatorischen Prozessen ergeben sich nun auch
die hauptsächlichen Funktionen der Führung. Sie bestehen im Erhalt des Kommunikationssystems, der Sicherstellung individueller Beiträge und der Definition
und Formulierung von Organisationszwecken:

1. *Aufbau und Erhalt des Kommunikationssystems:* Wie oben dargelegt sind
Organisationen ab einem bestimmten Komplexitätsgrad arbeitsteilig und
hierarchisch strukturiert. Die hierarchische Strukturierung dient dabei dazu,

die Koordination zwischen den verschiedenen Arbeitsbereichen und deren Beziehung zum globalen Organisationsziel sicherstellen zu können. Hierzu werden in einem Organisationsschema zunächst Führungspositionen mit bestimmten Aufgaben definiert, die anschließend mit Personen besetzt werden. Die wichtigste Führungsaufgabe besteht nun darin, sicherzustellen, dass die Positionen laufend mit den passenden Inhabern besetzt werden:

„Die Aufgabe der Errichtung und Erhaltung eines Kommunikationssystems, die wichtigste Aufgabe der Führungsorganisation, besteht darin, ständig für die Verbindung der zwei Faktoren *Führungspersonal* und *Führungsposition*, zu sorgen (...) Neben der Konstruktion des Organisationsschemas besteht also die Hauptaufgabe in der Auswahl, Beförderung, Degradierung und Entlassung von Personen." (Barnard 1970: 183ff; kursiv im Original).

Die Führungskraft sollte zunächst über Führungstalent und entsprechende fachliche Qualifikationen verfügen. Ferner sollte sie der Organisation gegenüber loyal sein und deren Interessen über die eigenen stellen. Diese Bindung an die Organisation wird durch das betriebliche Aufstiegssystem, durch Beförderung und Degradierung unterstützt.

Unter dem Aspekt der informellen Organisation muss die Auswahl und Beförderung von Führungskräften ferner so erfolgen, dass eine gute persönliche Beziehung gewahrt bleibt. Alter, Nationalität oder die politische Überzeugung sind hierfür Auswahlkriterien. Die unterstützende Funktion der informellen Organisation liegt erstens in der Verbesserung der Kommunikationsmöglichkeiten, wenn formale Anlässe nur unzureichend zur Verfügung stehen und zweitens in der Vertiefung der Bindung des einzelnen an die Organisation.

2. *Die Sicherstellung individueller Beiträge:* Die zweite Führungsfunktion bezieht sich auf die motivatorischen Aspekte, wie man den einzelnen dazu bringen kann, der Organisation beizutreten und insbesondere, wie man ihn zu Leistungen zugunsten des Organisationszweckes bewegen kann. Die Führungskraft bedient sich hierzu der „Methode der Anreize" und der „Methode der Überzeugung" (siehe: Kapitel 3.4).

3. *Die Formulierung organisatorischer Zielsetzungen:* Die organisatorischen Beiträge werden größtenteils in der operativen Basis geleistet, in der Produkte hergestellt oder Formulare bearbeitet werden. Diesen operativen Handlungszielen müssen jedoch allgemeinere Zielsetzungen übergeordnet werden, die eine zukünftige Orientierung ermöglichen. Auf höheren hierarchischen Ebenen erfolgen daher zunehmend vorausschauende, planende Entscheidungen, die den operativen Zielen eine Richtung weisen. Die damit verbundene Führungsaufgabe besteht darin, die in der Organisationsspitze

festgelegten globalen Ziele den unteren Ebenen so zu vermitteln, dass sie verbindlich aufgenommen werden und eine Orientierung für Entscheidungen ermöglichen:

„Die Formulierung und Definition des Zwecks ist also eine auf viele Ränge verteilte Funktion. Nur ihr allgemeinster Teil fällt in die Kompetenz der Leitung. Daraus ergibt sich die größte Schwierigkeit, mit der jedes Kooperations-System fertig werden muß, die Notwendigkeit, den Beschäftigten auf den unteren Stufen die allgemeinen Zwecke und die Hauptentscheidungen derart einzuprägen, daß sie ihnen beständig gegenwärtig sind, sie fähig zu machen, sinnvolle Entscheidungen über Details zu fällen." (Barnard 1970: 193).

B)   Die Wirksamkeit von Führung: Effizienz und Effektivität

Die organisatorische Wirksamkeit der Führung wird auf zwei Ebenen bestimmt: der Effektivität und der Effizienz (siehe auch: Kapitel 3.2):

1.   Die *Effektivität* bezieht sich hier auf die Angemessenheit der Mittel, die zur Erreichung eines vorgegebenen Ziels eingesetzt werden. Die Zergliederung des globalen Organisationszwecks erfordert, dass zur Erreichung der jeweiligen Teilziele möglichst effektive Mittel ausgewählt und eingesetzt werden. Diese Auswahl von Mitteln kann natürlich nur im Rahmen der verfügbaren bzw. wahrgenommenen Möglichkeiten erfolgen. Dabei besteht mit zunehmender Organisationsgröße die Tendenz, dass sich Standards in den Mitteln bzw. Techniken herausbilden. Diese haben den Vorteil, als Mittel für die gesamte Organisation mit relativ geringen ökonomischem Aufwand ökonomisch installierbar und einsetzbar zu sein. Sie besitzen allerdings den potentiellen Nachteil, die Auswahlmöglichkeiten zukünftig begrenzen. Beispielsweise können sich bestimmte Kommunikationsmedien (etwa das Telefon) so stark etablieren, dass alternative Medien, die im Einzelfall eventuell wirksamer wären, zukünftig nicht mehr berücksichtigt oder technisch installiert werden können. Diese Begrenzung in den verfügbaren Mitteln führt zu verminderter Flexibilität der Organisation und in der Folge zu Ineffektivität, was nach Barnard auch der Grund für das Scheitern vieler Organisationen in der Vergangenheit war. Hinsichtlich der organisatorischen Effektivität besteht der Führungsprozess darin, den nötigen Grad an Integration zu finden. Organisatorisch globale Mittel müssen dahingehend überprüft und ausgewählt werden, einerseits mit ökonomisch sinnvoll einer globalen Zielsetzung zu genügen, andererseits muss jedoch auch stets im Auge

behalten werden, ob speziellere Alternativen für spezifischere Zielsetzungen sinnvoller wären:

„Der Führungsprozeß, auch wenn man ihn nur ganz beschränkt unter dem Aspekt der Effektivität der Organisation und der Techniken der Organisationshandlungen untersucht, besteht also darin, das Ganze zu integrieren, das richtige Gleichgewicht zwischen alltäglichen und prinzipiellen Erwägungen, zwischen den generellen und den speziellen Erfordernissen zu finden." (Barnard 1970: 197f).

2. *Effizienz* bedeutet die Erhaltung des Gleichgewichts von Organisationshandlungen durch die Befriedigung der Motive derjenigen, die die Handlungen durchführen. Hierzu muss die Organisation laufend Anreize schaffen oder erwerben und diese an die Beschäftigten verteilen (siehe auch: Kapitel 3.4). Sie befindet sich dabei in einem fortwährenden ökonomischen Tauschprozess, den sie kontinuierlich in einem Gleichgewicht erhalten muss. Da jeder Beteiligte aus der Kooperation einen Vorteil gegenüber der individuellen Tätigkeit erwartet, muss sie einen Überschuss erarbeiten und diesen an die Mitglieder verteilen:

„Das Gleichgewicht der Organisations-Ökonomie verlangt, daß sie über genügend Vorteile verschiedenster Art verfügt und diese dazu verwenden kann, die persönlichen Dienste zu lenken und auszutauschen, aus denen sie besteht. Durch die Nutzung der Dienste sichert sie einen angemessenen Vorrat an Vorteilen, die, wenn an die Mitwirkenden verteilt, die Fortsetzung nützlicher Leistungen gewährleisten. Da jeder Mitwirkende aus seinem Tausch einen Überschuß oder Netto-Gewinn erwartet, kann die Organisation nur überleben, wenn sie durch Tausch, Umwandlung und Erzeugung einen Überschuß von Vorteilen in ihrer eigenen Ökonomie schafft. Führen ihre Operationen zu einem Defizit, so wird sie unfähig, die Organisations-Handlungen, durch die sie lebt, zu beherrschen." (Barnard 1970: 202).

Dieses Prinzip des Gleichgewichtserhalts und seine dynamischen Aspekte seien an einem vereinfachten Beispiel näher erläutert (vgl. Barnard 1970: 203ff): Angenommen, fünf Personen A, B, C, D und E gründen eine Organisation zur Sammlung von Brennholz und erwirtschaften insgesamt 20 € pro Tag, also 4 € pro Person. Würde jeder für sich alleine arbeiten, so würde aufgrund verschiedener Begabungen individuell unterschiedliche Beträge erwirtschaftet werden: A=3,75 €, B=3,40 €, C=3,00 €, D=2,70 € und E=2,25 €. Jeder profitiert zunächst von der Kooperation, allerdings in unterschiedlichem Ausmaß, C profitiert am meisten, A am wenigsten.

Neben diesen physikalischen Anreizen (Geld gegen Brennholz) werden die fünf Personen aber auch durch soziale Anreize, wiederum in unterschiedlichem Ausmaß, zur Kooperation motiviert. A ist ein Individualist,

dem die persönlichen Einschränkungen durch die Kooperation keinen Anreiz bieten, C arbeitet gerne in Gruppen und würde dies selbst dann tun,
wenn der Nettovorteil gleich Null wäre. Die Kombination aus materiellen
und sozialen Anreizen gestaltet sich damit interindividuell noch unterschiedlicher.

Eine weitere Komplikation bringt die dynamische Entwicklung im Zuge der Kooperation. Im physikalischen Bereich wird es mit der Zeit immer
schwieriger, Brennholz zu finden. Entweder man erhöht den Aufwand, um
zu einem gleichen Ertrag zu kommen oder man begnügt sich mit einem geringeren Ertrag, hat dann allerdings weniger Anreize, die an die fünf Beteiligten verteilt werden können. Auch im sozialen Bereich verändern sich die
Bedingungen. Während bei C die Befriedigung durch die gemeinsame Arbeit zunimmt, steigt bei A die Unzufriedenheit infolge zunehmender Reglementierungen.

Würde man nun die gemeinsamen Erträge weiterhin gleich verteilen,
so wäre für A der Anreiz, in dem Kooperationssystem zu verbleiben nicht
mehr ausreichen. A kann sich, unter der vorläufigen Voraussetzung weiterhin im Kooperationssystem zu verbleiben, dazu entschließen, weniger Arbeit in das System zu investieren. Dies könnte durch C kompensiert werden,
der aufgrund seiner gestiegenen sozialen Zufriedenheit zugunsten des Systems seinen Beitrag erhöht und mehr leistet. A könnte aber auch eine größere Entlohnung fordern, ohne seinen Beitrag zu erhöhen. Diese Forderung
kann allerdings nur auf Kosten der anderen vier Personen gehen und ver-
schiebt wiederum deren Anreizstruktur. Sie stimmen zu, um A dem System
zu erhalten, beginnen jedoch, ihren Beitrag zu senken. Diese Reaktion ver-
mindert den Gesamtertrag des Systems und gefährdet dessen Existenz. Daraufhin beginnt C idealistische Motive zu entwickeln und zu verbreiten (Methode der Überzeugung), um die verminderten materiellen Anreize durch
verstärkte soziale auszugleichen.

Diese Überzeugungsarbeit funktioniert jedoch nicht, und das System
droht zusammenzubrechen. C, dem diese Gefahr als erstem deutlich wird,
erreicht, dass A aus dem System ausgeschlossen und durch F ersetzt wird. F
ist zwar nicht so leistungsfähig wie A, verlangt allerdings für seine Arbeit
auch weniger Entgelt und ist außerdem sehr sozial motiviert.

Diese Maßnahme führt zum Erfolg. Das soziale Klima verbessert sich
deutlich und die Produktion steigt wieder. Nun kommt allerdings C, auf
dessen Initiative dieser organisatorische Erfolg zurückzuführen ist, auf die
Idee, für diesen wichtigen Beitrag zukünftig auch eine größere Entlohnung
zu verlangen. Die anderen vier Mitglieder stimmen zu und erkennen in C

einen strategisch wichtigen Faktor zum Erhalt des gut funktionierenden Systems. Er wird als Führer akzeptiert.

Bald verändern sich erneut die Umweltbedingungen und die Produktion sinkt. Mit Ausnahme von C vermindern sich die Erträge aller Mitglieder unter das Niveau, das jeder erreichte, wenn er alleine arbeiten würde. Aufgrund der guten sozialen Bindungen verbleiben sie jedoch weiterhin in der Organisation. Die allgemeine Stimmung sinkt jedoch.

Da kommt C auf den Gedanken, die durch die verschlechterten Umweltbedingungen hervorgerufenen Begrenzungen dadurch zu umgehen, dass der Organisationszweck verändert wird. Er setzt durch, dass zukünftig das Schneiden von Holz und nicht nur das Sammeln für die Organisation vorteilhaft sein kann. Es gelingt ihm, da hierfür keiner in der Organisation über die entsprechenden Erfahrungen verfügt, G und H als kompetente Experten zu gewinnen. Während B, D, E und F weiterhin sammeln gehen, übernehmen G und H zukünftig die Aufgabe, das eingebrachte Holz in ofengerechte Holzscheite zu zerlegen. Die Organisation beginnt sich arbeitsteilig zu organisieren, wobei C die Koordinationsfunktion übernimmt.

Dieses relativ willkürlich konstruierte Szenario verdeutlicht die Problematik des Führungsprozesses unter dem Aspekt der Effizienz. Führung findet unter hoch dynamischen Bedingungen statt und erfordert eine laufende Anpassung zugunsten des Erhalts eines Gleichgewichts. Dieses Gleichgewicht wird nicht nur durch äußere Faktoren, sondern zu einem erheblichen Teil auch durch organisatorische Maßnahmen und Entwicklungen beeinflusst. Der organisatorische Erfolg von C ist beispielsweise auf den Rückzug von A, eigentlich dem leistungsfähigsten, zurückzuführen. Dieser Rückzug wurde wiederum durch die sich verschlechternden Umweltbedingungen, aber auch durch dessen geringe soziale Bedürfnisse hervorgerufen. Aus seiner Sicht wäre eine weitere Kooperation nur sinnvoll gewesen, wenn er hierfür eine größere materielle Kompensation erhalten hätte. Dies wäre wiederum nur auf Kosten der anderen möglich gewesen und hätte deren materiellen Anreize auf ein unerträgliches Maß verringert.

Mit dieser Sichtweise deutet Barnard aber auch ein neues wissenschaftstheoretisches Verständnis zur Erklärung organisatorischer Prozesse an:

„Streng genommen, führt das Denken in Begriffen von Ursache und Wirkung also nicht voran. Vielmehr sind die Variationen der Wirkung einzelner Faktoren nur meßbar, wenn man sie als strategische Elemente behandelt. Strategische Faktoren sind alle kontrollierbaren Alternativen." (Barnard 1970: 206).

Während etwa die Wissenschaftliche Betriebsführung Taylors experimentell nach universellen, über alle Organisationen gültigen Gesetzen des Verhaltens sucht, akzeptiert Barnard damit die Bedeutung systemimmanenter Prozesse. Er deutet die Bedeutung selbstorganisierender Eigendynamiken von Organisationen an, in denen Voraussagen nur unter Kenntnis der spezifischen Situation der Organisation möglich sind. Diese Eigendynamiken sind strategischer Natur. Sie erfolgen aufgrund rationaler Entscheidungen innerhalb der Organisation zugunsten des Erhalts eines Gleichgewichts zwischen individuellen Beiträgen und organisatorischen Anreizen.

C)   Organisatorische Normen und Führungsverantwortung

Bereits in Zusammenhang mit der informellen Organisation wurde darauf hingewiesen, dass menschliches Verhalten nicht ausschließlich durch die Organisationsziele bzw. die damit verbundene Autoritätsstruktur, sondern auch durch kollektive *Normen* bestimmt wird. Zu den oben beschriebenen Führungsfunktionen tritt damit ein weiterer, zeitlich beständigerer und von unmittelbaren situativen Gegebenheiten unabhängigerer Aspekt angemessener Führung hinzu. Auch Normen, etwa die zehn Gebote der Bibel, wirken verhaltensbestimmend und überlappen damit das organisatorische Weisungs- und Entscheidungsgefüge. Sie können als öffentliche Verhaltenskodizes aufgefasst werden, die von einer Gemeinschaft akzeptiert und öffentlich anerkannt werden. Ihre soziale Bedeutung und damit ihre Ausprägung, bemisst sich am Grad der öffentlichen Zustimmung:

> „Die Kodizes, die gemeinhin als wichtig und bestimmend angesehen werden, sind
> zugleich auch diejenigen, die das höchste Maß an öffentlicher Zustimmung erhalten." (Barnard 1970: 218).

Neben den stets neu zu überprüfenden globalen und spezifischen Organisationszielen stellen damit gesellschaftliche bzw. organisatorische Normen einen zweiten, zeitlich wesentlich stabileren Faktor dar, der individuelles Verhalten an nicht-persönlichen Zielen bzw. Richtlinien bindet und unabhängig von persönlichen Motiven verhaltenswirksam ist.

Moral stellt zu den Normen ein subjektives Pendant dar. Sie bezeichnet die Akzeptanz dieser öffentlichen Regeln für das eigene Verhalten und kann als privater Verhaltenskodex aufgefasst werden:

> „Moral ist ein Kodex persönlicher Kräfte oder Eigenschaften allgemeiner und stabiler Natur; sie bewirken, daß Menschen widerstrebende, unmittelbare und besondere
> Triebe oder Interessen in sich selbst unterdrücken, kontrollieren oder modifizieren

und diejenigen Impulse verstärken, die mit den akzeptierten Normen übereinstimmen." (Barnard 1970: 215).

Normen sind dem Individuum nur indirekt zugänglich. Sie können nur durch Handlungen oder im kommunikativen Austausch mit anderen Personen erschlossen werden. Aus der Interaktion mit seiner Umwelt lernt demzufolge der einzelne Normen kennen und internalisiert alle oder nur einige zu einer persönlichen Moral. Diese Moral ist, wenn einmal internalisiert, subjektiv natürlich wesentlich stärker präsent als Normen:

> „Diese inneren Kräfte oder allgemeinen Eigenschaften können als privater Verhaltenskodex verstanden werden, der aus positiven und negativen Vorschriften besteht. So lassen sie sich leichter verbal bestimmen, obgleich Moral von der Definition her kein Kodex im gewöhnlichen Sinn ist, sondern ein seinerseits wirksames Ergebnis vielfältiger Einflüsse auf Personen, das nur aus Handlungen unter konkreten Bedingungen abgelesen werden kann. Sie muß also aus dem tatsächlichen Verhalten und in begrenztem Ausmaß auch aus den verbalisierten Widerspiegelungen von Gefühlen erschlossen werden." (Barnard 1970: 216).

Verantwortung bezieht sich nun darauf, wie stark internalisierte Normen individuelles Verhalten gegenüber persönlichen Interessen, Vorteilen oder Motiven bestimmen:

> „Verantwortung läßt sich für unsere Zwecke definieren als die Kraft eines bestimmten Moralkodexes, das Verhalten eines Menschen gegen stark widerstrebende Triebe oder Impulse zu dirigieren. So können zum Beispiel zwei Personen im Wesentlichen gleiche Normen für einen bestimmten Handlungsbereich akzeptieren, und dennoch wird der Kodex unter ungünstigen Bedingungen das Verhalten des einen beherrschen, das des anderen unter gleichen oder ähnlichen Umständen dagegen nicht. Die eine Person besitzt dann in Bezug auf diese Norm Verantwortlichkeit, oder sie hat die Fähigkeit dazu. Bei der anderen ist das nicht der Fall." (Barnard 1970: 216).

Verantwortung ist demzufolge unabhängig von der Moral. Sie bezeichnet die Stärke der Bindung an internalisierte Regeln, an die persönliche Moral, durch das Verhalten, unabhängig davon, welcher Art diese moralischen Regeln sind:

> „Ich kenne Menschen, deren Moral ich für durchaus niedriger halte als meine eigene. Dennoch erwecken sie meine Aufmerksamkeit und gelegentlich sogar meine Bewunderung, weil sie angesichts großer Schwierigkeiten an ihren Normen festhalten; wogegen ich viele andere beobachte, die eine 'höhere' Moral besitzen, ihren Normen aber nur folgen, wenn und solange ihnen dadurch keine Ungelegenheiten entstehen. Die ersteren besitzen einen besser ausgebildeten Sinn für Verantwortung als jene mit den, von meinem Standpunkt aus gesehen, höheren ethischen Maßstä-

ben. *Demnach ist Verantwortlichkeit die Fähigkeit eines einzelnen, seine eigene Moral, wie immer sie beschaffen sei, in seinem Verhalten wirksam zu machen.*" (Barnard 1970: 219; kursiv im Original).

Normen können in allen Arten von Organisationen, formellen und informellen, entstehen. Gleichzeitig ist jeder Mensch auch Mitglied in mehreren Organisationen. Er ist Bürger eines Staates, gehört etwa zusätzlich einer Religionsgemeinschaft an und besitzt ein spezifisches privates Umfeld. Er wird also unter Umständen mit sehr unterschiedlichen und möglicherweise auch widersprüchlichen Normen konfrontiert. Dabei bildet er im Laufe der Zeit einen persönlichen Moralkodex heraus, der mit den organisatorischen Normen im Einklang oder im Widerspruch stehen kann. Er kann ferner im Laufe der Zeit diese organisatorischen Normen akzeptieren oder nicht. Von einem möglichen Widerspruch zur eigenen Moral und Verantwortung kann aber auch die Akzeptanz der organisatorischen Autorität beeinflusst werden. Die Frage, inwieweit Anweisungen durch autorisierte Stellen tatsächlich akzeptiert werden, hängt damit nicht nur von der Autorität und den organisatorischen Anreizen, sondern auch von den organisatorischen Normen ab:

„Die Zustimmung eines einzelnen zu einem Befehl oder zur Anforderung einer Organisation, die Frage also, ob er ihr Autorität zubilligt, ist demnach sehr komplex. Seine Zustimmung hängt davon ab, ob der Befehl oder die Anforderung als ein positiver oder negativer Anreiz wirkt, der noch durch Sanktionen für die Verweigerung von Autorität modifiziert sein kann; ob der Handelnde einen von der Organisation übernommenen Moralkodex besitzt oder nicht; ob er mit seinen Normen im Hinblick auf die besonderen Anforderungen in Konflikt gerät; wie bedeutsam der Organisationskodex im Vergleich zu anderen Normen ist; ob er einen Sinn für Verantwortlichkeit hat und so weiter. Ist das Verantwortungsbewußtsein durchgehend schwach, so sind nicht Konflikte zwischen den Normen bedeutsam, sondern besondere Anreize und Sanktionen. Ist er dagegen stark, so führt der Konflikt zur Verweigerung der Autorität, wenn die Organisationsnorm vergleichsweise unwichtig ist. Spezifische Anreize werden dann in der Regel nur von geringem Einfluß sein." (Barnard 1970: 222).

Diese Einflussgröße organisatorischer Normen muss ebenfalls für die Gestaltung kooperativer Handlungen berücksichtigt werden. Bezüglich des Führungsprozesses bzw. der Auswahl geeigneter Führungskräfte ist sie mit mehreren Implikationen verbunden:

1.   Eine *komplexe Moral*: Führungskräfte sind in einem erheblichen Umfang dazu verpflichtet, Normen zu beachten und zu akzeptieren. Sie müssen dabei in der Lage sein, die Verhaltenskodizes unterschiedlichster Systemstu-

fen zu übernehmen. Dazu können staatliche, unternehmensspezifische Normen, globale Organisationsnormen und auch spezielle Normen der eigenen Abteilung gehören. Diese Normen können durchaus widersprüchlich sein. Dennoch muss für die jeweils gültige Situation akzeptiert werden. Eine Führungskraft, die nur nach einem moralischen Prinzip, unabhängig von der Situation, verfahren würde, wäre umgekehrt schnell in persönlichen Konflikten und würde diese möglicherweise auch schnell hervorrufen.

2. Ein *hoher Grad an Verantwortlichkeit*: Eine Führungskraft muss ferner in der Lage sein, nach den jeweils gültigen Normen und unabhängig von persönlichen Wünschen und Bedürfnissen zu handeln. Ihr Verhalten unter bestimmten Bedingungen muss von den Mitarbeitern voraussagbar sein, sie muss „Charakter" besitzen oder „zuverlässig sein". Während der Grad an Verantwortlichkeit auf allen hierarchischen Ebenen hoch ausgeprägt sein muss, steigt die Forderung nach einer größeren moralischen Komplexität mit zunehmender Hierarchieebene.

3. Mit zunehmend höherer hierarchischer Ebene wird auch eine immer größere *persönliche Qualifikation* verlangt, um mit Normenkonflikten umzugehen. Ein in Rahmen der strategischen Planungen erarbeiteter neuer Vorschlag ruft häufig einen Konflikt mit den bestehenden Normensystem hervor. Insbesondere Führungskräfte der höchsten Ebenen müssen daher in der Lage sein, derartige Konflikte zu bewältigen. Dies geschieht entweder dadurch, dass die Situation eingehender daraufhin analysiert wird, ob eine Handlung möglich ist, die nicht mit dem Organisationskodex konfligiert. Der Konflikt wird damit umgangen. Andererseits ist es prinzipiell auch möglich, nach Wegen zu suchen, den Konflikt zu lösen und dabei einen für alle beteiligten tragfähigen Kompromiss zu finden.

Ein Beispiel soll dies näher illustrieren: Man stelle sich ein Unternehmen vor, in dem der allgemeine Unternehmenskodex besagt, dass auf das persönliche Wohl der im Unternehmen arbeitenden Personen Rücksicht genommen wird. Eine zur Diskussion stehende strategische Entscheidung könnte darin bestehen, eine neue Fertigungsanlage einzuführen und gleichzeitig einen Teil der Belegschaft zu entlassen. Dadurch können Kosten gespart und das Überleben der Organisation gesichert werden. Die Situation stellt für einen verantwortungsbewusst Denkenden einen erheblichen Konflikt dar. Dennoch dürfen aus diesem Konflikt heraus Handlungen nicht unterlassen werden, das Überleben der Organisation wäre ansonsten gefährdet. Die erste genannte Möglichkeit zur Konfliktbewältigung könnte darin bestehen, die Situation daraufhin genauer zu analysieren, ob andere, ebenso kostengünstige Möglichkeiten zur Verfügung stehen, um den Erhalt der Organisation sicherzustellen und gleichzeitig keine Normen zu verletzen. Da-

bei würden beide Normen trotz neuer strategischer Maßnahmen nicht verletzt werden. Alternativ könnte ein Weg gesucht werden, um über Abfin-
dungen einige Mitarbeiter dazu zu bewegen, zu kündigen. Der Unternehmenskodex, die Sorge um die Beschäftigten, könnte dadurch gewahrt
bleiben und das Unternehmensziel dennoch sichergestellt werde.

4. Das wichtigste Merkmal der Führungsverantwortung besteht allerdings in
der aktiven *Schaffung organisatorischer Normen* für andere. Diese Normen
beziehen sich auf die Herstellung von Loyalität zum Unternehmen und zum
Autoritätssystem, sowie zur Unterordnung persönlicher Interessen unter die
Interessen der Organisation. Positiv formuliert soll für die Organisation ein
aktives Interesse geweckt werden. Diese Normen sollen auch als Standard
dienen, die der Führungskraft eine objektive Konfliktlösung ermöglicht
bzw. Konflikte zwischen den organisatorischen Akteuren verhindert, z. B.
Probleme offen aussprechen und nicht hinter dem Rücken anderer über diese zu schimpfen.

Barnards Werk, dessen zentralen Bestandteile sehr rationaler Natur sind, endet in
einem bemerkenswerten moralischen Plädoyer, das am Vorabend des zweiten
Weltkrieges die menschlichen Konflikte zwischen individueller Freiheit und
institutioneller Kontrolle schildert und eine Kooperation aus freiem Willen fordert:

„Kaum ein Mensch, so meine ich, der sich der Vernichtung seiner Persönlichkeit in
einem organisierten System bewußt geworden ist, hat nicht zugleich auch empfun-
den, daß dasselbe System ein Teil seiner selbst ist, weil er sich aus freiem Willen
entschied, es so zu machen (...) Ohne Absicht des Autors und vielleicht gegen die
Erwartung des Lesers hat meine Schrift dieses tiefe Paradox und den Konflikt der
Gefühle im Leben der Menschen zum Gegenstand. Frei und unfrei, kontrolliert und
unkontrolliert, wählend und gewählt, anreizend und unfähig, Anreizen zu widerste-
hen, Quelle der Autorität und nicht in der Lage, sie zu leugnen, unabhängig und abhängig, Persönlichkeiten schaffend und doch wider entpersönlichend, Ziele bestim-
mend und gezwungen, sie zu ändern, nach Begrenzungen suchend und Entschei-
ungen treffend, das Besondere wünschend und mit dem Ganzen befaßt sein, Führer
findend und doch Führerschaft leugnend, hoffend, die Erde zu beherrschen und beherrscht von Unsichtbaren; das ist die Geschichte des Menschen in der Gesellschaft,
von der auf diesen Seiten berichtet wurde. Eine solche Geschichte verlangt zum
Schluß ein Glaubensbekenntnis. Ich glaube an die Macht der Kooperation von Menschen freien Willens, Menschen für die Kooperation freizumachen. Ich glaube, daß
sie nur zu voller persönlicher Entfaltung kommen können, wenn sie sich entscheiden, miteinander zu arbeiten. Nur wenn jeder die Verantwortung von Wahlhandlun-
gen auf sich nimmt, kann sich die Gemeinschaft bilden, aus der höhere Ziele für den
einzelnen und kooperatives Verhalten entsteht." (Barnard 1970: 242).

4   Herbert Simon

Herbert Simon (1981) knüpft direkt an Barnards Entscheidungsansatz an. Auch für ihn steht die Entscheidung als wesentlicher, in der Organisationstheorie jedoch weitgehend vernachlässigter Prozess vor der Handlung in Organisationen:

> „Organisieren wird gemeinhin als Kunst des 'Machens' verstanden. Das Hauptgewicht wird auf Prozesse und Verfahren zur Durchsetzung einschneidender Maßnahmen gelegt (…) Bei all diesen Diskussionen wird jedoch wenig Aufmerksamkeit auf die Entscheidung gerichtet, die allen Maßnahmen vorangeht, auf die Bestimmung dessen, was getan werden soll, anstatt auf das tatsächliche Tun. Dieses Problem, der Auswahlprozeß, der zur Handlung führt, ist Gegenstand der vorliegende Untersuchung." (Simon 1981: 47).

Simons Analysen und Untersuchungen beziehen sich daher überwiegend auf administrative Verwaltungsbereiche, in denen Entscheidungsprozesse naturgemäß eine erheblich gewichtigere Rolle spielen als in Produktionsabteilungen.

4.1   Entscheidungen in Organisationen

Jegliches Verhalten erfordert zunächst einen selektiven Entscheidungsprozess, der der Handlung vorausgeht. Dies trifft auch dann zu, wenn die Handlung, wie in Organisationen häufig der Fall, durch eine mit formaler Autorität ausgestattete Person auf andere übertragen wird:

> „Jedes Verhalten schließt die bewußte oder unbewußte Selektion von bestimmten Handlungen aus der Menge aller jener ein, die dem Handelnden oder jenen Personen, auf die er Einfluß oder Autorität ausübt, physisch möglich sind." (Simon 1981: 49).

Entscheidungen setzen sich, wie unter Bezugnahme auf Tatsachenaussagen verdeutlicht werden kann, aus zwei Komponenten zusammen: einer *faktischen* und einer *ethischen* (siehe Grafik) Nach den Annahmen des logischen Positivismus beschreiben Tatsachenaussagen die beobachtbare Welt und darin enthaltene Zusammenhänge. Sie können demzufolge auch empirisch auf ihre Richtigkeit überprüft werden. Entscheidungen beinhalten zwar ebenfalls (subjektiv vermeintliche) Tatsachenaussagen, sie beinhalten jedoch zusätzlich eine ethische Richtung, die in der Tatsachenaussage selbst nicht enthalten ist. Beispielsweise könnte man auf der Grundlage empirischer Untersuchungen die Empfehlung zugunsten eines besonders motivierenden Führungsstils A aussprechen.

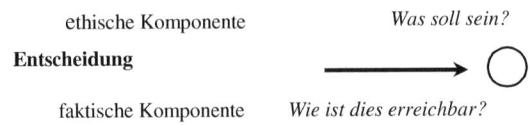

Abbildung 9: Entscheidung

Die Entscheidung einer bestimmten Führungskraft zugunsten dieses Führungsstils beinhaltet auf faktischer Ebene „dieser Führungsstil wird zu motiviertem
Verhalten meiner Mitarbeiter führen". Unabhängig davon beinhaltet sie jedoch
gleichzeitig auf ethischer Ebene „ein motiviertes Verhalten meiner Mitarbeiter
ist wünschenswert". Der ethische Gehalt einer Entscheidung (dass etwas wünschenswert ist oder nicht) kann weder empirisch überprüft noch aus dem faktischen abgeleitet werden; eine Entscheidung ist daher auch nie objektiv richtig
oder falsch:

> „Aus dieser Sicht gilt: Stellt ein Satz fest, daß ein bestimmter Zustand der Welt 'sein
> sollte' oder daß er 'vorziehenswürdig' oder 'wünschenswert' ist, dann übt der Satz
> eine imperative Funktion aus, und ist weder wahr noch falsch, weder richtig noch
> unrichtig. Da Entscheidungen diese Art von Bewertung beinhalten, lassen sie sich
> auch nicht objektiv als richtig oder unrichtig darstellen." (Simon 1982: 86).

Stellt man sich den organisatorischen Entscheidungsprozess als ein hierarchi-
sches geordnetes System von Einzelentscheidungen vor, so bildet das Organisationsziel die übergeordnete ethische Prämisse bzw. den letztendlichen ethischen
Gehalt von Einzelentscheidungen. Die oben beispielhaft dargestellte Entscheidung zugunsten des Führungsstils A könnte demzufolge dem Organisationsziel
„Effektivität" untergeordnet sein, wobei motivierte Mitarbeiter als instrumentell
zur Erreichung dieser Effektivität gesehen würden. Während die Instrumentalität
durch empirische Prüfung als richtig bzw. falsch beurteilt werden kann, erfolgt
die Validierung des Organisationszieles durch menschlichen, mehr oder minder
demokratischen Beschluss.

Dieses Schema lässt sich auch auf wissenschaftliche Organisationsprinzipien bzw. auf die Unterscheidung *theoretischer versus angewandter Wissenschaften* übertragen. Theoretische Wissenschaften sind alleine an der Formulierung allgemeiner Gesetzmäßigkeiten interessiert, angewandte Wissenschaften
auch an der Empfehlung von Gestaltungsmaßnahmen:

> „Es gibt zwei Arten von Wissenschaften: theoretische und angewandte. So können
> wissenschaftliche Aussagen als angewandt angesehen werden, wenn sie etwa in der
> Form angegeben werden: 'Um diese und jene Sachlage herbeizuführen, muß dies

und jenes getan werden'. Aber für jeden solchen Satz kann eine genaue äquivalente theoretische Aussage mit den gleichen Verifikationsbedingungen in rein deskriptiver Form angegeben werden: 'Diese und jene Sachlage wird ausnahmslos von diesen und jenen Bedingungen begleitet.' Da die beiden Aussagen die gleiche faktische Bedeutung haben, muß ihr Unterschied im ethischen Bereich liegen. Genauer, der Unterschied liegt in der Tatsache, daß der erste Satz eine imperative Eigenschaft besitzt, die dem zweiten fehlt. Der erste Satz kann nur dann als 'wahr' oder 'falsch' bezeichnet werden, wenn dieser imperative Aspekt vernachlässigt wird (...) Wenn Faktenaussagen in erster Linie wegen ihrer Nützlichkeit bei der Ableitung eines Imperativs aus einem anderen gewählt werden, können sie als angewandt angesehen werden. In anderen Fällen sind sie *theoretisch*. Es ist offensichtlich, daß sie sich voneinander nur bezüglich der Motive der sie verwendenden Personen voneinander unterscheiden." (Simon 1982: 265f; kursiv im Original).

Entscheidungen in Organisationen lassen sich nach zwei Gesichtspunkten hin untersuchen. Erstens, wie finden sie idealiter statt, d. h. welche Konsequenzen müssen Entscheidungen nach sich ziehen, um Organisationsabläufe sicherzustellen? Dies wird im nächsten Abschnitt näher beschrieben. Zweitens bleibt zu fragen, wie sie aus psychologischer Sicht tatsächlich erfolgen. Dies erfolgt im darauf folgenden Abschnitt.

4.2   Der objektive Kontext von Entscheidungen in Organisationen

Organisationen kann man sich als hierarchisch verschachtelte Zweck-Mittel-Beziehungen vorstellen. Dem obersten Organisationsziel, etwa einem maximalen Ertrag, sind verschiedene Unterziele zugeordnet, z. B. Beschaffung zu minimalen Kosten, maximale Produktivität oder optimaler Absatz im Markt. Diese Unterziele stellen ihrerseits Mittel im Rahmen des globalen Organisationsziels dar. Umgekehrt kann ein Mittel eine Zielsetzung auf der nächstunteren Ebene darstellen. Die Sicherstellung der Motivation von Mitarbeitern könnte etwa ein Mittel zur Sicherstellung der Produktivität sein und eine Zielsetzung der zugeordneten Abteilung für Personalentwicklung:

> „Die Tatsache, daß Ziele im Hinblick auf ihre Stärke von anderen, entfernteren Zwecken abhängen können, führt zur Anordnung dieser Ziele in einer Hierarchie – jede Ebene kann als ein Zweck im Verhältnis zur darunterliegenden und als ein Mittel im Verhältnis zur darüberliegenden Ebene betrachtet werden. Durch die hierarchische Struktur der Zwecke wird die Integration und die Konsistenz des Verhaltens erreicht, da dann jedes Element einer Menge von Verhaltensmöglichkeiten an einer umfassenden Skala von Werten, den 'letzten' Zwecken' gewichtet wird." (Simon 1982: 100).

Die typische Spezialisierung durch verschiedene Abteilungen stellt eine formale Ausgestaltung der Organisationsstruktur nach den für eine jeweilige Organisation erforderlichen Zweck-Mittel-Beziehungen dar.

Häufig ist diese Ausgestaltung jedoch unvollständig bzw. Zweck-Mittel-Beziehungen zwischen verschiedenen Einheiten sind unklar formuliert. Auch die Beziehungen zwischen den organisatorischen Aktivitäten und den letzten Ziel sind oft nicht eindeutig spezifiziert oder es herrscht gar Unklarheit über die letztendliche Zielsetzung der Organisation. Eine wesentliche Beschränkung stellt ferner die Zeitdimension dar. Über einen bestimmten Zeitraum hinweg kann jede Entscheidung unterschiedliche Konsequenzen nach sich ziehen. Daraus können auch Beschränkungen für zukünftige Entscheidungen entstehen. Wird beispielsweise die Entscheidung getroffen, die Produktion zu automatisieren und die hierfür erforderlichen Maschinen anzuschaffen, so sind zukünftige Entscheidungen durch diese Neuanschaffungen beschränkt. Eine spätere Einführung zugunsten von Gruppenarbeit könnte dadurch erschwert werden, dass die angeschafften Produktionsanlagen eine Abkehr von der Einzelarbeit nicht oder nur mit erheblichem Aufwand zulassen.

Diese zeitliche Dimension von Entscheidungen findet sich auch auf der Ebene des Individuums. Verhalten in Organisationen wird in der Regeln nicht durch Einzelentscheidungen, sondern durch Entscheidungsketten, die längerfristig einer bestimmten Zielsetzung dienen, bestimmt. Solche Entscheidungsketten werden *Strategien* genannt:

> „Die Folge von solchen Entscheidungen, die das Verhalten über eine gewisse Zeitspanne bestimmt, kann als *Strategie* bezeichnet werden." (Simon 1981: 104; kursiv im Original).

Auch hier gilt, dass getroffene Entscheidungen den zukünftigen Entscheidungsraum beschränken können. Ein Arzt, der jahrelang seinen Beruf ausübt, wird nicht täglich darüber nachdenken, ob er nicht lieber Musiker werden sollte, die Aufwendungen hierfür wären unangemessen hoch.

Individuelles *Wissen* nimmt im Entscheidungsprozess eine zentrale Stellung ein. Aufgrund bekannter empirischer Beziehungen und Informationen über die bestehende Situation werden Erwartungen über zukünftige Ereignisse unter bestimmten Umständen gebildet. Ein Personalleiter, der eine geeignete Führungskraft auswählen möchte, holt sich beispielsweise durch psychologische Tests und Interviews Informationen über alle Bewerber und entscheidet sich aufgrund der ihm bekannten Beziehungen zwischen den Fakten und den zukünftigen Führungserfolg zugunsten eines der Kandidaten. Da man nicht zu allen möglichen bzw. relevanten Informationen Zugang besitzen und außerdem nur eine sehr begrenzte Informationsmenge verarbeiten kann, ist diese Entscheidung allerdings mit Unsicherheiten behaftet. Infolge der *sozialen Eingebundenheit* ergibt sich hierzu eine weitere Ergänzung. Wenn zwei oder mehrere Menschen miteinander zusammenarbeiten, so ist die Entscheidung des einen bisweilen von der Entscheidung des anderen abhängig. Für eine eigene Entscheidung wird also die Information über die (geplante) Entscheidung des anderen benötigt. Dies ist etwa bei Mannschaftssportarten gut zu beobachten. Will sich ein Stürmer einer Fußballmannschaft entscheiden, in den Strafraum zu laufen, so sollte er wissen, ob und wohin der eigene Mittelfeldspieler den Pass schlägt. Nur so kann koordiniertes Verhalten sichergestellt werden.

4.3   Der subjektive Kontext von Entscheidungen in Organisationen

Es ist eine zentrale Aufgabe der Organisation, Bedingungen bereitzustellen, die es dem Einzelnen ermöglichen, bezüglich des Organisationsziels bzw. der jeweiligen untergeordneten Zielsetzungen sinnvolle Entscheidungen zu treffen. Die menschliche Informationsverarbeitungskapazität ist allerdings zu beschränkt um den Anforderungen nach objektiver Rationalität vollständig nachkommen zu können:

1. *Begrenzungen des Wissens:* Es liegen keine vollständigen Informationen über alle aktuellen Zustände im Unternehmen oder mögliche Konsequenzen eine ausgewählten Handlung vor. Über diesen faktischen Anteil einer Entscheidung können auch bei sorgfältigster empirischer Prüfung keine vollständigen Informationen geliefert werden. Eine Führungskraft weiß weder vollständig, in welchem Zustand sich jeder Mitarbeiter befindet, noch welche Resultate eine bestimmte Führungsmaßnahme genau nach sich zieht.
2. *Begrenzungen der Antizipation:* Es ist ferner nicht möglich, sich die Konsequenzen einer Handlung angemessen vorzustellen. Hier ist der ethische Anteil einer Entscheidung angesprochen. Versucht man, bestimmte wünschenswerte Zielsetzungen anzustreben, so kann man nicht vorhersehen, ob die Erreichung dieses Zustandes tatsächlich wünschenswert ist, da nicht aller Wertkomponenten gleichermaßen berücksichtigt werden können. So könnte man etwa durch erfolgreiche Umsetzung einer Führungsmaßnahme leistungsfähige Mitarbeiter erhalten, stellt jedoch plötzlich fest, dass diese dabei auch sehr stark beansprucht werden. Der ursprünglich berücksichtigte Wert der Leistungsfähigkeit wird dann eventuell dadurch in seiner Bedeutung gemindert, dass die Mitarbeiter auch überstrapaziert werden und man

erkennt auf einmal einen weiteren Wert der Rücksichtnahme auf das Wohl-
befinden der Mitarbeiter.

3. *Begrenzungen der Auswahlmöglichkeiten:* Schließlich sind zu einem be-
    stimmten Zeitpunkt nicht alle Auswahlmöglichkeiten bekannt oder bewusst.
    Der wissenschaftliche und technologische Fortschritt hat die Handlungsal-
    ternativen in der Vergangenheit zwar erheblich erweitert, es ist jedoch noch
    nicht an seinem Ende angelangt, wodurch zwangsläufig die derzeit bekann-
    ten Alternativen begrenzt sind. Aber auch die bekannten Möglichkeiten
    müssen einer Person zu einem bestimmten Zeitpunkt nicht unbedingt be-
    kannt sein und es ist ferner sehr wahrscheinlich, dass er sie nicht alle
    gleichzeitig bewusst hat.

Beim Fällen von Entscheidungen, bzw. bei der Entwicklung zielgerichteter Verhaltensweisen, sind verschiedene *psychologische Prozesse* beteiligt. Eine Voraussetzung zur Bildung zielgerichteter Verhaltensweisen bildet die Fähigkeit zu
Lernen. Dabei werden Erwartungen über Zusammenhänge verschiedener Handlungen und damit verbundener Konsequenzen gebildet, die zukünftig Entscheidungen ermöglichen. Charakteristisch für menschliches Lernen ist die Fähigkeit,
nicht nur durch Versuch-und-Irrtums-Verhalten, sondern auch durch Überlegungen Einsicht in Zusammenhänge zu erhalten, die nicht unbedingt selbst erprobt
werden müssen. Ferner stellen Kommunikationsmittel Informationsquellen bereit, die Erfahrungen anderer für eigene Entscheidungen zugänglich machen. Die
Fähigkeit zu Lernen wird allerdings erheblich durch eine begrenze Aufmerksamkeit beschränkt. Nur ein sehr begrenzter Teil der Stimuli aus der Umwelt kann
tatsächlich verarbeitet und in den eigenen Wissensbestand integriert werden.
Schließlich weisen menschliche Handlungen eine erhebliche zeitliche Verhal-
tenskonstanz auf; ein Großteil der darin getroffenen Entscheidungen sind Bestandteile strategischer Entscheidungsketten (s. o.). Ein Grund liegt darin, dass
bereits getätigte (z. B. materielle oder psychische) Investitionen eine Weiterver-
folgung der angestrebten Zielsetzung nahelegen; beim Studienabbruch nach vier
Semestern wäre etwa die Arbeit von zwei Jahren zumindest teilweise fehlinves-
tiert. Dabei werden auch Kompetenzen aufgebaut, die im Rahmen der bisherigen
Tätigkeit vorteilhaft sind, bei einer andern jedoch möglicherweise nicht mehr
benötigt werden. Für die neue Tätigkeit müssten wieder neue Kompetenzen
erworben werden, was die „Bereitstellungskosten" der neuen Handlung gegenüber der alten erhöht. Schließlich erzeugen Handlungen selbst Stimuli, die die
Aufmerksamkeit in Richtung auf die Fortführung der Tätigkeit steuern. So kann
ein interessantes Buch die Aufmerksamkeit so lange an seinen Inhalt binden, bis
es durchgelesen ist.

Die einer Entscheidung zugrunde liegenden *individuellen Planungsprozesse* lassen sich in drei Stufen gliedern, die allerdings als grobe Skizzierung zu betrachten sind:

1. *Substantielle Planung:* Zunächst werden weitreichende Entscheidungen darüber getroffen, welche Werte erreicht und welche allgemeinen Verfahren dabei angewandt werden sollen, sowie, welche Informationen dafür zur Verfügung stehen.
2. *Verfahrensplanung:* Anschließend werden Mechanismen entwickelt, die die Aufmerksamkeit und Informationsbeschaffung und -aufbereitung so kanalisieren, dass sie mit der globalen Zielsetzung übereinstimmen.
3. *Einzelentscheidungen:* In der täglichen Arbeit werden schließlich Einzelentscheidungen so getroffen, dass sie mit der substantiellen und Verfahrensplanung in Einklang sind.

Aufgrund der Begrenztheit der menschlichen Informationsverarbeitungskapazität können dabei nicht alle Informationen und Alternativen berücksichtigt werden. Konkret könnte beispielsweise ein Ingenieur den Plan entwickeln, eine Zugverbindung von A nach B durch bergiges Gelände zu bauen (substantielle Planung). Nach Prüfung der Topographie entwirft er drei mögliche Trassenführungen, die er als Zwischenziele näher untersucht (Verfahrensplanung). Er berücksichtigt also nicht alle möglichen Trassenführungen, sondern wählt bereits zu Beginn des Entscheidungsprozesses drei plausible Alternativen aus. Für jeden der drei Pläne entwickelt er nun detaillierte Lösungen, die er schließlich miteinander vergleicht um zu seiner endgültigen Entscheidung über die Trassenführung zu kommen. Bei der konkreten Durchführung fallen anschließend wiederum zahlreiche Einzelentscheidungen an, z. B. zur Streckengestaltung in bestimmten Einzelabschnitten. Sein Verhalten entspricht also nicht der logisch geforderten Bewertung aller möglicher Alternativen, um zum optimalen Ergebnis zu kommen. Vielmehr beschränkt er sich bereits im Vorfeld auf wenige mögliche Lösungen, die er letztlich auch innerhalb der ihm zur Verfügung stehenden Mittel und Informationen, sowie des begrenzten Zeitrahmens bewältigen kann.

Planungs- und Entscheidungsprozesse in Organisationen und sozialen Institutionen unterliegen einer zusätzlichen, höheren Art von Rationalität, da die Gemeinschaft ihrerseits Einflüsse auf das Individuum ausübt:

„Es gibt zwei prinzipielle Arten von Einflüssen der Organisation auf das Individuum:

(1) Organisationen und Institutionen erlauben jedem Gruppenmitglied, stabile Erwartungen über das Verhalten der anderen Mitglieder unter bestimmten Bedingungen auszubilden. Solche stabilen Erwartungen sind eine grundlegende Voraus-

setzung für eine rationale Betrachtung der Handlungsfolgen in einer sozialen Gruppe.

(2) Organisationen und Institutionen liefern die allgemeinen Stimuli und Aufmerksamkeitssteuerungen, die das Verhalten der Gruppenmitglieder kanalisieren und die diese Mitglieder mit Zwischenzielen versorgen, die Handlungen anregen." (Simon 1981: 132f).

Die Organisation bildet damit einen Bezugsrahmen, der selbst Gegenstand von Entscheidungsprozessen ist. Erstens erfolgen Entscheidungen nun nicht mehr nur auf rein sachbezogener Ebene, sondern beziehen auch das Verhalten anderer Personen mit ein. Zweitens liefern sie Stimuli und Informationen, die den Freiraum eigener Entscheidungen einerseits eingrenzen, die andererseits aber auch neue (Zwischen-)Zielsetzungen ermöglichen. Diese Konstruktion erlaubt es, eine funktionierende Koordination vorausgesetzt, Aufgaben von einer erheblich größeren Komplexität zu bewältigen als es einem Einzelnen möglich wäre:

> „Die Verhaltensmuster, die wir Organisation nennen, sind daher grundlegend für die Erreichung menschlicher Rationalität in jedem weiteren Sinne (...) Wenn die schwerwiegenden Beschränkungen, die die menschliche Psyche dem gezielten Denken auferlegt, gelockert werden sollen, muß das Individuum bei seinen Entscheidungen dem Einfluß der organisierten Gruppe, an der er teilnimmt, ausgesetzt werden. Seine Entscheidungen dürfen nicht nur das Produkt seiner eigenen geistigen Prozesse sein, sondern müssen auch die breiteren Überlegungen reflektieren, denen Geltung zu verschaffen die Funktion der organisierten Gruppe ist." (Simon 1982: 133f).

4.4   Organisatorische Anreize zum Engagement innerhalb der Organisation

Ebenso wie Barnard (1970) geht auch Simon davon aus, dass Menschen durch organisatorische Anreize verschiedenster Art dazu motiviert werden, am organisatorischen Handlungssystem teilzunehmen und ihre Beiträge zugunsten der Organisation zu leisten. Zu den Organisationsmitgliedern zählen damit nicht nur die Mitarbeiter, sondern auch Kunden und Lieferanten; sie alle erbringen Beiträge und erhalten dafür Anreize.

Neben materiellen oder ideellen (s. o. Chester Barnard) können noch weitere Anreize dazu motivieren, für die Organisation einen Beitrag zu leisten:

1. *Größe und Wachstum der Organisation*: Eine Organisation, die wächst, bietet erheblich bessere Chancen für zukünftige Beförderungen, als eine die stagniert oder gar rückläufig ist. Damit verbunden ist auch ein zunehmendes Maß an Prestige durch die Mitarbeit in der erfolgreichen Organisation. Loy-

alität bedeutet hier die Bereitschaft, sich neuen oder sich verändernden Organisationszielen anzupassen.

2. *Das Organisationsziel:* Das Organisationsziel liefert eine (mehr oder minder ausgeprägte) Orientierung für den Zweck, auf den die verschiedenen Handlungen letztlich ausgerichtet sind. Aus dem ständigen Engagement zugunsten dieser Zielsetzung erwächst eine persönliche Loyalität des Einzelnen zum Organisationsziel:

> „Wenn das Ziel auch nur den Anschein von Nützlichkeit hat, dann werden die Organisationsmitglieder, deren Aufmerksamkeit bei der täglichen Arbeit fortwährend darauf gerichtet ist, ein (oft übertriebenes) Verständnis seiner Bedeutung und seines Wertes erwerben und die Erreichung des Wertes wird in diesem Maße persönlichen Wert für sie bekommen." (Simon 1981: 145).

4.5   Ziele und Motivation

Allerdings ist das Konzept des Organisationsziels keineswegs unproblematisch. Unterstellt man einer Organisation, aber auch den darin arbeitenden Individuen Ziele, so bleibt zu klären, welche Beziehung zwischen beiden besteht. Dabei ist kaum davon auszugehen, dass alle Beteiligten in einer Organisation Zielsetzungen verfolgen, die mit dem Organisationsziel identisch sind. Selbst wenn man die Organisationsziele lediglich mit den Zielen der Organisationseigentümer gleichsetzt, beobachtet man dennoch, dass von Führungskräften Entscheidungen getroffen werden, die nicht mit diesen Zielen übereinstimmen. Zur Klärung dieser Beziehung schlägt Simon zunächst eine Unterscheidung in Ziele und Motive vor:

> „Unter *Zielen* werden wir Wertprämissen verstehen, die als Inputs für Entscheidungen dienen können. Unter *Motiven* verstehen wir beliebige Gründe, die Individuen dazu veranlassen, bestimmte Ziele und nicht andere als Prämissen ihrer Entscheidungen auszuwählen." (Simon 1982: 274; kursiv im Original).

Beide Begriffe bedürfen zunächst der näheren Erläuterung:

A) Ziele

Zum Begriff des *Ziels* soll zunächst von einem einfachen Beispiel aus der linearen Optimierung ausgegangen werden. Angenommen, man habe eine Liste von Nahrungsmitteln mit den jeweiligen Angaben zum Preis, Kaloriengehalt und den relevanten Bestandteilen an Vitaminen (siehe Tabelle).

Nahrungsmittel	*Preis/100g*	*Kalorien/100g*	*Vitamine/100g*
1	5,20 €	50	5,8 mg
2	7,30 €	70	2,4 mg
3	3,20 €	140	1,1 mg
Anforderungen		1400-1800	70-90
	Minimum	*Nebenbedingung. 1*	*Nebenbedingung. 2*

Dem gegenüber stünde eine zweite Liste mit Ernährungsanforderungen, die vorgibt, wie viele Kalorien und Vitamine minimal und maximal täglich aufgenommen werden sollen. Das Problem besteht nun darin, eine Diät aus verschiedenen Nahrungsmitteln in unterschiedlichen Gewichtsanteilen zu bestimmen, die den Ernährungsanforderungen mit den geringsten Kosten entspricht. Diäten, die den Nebenbedingungen (Anforderungen an Kalorien und Vitaminen) entsprechen, wären hier „zulässige Diäten", diejenige, die gleichzeitig die minimalen Kosten verursacht, die „optimale Diät". Was ist aber wirklich das Ziel der Bestimmung einer optimalen Diät. Zwar könnte man sagen, das Ziel besteht darin, die kostengünstigste Diät zu finden; sie wurde schließlich durch das Kriterium der Kostenminimierung vorgegeben. Man könnte jedoch die Aufmerksamkeit auch auf die Nebenbedingungen richten und feststellen, man habe primär eine den Ernährungsbedingungen genügende Diät gesucht, die gleichzeitig wirtschaftlich ist. Die Entscheidung zugunsten einer Alternative ist dabei nicht nur vom Hauptkriterium, sondern gleichsam von den Nebenbedingungen abhängig. Die Entscheidung ist also eigentlich nicht durch ein einziges Ziel, sondern durch mehrere Zielsetzungen bestimmt worden. Dieses Beispiel lässt sich auch auf Organisationen übertragen. Angenommen, ein Futtermittelhersteller möchte ein Futtermittel produzieren, das bestimmten Qualitätsstandards genügt. Er könnte geneigt sein zu formulieren, dass er, um seinen Gewinn zu maximieren, die Produktionskosten möglichst gering halten möchte. Aber auch hier stellt die Zielsetzung lediglich einen mehr oder weniger willkürlich formulierten Ausschnitt aus den tatsächlich in Entscheidungen einfließenden Nebenbedingungen dar:

„In realen Entscheidungssituationen muß eine Handlung, um akzeptabel zu sein, einer ganzen Reihe von Nebenbedingungen oder Beschränkungen genügen. Manchmal wird eine dieser Bedingungen herausgegriffen und als das Ziel der Handlung bezeichnet. Aber die Auswahl einer dieser Beschränkungen aus vielen ist ziemlich willkürlich. Für viele Zwecke ist es sinnvoller, die ganze Menge von Bedingungen als das (komplexe) Ziel der Handlung zu bezeichnen. Diese Schlußfolgerung gilt sowohl für individuelle als auch für organisatorische Entscheidungen." (Simon 1982: 277).

In Mehrpersonen-Situationen können sich solche Ziele bzw. Beschränkungen auch überschneiden bzw. in Konflikt zueinander stehen. Der Futtermittelhersteller könnte versuchen, einen gegebenen Qualitätsstandard mit minimalem Aufwand herzustellen und maximalem Gewinn zu verkaufen. Sein potentieller Kunde, der Landwirt, wäre hingegen daran interessiert, einen maximalen Qualitätsstandard zu erwerben, da seine Mittel aber begrenzt sind, möchte er so billig wie möglich einkaufen. Beide haben offensichtlich unterschiedliche Ziele: Der Hersteller möchte teuer verkaufen, der Landwirt billig einkaufen. Dennoch können sich die beiden Mengen zulässiger Lösungen überschneiden und zum gemeinsamen Handel führen. Dies würde durch einen Handelspreis erreicht, der sowohl für den Hersteller, als auch für den Landwirt unter den vorherrschenden Qualitätsbedingungen akzeptabel ist. In gewisser Hinsicht haben beide damit eine gemeinsame Zielsetzung erreicht, nämlich, miteinander Handel zu treiben.

Die obigen Beispiele gehen davon aus, dass die Handlungsalternativen (die Kombination der drei Nahrungsmittel bzw. der Rohstoffe für Futtermittel) im Voraus bekannt sind. In den meisten praktischen Fällen müssen mögliche Alternativen jedoch erst entdeckt werden. Bei der Suche nach praktikablen Lösungen bilden Ziele, also Beschränkungen, denen eine Lösung genügen muss, in zweierlei Hinsicht eine Orientierungsgrundlage:

1. Alternativenerzeugung: Bei der Erzeugung von Alternativen dienen Beschränkungen der Orientierung, welche potentiellen Lösungen in Frage kommen. Dies entspricht dem allgemeinen Verständnis des Zielbegriffs.
2. Alternativenprüfung: Ist eine mögliche Lösung gefunden worden, so kann sie anhand weiterer Beschränkungen auf ihre Angemessenheit überprüft werden.

Beispielsweise könnte sich ein Vermögensverwalter vertragskonform die Erhöhung des Kapitalwertes eines ihm anvertrauten Vermögens zum Ziel machen. Dabei könnte er zur Überlegung gelangen, Aktien einer bestimmten Wachstumsbranche zu kaufen (Alternativenerzeugung). Bevor er dies tut wird er allerdings jeden möglichen Ankauf anhand weiterer Beschränkungen daraufhin überprüfen, ob etwa die Finanzstruktur der Gesellschaft solide oder deren Ertragslage günstig ist (Alternativenprüfung). Obwohl alle seine Zielsetzungen der Vermehrung des ihm anvertrauten Kapitals dienen, sind einige auf die Bildung von Alternativen, andere auf deren Prüfung ausgerichtet. Schließlich wird er zu einer kleinen Zahl zulässiger Alternativen und zu einer Entscheidung gelangen; er wird Aktien eines oder weniger Unternehmen kaufen oder er wird vielleicht auch gänzlich von einem Aktienankauf absehen. Wie auch immer seine Entscheidung letztlich ausfällt, sie ist in starkem Maße davon abhängig, wie der Suchprozess verläuft und welche Beschränkungen darin einbezogen werden.

Hinsichtlich der Bewertung von Alternativen besitzen Organisationen also, ähnlich wie der Futtermittelhersteller und der Landwirt, gemeinsame zulässige Beschränkungsmengen und damit auch gemeinsame Ziele. Beispielsweise sind alle daran interessiert, möglichst effizient (s. u.) zu produzieren und zum Erfolg und Erhalt der Organisation beizutragen. Die Art und Weise, wie dies geschehen kann bzw. welche Teilziele gebildet werden müssen (die Erzeugung von Alternativen) erfolgt jedoch aufgrund sehr individueller und unterschiedlicher Such- und Beschränkungsprozesse bzw. Zielsetzungen:

> „Wenn wir unter diesem Umständen den Ausdruck 'Organisationsziele' umfassend zur Beschränkungsmenge verwenden, so werden wir zu dem Schluß kommen, daß Organisationen tatsächlich Ziele (weitgehend gemeinsame Beschränkungsmengen) haben. Wenn wir den Ausdruck 'Organisationsziele' enger für die Bezeichnung von Beschränkungen zur Alternativenerzeugung verwenden, werden wir zu dem Schluß kommen, daß es wenig Gemeinsamkeit bei den Zielen von verschiedenen Teilen großer Organisationen gibt und daß die Bildung von Unterzielen und Zielkonflikte auffällige und wichtige Erscheinungen des organisatorischen Alltags sind. Unsere Unterscheidung zwischen erzeugenden und prüfenden Beschränkungen hilft, diese Mehrdeutigkeit zu entwirren, unterstreicht aber auch die Notwendigkeit, stets genau anzugeben, in welchem Sinne von Zielen geredet wird." (Simon 1982: 280).

B) Motivation und Ziele

Unter einem „Motiv" wurden oben Gründe benannt, die ein Individuum dazu veranlassen, bestimmte Ziele als Entscheidungsprämissen zu akzeptieren. Die organisatorischen Anreize bilden hierzu nach der Anreiz-Beitrags-Theorie die alleinige motivatorische Grundlage. Sie führen zur Entscheidung, der Organisation beizutreten und die dort für sie vorgesehene Rolle zu übernehmen. Aus dieser Rolle heraus erfolgt die Partizipation am Entscheidungssystem:

> „In der von mir und Barnard formulierten Motivationstheorie wird behauptet, daß die Motive jeder Gruppe von Teilnehmern in *Anreize* (Aspekte der Teilnahme, die von den Teilnehmern angestrebt werden) und *Beiträge* (Aspekte der Teilnahme, die Inputs für dir Produktionsfunktion der Organisation sind, aber im allgemeinen für den Teilnehmer einen negativen Nutzen haben) unterschieden werden können. Jeder

Teilnehmer ist motiviert, seine Anreize zu maximieren oder zumindest zu erhöhen und zugleich seine Beiträge zu senken. Diese Motivation ist eine zentrale Überlegung bei der Erklärung der Entscheidung zum Beitritt (oder zum Verbleib). Aber 'Beitreten' bedeutet Anerkennung einer Rolle in der Organisation, und deshalb benötigen wir außer den Annahmen der Anreiz-Beitrags-Theorie keine weiteren Motivationsannahmen, um das nachfolgende Verhalten der Rollenausübung zu erklären." (Simon 1982: 281f; kursiv im Original).

Das so vorgeschlagene Konzept der Organisation schließt also explizit den Beitrag persönlicher Motive (wie etwa Selbstverwirklichung, Machtstreben etc.) zugunsten kognitiver Prozesse zur Erklärung organisatorischer Gegebenheiten aus:

„Ich beeile mich, die einige Abschnitte zuvor eingeführte Warnung zu wiederholen, daß wir mit dieser Trennung unserer Betrachtung der organisatorischen Rollenausübung von der Betrachtung der persönlichen Motivation, mit der Beitrittsentscheidung als einzigem Verbindungsglied, eine Abstraktion von der Komplexität der realen Welt vorschlagen. Ein großer Teil der bedeutsamen Forschung über soziale Beziehungen und informale Organisation, die in der letzten Generation sehr zu unserem Verständnis von organisatorischem Verhalten beigetragen hat, war speziell mit den Erscheinungen befaßt, die durch diese Abstraktion ausgeschlossen werden. So stellen Machtstreben und Interesse am persönlichen Fortkommen ein Eindringen von persönlichen Zielen in die organisatorische Rolle dar, ebenso wie die soziale und berufliche Zufriedenheit und Unzufriedenheit, die mit der Arbeit verbunden ist." (Simon 1982: 282).

Simon rechtfertigt diese Vorgehensweise damit, dass persönliche Motive im Entscheidungsprozess als konstante Beschränkungen auftreten können. Das bedeutet, sie engen zwar den Freiraum bzw. die Alternativen möglicher Entscheidungen ein, ohne jedoch innerhalb dieses reduzierten Freiraums Einfluss auf Entscheidungsprozesse selbst zu nehmen. So kann etwa ein Angestellter bzw. eine Gruppe von Angestellten zugunsten der besseren Freizeitgestaltung eine flexiblere Arbeitszeit durchsetzen, was in dieser Arbeitszeit jedoch geschieht, ist davon weitgehend unbeeinflusst. Die Qualität der individuellen Entscheidungen ist nach wie vor gleich, obwohl nun die geringfügige zusätzliche Beschränkung vorliegen kann, dass sich die Angestellten weniger regelmäßig sehen und Abstimmungen eventuell erschwert sind.

Ferner werden organisatorische Entscheidungen in vielen Fällen von individuellen Motiven gar nicht berührt; persönliche Ziele sind hier völlig unabhängig von organisatorischen. Die Entscheidung, ob beispielsweise ein Fertigungsprozess besser automatisiert oder manuell durchgeführt wird, hat keine oder nur minimale Berührungspunkte mit persönlichen Zielen.

Umgekehrt können aber auch etliche organisatorische Konflikte auf das Entscheidungssystem zurückgeführt werden, ohne hierfür persönliche Motive wie „Machtstreben" o. ä. bemühen zu müssen. Man stelle sich vor, ein System zur Steuerung der Lagerhaltung und Produktion in einem großen Betrieb solle eingeführt werden. Hierfür seien ferner Entscheidungen über die gesamte Produktionsmenge pro Periode, die Zuweisung der Produktionsanlagen auf die verschiedenen anzufertigenden Produkte und die Planung der Reihenfolge der Bearbeitung dieser Produkte nötig. Selbst bei vollständiger Spezifizierbarkeit solcher Probleme liegt der hierfür erforderliche Rechenaufwand für die optimale Lösung weit jenseits der Leistungsfähigkeit moderner Rechenanlagen. Organisationen gehen dabei einen anderen Weg. Einzelne Entscheidungskomplexe werden herausgelöst und von spezialisierten Mitgliedern oder Abteilungen der Organisation dahingehend bearbeitet, dass befriedigende Lösungen gefunden werden. Dabei entstehen Konflikte aus den unterschiedlichen Entscheidungsrollen und den damit verbundenen unterschiedlichen Beschränkungsmengen heraus. Der Betriebsleiter könnte etwa mit der Einhaltung eines bestimmten Produktivitätsniveaus beauftragt sein. Um dies zu erreichen, könnte er vorschlagen, größere Fertigungszahlen für bestimmte Produkte zu erreichen, andere Produkte dafür zu vernachlässigen. Diese Form der Produktstandardisierung stößt jedoch auf Widerstand der mit dem Absatz betrauten Abteilung. Durch größere Standardisierung können möglicherweise bestimmte Kundenwünsche nicht mehr bedient werden, so dass Marktanteile aufgegeben werden müssen. Vergleichbar zum Futtermittelhersteller und dem Landwirt sind durch die Zerlegung eines Gesamtproblems in Teilprobleme unterschiedliche Zielsetzungen und Beschränkungsmengen entstanden, die zu Konflikten führen können und ausgehandelt werden müssen:

„Jeder, der mit dem Alltag von Organisationen vertraut ist, kann eine Vielzahl von Beispielen dieser Art angeben, bei denen verschiedene Probleme in verschiedenen Teilen der Organisation wahrgenommen werden oder bei denen unterschiedliche Lösungen für dasselbe Problem erzeugt werden, je nachdem wo in der Organisation es entsteht. Der entscheidende Punkt, der hier festzuhalten ist, besteht darin, daß wir für die Erklärung solcher Konflikte oder Widersprüche keine Konflikte bei persönlichen Zielen oder Motiven behaupten müssen. Diese Konflikte und Widersprüche könnten und würden auch dann auftreten, wenn alle organisatorischen Entscheidungsrollen von Elektronenrechnern ausgeübt würden, bei denen die üblichen Arten persönlicher Grenzen bei der Akzeptanz organisatorischer Rollen vollständig fehlen würden." (Simon 1982: 286).

4.6   Organisatorische Prozesse zur Koordination von Entscheidungen

Nachdem eine Person durch entsprechende Anreize dazu bewogen wurde, ihre Beiträge für eine Organisation zu leisten, erhebt sich nun die Frage, wie ihre Entscheidungen und Verhaltensweisen mit den organisatorischen Erfordernissen vereinbart werden können. Simon wendet sich dabei explizit gegen holistische, die Gruppe als eine Einheit oder gar als eine Art „Persönlichkeit" betrachtende Sichtweisen:

> „Im Verhalten von organisierten Gruppen von Menschen entdecken wir oft eine so auffällige Einheit und Abstimmung des Verhaltens, daß sich viele Sozialwissenschaftler zu einer Analogie zwischen der Gruppe und dem Individuum veranlasst sahen und sogar einen 'Gruppengeist' postulierten." (Simon 1981: 154).

Vielmehr sucht er nach Mechanismen, wie individuelle Entscheidungsprozesse so beeinflusst werden können, das sie wechselseitig aufeinander abgestimmt sind und koordinierte Interaktionen im Rahmen globalerer Zielsetzungen des Organisationsziels ermöglichen. Vier solcher Mechanismen können insgesamt beschrieben werden (Autorität, Beratung, Kommunikation und Ausbildung), wobei der Kommunikation und der Autorität eine erheblich gewichtigere Rolle zukommt. Dabei bleibt stets zu berücksichtigen, dass individuelle Entscheidungen nur partiell beeinflusst werden, d. h., zumindest prinzipiell entscheidet der Einzelne auch zugunsten seiner persönlichen Interessen und nicht ausschließlich in Hinblick auf das unpersönliche Organisationsziel (s. o. Barnard).

4.7   Autorität

Einen wesentlichen Mechanismus hierzu stellt das organisatorische Autoritätssystem dar. Über die für Organisationen typische formale Autorität werden Entscheidungen von Vorgesetzten getroffen, an die Mitarbeiter weitergereicht und von diesen möglichst akzeptiert:

> „'Autorität' läßt sich als die Macht definieren, Entscheidungen zu treffen, die die Handlungen eines anderen steuern. Sie ist eine Beziehung zwischen zwei Individuen, der eine 'Vorgesetzter', der andere 'Untergebener'. Der Vorgesetzte entwirft und übermittelt Entscheidungen mit der Erwartung, daß sie von Untergebenen akzeptiert werden. Der Untergebene erwartet solche Entscheidungen, und sein Verhalten wird durch sie bestimmt." (Simon 1981: 155).

Die Ausübung von Autorität lässt sich damit auf bloßer Verhaltensebene bestimmen. Sie umfasst auf Vorgesetztenseite die Erwartung zur Befolgung seiner Entscheidungen durch den Mitarbeiter, auf Mitarbeiterebene die Bereitschaft zum Gehorsam, wenn eine Anweisung gegeben wird. Damit lässt sich Autorität als mehr oder weniger einseitig bzw. hierarchisch gerichteter Koordinationsprozess von Kommunikation (s. u.) abgrenzen:

> „Wenn Koordination über die reine Kommunikation hinausreicht, wenn sie bewußt das Verhalten der Gruppenmitglieder in gewünschte Richtungen beeinflusst, enthält sie gewöhnlich ein gewisses Maß an Autorität." (Simon 1981: 76).

Existiert keine spezifische Anweisung seitens des Vorgesetzten, so kann der Mitarbeiter seine Entscheidungen selbst treffen; in diesem Fall liegt, unabhängig von der formalen Rollendefinition, keine Autoritätsbeziehung vor. In Abgrenzung zur Autorität bezeichnet hier der Begriff der *„Beeinflussung"* den Versuch, die eigenen Entscheidungsgrundlagen des Beeinflussten zu verändern. Aus Sicht des Mitarbeiters bedeutet also Autorität, die Entscheidungen des Vorgesetzten zu akzeptieren, Beeinflussung, die Argumente des Vorgesetzten für eigene Entscheidungen zu berücksichtigen

Neben der Koordination kommt dem Autoritätssystem noch eine weitere wichtige Funktion zu – die *Spezialisierung von Entscheidungsprozessen*:

> „Die Vorteile, die durch Teilung und Spezialisierung der Arbeit erreicht werden, können auch für die Teilung und Spezialisierung der Entscheidungsfunktion in Anspruch genommen werden. Autorität ermöglicht die Spezialisierung von Entscheidungsprozessen, indem sie erlaubt, daß die von einem Mitglied in einer Organisation getroffene Entscheidung das Verhalten der anderen Mitglieder beeinflußt." (Simon 1982: 177).

Hierzu werden durch die formale Organisation Aufgaben und Entscheidungskompetenzen verteilt und festgelegt. Einzelne strategisch wichtige Positionen können dann mit fachkompetenten Spezialisten besetzt werden, so dass jeweils ein relativ hohes Maß an Entscheidungsexpertise gewährleistet wird. Komplexe Entscheidungssituationen können somit in Einzelaufgaben zergliedert und von fachkompetenten Experten bewältigt werden. Allerdings muss zur effektiven organisatorischen Nutzung fachkompetenter Meinungen eine ausreichende Kommunikation zwischen einzelnen, spezialisierten Abteilungen sichergestellt werden. Beispielsweise kommt der Nutzen einer Abteilung für Rechtsfragen erst dann optimal zum Tragen, wenn gewährleistet wird, dass andere Abteilungen möglichst problemlos auf das dort vorhandene Wissen zurückgreifen können.

Die Befolgung autoritärer Anweisungen wird in Organisationen durch verschiedene Faktoren sichergestellt:

1. Soziale Sanktionen werden durch Gruppenerwartungen (Billigung oder Missbilligung) über bestimmte Verhaltensweisen ausgeübt.

2. Manche Personen, „Führungspersönlichkeiten", üben auch aufgrund ihres Auftretens oder ihrer Argumentationsweise einen besonderen, psychologisch begründeten Einfluss aus.

3. Ferner stellt die Akzeptanz des Organisationsziels nicht nur einen Anreiz (s. o.), sondern auch einen Mechanismus zur Befolgung von Anweisungen dar. Wer davon ausgehen kann, dass eine ihm gegebene Anweisung der Sicherstellung dieser globalen Zielsetzung dienlich ist, wird diese Anweisung wahrscheinlich befolgen. Unter Umständen wird er sie auch dann befolgen, wenn er sie für unzweckmäßig hält, da er das organisatorische Autoritätssystem nicht untergraben möchte. Dies könnte nämlich ebenso langfristig gefährdend sein.

4. Eine formale Sanktionierungsmöglichkeit bildet der Ausschluss aus der Organisation, die Kündigung.

5. Schließlich können auch individuelle Entscheidungsträgheiten dazu führen, dass manche Personen lieber Entscheidungen von anderen akzeptieren, als selbst welche treffen zu müssen.

4.8 Kommunikation

Die Abstimmung von Entscheidungen ohne priorisierte Richtungsvorgabe wird als Kommunikation bezeichnet:

„Kommunikation kann formal als jeder Prozeß definiert werden, durch den Entscheidungsprämissen von einem Organisationsmitglied an ein anderes übermittelt werden. Es ist offensichtlich, daß es ohne Kommunikation keine Organisation geben kann, da es sonst für die Gruppe keine Möglichkeit gibt, das Verhalten des Individuums zu beeinflussen." (Simon 1981: 179).

Es werden also im Gegensatz zur Autorität nicht nur bereits getroffene Entscheidungen, sondern auch Entscheidungsprämissen kommuniziert. Die Entscheidung selbst erfolgt in diesem Fall beim Empfänger einer Nachricht.

Ferner werden Nachrichten in alle Richtungen kommuniziert, während Anweisungen lediglich entlang des formalen Autoritätssystems von oben nach unten gereicht werden. Entscheidungsrelevantes Wissen, das möglichst umfassend vermittelt werden sollte, kann dabei an unterschiedlichen Orten entstehen. Es kann an der Spitze der Organisation gebildet werden (z. B. strategische Pläne) aber auch am Arbeitsplatz selbst (z. B. Verbesserungsmöglichkeiten an der Drehbank). Manche Unternehmen besitzen auch spezielle Einrichtungen, um bestimmte Informationen zu erarbeiten (z. B. Marktforschungs- oder Organisationsanalyseabteilungen). Wie bereits erwähnt, besteht eine zentrale organisatorische Aufgabe darin, sicherzustellen, dass das in verschiedenen Bereichen erarbeitete Wissen möglichst für die ganze Organisation bzw. jeweils zuständige Bereiche zugänglich und nutzbar gemacht wird. Während die informatorischen Vorteile des Autoritätssystems, die Zergliederung und Spezialisierung komplexer Entscheidungen, einen Druck in Richtung Zentralisierung ausüben, bewirkt die Notwendigkeit einer möglichst raschen und umfassenden Information in den verschiedenen Arbeitsbereichen einen Druck zur Dezentralisierung:

> „Die beiden wichtigsten Kräfte in die entgegengesetzte Richtung (in Richtung auf Dezentralisierung) sind erstens die Tatsache, daß ein großer Teil der für Entscheidungen relevanten Informationen auf der ausführenden Ebene entsteht und zweitens, daß die Trennung der Entscheidung von der Handlung den Zeitbedarf und die Personalkosten für die Durchführung und die Übertragung von Entscheidungen erhöht." (Simon 1981: 181).

In Organisationen lassen sich ferner ein *formales und ein informelles Kommunikationssystem* unterscheiden. Während die Kommunikationswege und -medien des formalen Systems weitgehend festgelegt sind, findet zusätzlich auf informellem, persönlichem Wege ein Informationsaustausch von mehr oder weniger ausgeprägter Relevanz für die organisatorischen Abläufe statt. Von zusätzlicher Bedeutung ist hierbei allerdings, dass insbesondere im Bereich der informellen Kommunikation auch Nachrichten ausgetauscht werden können, die nicht nur den Organisationszielen, sondern auch der Verwirklichung persönlicher Ziele dienlich sind:

> „Das informale Kommunikationssystem gewinnt zusätzliche Bedeutung, wenn man sich daran erinnert, daß das Verhalten von Individuen in Organisationen nicht nur auf die organisatorischen Ziele, sondern in gewissem Maße auch auf ihre persönlichen Ziele hin ausgerichtet ist, und daß diese beiden Zielmengen nicht immer miteinander konsistent sind." (Simon 1981: 185).

Hier gewinnen *persönliche Motive* eine besondere Relevanz. Kommunikation stellt einen zentralen Faktor für die Erhöhung der eigenen Macht und des eigenen Einflusses innerhalb der Organisation dar. Es ist aber auch eine Vermeidungsstrategie denkbar, durch die unerwünschte Konsequenzen verhindert werden sollen. Geht ein Mitarbeiter beispielsweise davon aus, dass die Weitergabe einer bestimmten Information an den Vorgesetzten für ihn zum Nachteil ausgelegt wird, so wird er diese möglicherweise zurückhalten:

> „Informationen werden deshalb in der Organisation häufig nur dann nach oben getragen, wenn (1) ihre Übertragung keine unerfreulichen Wirkungen für das übertragende Individuum hat oder (2) der Vorgesetzte sie sowieso über andere Kanäle erhalten wird und es besser ist, ihm vorher zu berichten, oder (3) es sich um Informationen handelt, die der Vorgesetzte für den Verkehr mit seinen eigenen Vorgesetzten benötigt, und er ungehalten sein wird, wenn er ohne sie überrascht wird." (Simon 1982: 186).

Umgekehrt sind auch Strategien des Vorgesetzten denkbar, Informationen an den Mitarbeiter zurückzuhalten um durch den Wissensvorsprung seine Autorität aufrecht zu erhalten. Schließlich werden Informationen allerdings auch aus schlichter Unwissenheit, dass sie benötigt werden könnten, zurückgehalten.

4.9   Internale Prozesse zur Koordination von Entscheidungen

Die oben dargestellten Mechanismen der Autorität und der Kommunikation liefern den organisatorischen Akteuren die Wertprämissen und Informationen, ihre Entscheidungen und Handlungen dem globalen Organisationsziel anzupassen. Auf individueller Ebene stehen diesen zwei weitere Mechanismen gegenüber, die ebenfalls koordinierenden Einfluss auf Entscheidungsprozesse in Organisationen nehmen: die Effizienz von Entscheidungen und die Loyalität gegenüber der Organisation und ihrer Werte.

4.10   Die Effizienz von Entscheidungen

Der Effizienzbegriff lässt sich am einfachsten in monetären Begriffen darstellen. Er beinhaltet zum einen, dass mit den zur Verfügung stehenden Mitteln ein maximaler Gewinn erwirtschaftet sowie zum anderen, dass ein gegebenes Ziel mit minimalen Kosten erreicht werden soll. Praktisch werden beide Begriffe simultan betrachtet und die Differenz zwischen Kosten und Ertrag soll maximiert werden; mit minimalen Kosten soll ein maximaler Gewinn erwirtschaftet werden. Die Erhaltung einer positiven Differenz zwischen Aufwand und Ertrag bildet letztlich auch die Voraussetzung zur Aufrechterhaltung der organisatorischen Anreize (s. o.). Für die Bewertung je zweier Alternativen sind prinzipiell vier Fälle denkbar (siehe Tabelle).

	Input	*Output*	*Bewertung*
1.	$I_A < I_B$	$O_A > O_B$	wähle A
2.	$I_B < I_A$	$O_B > O_A$	wähle B
3.	$I_A < I_B$	$O_A < O_B$	uneindeutig
4.	$I_B < I_A$	$O_B < O_A$	uneindeutig

Liegt eine Alternative vor, die gegenüber einer anderen Alternative mit geringeren Kosten verbunden ist (Input) und gleichzeitig einen größeren Ertrag liefert
(Output), so fällt die Wahl eindeutig auf diese Alternative (Fall 1 und 2). Unein-
deutig wird die Wahl bei Alternativen, die zwar mit geringeren Kosten aber auch
geringeren Erträgen verbunden sind (Fall 3 und 4). Ohne nähere Angaben über
die Größenordnung von Input und Output kann hier keine Entscheidung getroffen werden. Aufgrund der begrenzten Ressourcen von Organisationen können
jedoch nicht alle möglichen Alternativen in Betracht gezogen werden. Vielmehr
gehen nur die Alternativen in die Betrachtung ein, die mit den gegebenen Mitteln
realisierbar sind. Faktisch löst sich das Effizienzkriterium dann dahingehend auf,
dass nur das Ergebnis (der Output) unterschiedlicher Entscheidungen berücksichtigt wird; die zugrunde liegenden Kosten werden gleich gesetzt:

„Die Effizienz einer Verhaltensweise ist das Verhältnis zwischen den Ergebnissen
dieses Verhaltens und dem maximalen Ergebnis der Verhaltensweisen, die alternativ
zu dem gegebenen Verhalten möglich sind. *Das Effizienzkriterium fordert die Wahl
der Alternative, die für die gegebene Verwendung von Ressourcen das höchste Ergebnis erzeugt.*" (Simon 1982: 201; kursiv im Original).

Hier zeigt sich aber auch ein spezielles Problem administrativer Verwaltungen.
Monetäre Größen zur Beurteilung insbesondere des Ertrags sind hier in der Regel nicht unmittelbar verfügbar. Ein Unternehmen der Stahlveredelung könnte
beispielsweise sämtliche Material-, Personal- und sonstige Kosten dem Ertrag
durch den Verkauf der erzeugten Produkte gegenüberstellen, und dadurch den
Reingewinn als Effizienzkriterium benutzen. Das Produkt selbst spielt dabei nur
eine untergeordnete Rolle; diese Vorgehensweise kann auf nahezu alle produzierenden Einheiten übertragen werden. Wie lassen sich aber der Output und die
Effizienz eines Sozialamtes bestimmen? Sie ergibt sich nicht so unmittelbar aus
der Tätigkeit und kann auch nicht durch die Gegenüberstellung des eingesetzten
Aufwands zum erreichten Ertrag bewertet werden; Gewinnmaximierung besitzt
hier keine Bedeutung. Vielmehr müssen die jeweiligen Zielsetzungen explizit
bestimmt und Maße für die Bewertung der Zielerreichung festgelegt werden:

„Also muß in der öffentlichen Verwaltung ein Ersatz für den monetären Wert des
Outputs als Wertmaßstab gefunden werden. Dieser Ersatz wird durch eine Darstel-

lung der Handlungsziele und durch die Konstruktion von Indizes, die den Grad der Erreichung dieser Ziele messen, bereitgestellt. Jedes Maß, das die Wirkung einer Verwaltungshandlung für die Erreichung ihres obersten Zieles anzeigt, wird als Maß des *Ergebnisses* dieser Handlung bezeichnet." (Simon 1982: 56; kursiv im Original)

Dies bedeutet aber auch, dass nun eine jeweils getroffene Zielsetzung unmittelbar mit der Bewertung ihrer Erreichung verbunden ist. Diese Situation lässt sich durch einige Überlegungen, die bereits oben näher vorgestellt wurden, zusätzlich erhellen. Entscheidungen bestehen in unterschiedlichen Anteilen aus einer ethischen und einer faktischen Komponente. Die Zielsetzung betrifft die ethische Komponente, die Effizienz die faktische. Die ethische Komponente kann nicht wissenschaftlich begründet, sondern muss durch politischen Konsens erreicht werden. Ist die Zielsetzung nicht so eindeutig vorgegeben wie im Falle des oben erwähnten Unternehmens zur Stahlveredelung, so kommt dem politischen Prozess der Zielsetzung ein erhebliches Gewicht zu. Erst wenn beispielsweise für das oben erwähnte Sozialamt die Ziele „Bürgernähe", „rasche Bearbeitung von Vorgängen" und „Korrektheit von Entscheidungen" definiert würden, könnte man nach geeigneten Indikatoren suchen, inwieweit diese Ziele erreicht werden.

An dieser faktischen Komponente des Entscheidungsprozesses kann nun die Effizienz organisatorischen Handelns bestimmt werden. Ist die Zielsetzung definiert, so kann der Zielerreichungsgrad bestimmt und alternative Verfahrensweisen können bewertet werden. Während hinsichtlich der Beurteilung der Effizienz der gesamten Organisation davon ausgegangen wird, dass sie mit den gegebenen Mitteln ein Maximum zu erreichen versucht, zielt die Bewertung einzelner Verfahrensweisen sowohl auf deren jeweilige Kosten, als auch ihre Erträge ab. Sind beide für unterschiedliche Verfahrensweisen bekannt, so können Kombinationen gewählt werden, die den organisatorischen Gesamtnutzen maximieren. Simon diagnostiziert bei dieser Frage nach der Bewertung unterschiedlicher Verfahrensweisen (so genannter Produktionsfunktionen) hinsichtlich ihres organisatorischen Beitrags einen erheblichen Forschungsbedarf:

„Fortschritt zum Verständnis dieser Funktionen erfordert eine Reihe von wohldefinierten Schritten:
(1) Die Werte oder Ziele, die durch jede Handlung berührt werden, müssen in Begriffen definiert werden, die ihre Beobachtung und Messung erlauben.
(2) Außerorganisatorische sowie innerorganisatorische Variable, die den Grad der Erreichung dieser Funktionen bestimmen, müssen einzeln bestimmt werden.
(3) Konkrete, empirische Untersuchungen müssen über die Art gemacht werden, in der sich Ergebnisse ändern, wenn die außerorganisatorischen und die organisatorischen Variablen verändert werden." (Simon 1982: 209).

Das Effizienzkriterium stellt damit einen weiteren Mechanismus dar, der Entscheidungen in Organisationen beeinflusst. Es stellt eine Prämisse bereit, die Entscheidungsträger hinsichtlich des faktischen Aspekts von Entscheidungen leitet: bei begrenzten Ressourcen den maximalen Nutzen zu erzielen. Dieser Darstellung liegt keinesfalls das Bild des „homo oeconomicus" zugrunde. Wesentlich sind nicht die Prämissen selbst, sondern deren mehr oder weniger ausgeprägte Akzeptanz und Befolgung durch die beteiligten Personen:

> „Es wird hier nicht behauptet, daß das Effizienzkriterium stets die Organisationsentscheidungen beherrscht, sondern vielmehr, daß es sie beherrschen würde, wenn die Entscheidungen rational wären. Es gibt keine Behauptung, daß diese Rationalität eine allgemeine Eigenschaft des tatsächlichen Verhaltens ist." (Simon 1982: 203).

Die bereits angesprochene Begrenztheit menschlichen Wissens stellt dabei die wesentliche Einschränkung dar, die Entscheidungen auf faktischer Ebene von einem rationalen Optimum fernhält. Wissenschaftliche Untersuchungen über Zusammenhänge zwischen Handlungen und Ergebnissen könnten hierfür notwendige Informationen bereitstellen.

4.11   Die Identifikation mit organisatorischen Zielen und Werten

Organisatorische Ziele und Werte stehen nicht in einem leeren Raum, sondern sind ihrerseits eingebettet in gesellschaftliche Wertesysteme. Diese Wertesysteme lassen sich als hierarchisch ineinander verschachtelt verstehen. Die Gesellschaft bildet hier das Obersystem, in das verschiedene Untersysteme (auch Organisationen) eingebettet sind. Alle Systeme besitzen ihre eigenen, spezifischen Werte, die allerdings nicht unabhängig von den Werten des jeweiligen Obersystems sind. Vielmehr besitzen dessen Werte einen mehr oder weniger bindenden Charakter für die verschiedenen Untersysteme:

> „Der Begriff 'gesellschaftlicher Wert', wie er hier benutzt wird, kann am besten im Sinne einer Hierarchie von Organisationen oder sozialen Institutionen verstanden werden. Eine Gesellschaft setzt bestimmte, sehr allgemeine Werte durch ihre grundlegende institutionelle Struktur und versucht, eine gewisse Übereinstimmung zwischen diesen allgemeinen Werten und den organisatorischen Werten der verschiedenen Gruppen, die in der Gesellschaft existieren, zu erreichen." (Simon 1982: 221).

Eine Person, die nun über einen längeren Zeitraum innerhalb einer bestimmten Organisation tätig ist, beginnt, die jeweiligen Werte zu übernehmen und sich damit zu identifizieren; sie entwickelt eine „Organisationspersönlichkeit" (siehe auch: Barnard). Unter Bezug auf Lasswell (1935) geht Simon dann von einer Identifikation mit einer Organisation oder Gruppe aus, wenn der ethische Aspekt von Entscheidungen durch die in der Gruppe vorherrschenden Werte beeinflusst wird:

> „Um die Definition des Konzepts, das Lasswell benennt, deutlich zu machen, sagen wir, daß sich eine Person mit einer Gruppe identifiziert, wenn sie bei einer Entscheidung die verschiedenen Entscheidungsalternativen im Sinne ihrer Konsequenzen für die gegebene Gruppe bewertet." (Simon 1982: 225; kursiv im Original)

Die Identifikation mit einer bestimmen Organisation kann aber auch zu Konflikten mit einem Obersystem führen. Ein Beamter eine städtischen Verwaltung wird vermutlich dazu neigen, die Belange der Stadt zu priorisieren, auch wenn dies auf Kosten der Interessen des jeweiligen Bundeslandes geschieht. Die Gefahr besteht, dass er Entscheidungen zugunsten seiner Organisation befürwortet, obwohl auf gesamtgesellschaftlicher Ebene eine Entscheidung zugunsten des Obersystems vorteilhafter wäre.

Der Prozess der Identifikationsbildung ist (nach Simon) komplex und kann nicht mit einfachen Mechanismen erklärt werden. Ein wesentlicher Faktor besteht sicherlich darin, dass die Verwirklichung der Organisationsziele partiell auch dem eigenen Vorteil dient. Ein Wachstum der Organisation erhöht die Wahrscheinlichkeit auf steigendes Einkommen und vermehrtes Prestige. Ferner begrenzt die andauernde Tätigkeit in einem bestimmten Aufgabenbereich die Aufmerksamkeit auf die darin enthaltenen Werte. Sie rücken stärker in den Fokus, alternative Werte werden zunehmend ausgeblendet, und damit gewinnen sie an subjektiver Bedeutung.

4.12 Die entscheidungstheoretische Anatomie von Organisationen

In den vorangegangenen Abschnitten wurden verschiedene Prozesse beschrieben, die zur Koordination organisatorischer Entscheidungen beitragen. Im organisatorischen Alltag verlaufen diese Entscheidungsprozesse allerdings nur in sehr begrenztem Ausmaß entlang der hierarchischen Autoritätsstruktur von oben nach unten. Vielmehr werden in sehr verschiedenen Bereichen Informationen zusammengetragen und Teilentscheidungen getroffen, die letztlich in koordinierte Handlungen münden:

> „Das zentrale Thema, um das diese Untersuchung entwickelt worden ist, besagt, daß Organisationsverhalten ein komplexes Netzwerk von Entscheidungsprozessen ist, die alle auf die Beeinflussung der Verhaltensweisen der ausführenden Kräfte gerich-

tet sind, derjenigen, die die tatsächliche 'physische' Arbeit in der Organisation tun."
(Simon 1982: 239).

Simon verdeutlicht dies an folgendem Szenario: Der Finanzchef eines Unternehmens könnte seine Unterschrift unter einen Vertrag setzen, um zur Finanzierung eines neuen Projekts einen Kredit aufzunehmen. Er besitzt offenbar die
Autorität, dies zu tun, aber hat er auch die entsprechende Entscheidung selbst
getroffen? Viel wahrscheinlicher ist es, dass etwa der Chefingenieur, der mit der
Situation fachlich wesentlich vertrauter ist, zu dem Schluss kam, die Maßnahme
sei notwendig. Der Vorstandsvorsitzende, dem er davon berichtet hat, befürwortet die Aktion, hält jedoch Rücksprachen mit einigen Mitgliedern des Aufsichts-
rats, um sich über deren Zustimmungsbereitschaft für den hohen Geldbetrag zu
vergewissern. In den Gesprächen tauchen Bedenken auf und man kommt zu dem
Ergebnis, das Finanzierungsvolumen um 20% zu kürzen. Diese Maßgabe geht in
die technische Abteilung, wo unter Aufsicht des Chefingenieurs ein neuer Pro-
jektplan erarbeitet wird. Nach erneuter Prüfung und Rücksprache geht der Vorgang an den Finanzchef, der die Vertragsmodalitäten aushandelt und den Vertrag
unterzeichnet. Derartige „*Kompositentscheidungen*" unter Beteiligung verschiedener Personen über unterschiedliche Abteilungen hinweg sind typisch für moderne Organisationen.

Wie können die Prozesse der gegenseitigen Beeinflussung unter diesen
Rahmenbedingungen verstanden werden? Hierzu soll nochmals auf das Autoritätssystem bzw. auf den Prozess der Beeinflussung eingegangen werden. Anweisungen an Mitarbeiter können mit unterschiedlichen Spezifizierungen gegeben
werden. Sie können eine globalere Zielsetzung betreffen (z. B.: „Stellen Sie eine
Maschine zum Fräsen von Metallen her") oder sehr spezifisch formuliert sein (z.
B.: „Stellen Sie eine Maschine nach folgendem Konstruktionsplan her"):

> „Eine realistische Analyse der Beeinflussung im Allgemeinen und der Autorität im
> speziellen muß berücksichtigen, daß Beeinflussung in allen Abstufungen der Genau-
> igkeit ausgeübt werden kann. Zur Bestimmung des Ausmaßes an Beeinflussung oder
> Autorität, die in einem konkreten Fall ausgeübt wird, ist es nötig, die Entscheidun-
> gen des Untergebenen in ihre Bestandteile zu zerlegen und dann zu bestimmen, wel-
> che dieser Teile von den Vorgesetzten festgelegt werden und welche dem Ermessen
> des Untergebenen überlassen bleiben." (Simon 1982: 241).

Vorgaben durch die Führungskräfte stellen aus Sicht des Mitarbeiters Entscheidungsprämissen dar. Für seine Entscheidungen können vom Vorgesetzten sowohl Wertprämissen (ethischer Aspekt von Entscheidungen: „Was soll sein?")
als auch Tatsachenprämissen (faktischer Aspekt von Entscheidungen: „Wie ist
dies erreichbar?") vorgegeben werden. Beide Aspekte legen die Rahmenbedin-

gungen fest, innerhalb derer der Mitarbeiter mehr oder weniger frei entscheidet und innerhalb derer sein Verhalten beurteilt bzw. kontrolliert werden kann:

„Wenn eine vollständige Menge von Wert- und Tatsachenprämissen vorgegeben ist, dann gibt es nur eine Entscheidung, die mit Rationalität übereinstimmt. Das heißt, bei einem gegebenen Wertsystem und einer spezifizierten Alternativenmenge gibt es eine Alternative, die gegenüber den anderen vorziehenswürdig ist. Das Verhalten einer rationalen Person kann deshalb kontrolliert werden, wenn die Wert- und Tatsachenprämissen, auf die sie ihre Entscheidung begründet, für sie festgesetzt werden. Diese Kontrolle kann vollständig oder teilweise sein, alle Prämissen können festgesetzt werden oder einige ihrem Ermessen überlassen bleiben. Einfluß wird dann durch die Kontrolle über die Entscheidungsprämissen ausgeübt. Es wird gefordert, daß die Entscheidungen des Untergebenen mit Prämissen übereinstimmen, die sein Vorgesetzter für ihn ausgewählt hat. Der Bereich der Autorität und umgekehrt der Ermessensspielraum werden durch die Anzahl und die Bedeutung der festgelegten bzw. die Anzahl und Bedeutung der nicht festgelegten Prämissen bestimmt." (Simon 1982: 241f).

Unterschiedliche Arten und Grenzen von Führungsvorgaben bzw. Entscheidungsprämissen können etwa durch verschiedene Arten der Kriegsführung verdeutlicht werden: Im Altertum wurden Armeen häufig durch eine einzige Person befehligt, die sich in Ruf- und Sichtweite zur gesamten Truppe befand und deren Autorität sich bis zum letzten Mann erstreckte. Da taktische Bewegungen von der gesamten Armee oder wenigstens großen Teilen davon durchgeführt wurden, war das Gesamtgeschehen überschaubar und konnte vom Feldherrn überblickt und gesteuert werden. Der einfache Soldat führte lediglich dessen Anordnungen aus, die sich im Wesentlichen darauf bezogen, an welcher Stelle er zu kämpfen hatte oder wohin er sich zurückziehen sollte. Ein ganz anderes Bild liefern moderne Schlachtfelder. Das Kampfgeschehen ist hier weder räumlich noch in seiner Komplexität von einer einzigen Person überschau- und beherrschbar. Autorität wird hier über eine weit verzweigte Befehlshierarchie ausgeübt, innerhalb derer den einzelnen Einheiten und Personen noch ein erheblicher Ermessensspielraum bleibt. Dabei werden keine Handlungen sondern taktische Zielsetzungen mit begrenzter räumlicher und zeitlicher Reichweite vorgegeben. Der Offizier oder Soldat erfährt in einem globalen Rahmen, was er zu erledigen hat, wie er dies tut, bleibt weitgehend ihm überlassen. Dabei wird allerdings davon ausgegangen, dass im Rahmen der taktischen Ausbildung die entsprechenden Kenntnisse bzw. Entscheidungsgrundlagen vermittelt wurden und ihm nun selbst bekannt sind.

Es wird deutlich, dass sich autoritäre Vorgaben nicht auf alle Entscheidungsprämissen des Ausführenden beziehen müssen. Sie können auch lediglich einige Prämissen beinhalten, die eine Zielorientierung ermöglichen und darin erhebliche Freiräume belassen. Dies bedeute aber auch, dass mehrere Anordnungen, die sich auf unterschiedliche Prämissen beziehen, eine Entscheidung steuern können:

> „Wenn zugegeben wird, daß sich Autorität nur auf einige Prämisse einer Entscheidung zu erstrecken braucht, dann folgt, daß mehr als eine Anordnung eine gegebene Entscheidung steuern kann, vorausgesetzt, daß sich nicht zwei Anordnungen auf dieselbe Prämisse beziehen. Eine Analyse von nahezu jeder Entscheidung eines Mitglieds einer formalen Organisation würde zeigen, daß die Entscheidung auf eine sehr komplexe Beeinflussungsstruktur reagiert." (Simon 1982: 242).

Auf diese Weise sind das oben skizzierte Szenario zur Finanzierung eines neuen Projekts und die darin stattfindenden Entscheidungen verstehbar. Jeder der Beteiligten hat unterschiedliche Argumente in seine Entscheidungen mit einbezogen und eigene Argumente an andere weitergegeben. Dies war möglich gewesen, da die Prämissen für jeden unvollständig bzw. nur global festgelegt waren und sich nicht widersprachen. Die eigenen Entscheidungsfreiräume schafften also die Möglichkeit, neue Prämissen im Rahmen des kommunikativen Austauschs zu übernehmen und getroffene Entscheidungen daraufhin zu revidieren und zu überarbeiten. Die Entscheidungssituation jedes der Beteiligten entwickelte sich sukzessive, wobei zunehmend neue Informationen berücksichtigt wurden. Voraussetzung hierzu ist allerdings auch die individuelle Fähigkeit jedes einzelnen, diese Informationen sinnvoll zu bewerten und kompetente Beiträge zu leisten:

> „Um den Entscheidungsprozeß in einer Organisation zu verstehen, ist es notwendig, weit über die in der Situation gegebenen Befehle hinauszugehen, die vom Vorgesetzten an den Untergebenen erteilt werden. Es ist herauszufinden, wie der Untergebene durch Dauerregelungen, durch Ausbildung und durch Überprüfung seiner Handlungen beeinflußt wird. Es ist notwendig, die Kommunikationskanäle in der Organisation zu untersuchen, um zu bestimmen, welche Informationen ihn erreichen, die für seine Entscheidungen relevant sein können. Je größer der Ermessensbereich ist, der dem Untergebenen belassen wird, desto wichtiger werden jene Arten der Beeinflussung, die nicht von der Ausübung formaler Autorität abhängen." (Simon 1982: 243f).

Ein zentrales Problem für die organisatorische Gestaltung liegt in der Wahl und Anpassung eines angemessenen Entscheidungsfreiraums für die jeweiligen Mitarbeiter. Sie entwickeln im Laufe der Zeit Kompetenzen, aufgrund derer ihnen ein größerer Ermessensspielraum zugestanden werden sollte. Ferner sind die Entscheidungssituationen in Organisationen so komplex, dass sie von wenigen Führungspersonen nicht mehr überblickt und angemessen bewältigt werden können. Die Kompetenzen der Mitarbeiter können durch eine Erweiterung des Entscheidungsfreiraums genutzt und die Entscheidungssituation der Führungskräfte dadurch entlastet werden:

> „Entscheidungsträger haben in den letzten Jahren zunehmend erkannt, daß Autorität, wenn sie nicht durch andere Formen der Beeinflussung unterstützt wird, relativ ungeeignet bei der Steuerung von Entscheidungen auf andere ist. Die Elemente, die in alle außer in die völlig routinisierten Entscheidungen einfließen, sind so zahlreich und so komplex, daß es unmöglich ist, mehr als einige wenige tatsächlich zu kontrollieren. Falls der Untergebene nicht selbst in der Lage ist, die meisten Entscheidungsprämissen bereitzustellen und dann passend zusammenzufügen, wird die Überwachungsaufgabe zur hoffnungslosen Belastung." (Simon 1982: 245).

Die organisatorische Gestaltungssituation befindet sich also gewissermaßen in einem Konflikt zwischen *Zentralisation und Dezentralisation*. Zentralisation, die Übergabe von Entscheidungsmacht an Führungspersonen oder, im Falle von Bürokratien, an Regeln, ermöglicht also die Koordination von Entscheidungen und Handlungen, sie stellt Entscheidungsexpertise an den zentralen Positionen sicher und sie schafft auch Verantwortlichkeit. Dezentralisation ist ein Mittel, um Kompetenzen vor Ort in die Organisation mit einzubeziehen, organisatorisch zu nutzen und damit auch entscheidungsökonomischer zu arbeiten. Hier den passenden Weg zu finden, stellt eine wesentliche Aufgabe dar:

> „Wir können also schlußfolgern, daß ein gewisses Maß an Zentralisation unverzichtbar ist, um die Vorteile der Organisation zu sichern: Koordination, Expertise und Verantwortlichkeit. Andererseits dürfen die Kosten der Zentralisation nicht vergessen werden. Sie kann Entscheidungen in die Hände hochbezahlter Mitarbeiter legen, die deren Aufmerksamkeit nicht verdienen. Sie kann zu einer Verdoppelung der Funktion führen, die den Untergebenen überflüssig macht, Kommunikationseinrichtungen müssen verfügbar sein, die manchmal recht teuer sind. Die für eine richtige Entscheidung notwendigen Informationen können allein dem Untergebenen verfügbar sein. Schließlich läßt die Zentralisation die leistungsfähige koordinative Kapazität des menschlichen Nervensystems leerlaufen und ungenützt und ersetzt sie durch einen interpersonalen Koordinationsmechanismus. Dies sind Überlegungen, die erwogen werden müssen, wenn der Grad der Zentralisation oder Dezentralisation von Entscheidungen bestimmt wird." (Simon 1982: 256).

5   James March & Herbert Simon

Die Arbeit von March & Simon (1976) kann man in gewisser Hinsicht auch als eine pragmatische Fortsetzung zu Simons Werk „Administrative Behavior" verstehen. Dieser hatte darauf hingewiesen, dass organisatorische Entscheidungen aus einer faktischen und einer ethischen Komponente bestehen (s. o.). Der faktische Aspekt beinhaltet die korrekte Anwendung sachadäquaten Wissens zur Erreichung bestimmter, mehr oder weniger ethisch geprägter Zielsetzungen oder Vorgaben. Hierzu liefern March & Simon eine sehr umfassende Sammlung psychologischer und sozialpsychologischer Hypothesen über verschiedene Bereiche organisatorischen Verhaltens. Unter dem Vorbehalt, dass die empirische Bestätigung dieser Hypothesen noch nicht allgemein vorausgesetzt werden kann, stellen sie damit in gewisser Hinsicht einen Katalog über organisationspsychologische Zusammenhänge bereit, den man auch als faktische Entscheidungsbasis betrachten kann.

Zur Verdeutlichung der eigenen Position rekurrieren sie zunächst auf bestehende Organisationskonzepte und die darin enthaltenen Thesen über menschliche Verhaltensweisen:

> „Thesen über organisatorisches Verhalten können mit Hilfe der zugrunde gelegten Annahmen in drei allgemeine Klassen eingeteilt werden:
> 1. Thesen, die davon ausgehen, daß Organisationsmitglieder und im besonderen Arbeitnehmer, hauptsächlich *passive Instrumente* sind, die zwar Arbeiten verrichten und Anweisungen entgegennehmen, aber auf keine entscheidende Art und Weise Aktionen initiieren oder Einfluß ausüben können.
> 2. Thesen, die davon ausgehen, daß die Mitglieder mit *Einstellungen, Werte und Ziele* einer Organisation beitreten; daß sie zur Teilnahme am Organisationsleben motiviert oder angeregt werden müssen; daß es zwischen ihren persönlichen Zielen und den Organisationszielen keine vollständige Übereinstimmung gibt; und daß Machtphänomene, Einstellungen und Arbeitsmoral bei tatsächlichen oder möglichen Zielkonflikten für das Verhalten in Organisationen von zentraler Bedeutung sind.
> 3. Thesen, die davon ausgehen, daß *Organisationsmitglieder Entscheidungsträger und Problemlöser* sind, und daß Wahrnehmung und Denkprozesse eine zentrale Bedeutung bei der Erklärung des Verhaltens in Organisationen einnehmen." (March & Simon 1976: 11; kursiv im Original)

Diese Thesen schließen einander nicht aus. Menschliches Verhalten in Organisationen ist durch formale Rahmenbedingungen bestimmt, es unterliegt individuellen Motiven und es kann gleichzeitig als Informationsverarbeitungs- und Problemlöseprozess gesehen werden. Der ersten der oben genannten Arten von Thesen wurde bei der Wissenschaftlichen Betriebsführung Taylors der Vorrang eingeräumt. Mit den Hawthorne-Studien erlangte die zweite ihre organisatorische Beachtung und die dritte stellt schließlich in der wirtschaftswissenschaftlichen Literatur zu Planungsprozessen und nicht zuletzt auch bei Simon ein zentrales Thema dar.

Die weiteren Darstellungen der hier vorgestellten Arbeit zentrieren sich um die letzten beiden Aspekte der Motivation und Informationsverarbeitung. Sie orientieren sich am Modell eines Organismus, der dynamisch mit seiner Umwelt interagiert:

„Das Verhalten eines Organismus während eines kurzen Zeitintervalls wird bestimmt (1) durch den internen Zustand zu Beginn des Intervalls und (2) durch die Umwelt zu Beginn des Intervalls. Diese beiden Faktoren, nämlich der Anfangszustand und die Umwelt, determinieren nicht nur das Verhalten des Systems, sondern auch die Art des zu Beginn des nächsten Zeitintervalls vorherrschenden internen Zustands. Dies ist die bekannte Beschreibung eines Organismus, der dem gleichzeitigen Einfluß von angeborenen Eigenschaften und Umweltfaktoren unterliegt, und die der üblichen mathematischen Beschreibung dynamischer Systeme entspricht." (March & Simon 1976: 13f).

Der interne Zustand eines menschlichen Organismus ist eine Funktion seiner früheren Entwicklung und im Wesentlichen im Gedächtnis enthalten. Die dort gespeicherten Erfahrungen stellen Verhaltensweisen bereit, um auf bestimmte Stimuli aus der Umwelt zu reagieren bzw. eine für das Individuum sinnvolle oder nützliche Interaktion sicherzustellen. Dies bedeutet natürlich, dass nicht alle Gedächtnisinhalte gleichzeitig aktiviert und verhaltenswirksam sind. Der größte Teil der gespeicherten Informationen liegt zu einem jeweils betrachteten Zeitpunkt brach und nur ein kleiner Teil davon ist im Rahmen der Interaktion mit der Umwelt aktiviert. Das Gedächtnis lässt sich damit in einen aktivierten und einen nicht-aktivierten Teil unterscheiden, wobei die Aktivierung selbst als hoch dynamischer Prozess zu verstehen ist:

„Wir werden den Teil des Gedächtnisses, der das Verhalten zu einer bestimmten Zeit beeinflußt, als *hervorgerufene* Einstellung (evoked set) bezeichnen. Außerdem werden wir jeden Prozeß, der zu einer Überführung eines Gedächtnisinhaltes der zweiten (nicht hervorgerufenen) Kategorie in die erste Kategorie führt, als Prozeß zur *Hervorrufung* oder Aktivierung (evoking) dieses Inhaltes bezeichnen." (March & Simon 1976: 14; kursiv im Original).

Analog hierzu können auch die Umwelteinflüsse auf den Organismus daraufhin unterschieden werden, inwieweit sie einen Einfluss auf das Verhalten ausüben. Umwelteinflüsse, die bedeutsame Auswirkungen auf das Verhalten haben, werden „Stimuli" genannt. Zwischen Stimuli und hervorgerufenen Einstellungen besteht eine wechselseitige Interaktion:

„Die zu einem bestimmten Zeitpunkt wahrgenommenen Stimuli determinieren, welche Einstellung hervorgerufen wird oder weiter andauert; umgekehrt wird die in einem bestimmten Zeitpunkt vorherrschende Einstellung dafür ausschlaggebend sein, welche Umweltereignisse als Stimuli wirksam werden. Diese Beziehung ist keinesfalls kreisförmig, sondern es handelt sich dabei nur um die übliche Art der gegenseitigen Interaktion zwischen Variablen eines dynamischen Systems." (March & Simon 1976: 14).

Mit diesem Bild kann die von Simon beschriebene begrenzte menschliche Informationsverarbeitungskapazität näher verdeutlicht werden. Der Mensch als Organismus befindet sich in ständiger Interaktion mit seiner Umwelt. Im Rahmen dieser Interaktion wird eine sehr begrenzte Auswahl von Umweltfaktoren beachtet, wobei zu einem bestimmten Zeitpunkt ferner nur ein kleiner Teil der Gedächtnisinhalte aktiviert ist. Dabei werden im Zuge von Problemlöse- oder Entscheidungsprozessen vorzugsweise diejenigen Handlungsalternativen bereitgestellt, die sich für das Individuum in der Vergangenheit als erfolgreich erwiesen haben. Der organisatorisch Handelnde entscheidet also innerhalb einer sehr begrenzten subjektiven Rationalität:

> „Dies ist das allgemeine Bild des menschlichen Organismus, das wir zur Analyse des menschlichen Verhaltens in Organisationen heranziehen werden. Es ist das Bild eines wählenden, entscheidenden und problemlösenden Organismus, der auf einmal nur eine Sache oder wenige Sachen erledigen kann und der sich nur zu einem kleinen Teil der im Gedächtnis gespeicherten und durch die Umwelt dargebotenen Informationen bedienen kann." (March & Simon 1976: 15).

Dieser lebende Organismus „Mensch" wird anhand hypothetischer Konstrukte hinsichtlich motivatorischer (Leistungsmotivation innerhalb der Organisation, Motivation zur Teilnahme in der Organisation, organisatorische Konflikte) und informatorischer Aspekte (Grenzen der Rationalität, Planung und Innovation) beschrieben.

5.1   Motivationstheoretische Grundlagen

Traditionelle Ansätze zur Bürokratie oder zur wissenschaftlichen Betriebsführung behandeln Menschen, in der insbesondere bei Taylor konzipierten Analogie zu trivialen Maschinen, deren Verhalten überwiegend durch äußere Reize gesteuert wird. Psychologisch gesehen wird dabei eine mechanische Feldbeziehung zwischen Anreizen bzw. Stimuli und Verhaltensweisen unterstellt:

> „Die Umwelt wird als wohl definierter Stimulus oder System von Stimuli angesehen. Jeder dieser Stimuli (z. B. eine administrative Anweisung) ruft in dem Individuum, an das er gerichtet ist, eine wohl definierte und voraussagbare psychologische

Einstellung hervor. Die von dem Stimulus hervorgerufene Einstellung beinhaltet ein Programm zur Generierung einer bestimmten Verhaltensreaktion, die dem betreffenden Stimulus 'entsprechende' Reaktion. Es gibt folglich in jeder Organisation ein Repertoire von Reaktionsprogrammen; für jedes dieser Programme gibt es einen ganz bestimmten Stimulus oder Schlüsselreiz; und wenn der Stimulus auftaucht, so ruft er diese und nur diese Reaktion hervor." (March & Simon 1976: 37).

Allerdings kann (wie oben dargelegt) derselbe Stimulus unterschiedliche Einstellungen hervorrufen, sei es, weil er nicht eindeutig interpretierbar ist, nicht eindeutig interpretiert wird oder weil dem Individuum je nach Zeitpunkt oder Kontext verschieden Einstellungen, auch aufeinander aufbauende, zur Verfügung stehen. Die Entscheidung darüber, welche Wirkung ein Stimulus ausübt, fällt also im Individuum.

Mit dieser Abkehr von einer externen Verhaltensdetermination taucht gleichzeitig die motivationstheoretische Frage auf, durch welche internen Faktoren menschliches Verhalten initiiert bzw. gesteuert wird. Postmechanistische Versuche, Konzepte wie Arbeitsmoral, Arbeitszufriedenheit oder Gruppenkohäsion mit individueller Produktivität in Beziehung zu setzen, erbrachten keine eindeutigen Resultate. Eine hohe Arbeitszufriedenheit ist offenbar kein entscheidender Faktor zur konkreten Leistungserbringung. Damit wurde der Blick frei für die Tatsache, dass motiviertes Verhalten keine bloße Funktion äußerer Anreize und damit verbundener Zufriedenheit mit der Tätigkeit ist, sondern aus der individuell wahrgenommen Diskrepanz von Ist- und erreichbaren Soll-Zuständen resultiert:

„Etwas unwillig mußten Theoretiker der industriellen Motivation erkennen, daß weniger eine erreichte Zufriedenheit, als die wahrgenommene Spanne zwischen einem gegenwärtigen Zustand und einem erreichbaren Zustand für die Beeinflussung des menschlichen Leistungsverhaltens maßgebend ist." (March & Simon 1976: 48).

Vielmehr bildet gerade ein gewisses Maß an Unzufriedenheit eine motivatorische Voraussetzung dafür, sich in verstärktem Maße mit der Umwelt auseinanderzusetzen, um eben gerade diese Unzufriedenheit zu überwinden. Nach dem „allgemeinen Modell des adaptiv motivierten Verhaltens" führt Unzufriedenheit zu einer verstärkten Suche nach alternativen Möglichkeiten. Mit dem größeren Suchausmaß steigt auch der erwartete Wert von Belohnungen was wiederum zu einer erhöhten Zufriedenheit führt. Steigt der erwartete Wert von Belohnungen, so steigt ferner das Anspruchsniveau, wodurch sich die Zufriedenheit verringert. Die individuelle Zufriedenheit hängt also zunächst vom erwarteten Wert der Belohnung durch die Arbeit und dem eigenen Anspruchsniveau ab. Unzufriedenheit resultiert daraus, dass die erwartete Belohnung dem Anspruchsniveau nicht genügt. Beispielsweise könnte jemand Verantwortung übernehmen wollen, bekommt jedoch von seinem Vorgesetzten nur ausführende Tätigkeiten übertragen. Die daraus resultierende Unzufriedenheit führt zu einer verstärkten Suche nach günstigeren Alternativen, deren erwarteter Wert bzw. deren Anreiz mit zunehmendem Suchausmaß steigt. So könnte etwa eine verantwortungsvollere Tätigkeit in einem anderen Unternehmen aus der Unzufriedenheit mit der aktuellen Situation und der damit verbundenen Suche nach neuen Alternativen heraus wesentlich attraktiver erscheinen. Ferner wäre aber auch denkbar, dass man sich in der derzeitigen Arbeit besonders engagiert, um in der Hierarchie aufzusteigen und eine bessere Position zu erreichen. Allerdings kann es auch vorkommen, dass man nicht seine Leistung steigert, sondern andere Möglichkeiten zur Befriedigung sucht. Man könnte sich etwa in einer Interessensgruppe engagieren (etwa als Sprecher einer Bewegung zur Senkung bestehender Leistungsnormen) und dadurch eine verantwortungsvollere Rolle übernehmen. In allen drei Fällen könnte der erwartete Wert der jeweiligen Belohnung wiederum die Zufriedenheit steigern. Allerdings steigt dabei mit der Zeit auch das Anspruchsniveau. So würde etwa die Übernahme einer Position mit ein wenig Verantwortung dazu führen, dass man bald wieder unzufriedener wird, gewissermaßen die aktuelle Position zur Normalität gerät und man wieder nach neuen Herausforderungen sucht. Daraus resultiert die Suche nach einer Position mit mehr Verantwortung und so weiter. Der Organismus versucht also seine Interaktion mit der Umwelt kontinuierlich zu erweitern und immer günstigere Handlungsmöglichkeiten zu eröffnen und die Triebfeder, die ihn dazu bewegt, ist ein gewisses Ausmaß an Unzufriedenheit. Bleibt die Suche nach günstigeren Alternativen allerdings für längere Zeit erfolglos, so sinkt das Anspruchsniveau wieder ab; die Unzufriedenheit wird dabei intrapsychisch reguliert und macht einer Akzeptanz des Status quo Platz.

5.2   Leistungsmotivation: Beitragsentscheidungen in der Organisation

Unzufriedenheit ist jedoch lediglich eine Voraussetzung dafür, dass das Individuum nach Verhaltensalternativen zu suchen beginnt. Sie stellt einen unspezifischen Antrieb dar, der, um verhaltenswirksam zu werden, zusätzliche informatorische Komponenten benötigt. Zusätzlich muss man nämlich (wie oben bereits implizit angedeutet wurde) auch wissen, wie ein erstrebenswerter Zustand erreicht werden kann:

> „Die Motivation zur Leistung ist zurückzuführen auf einen gegenwärtigen oder erwarteten Zustand der Unzufriedenheit und auf die Wahrnehmung einer direkten Verbindung zwischen der individuellen Leistung und einem zukünftigen Zustand der Zufriedenheit." (March & Simon 1976: 52).

Mit anderen Worten: Die Unzufriedenheit stellt eine gewisse Triebfeder für Verhaltensweisen bzw. Verhaltensänderungen dar, die konkrete Äußerung von Verhaltensweisen hängt jedoch auch von der subjektiven Wahrnehmung ab, die Unzufriedenheit durch eine oder mehrere Handlungen überwinden zu können. Infolge seiner Unzufriedenheit beginnt das Organisationsmitglied also zunächst neue Alternativen in Erwägung zu ziehen und daraufhin zu bewerten, inwieweit sie seine persönlichen Wertmaßstäbe vermutlich befriedigen. Die aus seiner Sicht aussichtsreichste Alternative wird er schließlich wählen oder, falls er keine bessere Alternative findet, das aktuelle Verhalten beibehalten. Leistungsmotivation besteht demzufolge aus einer ständigen, mehr oder weniger intensiven Suche nach subjektiv optimalen Verhaltensweisen, wobei verschiedene Alternativen bewertet und miteinander verglichen werden. Die jeweils günstigste Alternative bestimmt das Verhalten, wobei der Auswahlprozess durch drei Faktoren beeinflusst wird:

> „Motivation zur Leistungserbringung ist eine Funktion des Charakters der hervorgerufenen Verhaltensalternativen, der wahrgenommenen Konsequenzen der hervorgerufenen Verhaltensalternativen und der individuellen Ziele, gemessen an den bewerteten Alternativen." (March & Simon 1976: 53).

Diese drei organisatorischen Einflussfaktoren der Leistungsmotivation, die hervorgerufenen Verhaltensmöglichkeiten, deren vermeintliche Konsequenzen und die individuellen, persönlichen Ziele, sollen im Folgenden näher untersucht werden.

A)   Zur Hervorrufung von Verhaltensalternativen

Verhaltensalternativen sind nur dann von potentieller Relevanz im Entscheidungsprozess, wenn sie hervorgerufen, also in das Bewusstsein des Entscheidenden gerückt werden. Ob und inwieweit dies geschieht, hängt von situativen Merkmalen oder Charakteristika der Organisation bzw. deren Umwelt ab. Hierbei lassen sich fünf typische Merkmalsklassen unterscheiden:

1. *Die Umwelt:* Prinzipiell bietet sich den Individuum grundsätzlich die Möglichkeit, die Organisation zu verlassen und eventuell eine andere Stelle anzunehmen. Diese Art von Entscheidung, die weiter unten als „Teilnahmeentscheidung" näher untersucht werden wird, hängt u. a. von der Anzahl der verfügbaren Alternativen ab. An dieser Stelle genügt es zunächst festzustellen, dass die Wahrscheinlichkeit einer Person, in Erwägung zu ziehen eine

Organisation zu verlassen, mit zunehmender Anzahl externer Alternativen wächst.

2. *Der Führungsstil:* Innerhalb einer Organisation bildet der Führungsstil eine wichtige Determinante für oder gegen die Entscheidung zugunsten von Handlungsalternativen, die der Organisation nützen. Insbesondere der Partizipationsgrad stellt hier einen wesentlichen Faktor dar. Mit höherer Partizipation wird erstens einer verbreiteten kulturellen Unabhängigkeitsnorm Rechnung getragen und damit die subjektive Akzeptanz von Entscheidungen gefördert; zweitens erlaubt sie es der Organisation, auf die individuelle Entscheidungsfindung Einfluss zu nehmen und so Entscheidungen hervorzurufen, die konform zu den Organisationszielen sind. Daher ist mit zunehmender Partizipation, im Sinne von subjektiv erlebter Mitwirkung an Entscheidungen zu erwarten, dass die erkennbaren Machtunterschiede innerhalb der Organisation kleiner und in der Folge weniger organisatorisch unerwünschte Alternativen hervorgerufen werden.

3. *Die Aufgabe:* Damit verbunden beeinflusst auch die Komplexität der Aufgabe die Hervorrufung unerwünschter Alternativen. Einerseits widerspricht ein kontrollierender Führungsstil dem Wunsch nach persönlicher Freiheit und Unabhängigkeit und kann daher zu organisationsschädigenden Trotz- oder Kompensationsreaktionen führen, andererseits ist (bei komplexeren Aufgaben) eine Kontrolle notwendig, um sachlich korrektes Verhalten sicherzustellen. Daher ist bei, gemessen am Kenntnisstand des Mitarbeiters, einfachen Aufgaben ein nicht-kontrollierender Führungsstil, bei komplexen Aufgaben ein kontrollierender Führungsstil angebracht, um organisationskonformes Verhalten sicherzustellen.

4. *Belohnungen*: Belohnungen sollten sich primär auf die wahrgenommenen Konsequenzen des eigenen Verhaltens beziehen; je mehr sich ein bestimmtes Verhalten vermutlich lohnt, desto günstiger werden die Konsequenzen des Verhaltens bewertet und desto eher wird es ausgeübt (s. u.). Es ist jedoch davon auszugehen, dass auch die Hervorrufung von Verhaltensalternativen (z. B. organisatorischer Innovationen) davon beeinflusst wird. Dies ist am ehesten dann der Fall, wenn die Belohnung direkt an die Innovation selbst gekoppelt ist und demjenigen gilt, der die Innovation hervorbrachte (z. B. durch Prämien für einen realisierten Vorschlag). Wird die Belohnung für eine Innovation der ganzen Organisation zugesprochen (z. B. durch eine allgemeine Gewinnbeteiligung), so sinkt die Wahrscheinlichkeit innovativer Ideen. Noch unwahrscheinlicher wird die Erzeugung von Innovationen, wenn die Belohnung an der individuellen Produktivität festgemacht wird. Dadurch erhöhen sich zwar individuelle Anstrengungen im Rahmen der

bisherigen Tätigkeit, neue organisatorische oder technologische Alternativen von relevanter Tragweite werden dadurch jedoch kaum gefördert.

5. *Die Arbeitsgruppe*: Schließlich bilden auch die Kollegen innerhalb einer Arbeitsgruppe einen Reizkomplex, der auf die Hervorbringung eigener Handlungsalternativen Einfluss nimmt. Hierzu zählen insbesondere gruppenspezifische Leistungsnormen. Liegen keine objektiven Leistungsstandards vor, so wird man geneigt sein, das eigene Verhalten anhand der Gruppenleistungsnorm zu reflektieren und gegebenenfalls für sich eine Verhaltensalternative akzeptieren.

B) Die wahrgenommenen Konsequenzen hervorgerufener
     Verhaltensalternativen

Mit der Hervorrufung einer Verhaltensalternative werden gleichzeitig zahlreiche Bewertungen und mögliche Konsequenzen dieser Alternative hervorgerufen. Hier liegen nun wiederum einige organisatorische Faktoren vor, die darauf Einfluss nehmen, welche Konsequenzen erwartet werden:

1. *Die Umwelt:* Die Organisationsumwelt spielt auch in diesem Zusammenhang eine grundsätzliche Rolle. Nimmt ein Mitarbeiter nämlich für sich die Alternative wahr, die Organisation zu verlassen und außerhalb eine günstige Anstellung zu finden, so wird er die Bedeutung organisationskonformen Verhaltens geringer einschätzen; im Fall eines Vergehens mit für ihn negativen Konsequenzen steht ihm ja immer noch die Option offen, die Organisation zu verlassen. Mit zunehmender Anzahl wahrgenommener Alternativen außerhalb der Organisation sinkt daher die wahrgenommene Bedeutung organisationskonformen Verhaltens.

2. *Subgruppen*: Organisationsinterne Subgruppen (z. B. die Arbeitsgruppe, aber auch externe Gruppen wie beispielsweise die Familie) beeinflussen über einen mehr oder weniger ausgeprägten Gruppendruck auch die wahrgenommenen Konsequenzen möglicher Handlungen. Die Entscheidung zugunsten einer anderen Stelle, die mit einem größeren zeitlichen Aufwand verbunden ist, könnte beispielsweise dazu führen, dass für das Familienleben nicht mehr ausreichend Zeit bleibt, die Konsequenzen dieser Entscheidung aus Sicht der Familie also negativ wären. Der familiäre Gruppendruck könnte daher dazu führen, dass diese Entscheidung vom Betreffenden nicht mehr weiter in Erwägung bezogen wird. Grundsätzlich gilt, dass der Einfluss der Gruppe umso stärker ist, je mehr sich der Einzelne mit der Gruppe identifiziert. Ferner ist er dann wirkungsvoller, wenn die Gruppe eine ein-

heitliche Meinung vertritt und von ihr keine widersprüchlichen Einflüsse ausgeübt werden. Schließlich kann die Gruppe dann einen starken Einfluss ausüben, wenn sie einen möglichst großen Teil der Umwelt des Individuums kontrolliert, und es sich damit dem Gruppendruck nur schwerlich entziehen kann.

3. *Belohnungen*: Schließlich üben auch Belohnungen einen entscheidenden Einfluss darüber aus, wie die Konsequenzen von Handlungen beurteilt werden. Zu den organisatorischen Belohnungen zählt zunächst das Beförderungssystem. Je stärker die wahrgenommenen Chancen für einen beruflichen Aufstieg von der Leistung abhängen, desto günstiger werden die Konsequenzen einer hohen eigenen Produktivität bewertet. Analog hierzu ist auch der Einfluss des monetären Entlohnungssystems zu beurteilen. Je mehr die Entlohnung von der individuellen Leistung abhängt, desto günstiger werden die Konsequenzen produktiven Verhaltens eingeschätzt.

Für beide Arten von Belohnung gilt ferner, dass ihre Kriterien klar operationalisiert sein müssen. Das bedeutet, er muss dem Einzelnen möglich sein, zu erkennen, was genau mit Produktivität gemeint ist und wie hoch seine individuelle Produktivität zu einem beliebigen Zeitpunkt ist. Operationalität wäre in einem einfachen Beispiel gegeben, wenn sie sich auf die Anzahl der vom Einzelnen gefertigten Stücke bezieht, und diese Anzahl wiederum in einer klar definierten Beziehung zum Lohn steht. Generell gilt hier, dass je größer die subjektive Operationalität der Leistungskriterien ist, desto größer ist auch die Wirkung des Belohnungssystems auf die wahrgenommenen Konsequenzen von Handlungen.

C) Individuelle Ziele

Menschen, die sich längere Zeit in Gruppen verhalten, neigen dazu, sich mit den Gruppenzielen zu identifizieren und die Ziele der anderen als ihre eigenen zu akzeptieren. Diese Identifikation kann sich sowohl auf Gruppen außerhalb oder an der Grenze der Organisation (Familie, Verein, Gewerkschaft etc.) als auch auf verschiedene Einheiten innerhalb der Organisation beziehen (die gesamte Organisation, die Arbeitsgruppe oder die Arbeitsaufgabe selbst). Grundsätzlich ist die Identifikation mit einer Gruppe umso größer,

- je größer das wahrgenommene Prestige der Gruppe ist,
- je stärker gemeinsame Ziele unter den Gruppenmitgliedern wahrgenommen werden,
- je häufiger Interaktionen mit den Gruppenmitgliedern stattfinden,

- je mehr eigene Bedürfnisse in der Gruppe befriedigt werden können und
- je weniger Wettbewerb zu den übrigen Mitgliedern einer Gruppe herrscht.

5.3 Die Motivation zur Teilnahme an der Organisation

Im vorangegangenen Abschnitt wurde untersucht, was ein Individuum dazu bewegt, den Organisationszielen konformes Verhalten zu zeigen und Leistungen in Hinblick auf diese Ziele zu erbringen. Eine zweite, davon unabhängige Frage beschäftigt sich nun mit der Motivation zur Teilnahme an der Organisation bzw. zum Ausscheiden aus derselben. Während die Auswirkungen der Leistungsmotivation üblicherweise an der Produktivität festgemacht werden, wird die Motivation zur Teilnahme über die Fluktuation operationalisiert.

Nach der von Barnard (1970; s. o.) aufgestellten und von Simon (1981; s. o.) aufgenommenen Theorie des Anreiz-Beitrags-Gleichgewichts muss die Organisation sicherstellen, dass stets ausreichende organisatorische Anreize vorhanden sind, um die Beiträge der Organisationsmitglieder zu erhalten. Als Organisationsmitglieder sind prinzipiell alle Personen oder Personenkreise gemeint, die an der Organisation teilnehmen, also auch Lieferanten, Kunden oder auch Investoren; die weiteren Darstellungen beziehen sich jedoch insbesondere auf Mitarbeiter. Entscheidend für den Erhalt eines Gleichgewichts sind nicht nur die objektiven Anreize und Beiträge, sondern auch insbesondere deren subjektive Bewertung. Dem objektiven Anreiz steht dementsprechend ein subjektiver Anreiznutzen gegenüber, der bei verschiedenen Personen unterschiedlich wahrgenommen werden kann; ein bestimmtes Gehalt wird nicht von jedem gleichermaßen als Anreiz wahrgenommen. Umgekehrt ist auch ein Beitrag mit einem bestimmten organisatorischen Beitragsnutzen verbunden; zusätzliche EDV-Kenntnisse können beispielsweise für eine Organisation sehr wertvoll sein, für eine andere bedeutet sie keinerlei Vorteil.

Ein als ungünstig wahrgenommenes Verhältnis zwischen dem Anreiznutzen und den geleisteten Beiträgen führt zunächst zu einer subjektiven Unzufriedenheit. Das Individuum beginnt nach dem allgemeinen Modell des adaptiv motivierten Verhaltens (s. o.) nach Alternativen Ausschau zu halten. Findet er eine oder mehrere günstigere Alternativen außerhalb der Organisation, so wird er diese verlassen und gegebenenfalls einer anderen beitreten. Die Entscheidung zur Teilnahme bzw. zum Verbleib in einer Organisation ist also von zwei Faktoren abhängig: erstens von der Zufriedenheit innerhalb der Organisation und zweitens von den wahrgenommenen Alternativen außerhalb der Organisation. Bei günstigen Alternativen wird der Mitarbeiter wahrscheinlich bereits bei geringer Unzufriedenheit kündigen, und ohne Alternativen wird er trotz größerer Unzufriedenheit in der Organisation verbleiben. Die Wirksamkeit organisatorischer Anreize muss daher bezüglich der Teilnahmenentscheidung stets auch vor dem Hintergrund extraorganisatorischer Alternativen gesehen werden:

> „Eine Verbesserung *des Verhältnisses zwischen Anreiz- und Beitragsnutzen* vermindert die *Neigung des individuellen Teilnehmers, aus der Organisation auszuscheiden* während eine Verschlechterung dieses Verhältnisses eine gegenteilige Wirkung zur Folge hätte. Das Verhältnis zwischen Anreizen und Beiträgen ist (...) eine Funktion zweier Hauptkomponenten: *des wahrgenommenen Wunsches, aus der Organisation auszuscheiden* und *der wahrgenommenen Einfachheit des Ausscheidens aus der Organisation* (d. h. der Nutzen aufgegebener Alternativen)." (March & Simon 1976: 89; kursiv im Original).

Ein vor dem Hintergrund möglicher Alternativen als negativ wahrgenommenes Verhältnis zwischen organisatorischen Anreizen und eigenen Beiträgen führt daher verstärkt zu dem Wunsch, aus der Organisation auszuscheiden. Im Folgenden soll näher untersucht werden, welche Faktoren den Wunsch, aus der Organisation auszuscheiden und die wahrgenommene Einfachheit des Ausscheidens beeinflussen.

A)   *Einflussfaktoren auf den Wunsch, aus der Organisation auszuscheiden*

Einen wesentlichen Einflussfaktor bildet die Zufriedenheit mit der aktuellen Tätigkeit. Je größer diese ist, desto geringer ist der Wunsch nach Veränderung. Der materiellen Entlohnung kommt hier nur eine sekundäre Bedeutung zu. Sie vergrößert die Toleranz gegenüber unbefriedigenden Arbeitsbedingungen, hat jedoch auf den Wunsch, in der Organisation zu verbleiben, keinen unmittelbaren Einfluss. Die Arbeitszufriedenheit selbst hängt hingegen wiederum von weiteren Faktoren ab:

- Je besser die Anforderungen aus der Tätigkeit mit dem Selbstbild übereinstimmen, desto größer ist die Arbeitszufriedenheit.
- Ebenso sollte die am Arbeitsplatz geforderte Rolle zu anderen, vom Betreffenden ausgeübten Rollen kompatibel sein.
- Die Arbeitszufriedenheit steigt ferner mit der Kontrolle über die Situation am Arbeitsplatz, d. h., je besser hier etwa die Konsequenzen eigener Entscheidungen vorhergesagt und das eigene Handeln als kompetent erlebt werden können.

Eine weitere Einflussgröße liegt in der Möglichkeit zum beruflichen Aufstieg. Damit sind nicht die absoluten sondern bezüglich der Erwartungen des Mitarbeiters relativen Aufstiegsmöglichkeiten gemeint. Menschen extrapolieren ihre Erfahrungen aus der Vergangenheit in die Zukunft und bilden daraufhin ihre Erwartungen aus. Wer kontinuierlich die Karriereleiter nach oben kletterte, wird bereits bei einer Verlangsamung des Karrierefortschritts („Karriereknick") unzufrieden und der Wunsch, aus der Organisation auszuscheiden, steigt.

B)   Einflussfaktoren auf die wahrgenommene Einfachheit des Ausscheidens aus der Organisation

Zunächst wird die wahrgenommene Einfachheit des Ausscheidens aus der Organisation durch die bloße Anzahl bekannter alternativer Beschäftigungsmöglichkeiten erhöht. Diese Anzahl ist ihrerseits abhängig von weiteren Faktoren:

- Zunächst bestimmt die allgemeine konjunkturelle Lage den Arbeitsmarkt und damit die objektive Anzahl der zur Verfügung stehenden Stellen. Inwieweit eine in Frage kommende Organisation einem Einzelnen jedoch auch bekannt ist, hängt von weiteren Faktoren, wie etwa dem Prestige dieser Organisation ab.
- Umgekehrt lassen sich auch Beziehungen zwischen Merkmalen des Individuums und der wahrgenommenen Einfachheit eines Arbeitsplatzwechsels feststellen. So ist es für ältere Mitarbeiter schwieriger, eine neue Anstellung zu finden als für junge. Auch der soziale Status spielt eine Rolle. Mitglieder von Minderheiten, die mit Vorurteilen behaftet sind (z. B. Ausländer) werden häufig bei Stellenbesetzungen benachteiligt und daher eine Veränderung ihrer beruflichen Situation als schwieriger wahrnehmen.

5.4   Konflikte in Organisationen

Aus entscheidungstheoretischer Sicht entstehen Konflikte zunächst dann, wenn eine Entscheidung gefällt werden soll und dabei Schwierigkeiten irgendwelcher Art auftauchen:

„Konflikt ist ein vielfach verwendeter Terminus. Meistens wird er auf den Zusammenbruch der Standardmechanismen bei der Entscheidungsfindung angewandt, wenn ein Individuum oder eine Gruppe auf Schwierigkeiten bei der Auswahl einer Aktionsalternative stößt. An diese allgemeine Definition wollen wird uns hier halten. Konflikt entsteht also, wenn ein Individuum oder eine Gruppe auf ein Entscheidungsproblem stößt." (March & Simon 1976: 107).

Dabei lassen sich drei Arten von Konflikten unterscheiden, die in Organisationen auftreten können: Konflikte bei der individuellen Entscheidungsbildung (intraindividuelle Konflikte), Konflikte mit anderen Personen oder Gruppen (interindividuelle Konflikte) und Konflikte zwischen Organisationen (interorganisatorische Konflikte). Die ersten beiden Konfliktarten sind Gegenstand der folgenden Darstellungen:

A) Intraindividuelle Konflikte

Individuelle Entscheidungen sind dann unproblematisch, wenn eine Alternativen A eindeutig besser ist als eine oder mehrere anderen und diese Alternative A gleichzeitig gut genug ist, um akzeptiert werden zu können. Ist eine dieser beiden Bedingungen nicht erfüllt, so entstehen Probleme bei der Entscheidungsfindung.

Die *Bewertung einer Alternative* erfolgt anhand ihrer wahrscheinlichen Konsequenzen, d. h., der Wahrscheinlichkeit mit der eine Alternative zu einem positiven Ergebnis führt (pW) und der Wahrscheinlichkeit für ein negatives Ergebnis (nW). Aus der Kombination der dichotomisierten Ausprägung dieser beiden Wahrscheinlichkeiten und der zusätzlichen Möglichkeit, dass überhaupt keine Wahrscheinlichkeit bekannt ist, ergeben sich fünf mögliche Bewertungen von Alternativen:

1. Gute Alternativen (+pW, -nW): Eine gute Alternative führt aus Sicht des Bewertenden mit hoher Wahrscheinlichkeit zu einem positiven und geringer Wahrscheinlichkeit zu einem negativen Ergebnis. Ebenso ist sie gut genug, um dem eigenen Anspruchsniveau zu genügen und akzeptiert werden zu können.
2. Neutrale Alternativen (-pW, -nW): Hier besteht nur eine geringe Wahrscheinlichkeit für positive oder negative Konsequenzen.
3. Gemischte Alternativen (+pW, +nW): Bei einer gemischten Alternative wird sowohl die Wahrscheinlichkeit für ein positives als auch die für ein negatives Ergebnis hoch eingeschätzt.
4. Schlechte Alternativen (-pW, +nW): Schlechte Alternativen führen mit geringer Wahrscheinlichkeit zu guten und mit hoher Wahrscheinlichkeit zu unerwünschten Konsequenzen.

5. Unsichere Alternativen (¬pW, ¬nW): Alternativen sind unsicher, wenn keine Vermutungen über ihre Konsequenzen vorliegen, oder wenn der Nutzen möglicher Konsequenzen unbekannt ist. Weder die positive noch die negative Wahrscheinlichkeit kann dann eingeschätzt werden.

Die Kombination dieser fünf Bewertungsmöglichkeiten kann zu drei unterschiedlichen subjektiven *Konfliktarten* führen:

1. Nichtakzeptierbarkeit: Die Konsequenzen aller Alternativen sind bekannt, eine bevorzugte Alternative kann identifiziert werden, allerdings genügt diese Alternative nicht dem eigenen Anspruchsniveau.
2. Nichtvergleichbarkeit: In diesem Fall sind ebenfalls die Wahrscheinlichkeiten bekannt, allerdings kann daraus keine Entscheidung zugunsten einer der Alternativen getroffen werden.
3. Unsicherheit: Im Falle von Unsicherheit sind die Konsequenzen der oder einiger Alternativen nicht bekannt, und es liegt ferner keine Alternative vor, die als gut bewertet und damit akzeptiert werden kann.

Für eine minimale Entscheidungssituation zwischen zwei Alternativen ergeben sich somit 25 mögliche Kombinationen ihrer Bewertung, die zu einer oder mehrerer der drei Konfliktarten führen. Da von diesen 25 Kombinationen allerdings 10 spiegelbildlich zueinander stehen (z. B. Alternative A gut, Alternative B schlecht; Alternative A schlecht, Alternative B gut) müssen für die folgende Zusammenstellung lediglich 15 berücksichtigt werden müssen (Abbildung 2).

Entsteht in einer Entscheidungssituation einer der genannten Konflikte, so ist der Betreffende motiviert, diesen Konflikt zu beseitigen. Auch in diesem Fall ist Unzufriedenheit, die hier vom Konflikt herrührt, die Grundlage der Motivation (s. o. Modell des adaptiv motivierten Verhaltens). In Abhängigkeit von der jeweiligen Konfliktart die *Reaktion zur Konfliktbewältigung* dabei jedoch unterschiedlich ausfallen:

■ Bei *Unsicherheit* wird er zunächst geneigt sein, die Unsicherheit zu beseitigen und sich um Klärung über mögliche Konsequenzen bereits vorhandener Alternativen bemühen. Schlägt dieser Versuch jedoch fehl, so wird er seine Suche nach neuen Alternativen erhöhen. Ist auch diese Suche erfolglos, so wird er, wenn möglich, bei bekannten Verfahrensweisen bleiben.

■ *Nichtakzeptierbarkeit* führt direkt zur Suche nach neuen, möglichen Alternativen. Es liegt hier kein weiterer Informationsbedarf vor und aus den bereits berücksichtigten Alternativen, deren Konsequenzen ja bekannt waren, konnte keine Entscheidung gefällt werden. Bleibt die Suche nach neuen Alternativen über längere Zeit erfolglos, so wird das Anspruchsniveau gesenkt und die vorhandene Alternative kann eventuell doch noch akzeptiert werden.

- Eine reine *Nichtvergleichbarkeit* ist schließlich nur im Fall zweier als gut bewerteter Alternativen vorhanden, von denen keine als überlegen angesehen werden kann. Hier wird voraussichtlich nach kurzer Zeit eine Entscheidung zugunsten einer der beiden, prinzipiell praktikablen Lösungen getroffen, wobei die Auswahl stark von aktuellen Reizen oder Informationen, die die Aufmerksamkeit erregen, abhängt. Diesen Umstand macht sich beispielsweise die Marktforschung zunutze. Durch eine möglichst auffällige Gestaltung sollen Produkte die Aufmerksamkeit erregen und so die Entscheidung zugunsten der eigenen Marke beeinflussen, obwohl dem Käufer annähernd gleichwertige Alternativen zur Verfügung stünden.

Alternativen		Konfliktart
A	*B*	
gut	gut	Nichtvergleichbarkeit
gut	neutral	Kein Konflikt
gut	gemischt	Kein Konflikt
gut	schlecht	Kein Konflikt
gut	unsicher	Kein Konflikt
neutral	neutral	Nichtakzeptierbarkeit & Nichtvergleichbarkeit
neutral	gemischt	Nichtakzeptierbarkeit & Nichtvergleichbarkeit
neutral	schlecht	Nichtakzeptierbarkeit
neutral	unsicher	Unsicherheit
gemischt	gemischt	Nichtakzeptierbarkeit & Nichtvergleichbarkeit
gemischt	schlecht	Nichtakzeptierbarkeit
gemischt	unsicher	Unsicherheit
schlecht	schlecht	Nichtakzeptierbarkeit & Nichtvergleichbarkeit
schlecht	unsicher	Unsicherheit
unsicher	unsicher	Unsicherheit

Abbildung 10: 15 Kombinationen der Bewertung zweier Alternativen und daraus resultierende Konfliktarten (nach: March & Simon 1976: 109)

Das Auftreten einer der drei intraindividuellen Konfliktarten wird in Organisationen wesentlich durch die dort herrschenden Rahmenbedingungen mitbestimmt. Insbesondere die erlebte Unsicherheit über die Entscheidungssituation und der Mangel an subjektiv akzeptablen Alternativen bilden typische Probleme:

- *Unsicherheit* entsteht in Organisationen insbesondere dann, wenn auf alte Erfahrungswerte nicht mehr zurückgegriffen werden kann. Die ist beispielsweise dann der Fall, wenn neue Verfahrensweisen eingeführt werden und alte Routinen nicht mehr gelten. Der Erfahrungsschatz einer Arbeitsgruppe wird allerdings auch durch häufigen Personalwechsel verringert; in diesem Fall kann nicht mehr in ausreichendem Maß auf die Erfahrung von Kollegen zurückgegriffen werden und die subjektiv erlebte Unsicherheit steigt. Neben der vorhandenen Erfahrung stellt auch die Komplexität der Entscheidungssituation einen unsicherheitsverursachenden Faktor dar. Eine geringfügige Veränderung des Arbeitsablaufs sorgt für weit weniger Verunsicherung als eine völlige Umstrukturierung.

- Die *Akzeptierbarkeit von Alternativen* ist (wie oben erwähnt) vom individuellen Anspruchsniveau abhängig. Dieses passt sich nach einiger Zeit einem erreichten oder antizipierten Erfolg an, wobei insbesondere dann Konflikte auftreten, wenn sich eine Situation in der Organisation verschlechtert. Kommt es beispielsweise zu einer wirtschaftlichen Rezession, die die finanziellen Möglichkeiten einer Organisation ständig weiter einschränken, so können auch nur Maßnahmen von begrenzter Reichweite berücksichtigt werden; es kann dann etwa nur eine neue Produktionseinheit und nicht eine ganze Produktionsstraße, wie eigentlich als notwendig erachtet, angeschafft werden. Das Anspruchsniveau läuft diesem Abwärtstrend hinterher, d. h., es ist höher, als die Situation es erlauben oder sinnvoll erscheinen lassen würde. Die Wahrscheinlichkeit des individuellen Konflikts der Nichtakzeptierbarkeit von Entscheidungsalternativen steigt damit.

B) *Interindividuelle Konflikte*

Mit intraorganisatorischen Konflikten sind Konflikte zwischen Personen oder Personengruppen (etwa Abteilungen) innerhalb der Organisation angesprochen. Während intraindividuelle Konflikte dann auftreten, wenn keine eindeutig überlegene Alternative ausgewählt werden kann, setzen Konflikte zwischen Gruppen voraus, dass alle Beteiligten eine akzeptable Alternative erkennen, verschiedene Personen oder Gruppen allerdings unterschiedliche Alternativen bevorzugen. Zum tatsächlichen Auftreten eines Konflikts sind jedoch noch weitere Faktoren notwendig. Zunächst muss unter den Beteiligten der Wunsch vorhanden sein, eine gemeinsame Entscheidung zu finden. Liegt dieser, für Organisationen allerdings typische, Wunsch nicht vor, so sind naturgemäß keine Konflikte zu erwarten. Zusätzlich müssen unter den Beteiligten entweder unterschiedliche Ziele vorliegen, oder die Wirklichkeit muss auf unterschiedliche Weise wahrgenommen werden oder beides zusammen. Diese drei Hauptfaktoren interindividueller Konflikte werden in Organisationen ihrerseits durch verschiedene Faktoren beeinflusst:

- Das *empfundene Bedürfnis nach einer gemeinsamen Entscheidungsfindung* hängt von der gegenseitigen Abhängigkeit von Mitteln bzw. Abhängigkeiten in Hinblick auf die zeitliche Koordination der Aktivitäten ab. Je größer die gemeinsame Abhängigkeit von einem bestimmten, beschränkten Hilfsmittel ist, desto größer ist der Wunsch auf eine gemeinsame Entscheidung über die Verteilung dieses Hilfsmittels. Typisch sind hierfür Budgetentscheidungen. Da davon auszugehen ist, dass die finanziellen Mittel in Organisationen üblicherweise begrenzt sind und sich jeder seinen Anteil sichern möchte, liegt hier meist ein ausgeprägter Wunsch vor, gemeinsam zu bestimmen, wie die Ressourcen verteilt werden. Ähnliches gilt für die zeitliche Abstimmung eigener Aktivitäten mit den Aktivitäten anderer. Ist die eigene Arbeit in hohem Maß von den Aktivitäten anderer zeitlich abhängig, so wächst der Wunsch nach einer gemeinsamen Entscheidungsfindung. Dies ist beispielsweise dann der Fall, wenn infolge eines Termindrucks in einem Architekturbüro die zeitlichen Spielräume eingeengt werden, und die verschiedenen Teilarbeiten präziser koordiniert werden müssen.

- Beiden Mechanismen liegt der Gedanke zugrunde, dass mit knapper werdenden zeitlichen und materiellen Ressourcen die Notwendigkeit steigt, die Umwelt zu kontrollieren, um den gestiegenen Anforderungen begegnen zu können. Wenn etwa die zur Verfügung stehenden Gelder knapp werden, muss man sich umso intensiver um Finanzquellen bemühen, deren Zuteilung mit kontrollieren, um seine Arbeit aufrechterhalten zu können. Bei interdependenten Aktivitäten führt dies unter den Beteiligten zu dem Wunsch nach einer gemeinsamen Kontrolle zur Sicherstellung der jeweils eigenen Interessen, zu einer gemeinsames Entscheidungsfindung. Umgekehrt ist bei (hypothetisch) unbegrenzten Ressourcen keine Notwendigkeit für eine gemeinsame Entscheidungsfindung zu erwarten; das Konfliktpotenzial ist demzufolge hier auch minimal.

- Es wurde bereits vorgestellt, wodurch die Ausbildung gemeinsamer Ziele in der Organisation beeinflusst wird. Dabei wurden das Prestige der Gruppe, die Wahrnehmung gemeinsamer Ziele unter den Gruppenmitgliedern, die Häufigkeit der Interaktion mit den Gruppenmitgliedern, die Anzahl der befriedigten eigenen Bedürfnisse und der herrschende Wettbewerb innerhalb der Gruppe als Einflussfaktoren benannt. Vor dem Hintergrund der Konfliktentstehung muss nun ergänzend gefragt werden, welche wesentlichen

Faktoren die *Differenzierung von Zielen* unter den verschiedenen Personen oder Personengruppen beeinflussen.

- Ein Kriterium hierfür ist die subjektive Operationalität organisatorischer Ziele. Die Organisationsziele müssen dem Betreffenden eindeutig und klar bekannt sein, d. h., er muss wissen, durch welche konkreten Handlungen sie erreicht werden; andernfalls steigt die Wahrscheinlichkeit dafür, dass er hiervon abweichende Zielsetzungen ausbildet. Je geringer die subjektive Operationalität organisatorischer Ziele, desto größer ist demnach die Wahrscheinlichkeit zur Differenzierung individueller Ziele in der Organisation. In einer Forschungs- und Entwicklungsabteilung, in der Zielsetzungen meist nur relativ unklar gebildet werden können, liegt demzufolge ein größeres Konfliktpotenzial vor, als in einer Produktionsabteilung.

- Auch die zur Verfügung stehenden organisatorischen Ressourcen können zu Zielkonflikten führen. Bei ausreichenden Ressourcen können unterschiedliche Zielsetzungen leicht toleriert werden. Für eine Forschungs- und Entwicklungsabteilung wäre es dann beispielsweise relativ einfach, eine neue Idee auszutesten, auch wenn ihr Nutzen nicht unmittelbar einsichtig ist. Verringern sich jedoch die Ressourcen, so entsteht (wie oben bereits dargestellt) die Notwendigkeit, sich auf effektive bzw. viel versprechende Entwicklungen zu beschränken. Das Potenzial für Zielkonflikte steigt damit an.

- Schließlich können *unterschiedliche Wahrnehmungen der organisatorischen Situation* zu Konflikten führen. Relevante Informationen sind in Organisationen in der Regel nicht gleichmäßig verteilt; in manchen Abteilungen sind Dinge bekannter als in anderen. Dies kann dazu führen, dass unterschiedliche Ziele ausgebildet werden, es kann aber auch mit unterschiedlichen Wahrnehmungen hinsichtlich der Mittel zur Erreichung gemeinsamer Zielsetzungen verbunden sein. Die organisatorische Verteilung von Informationen stellt also ebenso einen Faktor dar, der zu Konflikten führen kann.

- Die Differenzierung der Wahrnehmungen innerhalb der Organisation hängt damit auch wesentlich vom Kommunikationssystem ab. Je größer zunächst die Anzahl der unabhängigen Informationsquellen, desto größer ist die Wahrscheinlichkeit dafür, dass unterschiedliche Wahrnehmungen ausgebildet werden. Umgekehrt wären plausiblerweise kaum unterschiedliche Wahrnehmungen zu erwarten, wenn alle Informationen in gleichem Umfang von ein und derselben Instanz eingeholt würden. Würde man beispielsweise nach externen Marktinformationen suchen, so erhielte man ein relativ einheitliches Bild, wenn man ausschließlich Wirtschaftswissenschaftler damit beauftragen würde; die wahrgenommene Marktsituation wäre sicherlich differenzierter, wenn sowohl Wirtschafts- als auch Sozialwissenschaftler mit der Analyse beauftragt wären. Auch die organisatorische Kanalisierung der Informationsweitergabe beeinflusst die Differenzierung von Wahrnehmungen. Je stärker Informationen kanalisiert, d. h., auf bestimmte Personengruppen begrenzt werden, desto stärker differenzieren sich unterschiedliche Wahrnehmungen innerhalb der Organisation. Der informelle Austausch zwischen benachbarten oder miteinander verbundenen Abteilungen wirkt dem häufig entgegen, da dadurch ein gemeinsamer oder ähnlicher Wissensstand wiederhergestellt wird.

Zur *Lösung interindividueller Konflikte* stehen in Organisationen unterschiedliche Mechanismen parat:

- Problemlösungen werden dann angewandt, wenn gemeinsame Ziele vorliegen und Mittel gefunden werden sollen, die allen gemeinsam geteilten Kriterien genügen.
- Bei Überredungen geht man davon aus, dass unterschiedliche Ziele vorliegen, diese Ziele jedoch nicht unabänderlich sind. Man versucht dabei, gemeinsame Ziele zu finden, die alle akzeptieren können.
- Das Aushandeln eines Kompromisses erfolgt dann, wenn die Ziele selbst nicht änderbar sind. Man sucht hier ein Übereinkommen, das alle Parteien akzeptieren können, obwohl die Zielsetzung keiner der Parteien vollständig erfüllt ist.
- Bei politischen Maßnahmen sind schließlich die Zielsetzungen weniger bekannt als beim Aushandeln eines Kompromisses. Die hier zugrunde liegenden Ziele sind relativ, nicht absolut und beziehen sich üblicherweise auf die Ausweitung des eigenen Einflussbereichs. Typisch hierfür sind Verhandlungen unter den betrieblichen Sozialpartnern bei denen, auch durch Koalitionsbildung mit anderen Stellen, versucht wird, die eigene Position zu stärken.

5.5   Informatorische Aspekte organisatorischen Verhaltens

Bereits Simon (1981) grenzte „subjektive" und „objektive Rationalität" voneinander ab. Menschen entscheiden demzufolge aufgrund ihrer individuellen, subjektiven Voraussetzungen und nicht aufgrund objektiver Gegebenheiten; diese sind nämlich nur begrenzt bekannt. Eine subjektiv rationale Entscheidung muss daher objektiv nicht unbedingt ebenfalls rational sein. Sie basiert vielmehr auf einem subjektiven Modell der Realität, das durch kognitive Informationsverarbeitungsprozesse konstruiert wurde:

> „Die hier vorgetragene Theorie der rationalen Entscheidungsfindung beinhaltet zwei fundamentale Charakteristiken: (1) Die Entscheidungsfindung beruht immer auf einem begrenzten, simplifizierten 'Modell', das ungefähr der Realität entspricht. Das Modell des Entscheidungsträgers wollen wir als 'Definition der Situation' bezeichnen. (2) Die Elemente der „Definition der Situation" sind nicht 'gegeben' – d. h. wir betrachten sie nicht als Daten unserer Theorie – sondern sind selbst die Folge psychologischer und soziologischer Prozesse, einschließlich der eigenen Aktivitäten des Entscheidungsträgers und der Aktivitäten anderer Individuen in seiner Umwelt." (March & Simon 1976: 131).

Taucht nun ein bestimmter Stimulus auf, so reagiert das Individuum mit einer korrespondierenden Aktivität. Je nach Grad der Erfahrung wird dabei entweder auf ein gelerntes, routinisiertes Aktionsprogramm zurückgegriffen oder es werden mögliche Aktivitäten zur Problemlösung gesucht. Beispielsweise könnte ein Anwendungsprogramm auf dem Computer plötzlich nicht mehr richtig funktionieren. Der erfahrene Benutzer würde in diesem Fall routinemäßig die entsprechenden Tastenkombinationen durchführen, während der unerfahrene Laie erst nach Möglichkeiten suchen müsste, das Problem zu lösen und das Programm wieder lauffähig zu machen. Das gelernte Programm wäre dabei also ein ökonomisches Verfahren um ähnliche Situationen bewältigen zu können, ohne jedes Mal von neuem das Problem zu analysieren. Das gelernte Programm ist allerdings möglicherweise nicht das bestmögliche oder nicht für alle Situationen gleichermaßen geeignet. Hierbei liegt das Kriterium der Zielerreichung im Individuum selbst. Man sucht üblicherweise keine objektiv optimalen Lösungen, sondern subjektiv befriedigende, die den eigenen Standards genügen. Beispielsweise könnte der Anwender gelernt haben, bei Funktionsstörungen einfach einen Neustart des Computers durchzuführen. Dies bedeutet zwar eine nicht unerhebliche Unterbrechung der eigenen Arbeit, führt jedoch mit einfachen Mitteln zuverlässig zum Ziel und ist daher aus Sicht des Betreffenden möglicherweise eine befriedigende (obgleich nicht optimale) Lösung:

> „Die meisten menschlichen Entscheidungsprozesse, individueller oder organisatorischer Natur, befassen sich mit dem Auffinden und der Auswahl befriedigender Alternativen; nur in Ausnahmefällen befassen sie sich mit dem Auffinden und der Auswahl optimaler Alternativen." (March & Simon 1976: 132).

Der Grund für diese verkürzte Suche liegt in ihrer Ökonomie. Das Auffinden optimaler Lösungen erfordert einen hohen zeitlichen und kognitiven Aufwand, dem häufig nur ein vergleichsweise geringer Nutzenzuwachs gegenübersteht.

Unter diesem Aspekt der Ökonomie kann auch die Durchführung von gelernten Aktionsprogrammen gesehen werden. Sie erlauben eine rasche Reaktion auf Stimuli, die sich in der Vergangenheit bewährt hat und daher mit hoher Wahrscheinlichkeit wieder zu einer befriedigenden Lösung führt. Mit der kurzfristigen Initiierung und Durchführung von Aktionsprogrammen als Möglichkeit der Komplexitätsreduktion beschäftigt sich das folgende Kapitel. Anschließend wird untersucht, wie Programme selbst modifiziert werden, um zu organisatorischen Anpassungen und Innovationen zu führen.

5.6   Kurzfristige Anpassungsprozesse auf komplexe Situationen

A)   Aktionsprogramme

Aktionsprogramme sind in Organisationen am einfachsten anhand von Unterlagen wie Organigrammen oder Geschäftsordnungen, die den betrieblichen Ablauf regeln, zu erkennen. Nicht alle Organisationen und Abteilungen lassen sich jedoch gleichermaßen regeln. Grundsätzlich gilt, je repetitiver eine Tätigkeit ist, desto eher kann sie in Programmen organisiert werden. Dies trifft beispielsweise für eine Verwaltung oder eine Produktionseinheit zu, weniger jedoch für eine Forschungs- und Entwicklungsabteilung. Dementsprechend ist das arbeitsbezogene Verhalten der Mitarbeiter in einer Verwaltung anhand der dort vorliegenden Programme leichter vorhersagbar als das der Angestellten einer Forschungsabteilung.

Die *organisatorische Funktion* von Programmen besteht darin,
1.   Die Koordination von arbeitsteiligen Tätigkeiten sicherzustellen und
2.   eine Kontrolle über die Qualität der Arbeit zu ermöglichen.

Inhaltlich können sich Aktionsprogramme in dreifacher Hinsicht unterscheiden:
1.   Sie können mehr oder weniger stark ausgeprägte zeitliche Vorgaben beinhalten,
2.   einzelne Arbeitsaktivitäten unterschiedlich detailliert festlegen und
3.   das zu erstellende Produkt der Arbeit mehr oder weniger genau spezifizieren.

Ein Programm wird zunächst durch einen Stimulus aus der Organisation hervorgerufen und anschließend ausgeführt. In einem einfachen Fall könnte ein Aktionsprogramm lauten: „Wenn im Lager Waren entnommen werden, so überprüfe, ob die verbleibende Menge einen bestimmten Soll-Bestand unterschreitet. Fall ja, bestelle neue Waren derselben Art in einer eindeutig definierten Menge." Die Beobachtung der Entnahmen von Waren würde das Aktionsprogramm hervorrufen und zu Ausführung bringen; das Verhalten des Betreffenden wäre hier weitestgehend festgelegt.

Allerdings könnte man sich auch eine etwas freiere Handlungsanweisung vorstellen, z. B.: „... falls ja, bestelle neue Waren derselben Art in ausreichender Menge." In diesem Fall wäre insofern eine größere Handlungsfreiheit gegeben, als es dem Ermessen des Betreffenden überlassen bliebe, festzustellen, was unter „ausreichend" zu verstehen ist. Mit anderen Worten: In diesem Fall ist nur noch das Ziel festgelegt, die Auswahl der Mittel zur Erreichung dieses Ziel bleiben dem Ausführenden überlassen. Besitzt er keinerlei Vorerfahrungen, so müsste er bestimmte Suchstrategien anwenden und sich entsprechende Informationen einholen. Ist er schon lange in Betrieb beschäftigt, so weiss er möglicherweise aus Erfahrung, was zu einer bestimmten Jahreszeit die richtige Bestellmenge ist, oder er kennt verschiedene Informationsquellen, um sich darüber zu informieren.

Menschliches Verhalten in Organisationen ist durch Aktionsprogramme also in unterschiedlichem Maße festgelegt. Damit ermöglichen sie eine mehr oder weniger stark ausgeprägte Handlungsfreiheit, die nicht nur vom Grad ihrer Detailliertheit abhängt, sondern auch davon, inwieweit lediglich Ziele oder bereits auch die zu deren Erreichung notwendigen Mittel darin spezifiziert sind:

„Das Ausmaß und die Arten der *Handlungsfreiheiten*, die ein Organisationsteilnehmer hat, sind eine Funktion seines Ausführungsprogramms und im Besonderen eine Funktion des Ausmaßes, bis zu dem das Programm die Aktivitäten (Mittel) und das Produkt oder das Ergebnis (Ziel) spezifiziert. Je mehr das Programm in die letztere Richtung geht, desto mehr Handlungsspielraum erlaubt es der Person, die das Programm ausführt, die Mittel/Ziel-Verbindung herzustellen." (March & Simon 1976: 138; kursiv im Original).

In Organisationen liegen üblicherweise zahlreiche Programme vor, die teilweise hierarchisch angeordnet sind. Während Programme unterer Ebenen sich vorwiegend auf die Ausführung von Handlungen beziehen, haben die der Führungsebenen stärker die Aufgabe, Programme zu initiieren und zu modifizieren. Stellt eine Führungskraft beispielsweise fest, dass der Warenbestand im Lager häufig Defizite aufweist, so wird sie die Mitarbeiter anweisen, die Bestände regelmäßiger zu überprüfen oder die aktuelle Verfahrensweise (das Programm der Mitarbeiter) zu verändern. Sind aus Sicht der Führungskraft keine Defizite auszumachen, so wird sie die Programmausführung belassen. Dadurch ist es möglich, die Entscheidungssituation auf Führungsebene zu vereinfachen; die Vielzahl und Komplexität möglicher Einzelentscheidungen und Handlungen wäre hier nicht mehr überschaubar. Stattdessen beschäftigt sie sich innerhalb ihres eigenen Programms nur mit aggregierten Vorgaben mit begrenzten Handlungsalternativen (dem gesamten Lagerbestand als ein Bestandteil des Produktionsprozesses) und schreitet nur bei Defiziten ein.

Diese hierarchische Verschachtelung von Aktionsprogrammen entspricht einer organisatorischen Zerlegung von Zielen und den zu ihrer Verwirklichung notwendigen Ziel-Mittel-Relationen: Zur Erreichung eines globaleren Ziels (Sicherstellung des Produktionsbetriebs) stehen mehrere Mittel zur Verfügung (ausreichende Lagerhaltung, Wartung der Produktionsanlagen etc.), die ihrerseits Ziele auf der nächst niedrigeren Ebene sind. Dort stehen ebenfalls verschiedene Mittel zur Verfügung, um die jeweiligen Unterziele zu erfüllen (regelmäßig den Lagerbestand prüfen oder den Beschaffungsmarkt überwachen, um die Lagerhaltung zu sichern). Zur dauerhaften Sicherstellung der jeweiligen Subziele und damit letztlich des oder der Gesamtziele stehen in der Organisation unterschiedliche Aktionsprogramme zur Verfügung, die einen begrenzten Bereich von Situationen und Konsequenzen betreffen und teilweise unabhängig voneinander ausgeführt werden können. Die Auswahl eines jeweiligen Programms erfolgt danach, inwieweit eine gewünschte Zielsetzung vermutlich in einem befriedigenden Maß erfüllt wird.

B)   Zielbildung und Identifikation

Auf individueller Ebene besitzt die Bildung von Zielen eine motivatorische und eine informatorische, komplexitätsreduzierende Funktion: Mit der Entscheidung zur Teilnahme akzeptiert das Individuum die ihm zugeteilten Aufgaben, innerhalb derer es seine Beiträge leistet (s. o.). Damit akzeptiert es auch die Subziele, die einen Bestandteil der allgemeinen Arbeitsaufgabe darstellen:

> „Was immer Individuen und Gruppen motiviert, die ihnen durch die legitimierten (formalen oder informellen) Prozesse der Organisation zugeteilten Aufgaben zu akzeptieren, führt auch zur Motivation der Subziele. Die Subziele sind nämlich implizit oder explizit genauso in der Definition der Situation inbegriffen, wie die Definition der Situation in der Aufgabenzuteilung enthalten ist." (March & Simon 1976: 142).

Das Ausmaß an Engagement zugunsten der Zielerreichung ist allerdings auch von der Klarheit der Zielformulierung abhängig. Je klarer ein Ziel definiert ist, desto leichter ist es, dieses Ziel zu erreichen und eine damit verbundene Belohnung zu erhalten; umgekehrt ist es bei unklaren Zielen nicht ohne weiteres möglich, zu erkennen, durch welches konkrete Verhalten das Ziel erreicht wird und ein Erfolg verbucht werden kann:

„Je größer die mit einer Aktivität verbundene *Klarheit der Ziele* ist, desto größer ist die Neigung, sich dafür zu engagieren. Wenn klare Ziele formuliert sind, so ist es einfacher, interne und externe Belohnungen und Bestrafungen an die Ausführung von Aufgaben zu binden, als wenn dies nicht der Fall ist." (March & Simon 1976: 172; kursiv im Original).

Außerdem ist es mit der Bildung von Unterzielen (wie oben bereits erwähnt wurde) möglich, eine komplexe Situation so weit zu zerlegen, dass sie von einer einzelnen Person erfasst und bewältigt werden kann. Der Brennpunkt der Aufmerksamkeit wird dabei auf die durch das Subziel definierten Teilaspekte gerichtet, irrelevante Sachverhalte werden ausgeblendet.

Dabei kommt es allerdings zu einer Verstärkung der Subziele und damit verbundener Wahrnehmungen. Im Rahmen der Aufgabenerledigung werden vorzugsweise diejenigen Informationen aufgenommen bzw. berücksichtigt, die mit dem jeweiligen Bezugsrahmen übereinstimmen; diskrepante Wahrnehmungen werden gefiltert. Der vorliegende Versuch der Autoren, hoch komplexes organisatorisches Verhalten auf Entscheidungen zu reduzieren und andere Aspekte wie etwa persönliches Machtstreben oder den Wunsch auf individuelle Selbstverwirklichung auszublenden, stellt ein Beispiel für die Fokussierung auf bestimmte Wahrnehmungen und Verstärkung einer wissenschaftlichen Zielsetzungen dar.

Diese Tendenzen werden durch Kommunikationsprozesse innerhalb einer Abteilung, wie auch innerhalb einer Forschungsgruppe, noch weiter verstärkt. Hier werden Informationen zwischen Personen ausgetauscht, die die gleiche oder eine ähnliche Zielsetzung verfolgen. Alle diese Personen besitzen mehr oder weniger den gleichen Bezugsrahmen und filtern Informationen in Hinblick auf die gleiche Zielsetzung. Die Berichte und Einschätzungen, die man hier erhält, stimmen alle mehr oder weniger mit den eigenen Wahrnehmungen überein und bestätigen diese. Eine entscheidungstheoretisch orientierte Forschergruppe würde beispielsweise gegenseitig Informationen und Überlegungen austauschen, in denen Organisationen auf eine bestimmte, innerhalb der Gruppe weitgehend konsistente Art und Weise gesehen würden. Wahrnehmungen aus der Umwelt (z. B. Fachpublikationen), die mit den eigenen Schlussfolgerungen übereinstimmen, würden dabei selektiv rezipiert werden. Die Gruppe würde sich in ihrer Ansicht der Sachlage, im Verständnis darüber, wie Organisationen behandelt werden sollten, selbst verstärken.

C) Kommunikation

Die Aufteilung von Organisationszielen in Unterziele, die mit Arbeitsteilung und Spezialisierung verbunden ist, erfordert allerdings auch spezielle Mechanismen zur Koordination, um die Abstimmung zwischen den einzelnen Abteilungen zu gewährleisten. Je stärker einzelne Arbeitsprozesse spezialisiert sind, desto größer ist die wechselseitige Abhängigkeit innerhalb der Organisation und desto höher sind die Anforderungen an das Kommunikationssystem. Eine Möglichkeit, den kommunikativen Aufwand zu reduzieren besteht darin, die Koordination durch Planung zu gewährleisten; allerdings ist dies nur bei repetitiven Aktivitäten wie etwa im maschinellen Produktionsbereich möglich (s. o.). Bei nicht-repetitiven, häufig wechselnden Anforderungen muss die Initiierung angemessener Verfahrensweisen von der aktuellen Situation in der Organisation abhängig gemacht werden. Der Kommunikation kommen im Rahmen solcher programmierter Aktivitäten drei unterschiedliche Funktionen zu:

1. Sie dient als Stimulus, um Programme hervorzurufen: Welche Probleme sollten am ehesten angegangen werden?
2. Sie stellt Daten für die Auswahl und Ausführung von Programmen zur Verfügung, die entscheiden helfen, welches Aktionsprogramm das günstigste ist: (Durch welche Maßnahme kann ein Problem am besten beseitigt werden?)
3. Sie informiert über die Ergebnisse von bereits durchgeführten Aktionen: (Wie gut wurde ein Problem bewältigt bzw. wie gut ist die eigene Arbeit?)

Bezüglich längerfristiger Innovationsprozesse (s. u.) kommen ihr noch zwei weitere Funktionen zu:

4. In der wechselseitigen Kommunikation wird festgestellt, inwieweit die bestehenden Programme in Rahmen der organisatorischen Zielsetzung überhaupt als befriedigend angesehen werden können.
5. Wird die Notwendigkeit für neue Programme gesehen, so dient Kommunikation schließlich dazu, diese neuen Programme zu initiieren, zu koordinieren und gegebenenfalls zu korrigieren.

Eine wesentliche Notwendigkeit der organisationsinternen Kommunikation liegt darin, Komplexität zu reduzieren. Die unzureichende menschliche Informationsverarbeitungskapazität aber auch die begrenzten Kommunikationskanäle zwingen dazu, die unüberschaubare Vielfalt an organisatorischen Ereignissen und möglichen Reaktion so zu begrenzen, dass sie handhabbar werden. Dies wird durch Klassifikationen in verschiedene Kategorien erreicht:

> „Wenn das Modell der Realität nicht so komplex sein soll, daß die Organisation lahmgelegt wird, so muß sie radikale Vereinfachungen ihrer Reaktionen entwickeln. Eine solche Vereinfachung wäre (a) ein Repertoire von standardisierten Reaktionen, (b) einer Klassifikation programmhervorrufender Situationen, (c) eine Reihe von Regeln, um bestimmen zu können, welche Reaktion für jede Klasse von Situationen geeignet ist." (March & Simon 1976: 153).

Situationen in der Organisation, die prinzipiell nie völlig identisch auftreten können, werden dabei in Kategorien geordnet. Diesen Kategorien stehen standardisierte Reaktionen gegenüber sowie Auswahlkriterien, unter welchen situativen Bedingungen welche Reaktionen zu erfolgen haben. Ein Warenhauskonzern könnte beispielsweise anhand spezifischer Umsatzzahlen feststellen, dass ein bestimmtes Produkt A seit einiger Zeit die angestrebten Verkaufszahlen nicht mehr erreicht. Das für diesen Fall vorgesehene Verfahren könnte nahe legen, in der zentralen Abteilung für Marktforschung Erkundigungen einzuholen, wie die weiteren Verkaufserwartungen des Produkts im Vergleich zu ähnlichen Produkten beurteilt werden. In Abhängigkeit von der Rückmeldung wird entweder nachgeordnet, oder ein vielversprechenderes Produkt wird in das Verkaufssortiment aufgenommen.

Etwas abstrakter formuliert absorbiert die Organisation damit auch Ungewissheit über die Situation:

> „Absorption der Ungewißheit findet statt, wenn Schlüsse aus einem umfangreichen Beweismaterial gezogen und dann anstatt des Beweismaterials selbst kommuniziert werden." (March & Simon 1976: 154).

Die Umsatzzahlen in obigem Beispiel, die eine Klassifikation des jeweiligen Verkaufsgeschehens vor Ort darstellen, signalisieren ab einer bestimmten Schwelle Handlungsbedarf, auf den die Organisation reagiert. Das Signal zur Handlung wird dabei durch die Statistik geliefert, diese bildet die Information, auf die die Organisation reagiert, wobei andere zusätzliche Informationen ausgeblendet werden. Beispielsweise könnte es sein, dass das Produkt A zwar nur selten verkauft wird, allerdings etliche Kunden in das Warenhaus lockt, da es von anderen Häusern nicht angeboten wird. Diese Kunden bereichern dann das übrige Geschäft, indem sie bei der Gelegenheit auch noch weiter Einkäufe tätigen. Den Verkäufern vor Ort wäre dieser insgesamt positive Effekt zwar vermutlich bekannt, die Entscheidungsregel in der zentralen Planung und Beschaffung würde sie jedoch ausblenden. Mit der Absorption von Unsicherheit ist also stets auch eine Reduktion von Informationen verbunden; sie beruht auf ausgewählten, zusammengefassten Daten und den daraus gezogenen Schlussfolgerungen. Damit besteht auch die Gefahr manipulativer Techniken zur Ausübung von persönlicher Macht. Derjenige, der Informationen zusammenfasst und als Schlussfolgerungen weiterleitet, kann erheblichen Einfluss auf die Art der Schlussfolgerung ausüben und das insbesondere dann, wenn die Fakten nicht ohne weiteres überprüft werden können. Beabsichtigt der Verkaufsleiter beispielsweise, Produkt A durch Produkt B zu ersetzen, so kann er anhand geeigneter Statistiken Produkt A besonders ungünstig erscheinen lassen, etwa indem er allgemeine Verkaufseinbußen in der entsprechenden Sparte verschweigt und lediglich die Verkaufszahlen für Produkt A veröffentlicht:

> „Die Absorption der Ungewißheit wird deshalb oft – bewußt oder unbewußt – als eine Technik zur Erlangung und Ausübung von Macht verwendet. In einer Kultur, in der man den Behauptungen von Tatsachen nicht direkt widersprechen darf, kann ein Individuum, das vor allem Behauptungen über etwas aufstellt, das nicht der direkten Wahrnehmung anderer widerspricht, häufig erreichen, daß diese Behauptungen als Entscheidungsprämissen akzeptiert werden." (March & Simon 1976: 154).

5.7   Planung und Innovation als langfristige Anpassungsprozesse

Die organisatorische Komplexitätsreduktion durch programmierte Aktivitäten ist statisch; sie beschreibt mehr oder weniger festgelegte, sich wiederholende Entscheidungs- und Verhaltensmuster. Längerfristig finden in Organisationen jedoch auch Innovationen statt, die zur Initiierung und Etablierung neuer Programme führen:

> „Um Initiation und Innovation handelt es sich dann, wenn eine Änderung die Ausarbeitung und Evaluation neuer Ausführprogramme erfordert, die früher nicht zum Repertoire der Organisation gehörten und die nicht durch einfache Anwendung programmierter Umstellungsregeln eingeführt werden können." (March & Simon 1976: 163).

Die Triebfeder zur Einführung neuer Programme bildet nach dem Modell des adaptiv motivierten Verhaltens (s. o.) die wie im Einzelfall auch immer festgestellte Zufriedenheit mit dem bestehenden Ausführungsmodus. Wird ein bestehendes Aktionsprogramm aufgrund bestimmter Kriterien als unbefriedigend bewertet oder hat sich das eigene Anspruchsniveau nach oben verschoben, beginnt die Suche nach befriedigenden Alternativen. Hierzu kann das bestehende Programm abgeändert oder ein gänzlich neues, das allerdings mit den zur Verfügung stehenden organisatorischen Ressourcen durchgeführt werden kann, ausgearbeitet und später evaluiert werden.

Nach den „*Konzept des optimalen Stress*", bestimmt als Diskrepanz zwischen dem eigenen Anspruchsniveau und dem Zielerreichungsgrad, werden Innovationen dann am schnellsten vorangetrieben, wenn die Stressausprägung in der Organisation in einem mittleren Bereich liegt. Ist der Stress zu gering, so kommt es zu Apathie und Innovationsbestrebungen unterbleiben, ist er zu hoch, so resultieren leicht Frustrationen und in der Folge neurotische Verhaltensweisen wie das stereotype Beharren in bekannten Verhaltensmustern.

Innovation kann man auch als *kreativen Problemlöseprozess* auffassen: Es liegt eine als bedeutsam empfundene Ist-Soll-Differenz vor und nun sollen Mittel gefunden werden, den angestrebten Soll-Zustand wieder herzustellen. Dieser Problemlöseprozess verläuft typischerweise in mehreren Stufen.

1. Zunächst werden diejenigen Alternativen in Erwägung gezogen, die direkt der Kontrolle des Individuums oder der betreffenden Abteilung unterliegen, um das Problem mit eigenen Mitteln zu lösen. Verschiedene Alternativen werden in Erwägung gezogen, gegebenenfalls ausprobiert und wenn sich dabei eine befriedigende Lösung zeigt, wird diese beibehalten.

2. Kann keine befriedigende Lösung gefunden werden, wird der Suchraum auf fremde Mittel erweitert, die der Kontrolle anderer Abteilungen oder Instanzen unterliegen. Eine Endfertigungsabteilung könnte beispielsweise nach Wegen suchen, die zu hohen Ausfallzeiten im Produktionsprozess zu senken. Nach mehreren fehlgeschlagenen Versuchen könnte sie beispielsweise mit einer im Produktionsprozess vorgelagerten Fertigungsabteilung übereinkommen, die Produktion der benötigten Einzelteile besser aufeinander anzustimmen, um Wartezeiten zu vermeiden.

3. Ist schließlich auch dadurch keine befriedigende Lösung zu finden, werden schließlich die Kriterien gelockert, um doch noch eine Lösung akzeptieren zu können.

Es bleibt schließlich noch zu klären, auf welcher *Organisationsebene* Innovationsprozesse gestartet werden. Hierzu soll nochmals auf die bereits erwähnte hierarchische Zerlegung von Ziel-Mittel-Relationen zurückgegriffen werden:

> „Eine Zweck-Mittel Analyse der Zielsetzung einer Organisation und der Aktivitäten, die sich auf diese Zielsetzungen richten, enthüllt etwa folgendes:
> (1) Wir können die Mittel und Ziele hierarchisch anordnen. Die Ziele der höheren Ebenen dieser Hierarchie sind jedoch nicht operational (...), d. h., es existieren keine vereinbarten Kriterien zur Bestimmung des Ausmaßes, bis zu dem bestimmte Aktivitäten oder Aktivitätsprogramme zur Verwirklichung dieser Ziele beitragen.

(2) Auf den niedrigen Ebenen der Mittel-Zweck Hierarchie sind die Ziele operational; man kann den Beitrag bestimmter Aktivitäten zur Verwirklichung dieser Ziele messen.

(3) Auf einer Ebene der Hierarchie, die sich etwas unter der höchsten Ebene der operationalen Ziele befindet, lassen sich individuelle Aktionsprogramme unterscheiden, wobei jedes einzelne einen Beitrag zur Verwirklichung einer Reihe von Subzielen leistet und jedes einzelne zumindest dem Prinzip nach aus einer mehr oder weniger unabhängigen Reihe von Aktivitäten besteht, die fast unabhängig von den anderen Programmen ausgeführt werden können." (March & Simon 1976: 179f).

Beispielsweise ist das Ziel einer Öffentlichen Verwaltung „Bereitstellung angemessener Dienstleistungen" nicht operational. Darunter könnte ein untergeordnetes Ziel, etwa die Sicherstellung einer niedrigen Brandschadensrate stehen, deren Zielerreichungsgrad bestimmt werden kann. Unter diesem Subziel steht wiederum eine Reihe von Aktionsprogrammen, etwa die regelmäßige Überprüfung von Wohnungen auf die Einhaltung von Brandschutzbestimmungen, die einen Beitrag zur Erhaltung des genannten Subziels leisten. Die folgende Grafik verdeutlicht diese Struktur:

Neben einer solchen Zielstruktur besitzt eine Organisation noch eine Hierarchie formaler Autoritätsbeziehungen, die die Gesamtorganisation in Abteilungen und Unterabteilungen gliedert und deren Beziehungen untereinander regelt. Nun sind zwei Extremfälle auf einem Kontinuum möglicher Arten der Gliederung denkbar:

1. Jedes operationale Subziel stellt das Ziel einer eigenen Abteilung. Die formale Struktur entspräche dann der Gliederung der mittleren Ebene in der Abbildung – die Organisationsstruktur wäre mit der Zielstruktur identisch.
2. Ziele und Abteilungen überlappen sich vollständig. Im obigen Schaubild wären beispielsweise zwei oder mehrere Abteilungen denkbar, die sich die beiden operationalen Ziele teilen. Die gesamte Organisation selbst (und nicht etwa eine bestimmte Abteilung) ist dann die einzige Einheit, in der ein bestimmtes operationales Ziel und gegebenenfalls nachgelagerte Subziele vollständig verfolgt wird.

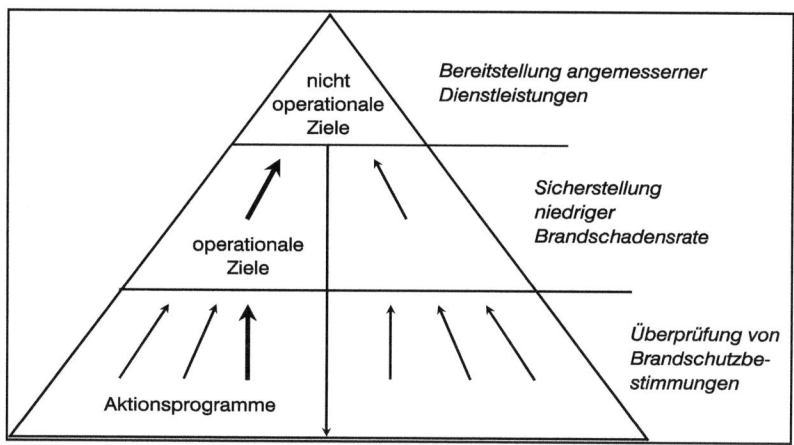

Abbildung 11: Die hierarchische Struktur von nicht operationaler und operationalen Zielen und von Aktionsprogrammen

Den Motor für Innovationen bildet nach dem Modell des adaptiv motivierten Verhaltens die Unzufriedenheit mit einer aktuellen Situation. Umgekehrt sind Innovationsmaßnahmen dann für eine bestimmte Person, Personengruppe oder Abteilung von Bedeutung, wenn sie für die dort herrschenden spezifischen Bedürfnisse Abhilfe versprechen:

> „An jedem Punkt der Organisation würden wir erwarten, daß die *Sensitivität gegenüber Innovationen* eine Funktion der *Bedeutung der Innovation für die Bedürfnisse der spezifisch involvierten Einheit* ist." (March & Simon 1976: 182; kursiv im Original).

In zweiten oben genannten Fall liegen keine abteilungsspezifischen Bedürfnisse vor; keines der Subziele ist einer bestimmten Abteilung zugeordnet. Daher ist zu erwarten, dass innovative Aktivitäten hier auf den höchsten Ebenen stattfinden. Im ersten Fall kann dagegen davon ausgegangen werden, dass Innovationen, die sich auf nicht-operationale Ziele beziehen, auf den höchsten Ebenen, solche, die sich auf operationale Ziele beziehen, in den jeweiligen Abteilungen initiiert werden.

6   Richard Cyert & James March

Am Ausgangspunkt der Entwicklung ihres entscheidungstheoretischen Konzeptes untersuchen Cyert & March (1995) zunächst zwei Arten bestehender organisationstheoretischer Ansätze. Hierzu zählt zunächst die überwiegend betriebswirtschaftlich angelegte *Theorie der Unternehmung*, die im Kern von der Annahme geleitet wird, Organisationen seien bemüht, den unternehmerischen Gewinn zu maximieren:

> „Unter der Annahme, daß die Unternehmung in einem vollkommenen Markt tätig ist, behauptet die allgemein anerkannte Theorie, daß das Ziel der Unternehmung darin besteht, bei gegebenen Preisen und einer technologische determinierten Produktionsfunktion das Nettoeinkommen zu maximieren. Das Nettoeinkommen (Gewinne oder erwartete Gewinne) ist die Differenz der zwischen Einnahmen und der Summe der fixen und variablen Kosten. Die Produktionsfunktion ist das Verhältnis zwischen Produktionsfaktoren und den entsprechenden Produktionsmengen, die durch materielle innerbetriebliche Gegebenheiten bestimmt werden. Gewinnmaximierung wird durch die Bestimmung der optimalen Kombination der Produktionsmengen (Produkte) und Einsatzmengen (Faktoren) erreicht, d. h. durch Bestimmung der Gleichgewichtsposition." (Cyert & March 1995: 5).

Dabei stellt die betriebswirtschaftliche Theorie ein breites Spektrum mathematischer Verfahren bereit, mit deren Hilfe Entscheidungen über minimale Kosten oder optimale Produktionsmengen zum Zwecke der betrieblichen Gewinnmaximierung getroffen werden können.

Kritik an dieser Position lässt sich in mindestens zweierlei Hinsicht formulieren:

1.   Gewinn als Organisationsziel: Die Annahme eines einzigen Organisationsziels, dem alle anderen untergeordnet sind, ist zweifelhaft:

> „Vielleicht ist die einfachste Attacke gegen Gewinn als ein Motiv zugleich auch die destruktivste. Wir können argumentieren, dass Unternehmer, wie auch sonst jedermann, eine Menge persönlicher Motive haben. Gewinn mag eines ihrer Motive sein, aber sie sind auch an Sex, an Essen oder an der Rettung von Menschen interessiert." (Cyert & March 1995: 9).

2.   Maximierung als Anspruch: Ferner spricht einiges dafür (z. B. auch March & Simon 1976, s. o., „satisfizing"), dass Entscheidungen meist nicht darauf ausgerichtet sind, Gewinne zu maximieren, sondern eher darauf, ein bestimmtes, veränderbares Anspruchsniveau zu erfüllen:

„Die zweite Attacke gegen die These der Gewinnmaximierung verneint nicht die Bedeutung von Gewinnen, stellt aber die These der Maximierung in Frage. Gordon, Simon und Margolis führen Gründe dafür an, daß die Gewinnmaximierung durch das Ziel ‚Erreichung zufriedenstellender Gewinne' ersetzt werden sollte. Zufriedenstellende Gewinne stellen ein Anspruchsniveau dar, das die Unternehmung zur Beurteilung geschäftspolitischer Alternativen verwendet. Das Anspruchsniveau kann sich im Laufe der Zeit ändern, aber kurzfristig bestimmt es eine Nutzenfunktion, die im Wesentlichen nur zwei Werte beinhaltet: ‚gut genug' oder ‚nicht gut genug'." (Cyert & March 1995: 10).

Der zweite Ansatz, die *Organisationstheorie*, lässt sich nach Cyert & March grob in drei Hauptströmungen differenzieren. Soziologische Organisationstheorien beschäftigen sich traditionell mit der Rationalität bürokratischer Organisationen und betonen Phänomene der Arbeitsteilung oder Aufgabenspezialisierung. Sozialpsychologische Ansätze entwerfen einfache Effizienzkriterien und untersuchen experimentell die Auswirkung einzelner Variablen (z. B. Kommunikationsnetze, Problemlösungsgruppen) auf diese Effizienzkriterien. Die dritte Gruppe der administrativen oder entscheidungstheoretischen Ansätze beschäftigt sich zentral mit Entscheidungsprozessen, hier jedoch insbesondere der Zugehörigkeit zur Organisation und der Motivierung der Organisationsmitglieder.

Auch dieser Ansatz ist in Hinblick auf die Fähigkeit zur Erklärung bzw. Vorhersage wirtschaftlich relevanter Entscheidungen in Organisationen als fragmentarisch zu bewerten:

„Die vorhandene Organisationstheorie liefert somit nur eine sehr bruchstückhafte Grundlage für eine neue Theorie der Unternehmung. Die soziologischen und sozialpsychologischen Ansätze haben Fragen in den Vordergrund gestellt, die nur am Rande entweder für die Ziele der konventionellen Theorie der Unternehmung oder für das Ziel, unternehmensindividuelles Verhalten vorherzusagen, relevant sind. Der entscheidungsorientierte Ansatz hat zwar eine fundierte Theorie der Entscheidungsprozesse in einem organisationalem Kontext entwickelt, aber er hat die Theorie weder auf bestimmte Umweltbedingungen, unter denen die Unternehmung agiert, angewendet, noch hat er die Theorie im Detail auf die besonderen, für die Tätigkeit der Unternehmung charakteristischen Entscheidungsvariablen angewendet." (Cyert & March 1995: 20f).

6.1   Bausteine für eine theoretische Neuformulierung

Vor diesem Hintergrund der Unzulänglichkeit der beiden bestehenden Ansätze sehen sich Cyert & March vor der Aufgabe, eine theoretische Revision vorzunehmen, die über eine bloße Integration beider Konzepte hinausgeht:

„Die Aufgabe, vor der wir stehen, verstehen wir so, eine Theorie aufzubauen, die (1) die Unternehmung als ihren grundlegenden Bezugsgegenstand betrachtet, (2) die Vorhersage des Verhaltens der Unternehmung in Hinblick auf Entscheidungen, z. B. über Preise, Produktionsmengen und Ressourcenallokation zum Ziel hat und (3) es als ihre elementare Verpflichtung ansieht, ausdrücklich den konkreten Prozeß der Entscheidungsfindung in Organisationen in den Mittelpunkt der Forschung zu stellen." (Cyert & March 1995: 21).

Dabei werden von den Autoren vier Teilaspekte als zentral erachtet, die in der folgenden Erörterung näher ausgearbeitet werden:

„Um eine alternative Theorie zu entwickeln, brauchen wir überzeugendere Theorien über organisationale *Ziele*, organisationale *Erwartungen*, organisationale *Wahlakte* und organisationale *Kontrolle*. Unserer Meinung nach sind dies die vier wichtigsten Teiltheorien einer verhaltenswissenschaftlichen Theorie der Unternehmung. Eine Theorie der organisationalen Ziele würde untersuchen, wie Ziele in einer Organisation entstehen, wie sie sich im Laufe der Zeit ändern, und wie die Organisation mit ihnen umgeht. Eine Theorie der organisationalen Erwartungen würde sich damit befassen, wie und wann eine Organisation Informationen oder neue Alternativen sucht und wie die Informationen innerhalb der Organisation verarbeitet werden. Eine Theorie der organisationalen Wahlakte würde das Verfahren charakterisieren, nach dem die der Organisation zur Verfügung stehende Alternativen geordnet werden und eine Auswahl aus ihnen getroffen wird. Eine Theorie der organisationalen Kontrolle würde die Unterschiede zwischen den Wahlakten von Führungskräften einer Organisation und den tatsächlich in Kraft gesetzten Entscheidungen spezifizieren." (Cyert & March 1995: 23f; kursiv im Original).

6.2   Organisationale Ziele

In der Organisationstheorie wird häufig davon ausgegangen, dass in der Organisation ein oder mehrere Ziele vorliegen. Dies ist insofern unkorrekt, als man Ziele zwar Menschen zuschreiben kann, nicht jedoch dem sozialen Gebilde „Organisation":

1.   „Menschen (d. h. Individuen) haben Ziele; menschliche Kollektive haben keine Ziele.
2.   Um eine Theorie der organisationalen Entscheidungsfindung konzipieren zu können, scheinen wir – auf der Organisationsebene – etwas Analoges zu den individuellen Zielen auf der Individualebene zu benötigen." (Cyert & March 1995: 29).

Wenn also die in bzw. mit einer Organisation (im weitesten Sinne) beschäftigten Menschen alleinige Träger von Zielen sind, dann erscheint es plausibel, organisatorische Ziele in den gemeinsamen Vorstellungen relevanter Interessengruppen (Koalitionen) zu suchen:

> „Wir wollen Organisationen als eine Koalition betrachten. Sie ist eine Koalition von Individuen, von denen einige in Subkoalitionen organisiert sind. In einer Unternehmung gehören Manager, Arbeiter, Aktionäre, Lieferanten, Kunden, Rechtsanwälte, Finanzbehörden, Aufsichtsbehörden usw. zu den Mitgliedern der Koalition." (Cyert & March 1995: 29).

Organisationsziele sind also nicht a priori vorgegeben, sondern sie bilden sich im Rahmen der Interaktion der Koalitionäre, und dabei können sie sich auch verändern. Mit dem Begriff des „Shareholder Values" und der damit verbundenen vermeintlichen Unterbewertung von Arbeitnehmerinteressen und Überbewertung von Kapitalgeberinteressen hat dieser Aspekt der Neubildung von Organisationszielen in jüngster Zeit öffentliches Aufsehen erregt. Es sind daran auch nicht alle Organisationsmitglieder beteiligt, vielmehr wechselt die Zusammensetzung der Koalitionsteilnehmer in Abhängigkeit vom Entscheidungsgegenstand oder der Entscheidungsgelegenheit.

Für die Bestimmung von Zielen in Organisationen können *drei zentrale Mechanismen* beschrieben werden:

1. *Bildung von Koalitionszielen durch Verhandlung*: Zunächst können Ziele unter einer Gruppe aktiver Koalitionsteilnehmer ausgehandelt werden. Dabei erhebt sich die Frage nach kompensatorischen Ausgleichzahlungen (z. B. in Form von Geld, Einfluss oder sozialem Ansehen), die eine Verhandlungssituation erst ermöglichen. Ein wesentlicher und typischer Faktor hierbei sind finanzielle Entgelte. Der Unternehmer kauft eine für seine Zielsetzung benötigte Dienstleistung und der Mitarbeiter verpflichtet sich, sich gegen ein Entgelt für diese Zielsetzung einzusetzen.
2. Diese Sichtweise entspricht der Idee des Anreiz-Beitrags-Gleichgewichts von Chester Barnard (s. o.), ist allerdings nicht hierarchisch sondern koalitionstheoretisch formuliert. Dabei gibt es durchaus Gruppen, die in Entscheidungsprozessen aktiver sind (z. B. Geschäftsleitung), solche die weniger aktiv sind (z. B. Aktionäre) und solche, die im Wesentlichen passiv sind (z. B. Mitarbeiter).
3. Die ausgehandelten Ziele selbst sind dabei nur teilweise rational begründet. Geschick und Nachdruck der Verhandlungsführer, Reihenfolge von Forderungen und Knappheit der organisatorischen Ressourcen sind im Sinne der Entscheidungssache nicht-rationale Faktoren, die dennoch Einfluss auf das

Ergebnis ausüben. Gelegentlich werden Ziele auch in Form von Beschränkungen des Anspruchsniveaus festgelegt, z. B. wenn beschlossen wird, dass ein bestimmter Prozentsatz des Gesamtbudgets für eine bestimmte Maßnahme ausgegeben wird. Schließlich werden Ziele manchmal nicht-operational, also nicht unmittelbar auf den Grad ihrer Erfüllung hin überprüfbar, festgelegt. Dadurch ist es möglich, mehrdeutige Ziele zu definieren, die mit unterschiedlichen operationalen Zielen übereinstimmen können.

4. *Stabilisierung und Ausarbeitung von Zielen*: Einmal ausgehandelte Ziele werden über organisatorische Kontrollsysteme stabilisiert. Hierzu zählt das Budget, über das die finanzielle Unter- und Obergrenze von Aktionen festgelegt wird. Ferner werden durch Arbeitsteilung und Aufgabenspezialisierung Handlungsfreiräume geschaffen, in die durch andere nicht ohne weiteres eingegriffen werden kann. Schließlich liegen innerhalb einer Organisation häufig Präzedenzfälle aus früheren Situationen vor, die für die Beteiligten in der Regel eine hohe Verbindlichkeit besitzen, und die die Verfolgung festgelegter Zielsetzungen stabilisieren.

5. *Zieländerung auf der Grundlage von Erfahrungen*: Änderungen in den Zielsetzungen im Verlauf der Zeit können zunächst durch eine Verschiebung des Anspruchsniveaus erfolgen. Zum Beispiel wird sich mit zunehmender Leistungsfähigkeit der Organisation auch das Anspruchsniveau nach einer gewissen Latenzzeit nach oben verschieben. Zweitens ist die Organisation aus Gründen der Informationsverarbeitungskapazität nicht in der Lage, alle Probleme gleichzeitig zu beachten. Normalerweise stehen zu einem bestimmten Zeitpunkt manche Probleme im Fokus, während andere nicht beachtet werden. Probleme werden dabei sukzessive abgearbeitet, es ist dadurch ferner möglich, dass selbst widersprüchliche Ziele in einer Organisation koexistieren, da sie zu unterschiedlichen Zeitpunkten in den Fokus der Aufmerksamkeit rücken.

Organisationaler Slack: Die Verhandlung von Zielen und entsprechenden Ausgleichszahlungen entspricht einer Marktsituation mit unvollständigen Informationen, da der Wert einer Entscheidung bzw. deren Kompensation nicht immer klar ist und Anpassungen nur mit zeitlichen Verzögerungen stattfinden.

„Aufgrund dieser Spannungen bei der gegenseitigen Anpassung von Zahlungen und Forderungen, besteht normalerweise ein Mißverhältnis zwischen den Ressourcen, die der Organisation zur Verfügung stehen, und den Zahlungen, die zur Aufrechterhaltung der Koalition erforderlich sind. Diese Differenz zwischen den gesamten Ressourcen und den insgesamt notwendigen Zahlungen haben wir *organisationalen Slack* genannt. Der Slack besteht darin, daß an die Mitglieder der Koalition mehr gezahlt wird, als zur Erhaltung der Organisation erforderlich ist (...).

Es gibt typischerweise viele Formen von Slack: Aktionäre erhalten Dividenden, die höher sind, als es notwendig wäre, um die Aktionäre (oder Banken) an die Organisation zu binden; Preise werden niedriger angesetzt als nötig wäre, um adäquate Einnahmen von den Kunden zu erzielen; es werden höhere Löhne gezahlt, als zur Erhaltung des Bestands an Arbeitskräften erforderlich wäre; leitende Angestellte erhalten mehr Leistungen und persönliche Vergünstigungen, als erforderlich wäre, um sie zu halten; Abteilungen dürfen wachsen, ohne daß das Verhältnis zwischen zusätzlichen Zahlungen und zusätzlichen Einnahmen ernsthaft betrachtet würde; es werden mehr öffentliche Versorgungseinrichtungen geschaffen als erforderlich." (Cyert & March 1995: 41; kursiv im Original).

Dabei spielt Slack eine wichtige Rolle, um die Organisation zu stabilisieren und ihre Anpassungsfähigkeit an die Umwelt zu erhalten:

„Slack stabilisiert das System auf zweierlei Weise: (1) durch Absorption überschüssiger Ressourcen wird die aufwärts gerichtete Anpassung von Ansprüchen in relativ guten Zeiten verzögert; (2) durch Bereitstellung eines Pools an Notreserven können Ansprüche in relativ schlechten Zeiten aufrechterhalten (und befriedigt) werden." (Cyert & March 1995: 42).

Für die betriebliche Entscheidungsfindung lassen sich *fünf Arten von Zielen* identifizieren:

1. Produktionsziel: Größere Schwankungen der Produktion verhindern bzw. ein bestimmtes Produktionsniveau erhalten oder überschreiten.
2. Lagerhaltungsziel: Fehlbestände ebenso wie übermäßige Lagerhaltungskosten vermeiden.
3. Absatzziel: Ein bestimmtes Absatzniveau erhalten.
4. Marktanteilsziel: Als Alternative zum Absatzziel einen bestimmten Marktanteil erreichen.
5. Gewinnziel: Erreichung eines bestimmten Gewinns, ausgedrückt als Geldbetrag bzw. Akkumulation von Ressourcen zur Ausschüttung an diverse Interessensgruppen (z. B. Aktionäre oder Organisationseinheiten)

6.3   Organisationale Erwartungen

Neben Zielen besitzen Organisationen auch Erwartungen darüber, was sich in der Umwelt ereignet oder welche Effekte eine getroffene Entscheidung nach sich ziehen wird. Betriebswirtschaftliche Rationalität geht implizit oder explizit davon aus, dass bei Entscheidungen alle Alternativen geprüft und hinsichtlich ihres

Nutzens bzw. ihres durch Wahrscheinlichkeitsrechnung bestimmten Erwartungswertes eine Auswahl getroffen wird.

Mit Hilfe von vier Fallstudien und zwei ergänzenden Kommunikationsexperimenten zeigen die Autoren, dass diese rationalen Annahmen nicht dem tatsächlichen Entscheidungsverhalten in Organisationen entsprechen. Aus den Untersuchungen lassen sich einige *Implikationen* formulieren:

- Die Bewertung von Alternativen erfordert Informationen, deren Beschaffungen selbst Ressourcen bindet. Konsequenterweise werden zwischen den betrachteten Alternativen nur grobe Vergleiche, z. B. anhand weniger Kriterien relativ unsystematisch durchgeführt.
- Da Suchverhalten nach Alternativen erfolgt meist in Phasen. Zunächst, wenn ein Problembereich auftaucht, wird nach wenigen, brauchbaren Alternativen gesucht, die dann näher betrachtet werden. Wenn die Entscheidung näher rückt (und ihre potentiellen Konsequenzen damit präsenter werden), wird die Suche wieder intensiver. Dabei lässt sich vermuten, dass die Suche nach Alternativen dort intensiver durchgeführt wird, wo der Slack am geringsten ist und mögliche negative Konsequenzen am schlechtesten aufgefangen werden können.
- Bisweilen suchen nicht nur Organisationen nach Alternativen, sondern auch Alternativen nach Organisationen, beispielsweise, indem Beratungsfirmen für bestimmte Lösungen in der Organisation aktiv Werbung betreiben.
- Insbesondere, wenn die Konsequenzen bestimmter Handlungsweisen nur schwer zu bestimmen sind, fließen auch bewusste oder unbewusste Erwartungen von Entscheidungsträgern in die Entscheidung mit ein.
- Im Zuge des Kommunikationsprozesses (der bei betriebswirtschaftlichen Entscheidungsmodellen keinen Stellenwert besitzt) entstehen Verzerrungen, die in den Entscheidungsprozess mit einfließen.

6.4   Organisationale Wahlakte und Kontrolle

Organisationen sind anpassungsfähige Institutionen, die einen bevorzugten Zustand besitzen und auf Störungen von außen dahingehend reagieren, durch einen geeigneten Satz von Entscheidungen diesen Zustand wiederherzustellen. Entscheidungsregeln, die sich dabei als nutzbringend erwiesen haben, werden in Zukunft mit größerer Wahrscheinlichkeit wieder verwendet. Es findet ein organisationales Lernen statt, das darin begründet ist, dass standardisierte Verfahrensweisen gebildet und organisatorisch gespeichert werden.

Dabei können vier Gruppen von Standardverfahren unterschieden werden:

1. Regeln für die Durchführung von Aufgaben: Diese beziehen sich auf Beschreibungen zur Durchführung bestimmter Aufgaben wie z. B. der Fertigung eines Bauteils oder der Kalkulation eines Produkts.
2. Führung von Akten und Erstellung von Berichten: Fortlaufende Aufzeichnungen und Berichte werden meist für diejenigen Tätigkeiten erstellt, die für die betriebliche Effizienz am wichtigsten sind und dienen hauptsächlich zur Kontrolle und Prognose (z. B. die Bilanz).
3. Regeln für die Handhabung von Informationen: Diese treten als Leitregeln oder als Filterregeln auf (z. B. der „Dienstweg") und beziehen sich auf die Aufnahme von Informationen und deren Verteilung und Verdichtung sowie auf intern erzeugte Informationen und solche, die nach außen abgegeben werden.
4. Pläne: Durch Pläne werden Ziele definiert, Zwischenschritte auf dem Weg zu einem bestimmten Ergebnis spezifiziert, betriebswirtschaftliche Größen abgebildet und gleichzeitig Präzedenzfälle für Aktionen in späteren Perioden gebildet.

6.5 Grundlagen einer verhaltenswissenschaftlichen Theorie der Unternehmung

Neben Zielen, Erwartungen und Wahlakten beschreiben die Autoren vier zentrale relationale Konzepte als Bestandteile des organisatorischen Entscheidungsprozesses:

1. *Quasi-Lösung von Konflikten*: Bei der Darstellung der Ziele wurde bereits darauf hingewiesen, dass in Organisationen unterschiedliche Ziele vorliegen, die in Widerspruch zueinander stehen und Konflikte zwischen den zugehörigen Koalitionen auslösen können.
2. Eine Verfahrensweise zur Vermeidung von Konflikten besteht darin, dass Entscheidungsprobleme in Teilprobleme zerlegt und diese einzelnen Organisationseinheiten zugewiesen werden (= *Lokale Rationalität*). Jede Einheit hat dabei nur ein Problem und bearbeitet auch nur dieses. Ferner werden keine *Maximierungs-* sondern *Akzeptanzniveau-Entscheidungsregeln* verwendet. Mit letzteren sind mehr und insbesondere auch in Konflikt stehende Entscheidungen vereinbar, als mit ersteren. Schließlich werden Ziele *sequentiell* angegangen, wodurch in Konflikt stehende Zielsetzungen zeitlich voneinander getrennt werden.
3. *Vermeidung von Unsicherheit*: Unsicherheit stellt ein wesentliches Merkmal der organisationalen Entscheidungsfindung dar. Beispielsweise der Markt,

Behörden oder Lieferanten können ihr Verhalten ändern und stellen Organisationen damit potentiell vor Probleme. Trotz zahlreicher Verfahren zur Prognose zukünftiger Ereignisse (z. B. statistischer Prognoseverfahren) scheinen Organisationen allerdings Unsicherheit eher zu vermeiden. Anstatt längerfristige Ereignisse vorherzusagen und entsprechende Maßnahmen zu ergreifen, wird jedoch eher auf kurzfristige *Feedback-Signale* reagiert. Probleme werden dabei erst dann gelöst, wenn sie auftauchen und nicht bereits im Vorfeld antizipiert („Feuerlöscher-Organisation"). Außerdem wird versucht, durch *Verhandlungen* und die Ausarbeitung von Vereinbarungen das Verhalten der Umwelt zu beeinflussen, anstatt es vorherzusagen. Auf ähnliche Weise stellt auch die interne Planung (z. B. durch das Budget) eine verhandelte interne Umwelt dar.

4. *Problemorientierte Suche*: Die Suche nach Lösungen wird durch einzelne Probleme stimuliert und ist darauf gerichtet, für ein jeweiliges Problem eine Lösung zu finden. Diese Suche ist in dem Sinn *veranlasst*, als sie durch wahrgenommene Probleme – nicht erreichte Ziele in der Gegenwart oder nahen Zukunft – ausgelöst wird. Nach Entwicklung einer geeigneten Handlungsalternativen oder nach Anpassung des Anspruchsniveaus ist das Problem gelöst. Ferner ist die Suche *einfach*, da sie auf simplen Kausalmodellen beruht. Erst wenn diese nicht greifen werden komplexeren Modelle entwickelt. Schließlich unterliegt die Suche drei verschiedenen Arten von *Verzerrungen*. Diese werden hervorgerufen durch unterschiedliche Ausbildung oder Erfahrung daran beteiligter Organisationseinheiten, durch Hoffnungen und Erwartungen sowie, falls vorhanden, durch ungelöste Konflikte, die den Kommunikationsfluss behindern.

5. *Organisationales Lernen*: Wie bereits oben erwähnt, adaptieren Organisationen an ihre Umwelt. Dies lässt sich hinsichtlich dreier Phasen des Entscheidungsprozesses näher charakterisieren. Zunächst erfolgt eine Anpassung von *Zielen* bzw. der zugehörigen Anspruchsniveaus aufgrund gemachter Erfahrungen. Ferner werden *Beobachtungsregeln*, die besagen, welche Bestandteile der Umwelt beachtet werden sollen, angepasst. Dazu zählt, messbare Leistungskriterien nach ihrer Tauglichkeit auszuwählen oder zu ignorieren oder nur bestimmte Teile der Umwelt zu beachten. Zuletzt werden auch *Suchregeln* angepasst, wobei unwirksame Suchregeln modifiziert werden.

Die Zusammenhänge zwischen den vier beschriebenen Konzepten vermittelt das folgende Schaubild:

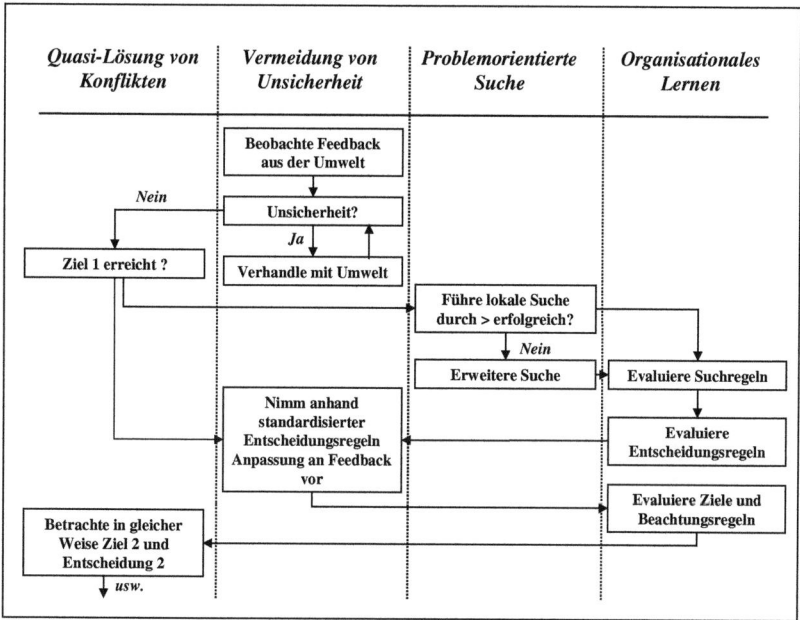

Abbildung 12: Der organisationale Entscheidungsprozess (nach: Cyert & March
1995: 168)

7   James March & Johan Olsen

March & Olsen (1979) basieren ihr Werk, das unter Mitwirkung weiterer Autoren entstanden ist, auf empirische Studien über organisatorische Entscheidungsprozesse, die in den USA, in Norwegen und in Dänemark durchgeführt wurden.
Die folgende Darstellung baut im Wesentlichen auf den ersten beiden Kapiteln
von March & Olsen sowie Cohen, March & Olsen im o. g. Werk auf.

7.1   Zur Kritik an einem rationalen Entscheidungsansatz

Dabei gehen sie von der Beobachtung aus, dass Entscheidungsprozesse vielfach
anders ablaufen, als es ein rationales Organisationsmodell mit vorgegebenen
Zielhierarchien erwarten ließe:

„Organizational choice often involves a curious paradox. (...) Very few reports of organizational decision making strike experienced participants in organizations as unusual. At the same time, many common observations about organizations are pathological from the point of view of theories of organizations. What is mundane to experience frequently becomes unexplained variance in the theories. What is standard in the interpretation of organizations frequently becomes irrelevant to experience." (March & Olsen 1979: 10).

Beispielsweise wird in Organisationen bisweilen viel Zeit und Aufwand aufgebracht, um eine Entscheidung zu treffen, diese wird aber anschließend nicht in die Realität umgesetzt. Oder es werden größere Entscheidungen getroffen, ohne wichtige Entscheidungsträger bzw. Fachleute mit einzubeziehen. Auch ist beobachtbar, dass über das Partizipationsrecht bei Entscheidungen hitzige Auseinandersetzungen geführt werden, deren Ergebnis wird dann nach Beendigung der Auseinandersetzung aber kaum weiter befolgt.

Derartige Verhaltensweisen lassen sich zunächst dadurch plausibel machen, indem man organisatorische Entscheidungen nicht in ihrem funktionalen Zusammenhang mit den angestrebten Organisationszielen, sondern als *Gelegenheit* für die organisatorischen Akteure betrachtet, unterschiedliche Dinge realisieren zu können: Aus Sicht dieser Akteure können Entscheidungssituationen dazu dienen, Rollenerwartungen zu erfüllen, „Wahrheiten" zu definieren, Lob und Tadel für vergangene Aktionen auszusprechen, Freundschafts- oder Machtbeziehungen zu verfestigen, Eigen- oder Gruppeninteressen auszudrücken oder schlicht in einen sozialen Rahmen eingebunden zu sein. Kurz formuliert:

„Decisions are a stage for many dramas." (March & Olsen 1979: 12).

Erschwerend kommt hinzu, dass die organisatorischen Situationen, in denen Entscheidungen stattfinden, keineswegs immer eindeutig definiert sind, sondern vier Arten von *Mehrdeutigkeiten* beinhalten können:

- Mehrdeutigkeit der *Intention*: In vielen Organisationen sind die Zielsetzungen nur schlecht definiert und nicht immer konsistent. Präferenzen, die zu optimalen Ergebnissen führen, lassen sich daher nicht eindeutig bestimmen.
- Mehrdeutigkeit des *Verständnisses*: Auch die internen (z. B. Technologien oder Zusammenhänge im Arbeitsprozess) und externen (z. B. Anforderungen der Märkte) Kausalzusammenhänge, innerhalb derer Organisationen agieren, sind oft weitgehend verborgen. Beziehungen zwischen eigenen Handlungen und deren Konsequenzen sind daher schwierig zu erkennen.
- Mehrdeutigkeit der *Vergangenheit*: Vergangene Ereignisse und Handlungsweisen stellen Erfahrungswerte bereit, die prinzipiell für zukünftige

Entscheidungen genutzt werden könnten. Allerdings sind Erfahrungen aus vergangenen Ereignissen, d. h., was genau aus welchen Gründen geschehen ist, nicht per se erschließbar; vielmehr sind vergangene Ereignisse meist mehrdeutig und müssen über einen störanfälligen Konstruktionsprozess interpretiert werden.

- Mehrdeutigkeit der *Organisation*: Die Aufmerksamkeit, die Individuen einer Entscheidung widmen, ist nicht gleich bleibend, sondern variiert über die Zeit. Aus diesem Grund ist der Grad der Anteilnahme an Entscheidungsprozessen unsicher und verändert sich ebenfalls im Laufe der Zeit.

Diese Mehrdeutigkeiten stellen Rahmenbedingungen organisatorischer Entscheidungsprozesse dar und behindern Rationalität in einem organisatorisch funktionalen Sinn. Sie sind in verschiedenen Organisationen unterschiedlich ausgeprägt, wobei öffentliche und Bildungsorganisationen davon mit am stärksten betroffen sind.

In einem rationalen Modell der organisatorischen Entscheidungsfindung ist für derartige „pathologische" Prozesse kein expliziter Raum belassen. Zur näheren Erläuterung der Folgen von „Gelegenheiten" und „Mehrdeutigkeiten" entwickeln March & Olsen zunächst den folgenden, für rationale Modelle prototypischen „*Wahlzirkel*":

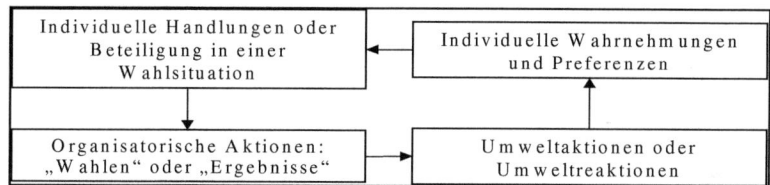

Abbildung 13: Der "Wahlzirkel" (nach: March & Olsen 1979: 13)

Zu einem bestimmten Zeitpunkt nehmen Organisationsmitglieder eine Diskrepanz zwischen der Situation wie sie sein sollte und wie sie tatsächlich ist wahr. Aus dieser Wahrnehmungsdiskrepanz resultieren korrektive Handlungen oder Entscheidungen. Die in der Folge eintretenden Veränderungen in der Umwelt werden wiederum rezipiert und auf ihre Passung mit dem für richtig befundenen Zielzustand überprüft. Die in obiger Abbildung dargestellten Bestandteile des Wahlzirkels können wie folgt beschrieben werden: Kognitionen und Präferenzen der Individuen beeinflussen ihr Verhalten; das (partizipative) Verhalten der Individuen beeinflusst die organisatorischen Wahlakte; organisatorische Wahlakte beeinflussen Aktionen des Umfelds; diese Aktionen beeinflussen individuelle Kognitionen und Präferenzen.

Ein solches kybernetisch konzipiertes Entscheidungsmodell entspricht allerdings nur begrenzt der organisatorischen Realität. Die Verbindungen zwischen den vier genannten Prozessen sind, wie sich im Folgenden zeigen lässt, keinesfalls so eindeutig determiniert, wie das Modell nahe legen könnte.

- Individuelle Überzeugungen und individuelle Handlungen: Personen wenden nicht allen Auswahlsituationen ein gleiches Maß an Interessen zu.
- Individuelle Handlungen und organisatorische Auswahlen: Kollektive Entscheidungen orientieren sich nicht zwangsläufig an Organisationszielen sondern auch an individuellen oder Gruppenzielen.
- Organisatorische Auswahlakte und Umweltreaktionen: Reaktionen bzw. Entwicklungen innerhalb der Organisation in der Umwelt der Entscheidungsträger sind nicht immer kontingent mit den Entscheidungen; sie hängen ferner auch von externen Faktoren ab.
- Umweltreaktionen und individuelle Überzeugungen: Reaktionen in der Umwelt der Entscheidungsträger bilden sich nicht zwangsläufig korrekt in dessen Kognitionen ab. Sie sind vielmehr das Ergebnis eines (auch kollektiven) Sinnstiftungsprozesses und damit störanfällig für Fehlinterpretationen.

7.2   Das Papierkorb-Modell

Viele Organisationen lassen sich in weiten Teilen als „organisierte Anarchien" verstehen, die in ihrem tatsächlichen Verhalten erheblich von einer rationalen Grundlage abweichen. Drei Eigenschaften sind hierfür verantwortlich:

- Problematische Präferenzen: Organisationsziele und Unterziele sind keinesfalls einheitlich, sondern teilweise inkonsistent und schlecht definiert. Sie lassen sich besser als lose Sammlung von Ideen beschreiben, in denen Präferenzen eher durch Handlungen entdeckt werden, als deren Grundlage zu bilden.
- Unklare Technologien: Die eigenen Mittel bzw. Prozesse zum Erreichen von Zielen sind den Organisationsmitgliedern oft unbekannt oder unklar. Diese handeln eher mit Versuch-und-Irrtums-Strategien und mit unvollständig verarbeiteten Erfahrungen.
- Fluktuierende Partizipation: Zeit und Anstrengung der organisatorischen Akteure, sich bestimmten Aufgaben zu widmen, variiert ständig. Damit set-

zen sich die tatsächlich aktiv in eine Entscheidung einbezogenen Entscheidungsträger unberechenbar zusammen.

- Statt eines organisatorisch rationalen Entscheidungsprozesses lassen sich
  Organisationen eher als Ansammlung von Papierkörben verstehen, in die
  verschiedene Arten von Problemen und Lösungen bei ihrer Entstehung hin-
  eingelegt werden. Welches Problem oder welche Lösung in welchem Korb
  landet, hängt davon ab, wie die Körbe etikettiert wurden bzw. welche Körbe
  zur Verfügung stehen.

Vier Elemente des Entscheidungsprozesses können unterschieden werden:

- Probleme: Probleme sind Angelegenheiten der in der Organisation beschäftigten Menschen. Sie können sich aus unterschiedlichen Anlässen ergeben,
  z. B. aus dem privaten Umfeld, durch die Arbeit, aus eigenen Karriere-
  interessen, in Rahmen von Gruppenbeziehungen, oder durch Medien.
- Lösungen: Lösungen sind Produkte, die prinzipiell, für Probleme geeignet
  sein könnten. Dabei verhält es sich nicht nur so, dass zunächst das Problem
  definiert und dann die Lösung entwickelt wird, vielfach steht eine Lösung
  bereit für die ein passendes Problem gesucht wird (z. B. der Computer war
  ein technisches Produkt, für das organisatorische Anwendungen gesucht
  wurden; die Lösung stand also vor den Problemen).
- Teilnehmer: Potenzielle Teilnehme an einer Auswahlsituation verfügen nur
  über ein begrenztes Maß an Zeit und Aufmerksamkeit. Sie treten aktiv in
  einen Entscheidungsprozess ein, wenden sich von einem anderen ab, wobei
  auch eigene Präferenzen (und nicht nur Kompetenzen) mit entscheidend
  sind, wer sich mit welcher Problemart beschäftigt.
- Entscheidungsgelegenheiten: In bestimmten Situationen, wenn von einer
  Organisation erwartet wird, eine Entscheidung zu treffen, werden Wahl-
  möglichkeiten von der Organisation deklariert (z. B. bei Vertragsunter-
  zeichnungen, Einstellungen, Gesetzesänderungen).

Mit Hilfe von Computersimulationen konnte gezeigt werden, dass drei unterschiedliche *Entscheidungsstile* differenziert werden können, die allerdings nicht
nur in Reinform auftreten müssen, sondern sich auch überlappen können:

- Lösung: Eine Möglichkeit besteht darin, dass ein Problem nach einer gewissen Zeit gelöst wird.
- Übersehen: Taucht ein Problem zu einem Zeitpunkt auf, an dem andere
  Probleme behandelt werden, so kann es fallen gelassen bzw. ignoriert werden.

- Flucht: Wurde für ein bestehendes Probleme über längere Zeit erfolglos eine Lösung gesucht, so kann eine vorhandene, attraktive Lösung dazu führen, dass hierzu ein entsprechendes neues Problem formuliert wird, ohne dass das ursprüngliche dabei jedoch gelöst wurde.

Die Computersimulationen verdeutlichten ferner *weitere Eigenschaften von Entscheidungsprozessen* in organisierten Anarchien:

1. Entscheidungen werden am häufigsten durch Flucht und Übersehen herbeigeführt. Wirkliche Lösungen werden nur dann häufiger gefunden, wenn die Fluchtmöglichkeiten behindert werden oder eine geringere Entscheidungsbelastung (Anzahl der in einem bestimmten Zeitraum anstehende Entscheidungen) besteht.

2. Mit zunehmender Belastung steigt die Problemlöseaktivität, dabei steigt allerdings auch der Gebrauch der Strategien Flucht und Übersehen. Tatsächliche Problemlösungen werden hingegen seltener. Änderungen in der Entscheidungsstruktur können dabei keine Abhilfe schaffen.

3. Entscheider und Entscheidungen nähern sich im Zuge von Entscheidungsprozessen immer mehr an. Daher haben Entscheider leicht das Gefühl, immer an den gleichen Problem zu arbeiten, wenngleich stets in einem neuen Kontext.

4. Man sollte annehmen, dass Organisationen dazu neigen, sowohl die Zeit, die für die Problembewältigung aufgebracht wird als auch die Latenz zwischen Problembearbeitung und Auswahl einer Entscheidung klein zu halten. Tatsächlich neigen einige Strukturen dazu, Probleme rasch anzugehen, aber nur langsam zu einer Entscheidung zu kommen; andere Strukturen kommen zwar schnell zu einer Entscheidung, verbringen aber lange Zeit mit der Bearbeitung des Problems.

5. Der gesamte Problemlöseprozess ist hochgradig interaktiv. Obwohl einige Effekte in nahezu allen Strukturen vorkommen (z. B. Belastungseffekte; Punkt 2), hängt das Entscheidungsergebnis oft von der Kombination einzelner Singularitäten ab, z. B. der zeitlichen Aneinanderreihung von Auswahlen, Problemen und Teilnehmern.

6. Wichtige Probleme werden schneller gelöst als unwichtige, ebenso werden Probleme, die früher auftauchen, schneller gelöst als spätere.

7. Wichtige Entscheidungen lösen Probleme mit geringerer Wahrscheinlichkeit als unwichtige. Sie werden eher durch Übersehen und Flucht getroffen, unwichtige eher durch Problemlösung.

8. In den wenigen Fällen, in denen es nicht zu einer Entscheidung kam, lagen sehr wichtige oder sehr unwichtige Entscheidungssituationen vor; bei mittleren Entscheidungssituationen wurden Entscheidungen getroffen.

8 Weiterentwicklungen

Die Verhaltenswissenschaftliche Entscheidungstheorie zählt zu den einflussreichsten organisationstheoretischen Ansätzen. Sie hat sowohl die Theoriebildung als auch die empirische Forschung nachhaltig stimuliert und liefert auch heute noch ein reichhaltiges theoretisches Repertoire zum Verständnis organisatorischer Entscheidungsabläufe.

Von den oben dargestellten Protagonisten der Theorie sind sowohl James March als auch Johan Olsen bis in jüngere Zeit aktiv geblieben. So hat James March 1995 aus seiner Lehrtätigkeit heraus noch einen Überblick über die zentralen Gedanken der Entscheidungstheorie publiziert. Auch seine Kooperation mit Johan Olsen hat nach wie vor bestand, wobei der gemeinsame politikwissenschaftliche Hintergrund die thematische Plattform bietet. 1989 veröffentlichten beide ihr Werk „Rediscovering Institutions. The Organizational Basis of Politics", das in weiteren Arbeiten seine Fortsetzung fand (z. B. March & Olsen 2000; Olsen 2001).

Arbeitsbox

- Was sind die ältesten Organisationen, die man in der westlichen Gesellschaft kennt?
- Wie kommt es, dass manche Organisationen lange Zeit überdauern, während andere sich schnell wieder auflösen?
- Welche beiden Komponenten sind in jeder Entscheidung enthalten?
- Wodurch ist die „Rationalität" in Organisationen begrenzt?
- Wie schaffen es Organisationen, komplexere Probleme zu verarbeiten, als dies ein Einzelner könnte?
- Stimmt es, wenn man sagt, Organisationen versuchen durch ihre Entscheidungen einen maximalen ökonomischen Ertrag zu erringen?
- In welchen Situationen sind in Organisationen keine Entscheidungen notwendig?
- Wie kommen Organisationsziele zustande?
- Welche Interessenskoalitionen kann es in einer Organisation geben?
- Warum laufen Entscheidungen in einer Gruppe nicht so rational ab, wie man dies erwarten könnte?
- Welche Bestandteile hat das Papierkorb-Modell von Entscheidungen?

VII   Evolutionstheoretischer Ansatz von Karl E. Weick

1   Zur Person

Weick, Karl E. (1936-)

Karl E. Weick, 1936 in Warsaw im US-Bundesstaat Indiana geboren, absolvierte sein Bachelorstudium im Fach Psychologie von 1954 – 58 an der Wittenberg University in Springfield. 1958-62 setzte er sein Studium an der Ohio State University fort, das er 1962 mit der Promotion beendete. Seit 1988 ist Weick Professor für Organisation und Psychologie an der Michigan University in Ann Arbor. Er zählt zu den einflussreichsten und meist zitierten Autoren der Organisationstheorie.

Ausgewählte Publikationen

Weick, K. (1969): The Social Psychology of Organizing. Addison-Wesley: Reading
Weick, K. (1979): The Social Psychology of Organizing (Zweite, überarbeitete Auflage des Werks von 1969). Addison-Wesley: Reading
Weick, K. (1985): Der Prozeß des Organisierens (Übersetzung der zweiten Auflage von 1979). Frankfurt/a.M.: Suhrkamp
Weick, K. (1995): Sensemaking in Organizations. Thoursand Oaks etc.: Sage Publications

1.1   Zeitgeschichtlicher Hintergrund

Ende der 60er Jahre nahmen die so genannten Kontingenztheorien einen großen Stellenwert in der Organisationsforschung ein. Diese warfen aus einer Makroperspektive heraus einen Blick auf die gesamte Organisation und untersuchte sie hinsichtlich ihrer Passung zu ihren jeweiligen Umweltbedingungen. In dieser Zeit dürfte Weicks Entwurf aus dem Jahr 1969 wie ein mehrfacher Anachronismus gewirkt haben. Er wandte den Blick auf Mikroprozesse in Organisationen, entwarf ein prozesstheoretisches, an der biologischen Evolution orientiertes Bild der sozialen Prozesse innerhalb der Organisation und wandte sich in Anlehnung an Simon gegen die Vorstellung eines streng rationalen Organisationsverständnisses. So kann es nicht verwundern, dass Weicks Werk in seiner Erstausgabe zunächst ohne nennenswerte Resonanz blieb. Erst die Zweitausgabe, die in ihrem Kern identisch war mit der Auflage von 1969, jedoch formal überarbeitet und mit Illustrationen versehen wurde, stieß auf Interesse. Man mag darüber spekulieren, ob Weick seiner Zeit voraus war, in jedem Fall bildeten seine teilweise recht radikal formulierte Thesen einen fruchtbaren Boden für kontroverse Debatten.

1.2   Hauptaussagen

Weick (1985) wendet sich gegen die Vorstellung einer rationalen, zeitlich nach vorne gerichteten organisatorischen Planung und verweist darauf, dass informationsverarbeitende Prozesse in Organisationen eher retrospektiv erfolgen und darauf ausgerichtet sind, Ereignissen post hoc einen Sinn zu verleihen. Dabei orientiert er sich am biologischen Evolutionsmodell und identifiziert die drei Prozesse „Gestaltung", „Selektion" und „Retention" als zentral. Zur Illustration seiner Thesen bedient er sich bisweilen des Satzes „Wie kann ich wissen, was ich denke, bevor ich höre, was ich sage?" Zunächst werden in Organisationen recht mehrdeutige Aussagen getätigt (Gestaltung), diese werden dann retrospektiv analysiert und mit Sinn versehen (Selektion), und dieser Sinn wird als „Wissen" gespeichert (Retention). In seiner späteren Arbeit (1995; s. u.) fokussierte sich Weick auf den Prozess der Sinnstiftung und begann diesen weiter zu elaborieren.

2 Der Evolutionstheoretische Ansatz von Karl Weick

Ähnlich wie Herbert Simon wendet sich Weick (1985) zunächst gegen die Vorstellung der Rationalität organisatorischen Handelns. Rationalität unterstellt das Vorliegen von Zielen und die daraufhin erfolgende Auswahl geeigneter Mittel zur Zielerreichung. Auf Organisationsebene ist eine solche Erwartung jedoch nicht plausibel. Aufgrund der begrenzten Informationsverarbeitungskapazitäten der Akteure (vgl. „Begrenzte Rationalität" bei Herbert Simon) ist bestenfalls zu erwarten, dass lokal und zeitlich begrenzte Lösungen zu Problemen gefunden werden:

> „Der Punkt ist: *Wenn* man annimmt, dass die Akteure beschränkte Rationalität besitzen, dann folgt, dass Entscheidungen getroffen werden in der Perspektive örtlich begrenzter Störungen, auf die verkürzte Analysen angewendet werden, aus denen die Empfehlungen auf kurze Sicht folgen. Ein Suchen nach stabileren Lösungen (d. h. nach solchen, die das Problem ein für allemal lösen) ist unwahrscheinlich; den Konsequenzen wird wenig Beachtung geschenkt, und scheinbar logische Lösungen können sich als fehlerhaft erweisen, wenn sich ihre Konsequenzen entfalten." (Weick 1979: 37; kursiv im Original).

Damit sind auch „organisatorische Ziele" ein illusionäres Konstrukt; Ziele und damit verbunden rationales Handeln liegen nach Ansicht von Weick auf Personen- und bestenfalls auf Gruppenebene vor:

> „All dies deutet darauf hin, dass Rationalität sich am besten verstehen lässt als Sichtweise des Betrachters. Es sind *seine* Ziele und die Art, wie er bewusst darauf hinzielt, sie zu verwirklichen, welche die klarsten und am leichtesten auffindbaren Komponenten von Rationalität konstituieren. Zu sagen, dass ‚Systeme' oder Organisationen rationale Entscheidungsfindung betreiben, macht nur dann Sinn, wenn wir irgendeine Gruppe von Personen identifizieren können, die sich einig ist in Bezug auch ein erwünschtes Ergebnis, einen spezifizierten Satz von Mitteln zur Erreichung dieses Ergebnisses und die Art und Weise, wie diese spezifischen Mittel in Anwendung gebracht werden sollen und wie festgestellt werden soll, ob das gewünschte Ergebnis erzielt wurde oder nicht. Da diese vierfache Übereinkunft schwieriger ist, wenn große Zahlen von Personen betroffen sind, ist es wahrscheinlich, daß Rationalität hauptsächlich für kleinere Gruppen von Akteuren charakteristisch ist, und daß Organisationen zu jedem Zeitpunkt mehrere verschiedene Rationalitäten besitzen." (Weick 1979: 37f).

Auch auf Handlungsebene lässt sich eine organisatorische ganzheitliche Sichtweise nicht aufrechterhalten, es sind individuelle Akteure, die letztlich den vermeintlichen Handlungsstrom bestimmen:

„Wann immer Organisationen handeln (die Universität stellt ein, die Regierung ver-
handelt, die Bäckerei erforscht ihr Gedächtnis, ein Orchester produziert ein Chaos),
dann sind es Individuen, die handeln. Und jede Behauptung über das Handeln von
Individuen kann zerlegt werden in eine Reihe von Interakten zwischen Individuen
von der Art, daß, wenn diese Leute nicht einen bestimmten Satz von Handlungen
hervorgebracht und ineinander verzahnt hätten und wenn diese Handlungen nicht
auch von anderen Leuten hervorgebracht und zwischen ihnen verzahnt worden wäre,
die Organisation den ihr zugeschriebenen Akt nicht ausgeführt hätte." (Weick 1986:
53).

Die hier bereits angedeutete Prozessperspektive des Handelns nimmt eine zentrale Stellung in Weicks Modell ein. Und auch dabei sind „Ziele" und „Mittel"
statische Begriffe, die dem prozesshaften Geschehen in Organisationen nicht
gerecht werden. Waren, Materialien oder auch Informationen werden aufgenommen, verarbeitet und abgegeben und all dies geschieht in einem kontinuierlichen Ereignisstrom. Die gebräuchlichen Begriffe zur Beschreibung von Organisationen tragen diesem Sachverhalt nur unzureichend Rechnung:

„Wann immer Leute über Organisationen sprechen, sind sie in Versuchung, eine
Menge von Substantiven zu benutzen; aber diese scheinen den beschriebenen Erscheinungen eine trügerische Stabilität zu verleihen. Im Interesse besseren organisatorischen Verständnisses sollten wir die Leute drängen, Substantive einzustampfen.
Wenn Organisationsforscher im Gebrauch von Substantiven geizig, im Gebrauch
von Verben freigiebig und im Gebrauch von Gerundien verschwenderisch werden
würden, dann würde Prozessen mehr Aufmerksamkeit geschenkt werden und wir
würden mehr darüber erfahren, wie man sie begreifen und lenken kann. Die Vorstellung eines Prozesses impliziert Unbeständigkeit. Wir bevorzugen eine Auffassung
von Organisationen, die davon ausgeht, dass Organisationen andauernd auseinander
fallen und deshalb beständig neu aufgebaut werden müssen." (Weick 1985: 67).

2.1   Grundlagen des organisierten Handelns

Das prozesshafte, soziale Geschehen in Organisationen lässt sich in seiner
kleinsten Form auf „Interakte" bzw. „doppelte Interakte" zwischen zwei Personen reduzieren:

„Prozesse enthalten ineinander greifende Verhaltensweisen von zwei oder mehr Personen. Die Verhaltensweisen einer Person sind bedingt durch die Verhaltensweisen
einer anderen Person (anderer Personen), und diese Bedingtheit heißt Interakte. Die
Analyseeinheiten beim Organisieren sind bedingte Reaktionsmuster, Muster, in denen die Handlung des Akteurs A eine spezifische Reaktion in Akteur B hervorruft
(insoweit ist es ein Interakt), auf die Akteur A dann seinerseits reagiert (diese voll-

ständige Sequenz ist ein *doppelter Interakt*)." (Weick 1985: 130; kursiv im Original).

Der doppelte Interakt ist somit die stabile Einheit für den Zusammenbau komplexer Prozesse in Organisationen. Doppelte Interakte lassen sich auch als *"Zyklen"* beschreiben. Ein kommunikativer Zyklus, bestehend aus Akt, Interakt und doppeltem Interakt könnte beispielsweise sein:

- Akt (Person 1): Interpretation eines neu eingetretenen Ereignisses, z. B. zurückgegangene Absatzzahlen: "Die Marktsituation verändert sich."
- Interakt (Person 2): Zustimmung oder Zurückweisung der Interpretation des Ereignisses: "Ja, stimmt" oder "Nein, es handelt sich hier nur um saisonale Schwankungen."
- Doppelter Interakt (Person 1): Beibehalten, Aufgeben oder Revision der Interpretation.

Solche Zyklen können unterschiedlichste Handlungen beinhalten und bauen in der Regel aufeinander auf. Eine Sequenz mehrerer aufeinander aufbauender Zyklen nennt man einen *Prozess*. Prozesse haben die Aufgabe, komplexe und sich ständig wandelnde Ereignisse verstehbar zu machen und darin individuelle Handlungsmöglichkeiten zu generieren:

„Diese Zyklen sind die stabilen Formen innerhalb der Organisation; und diese Zyklen sind es, welche im Interesse der Stabilisierung mehrdeutige Vorkommnisse und ihrer Umwandlung in Information, gestaltete Umwelten und Ursachenkarten zu größeren Untereinheiten zusammengefaßt werden." (Weick 1985: 165).

Zyklen werden mit Hilfe von *Montageregeln* zu Prozessen zusammengesetzt:

„Montageregeln sind erschlossene Rezepte, welche einflussreiche Organisationsmitglieder zu benutzen scheinen, wenn sie Prozesse in Gang setzen. Montageregeln können als Vorgehensweisen, Instruktionen oder Führer angesehen werden, welche die Mitglieder benutzen, um mehrere doppelte Interakte zu größeren, auf die Inputs gerichteten Prozessen zusammenzufügen." (Weick 1985: 165).

Das folgende Schaubild gibt einen Überblick über die bisher verwendeten Begriffe. Die hier dargestellten Zyklen bzw. doppelten Interakte finden zwischen zwei Personen „P1" und P2" statt:

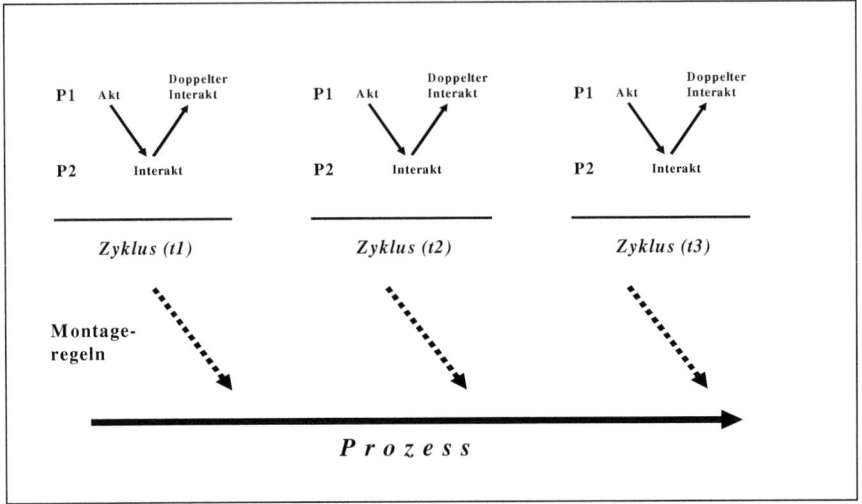

Abbildung 14:   Aufbau eines Prozesses aus Zyklen doppelter Interakte mit Hilfe
                  von Montageregeln

Montageregeln können unterschiedlicher Natur sein, im Folgenden seien einige
Beispiele gelistet:

1. „Mühe: Wähle die Zyklen aus, deren Vollendung die geringste Mühe kostet.
2. Häufigkeit: Wähle die Zyklen aus, die in der Vergangenheit am häufigsten
    aufgetreten sind.
3. Erfolg: Wähle die Zyklen aus, die bei der Aufhebung von Mehrdeutigkeit am
    erfolgreichsten waren.
4. Dauerhaftigkeit: Wähle die Zyklen aus, die den stabilsten Wandel in dem Input
    hervorrufen werden (...).“ (Weick 1985: 165f).

So könnte auf das obige Beispiel der verringerten Absatzzahlen im Falle einer
unterschiedlichen Bewertung durch die Personen 1 und 2 auf ganz verschiedenen
Wegen reagiert werden. Man könnte eine dritte Person fragen, die in der Vergangenheit durch profundes Wissen schon mehrfach in Erscheinung getreten ist,
man könnte Vergleiche mit Vorjahresdaten anstellen, um zu prüfen, ob tatsächlich saisonale Schwankungen vorliegen, oder man könnte die verringerten Absatzzahlen herunterspielen und das damit verbundene potentielle Problem als
geringfügig und unbedeutend erscheinen lassen. Wie mit dem neuen Ereignis

umgegangen wird, welche Zyklen also für den anstehenden Prozess ausgewählt werden, hängt zunächst von den Voraussetzungen in der Organisation ab.

Allerdings gibt es zumindest auf globalerer Ebene Gesetzmäßigkeiten zwischen dem Input und der Auswahl von Montageregeln:

> „Spezifischer setzen wir voraus, dass die Handelnden die folgende Metaregel (eine Regel darüber, wie man Regeln auswählt) benutzen: Je größer das wahrgenommene Ausmaß an Mehrdeutigkeit des Inputs, desto geringer die Zahl der zum Aufbau des Prozesses angewandten Regeln. Und umgekehrt: Je kleiner das wahrgenommene Ausmaß an Mehrdeutigkeit des Inputs, desto größer die Zahl der zum Aufbau des Prozesses angewandten Regeln. Wenn ein Input in hohem Maße mehrdeutig angesehen wird, dann herrscht Unsicherheit darüber, was er genau ist und wie er zu behandeln ist; dies macht es schwieriger, zu beurteilen, was die angemessenen Zyklen sein könnten oder wie viele von ihnen benutzt werden sollten. Deshalb wird nur eine kleine Anzahl von eher allgemeinen Regeln zum Aufbau des Prozesses angewandt. Wenn jedoch der Input als weniger mehrdeutig angesehen wird, besteht ein höheres Maß an Sicherheit darüber, was das Thema ist und wie es behandelt werden sollte; daher kann eine größere Anzahl von Regeln zum Zusammenbauen des Prozesses für die Behandlung dieses Inputs angewandt werden." (Weick 1985: 167).

Zur Illustration dieses Sachverhalts seien zwei Situationen angenommen: Man wird zum Abendessen in die Wohnung anderer Personen eingeladen und zwar in einem bekannten Kulturkreis (Fall A) und in einem unbekannten Kulturkreis (Fall B). Nun steht man vor der Tür und klingelt.

Im ersten, eindeutigen Fall ist zunächst die Anzahl der Montageregeln hoch: Man weiß, dass man sich bei der Begrüßung die Hände gibt, dass man beim Betreten des Hauses die Schuhe anbehält, dass man bei Tisch mit Messer und Gabel isst etc. Aufgrund der hohen verfügbaren Anzahl von Regeln ist die Zahl der Handlungszyklen gering, da viele Optionen bereits im Vorfeld ausgeschlossen werden können. Man begrüßt die Dame des Hauses, anschließend den Gastgeber, lässt die Schuhe an und betritt das Haus.

Fall B ist hingegen aufgrund seiner Mehrdeutigkeit problematischer. Die Anzahl der verfügbaren Regeln ist gering, da die Gepflogenheiten des Hauses nicht bekannt sind und eventuell auch nicht klar ist, inwieweit der Gastgeber diese fehlenden Kenntnisse nachsichtig behandelt oder vielleicht mit Verstimmtheit reagiert. Man wird also vielleicht erst einmal mit Vorsicht agieren und beobachten, wie die Gastgeber sich verhalten und deren Verhalten soweit wie möglich übernehmen (wenige globale Montageregeln). Die Anzahl der Zyklen ist nun allerdings höher als im Fall A. Man wird z. B. nachfragen, ob es dem Gastgeber angenehm ist, wenn man die Schuhe anbehält und in Abhängigkeit von dessen Antwort seine diesbezügliche Entscheidung treffen. Im Verlauf dieses

Prozesses wird die anfänglich vorhandene Mehrdeutigkeit zunehmend reduziert, die eigenen Verhaltensoptionen werden geringer aber gleichzeitig eindeutiger.

Der mittlerweile bereits wiederholt verwendete Begriff der *Mehrdeutigkeit* entstammt der Kommunikationswissenschaft:

> „Das Vorhersageproblem bei der Mehrdeutigkeit ist genau das Gegenteil des Vorhersageproblems bei Nebengeräuschen. Wir nehmen nun den Standpunkt des Empfängers ein und schauen zurück auf die Person, die die Botschaft aussendet. Das Problem der Mehrdeutigkeit liegt für den Empfänger darin, daß er bei gegebenem Output nicht entscheiden kann, was für ein Input ihn erzeugt hat. Zwei oder mehr mögliche Inputs sind in dieser einzigen Output-Botschaft enthalten, und der Empfänger steht vor der Frage, welche von diesen möglichen Bedeutungen die passenden sind." (Weick 1985: 256f).

Anhand eines verwandten Begriffes, dem des „vieldeutigen" oder „vielsagenden" Lächelns lässt sich diese Erläuterung veranschaulichen. Man steht einer anderen Person gegenüber, die einen anlächelt, aber man weiß nicht, wie dieses Lächeln gemeint ist, also was in der anderen Person der Input für ihren Output „Lächeln" ist. Möglicherweise ist sie uns freundlich gesinnt, es kann jedoch auch sein, dass sie sich gerade über uns lustig macht. Typischerweise verschafft diese Art von Mehrdeutigkeit das subjektive Gefühl von Unsicherheit und man ist geneigt, die Unsicherheit aufzulösen und Eindeutigkeit zu erzeugen.

Weick veranschaulicht diese Zusammenhänge zwischen Mehrdeutigkeit des Inputs, Montageregeln und Zyklen in folgendem Schaubild:

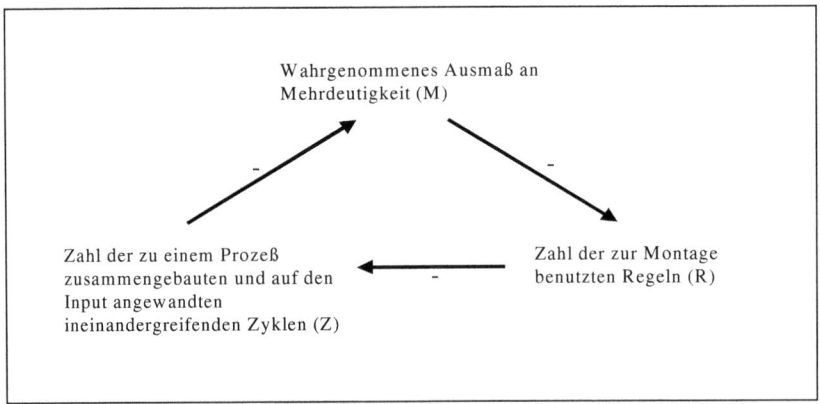

Abbildung 15: Sequenzen eines Prozesses (nach Weick 1985: 172)

Durch diese Sequenzen ist es möglich, den Strom der Ereignisse in diskrete Einheiten zu zerlegen, die einzeln verarbeitet werden und dazu beitragen, den Grad der Mehrdeutigkeit des Inputs zu reduzieren und damit Handlungsfähigkeit in der Organisation herzustellen.

> „Wandel statt Stabilität ist die Regel in jeder Organisation (...), und dies bedeutet, daß die Leute ständig innerhalb von Strömen fortlaufender Ereignisse leben. Wenn der Wandel zu beständig wird, wird es für jede Person schwierig zu begreifen, was geschieht und vorherzusagen, was geschehen wird, es sei denn, sie ist in der Lage, Abschnitte dieses Flusses einzufrieren, herauszubrechen und neu einzuordnen. Wenn eine Person die Welt vorhersehbarer machen möchte, dann muß sie Ereignisse, die sich wiederholen, ausschneiden. Dies muß einen Teil der laufenden Ereignisse aussondern und stabilisieren." (Weick 1985: 172).

2.2   Der (Evolutions-) Prozess des Organisierens

Dieses Prinzip der Evolution wurde im Bereich der Biologie in einem Drei-Stufenmodell beschrieben: Variation, Selektion, Retention. Im Zuge eines Reproduktionsprozesses entstehen durch Variation neue Formen, per Selektion werden die jeweils angepasstesten ausgewählt, und ein Retentionssystem (in der Natur die Gene) sorgt für die Speicherung und Weitergabe erfolgreicher Anpassung. Da jedes offene System in einer Umwelt agiert, die ebenfalls selbständig evoliert, bleibt ein kontinuierlicher Anpassungsdruck bestehen, der in der Vergangenheit zur Entwicklung der Arten führte.

2.3   Evolutionstheoretische Bausteine

Diese Dynamik lässt sich nach Weick mit geringen Modifikationen auch auf Organisationen übertragen, wobei die folgenden vier Begriffe zentrale Rollen spielen:

A) Ökologischer Wandel

Die Menschen einer Organisation arbeiten in einer Umwelt, aus der ständige Erlebnisströme auf sie einwirken. Bisweilen weisen diese Ströme Diskontinuitäten auf, die die Aufmerksamkeit des Einzelnen auf sich ziehen. Solche „unvorhergesehenen" oder „überraschenden" Ereignisse bezeichnet Weick (1985) als „ökologischen Wandel". Der Einzelne befindet sich in einem Umfeld, aus dem

ständig unterschiedliche, teilweise voneinander abweichende Informationen auf
ihn einströmen. Er wird aus Gründen der Handlungsfähigkeit bestrebt sein, die
daraus resultierende Mehrdeutigkeit zu reduzieren und die Bedeutsamkeit oder
Belanglosigkeit der Unterschiede zu bestimmen, d. h. festzustellen, welche der
möglichen Deutungen die geeignetste ist. Dabei kann ein Organisationsmitglied
selbst den ökologischen Wandel verursacht haben.

B) Gestaltung

Wenn ein ökologischer Wandel eintritt, reagieren Organisationsmitglieder mit
Gestaltungen. Gestaltung entspricht dem evolutionstheoretischen Begriff der
Variation und stellt die Eigenaktivität der Beteiligten heraus: Wann immer ein
unvorhergesehenes Ereignis auftritt, ist der Betreffende genötigt, auf die Unsicherheit bzw. Mehrdeutigkeit zu reagieren und neue Maßnahmen oder Kognitionen zu entwickeln, die potentiell geeignet sind, sich der veränderten Situation
anzupassen.

> „Gestaltung ist für das Organisieren, was Variation für die natürliche Auslese ist.
> Der Begriff der Gestaltung wird dem der Variation vorgezogen, weil er die aktivere
> Rolle erfasst, die die Organisationsmitglieder bei der Schaffung der Umwelten, die
> sich ihnen dann aufdrängen, spielen. Gestaltung ist eng verbunden mit ökologischem
> Wandel. Wenn Unterschiede im Strom des Erlebens auftreten, wird der Akteur unter
> Umständen etwas unternehmen, um diese Wandlungen zur näheren Betrachtung
> auszusondern. Diese Handlung des Einklammerns ist eine Form der Gestaltung. Die
> andere Form tritt dann auf, wenn der Akteur etwas tut, was einen ökologischen
> Wandel hervorruft, was dem Zwänge auferlegt, was er als nächstes tut, was seiner-
> seits weiteren ökologischen Wandel hervorruft usw. Gestaltung, ist der einzige Pro-
> zeß, in dem der Organismus sich *unmittelbar* mit der äußeren Umwelt befasst. Alle
> der Gestaltung folgenden Prozesse arbeiten mit redigierten Rohmaterialien und mit
> all den Episoden, welche durch die Gestaltung herausgelöst worden sind." (Weick
> 1985: 190f; kursiv im Original).

Organisationen verarbeiten in wesentlich größerem Ausmaß Informationen als
Materialien. Dementsprechend beziehen sich die Gestaltung primär auf die Gestaltung von Informationen bzw. subjektiver und intersubjektiver Realitäten. Der
Prozess des Gestaltens steht damit in enger Beziehung zu dem der Wahrnehmung.

Aus dem Erlebnisstrom werden von den Organisationsmitgliedern bestimm-
te Teilstücke herausgezogen und als eigenständige Einheiten weiterverarbeitet.
Dieser Verarbeitungsvorgang beinhaltet einen konstruktiven Gestaltungsprozess:
Im Rahmen der Erkundung der Umwelt werden aus dieser Umwelt bestimmte

Informationseinheiten ausgewählt und mit entsprechenden internen Schemata in Beziehung gesetzt. Der Vergleich dieser Einheit mit dem jeweiligen Schema steuert den weiteren Erkundungsprozess, d. h. modifiziert das Schema und steuert das weitere Explorationsverhalten. Erfahrung und Absicht einer Person sind demnach mitentscheidend dafür, was diese Person wahrnimmt. Erkennen wird zu einem konstruktiven Geschehen.

Gegenstände und Beziehungen der physikalischen Welt können dadurch mit zunehmender Genauigkeit erfasst werden. In Organisationen stellen jedoch Mythen, Nachrichten oder Interpretationen die überwiegende Realität dar. Damit tritt eine neue Dynamik ein: Versucht eine Person, ihre Schemata mit einem physikalischen Sachverhalt in Beziehung zu setzen, so werden diese sich, wie erwähnt, dem Sachverhalt angleichen. Das Bild der Person vom Sachverhalt wird diesem zunehmend angepasster. Treten jedoch zwei Personen in Beziehung zueinander, und dies entspricht weit stärker der organisatorischen Realität, so werden beide ihre Schemata konvergent aneinander angleichen, und ein gemeinsames Schema entsteht. Diese Art von "Gruppendenken" kann insofern dysfunktionale Konsequenzen haben, als die Eigendynamik der Selbstverstärkung des gemeinsamen Schemas durch die Gruppenmitglieder den Blickwinkel einengt und für eine Problemstellung wichtige Aspekte verdecken kann. Die konvergente Angleichung von Meinungen steht der Anpassungsfähigkeit der Gruppe entgegen.

C) Selektion

Gestaltungen werden nun daraufhin untersucht, was sie bedeuten, d. h., mit welchem Sinn sie versehen werden können. Dafür werden vorhandene Interpretationsschemata ausgewählt und auf ihre Brauchbarkeit in Hinblick auf die Reduktion von Mehrdeutigkeit überprüft. Geeignete Schemata werden selektiert.

„Selektion bedeutet die Auferlegung verschiedenartiger Strukturen auf gestaltete Vorlagen mehrdeutiger Art in einem Versuch, ihre Mehrdeutigkeit zu reduzieren. Diese auferlegten Strukturen haben oft die Form von Ursachenkarten, welche untereinander verbundene Variablen enthalten und aus früheren Erfahrungen aufgebaut werden. Wenn diese Karten, die sich bei vorausgehenden Gelegenheit als sinnvoll erwiesen haben, den verwirrenden Vorlagen der Gegenwart übergestülpt werden, können sie eine vernünftige Interpretation der Geschehnisse liefern oder die Dinge noch mehr verwirren. Diese Karten sind wie Schablonen, welche Konfigurationen freilegen, die Sinn machen können oder auch nicht (...) Statt Individuen oder Verhaltensweisen auszulesen, lesen das Organisieren betreffende Selektionsprozesse Interpretationsschemata und spezifische Interpretationen aus, und zwar so, daß sich einige Ursachenkarten wiederholt als hilfreich bei der Reduktion von Mehrdeutigkeit erweisen, während andere die Mehrdeutigkeit vergrößern. Die hilfreichen Karten tendieren zum Ausgelesenwerden, die nicht hilfreichen zum Eliminiertwerden. Zusätzlich werden auch die spezifischen Interpretationen der spezifischen mehrdeutigen Vorlage ausgelesen und aufbewahrt für mögliche Anwendungen auf künftige Situationen, die ähnlich aussehen." (Weick 1985: 191f).

D) Retention

Selektierte Gestaltungen müssen in irgendeiner Form gespeichert werden, um für zukünftige Gestaltungs- und Selektionsprozesse wieder zur Verfügung zu stehen. Diese Speicherung findet auf vielfache Art und Weise statt, angefangen von schriftlichen Unterlagen bis hin zu den Erinnerungen der Mitarbeiter. Retention bedeutet Verfügbarkeit für das Zurückrufen ins Gedächtnis.

„Retention bedeutet relativ direkte Speicherung der Produkte erfolgreicher Sinngebung, Produkte, die wir *gestaltete Umwelten* nennen. Eine gestaltete Umwelt ist ein gegliederter und zusammenhängender Abriß einer ehemals mehrdeutigen Vorlage. Sie ist eine sinnvolle Version dessen, worauf sich die Mehrdeutigkeit bezog, wenngleich auch andere Versionen hätten konstruiert werden können (...) Wir haben das Etikett *gestaltete Umwelt* benutzt, um deutlich zu machen, daß sinnvolle Umwelten Outputs des Organisierens sind, nicht Inputs sind es. Der Gestaltungsprozeß selbst sondert mögliche Umwelten aus, die die Organisation klären und ernst nehmen kann; aber ob sie es tatsächlich tut, entscheidet sich im Selektionsprozeß." (Weick 1985: 192; kursiv im Original).

Dabei arbeiten Gestaltung und Retention gegeneinander. Gestaltung schafft Neues, während Retention Altes zu bewahren versucht. Organisationen sind zum einen darauf angewiesen, durch Erfahrungen aus der Vergangenheit ihre Effektivität zu erhöhen, zum anderen ihre Flexibilität zu bewahren, um mit ökologischen Veränderungen fertig zu werden. Die in Organisationen gespeicherten Informationen müssen also ständig diskreditiert werden, um die Anpassungsfähigkeit zu erhalten. Dies kann in der Bewertung durch Außenstehende scheinbar dysfunktionale Konsequenzen mit sich bringen:

„Zweifeln, Zögern und Neubewertung früherer Gestaltungen werden von Außenseitern als Belege dafür angesehen, daß die Organisation ihrer selbst nicht sicher ist, statt als Belege dafür, daß sie reflektiert, sich ihre Anpassungsfähigkeit bewahrt oder sich auf eine noch mannigfaltigere Reihe von Bedingungen vorbereitet." (Weick 1985: 322).

2.4   Prozesse des Organisierens

Die oben beschriebenen evolutionstheoretischen Bausteine lassen sich nun zu folgender Konfiguration anordnen, wobei die oben dargestellten dreistufigen Sequenzen eines Prozesses ebenfalls integriert sind:

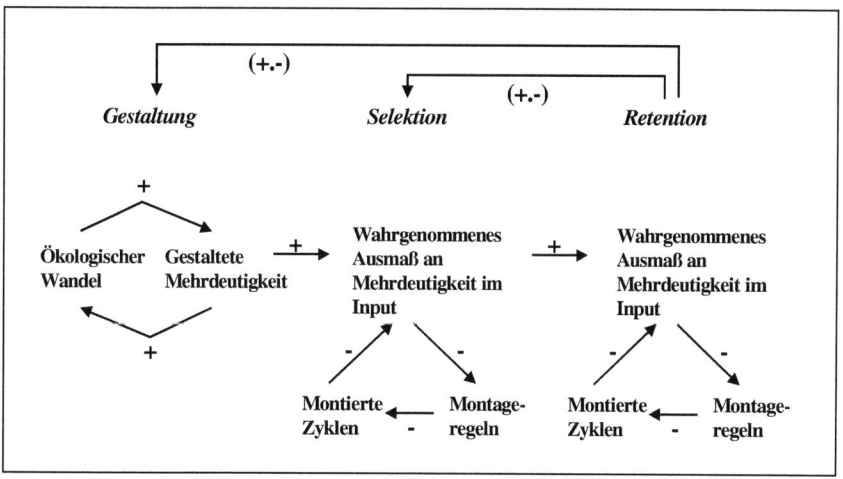

Abbildung 16: Prozesse des Organisierens (nach: Weick 1985: 194)

„Wir nehmen an, daß die mit jedem Prozeß verbundene Dreistadienstruktur (...) sich auf Gestaltung, Selektion und Retention verteilt (...) Da die Gestaltung Mehrdeutig-keit produziert, statt sie zu reduzieren, ist sie nicht im gleichen Sinn ein Prozeß wie die beiden anderen. Gestalten ist Handeln, das Rohmaterialien produziert, die *an-schließend* mit Sinn belegt werden können. Man erinnere sich, daß Sinngebung in der Regel retrospektiv ist. Vergangene Handlungen, Dinge, die schon geschehen sind, werden mit Sinn belegt. Gestaltung produziert die Geschehnisse, die dann durch den Selektionsprozess sinnvoll gemacht werden können (...) Die mit Retenti-on und Selektion verbundenen spezifischen Regeln und Zyklen werden als organisa-tionsspezifisch angesehen (...) An dieser Stelle ist der entscheidende Punkt einfach, daß all diese Regeln und Prozesse sich darauf richten, das wahrgenommene Mehr-deutigkeitsniveau, wie es in von den Mitgliedern ernst genommenen Gestaltungen vorliegt, zu reduzieren." (Weick 1985: 194).

Die Illustration dieser Organisationsprozesse soll zunächst an einem von Weick mehrfach gebrauchten, für seine Argumentation gleichzeitig auch zentralen Bei-spiel erfolgen:

„*Das* zentrale Thema des gesamten Modells des Organisierens findet sich in dem folgenden Rezept für die Sinngebung: ‚Wie kann ich wissen, was ich denke, bevor ich höre, was ich sage?' Es wird angenommen, dass Organisationen immer und immer wieder mit sich selbst reden, um herauszufinden, was sie denken. Das ist im Wesentlichen das, worum es in diesem Buch geht (...) Der Organismus oder die Gruppe gestaltet mehrdeutiges Rohgerede, das Gerede wird retrospektiv gesichtet und mit Sinn belegt, und dieser Sinn wird im Retentionsprozess als Wissen gespeichert. Das Ziel jedes Prozesses war, Mehrdeutigkeit zu verringern und eine Vorstellung von dem, was geschehen ist, zu gewinnen." (Weick 1985: 195; kursiv im Original).

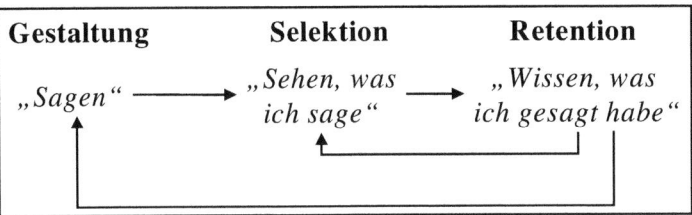

Abbildung 17: Gestaltung, Selektion, Retention (nach: Weick 1985: 195)

Anhand eines einfachen Beispiels sollen die genannten Bestandteile in ihrem Zusammenwirken nochmals vorgestellt und *beispielhaft illustriert* werden:

1. Organisatorischer Wandel: Ein Teil der Informations- bzw. Erlebnisströme, die im organisatorischen (wie auch privaten) Alltag von den Beschäftigten erfahren werden, sind Routineangelegenheiten, die keine nähere Aufmerksamkeit erfordern und nicht weiter beachtet werden. Häufig treten dabei allerdings auch Wandlungen auf, sei es, weil neue Ereignisse eintreten oder sich bekannte auf eine andere Art und Weise darstellen und sich dadurch nicht problemlos in vorhandene Interpretationsschemata integrieren lassen. Sie ziehen daher die Aufmerksamkeit des Erlebenden auf sich und bieten eine Gelegenheit, die darin enthaltene Mehrdeutigkeit zu beseitigen und den Grad der Bedeutsamkeit des Wandels zu überprüfen, um seine potentiellen Auswirkungen auf die eigene Interaktion mit der Umwelt zu untersuchen.

Ein Fahrzeughalter x, der sich in absehbarer Zukunft wahrscheinlich wieder ein neues Auto kaufen möchte, könnte etwa im Rahmen eines Fernsehberichts zum Vertrieb von Fahrzeugen u. a. erfahren haben, daß durch Verhandlungen mit Autohändlern erhebliche Preisnachlässe erzielbar sind. Diese Aussage steht nicht in Einklang mit den im westeuropäischen Raum üblichen Geschäftspraktiken, denen zufolge Preisauszeichnungen feststehen und nicht verhandelbar sind. Die durch den Fernsehbericht nahegelegte Abweichung von seiner bisherigen Erfahrung beginnt, ihn zu interessieren, könnte sie doch bei späteren Gelegenheiten mit erheblichen materiellen Vorteilen verbunden sein.

2. Gestaltung: Nun beginnt die aktive Auseinandersetzung mit dem Erfahrenen. Der Erfahrungsstrom wird in einzelne, diskrete Einheiten zergliedert. Solche Einheiten lassen sich als „Schemata" verstehen, die Informationen integrieren und gleichzeitig die explorative Auseinandersetzung mit der Umwelt lenken. Dabei werden bestimmte Merkmale aus der Umweltinformation herausgearbeitet, denen man sich in der späteren Auseinandersetzung zuwendet. Diese diskreten Einheiten (nicht der ursprüngliche kontinuierliche Erfahrungsstrom) werden ausgewählt und für nachfolgende Aktionen herangezogen. Im sozialen Kontext beinhaltet der Gestaltungsaspekt ferner die Konstruktion einer gemeinsamen Realitätswahrnehmung. Nicht die Wahrnehmung Einzelner sondern die Gruppenwahrnehmung wird letztlich für weitere Schritte herangezogen.

Nachdem das Interesse an der Möglichkeit für Rabattverhandlungen geweckt wurde, beginnt der fiktive Interessent aus obigem Beispiel, sich nochmals retrospektiv damit auseinanderzusetzen. Der Erfahrungsstrom aus der 15-minütigen Reportage wird von ihm nun in kognitive Einheiten zerlegt und mit seiner bisherigen Vorstellungen in Beziehung gebracht. Da war von vielen möglichen Vertriebsformen die Rede, mehrere Experten und Unternehmensangestellte machten unterschiedliche Aussagen, aber die Kernaussage des Berichts bestand für ihn darin, dass individuelle Preisverhandlungen möglich sind. Dabei sind gleichzeitig Fragen offen geblieben, die im nächsten Schritt zu beantworten sind: Gilt diese Aussage beispielsweise für alle Autohäuser bzw. Fahrzeugtypen oder nur für bestimmte? Sollte man sich bei der Preisverhandlung auf eine bestimmte Art und Weise verhalten, vielleicht eher desinteressiert wirken, oder kann man ganz offen darüber sprechen?
    Er entschließt sich, das Thema vorläufig zu verschieben und am nächsten Tag bei der Arbeit mit Kollegen zu erörtern. Dort stellt sich heraus, dass fünf Kollegen die Sendung gesehen haben. Zwei davon waren ebenfalls auf die möglichen Preisvorteile aufmerksam geworden, zwei anderen ist hingegen mit Blick auf die eigene Tätigkeit im Vertriebsbereich der Firma primär das Thema „Vertriebsnetze" aufgefallen und ein fünfter hat sich in erster Linie für die ebenfalls im Bericht angedeuteten Möglichkeiten eines kostengünstigen Reimports von Fahrzeugen interessiert. Gemeinsam tauscht man seine unterschiedlichen Wahrnehmungen aus, wobei die einzelnen Kognitionen reformuliert und zu einem Gesamteindruck des Gesehenen zusammengefasst werden. Im Zuge der uneinheitlichen Diskussion wird plötzlich die Frage aufgeworfen, inwiefern das im Bericht „Gesagte" überhaupt plausibel sein kann. Möglicherweise handelte es sich dabei ja nur um eine der medialen Berichterstattung bisweilen innewohnende Art der Aufblähung von Einzelereignissen zu „Sensationsmeldungen", das Ganze wäre eher als unwahr abzutun. Die Diskussion

zentriert sich nun nicht mehr um die ursprünglichen Eindrücke der Einzelpersonen, sondern um ein ganz neues, von der Gruppe als zentral erachtetes Thema.

3. Selektion: Im Selektionsprozess werden auf die Vorlagen, die aus dem Gestaltungsprozess resultieren, bekannten kognitiven Strukturen aufgelegt. Diese besitzen häufig die Gestalt einer Ursache-Wirkungs-Karte, in die die Variablen der Vorlage eingefügt werden und anhand ihrer Passung geprüft wird, ob die Karte hinsichtlich der Interpretation des neu Erfahrenen geeignet ist oder nicht, d. h., inwieweit dadurch Mehrdeutigkeit reduziert werden kann. In dem Maße wie es gelingt, für die neu erfahrene Situation ein geeignetes und gängiges Interpretationsschema zu finden wird sie versteh- und handhabbar.

Innerhalb der Arbeitsgruppe wird nun der Wahrheitsgehalt der Berichterstattung erörtert. Einer erinnert sich an einen ähnlichen Vorfall, der sich im Nachhinein als Ente erwies, ein anderer erinnert sich an seinen Schwager, der kürzlich berichtete, bei seinem Autokauf tatsächlich einen Preisnachlass erhalten zu haben. Als ein Dritter einen Artikel in einer seriösen Zeitung erwähnt, der ebenfalls auf sich verändernde Geschäftspraktiken in der Automobilindustrie hinwies, entschließt man sich, zunächst zumindest den Wahrheitsgehalt der Aussage zu akzeptieren.

2. Retention: Im Retentionsprozess werden schließlich Produkte erfolgreicher Sinngebung festgehalten. Diese Produkte sind nun eindeutig und können ferner als Grundlage für weitere Gestaltungs- bzw. Selektionsprozesse dienen. In diesem Zusammenhang ist bisweilen auch von der „sozialen Konstruktion von Realitäten" die Rede, wobei betont wird, dass das, was subjektiv als Realität wahrgenommen und für weitere Überlegungen zugrunde gelegt wird, das Ergebnis eines Konstruktions- und Aushandlungsprozesses individueller Kognitionen ist.

Nachdem nun also der Wahrheitsgehalt der Fernsehaussage insgesamt akzeptiert wurde, beginnt man, sich sukzessive weitere Klarheit über dessen Inhalte zu verschaffen. Die nächste (bereits oben angedeutete) Frage könnte lauten, inwieweit die akzeptierten Aussagen für alle Fahrzeugfirmen gelten oder nur für manche. Zur Beantwortung dieser Frage wäre es nun möglich, aus dem Gedächtnis zu rekonstruieren, welche diesbezüglichen Antworten gegeben wurden, oder eigene Nachforschungen anzustellen (Gestaltung) und diese wiederum auf ihre Plausibilität zu überprüfen (Selektion). Hätte man hierfür eine befriedigende Antwort gefunden, so könnte man fortschreiten und versuchen, die Frage zu klären, inwieweit derartige Verhandlungen ein bestimmtes Verhandlungsgeschick erfordern usw. Das sozial konstruierte kognitive Schema zur ursprünglichen Nachricht wird dadurch sukzessive ausgeweitet und vervollständigt, ihre subjektive Mehrdeutigkeit dabei immer weiter reduziert.

2.5 Einige praktische Ratschläge

Weick (1985: 345ff) gibt zehn kreative Ratschläge für die Praxis, die hier nur kurz vorgestellt werden:

1. „Geraten Sie angesichts von Unordnung nicht in Panik!
2. Sie können niemals ein Ding auf einmal vollständig erledigen.
3. Chaotisches Handeln ist geordnetem Nichthandeln vorzuziehen.
4. Die wichtigsten Entscheidungen sind oft die am wenigsten sichtbaren.
5. Es gibt keine Lösung.
6. Stampfen Sie die ‚Nützlichkeit' ein!
7. Die Karte ist das Gelände.
8. Schreiben Sie das Organisationsdiagramm um!
9. Stellen Sie sich Organisationen als evolutionäre Systeme vor!
10. Verkomplizieren Sie sich!" (Weick 1985: 346).

3 Weiterentwicklungen

Weick (1995) griff in seiner weiteren Arbeit den Aspekt der „Sinnstiftung" heraus und begann, diesen weiter herauszuarbeiten.

Der Gestaltungs-Selektions-Retentions-Zyklus vermittelt in groben Zügen eine Vorstellung über den organisatorischen Gesamtprozess, in dem Erfahrungsströme aufgebrochen und in verschiedene kognitive Einheiten zerlegt, diese Einheiten anschließend im Zuge wechselseitiger Interaktionen zu kollektiven Sinninhalten zusammengefügt und schließlich als „Realitäten" akzeptiert werden. Die nächste zu behandelnde Frage geht dahin, welche speziellen Mechanismen der sozialen Integration individueller Wahrnehmungen im Zuge der Sinnstiftung identifiziert werden können. In Abhängigkeit davon, ob ein Erfahrungsstrom von außen in eine Gruppe bzw. Organisation einfließt oder im Zuge eigener Handlungen hervorgerufen wurde, lassen sich dabei glaubens- und handlungsgeleitete Prozesse unterscheiden (vgl. Weick 1995: 133ff):

Glaubensgeleitete Prozesse

Glaubensgeleitete Prozesse steuern die Art und Weise, wie von außen kommende Informationen, bzw. daraus konstruierte kognitive Einheiten zusammengefügt und in eine größere, zumindest ansatzweise bereits vorhandene Bedeutungsstruktur integriert werden. In Abhängigkeit davon, inwieweit diese Einheiten unter sich und in Bezug auf die vorhandene Bedeutungsstruktur ähnlich sind oder nicht, können diese Einheiten einerseits durch vorhandene Erwartungen gelenkt integriert werden, andererseits durch Diskussion mit der Bedeutungsstruktur in Deckung gebracht werden:

Erwartung: Vorhandene Interpretationsschemata können eine Erwartungshaltung erzeugen, die die Auswahl neuer von Informationen bzw. deren Interpretation steuert. Neue Informationen, die mit einem vorhandenen Interpretationsschema in relativer Übereinstimmung stehen, werden ausgewählt und in dieses Schema integriert, um es zu erweitern. Dabei besteht allerdings die Gefahr selbsterfüllender Prophezeiungen: Die Erwartung kann die Auswahl von Informationen dahingehend lenken, dass diese selektiv danach berücksichtigt werden, inwieweit sie mit vorhandenen Bedeutungsschemata in Einklang stehen und diese stützen. Die vorherrschende Meinungen wird dadurch bestätigt, davon abweichende werden zurückgewiesen.

Diskussion: Durch Diskussion werden Informationseinheiten, die anfänglich nicht problemlos in eine vorhandene Bedeutungsstruktur integriert werden können, quasi per Aushandlung mit einer bestehenden Struktur in Beziehung gebracht. Unterschiedliche Interpretationsansätze werden dabei innerhalb der Gruppe entwickelt, vorgestellt, verglichen und modifiziert bis sich eine relativ konsensuelle Interpretation herausgebildet hat. Dabei kann die Interpretation einer ursprünglichen Information so lange verändert werden bis sie sich in eine kollektive Bedeutungsstruktur einpasst, es kann aber auch die Bedeutungsstruktur selbst gewandelt werden. Der Zweck dieser Vorgehensweise besteht darin, eine Mehrdeutigkeitsreduktion vorzunehmen und über diesen Schritt neue Zielsetzungen zu entwickeln, neue Ideen zu präzisieren oder die Qualität der Information bezüglich ihrer internen Verwendung zu erhöhen.

Handlungsgeleitete Prozesse

Handlungsgeleitete Prozesse beziehen sich auf eigene Aktionen und sind darauf ausgerichtet, diesen einen Sinn zu verleihen.

Beipflichten: Soziale Zustimmung zu einer explizit getätigten Aussage oder Handlung verleiht dieser Stabilität, insbesondere dann, wenn die Handlung nur schwer revidiert werden kann, oder wenn sie öffentlich beobachtbar ist. Dabei ist es bisweilen einfacher, die Interpretation der Handlung zu verändern, um kognitive Dissonanzen auszuräumen.

Manipulieren: Sinnstiftende Interpretationen werden ferner auch häufig manipuliert, um bestimmte Zwecke zu verfolgen. Beispielsweise könnte man Kapitalgebern gegenüber ungünstige Bilanzen als „nur vorübergehend" oder „eigentlich unproblematisch" ausweisen, um ihr weiteres Wohlwollen zu sichern.

Nach Weick (1995: 17ff) lässt sich der Prozess der organisatorischen Sinnstiftung anhand *sieben unterschiedlicher Merkmale* zusammenfassend charakterisieren:

1. *Identitätskonstruktion*: Sinnstiftung liegt im Selbstkonzept begründet und ist wiederum ein notwendiger Bestandteil dafür, ein konsistentes Selbstkonzept aufrecht zu erhalten. Die Umwelt stellt dabei gewissermaßen einen Spiegel dar, in den sich Personen projizieren und die Konsequenzen beobachten, um etwas über sich selbst zu erfahren. Jemand der sich beispielsweise für innovativ hält, wird eher geneigt sein, auf entsprechende situative Herausforderungen mit einer Bereitschaft für Neuerungen zu reagieren. Umgekehrt wird er anhand der Reaktionen aus seiner Umwelt abzulesen versuchen, ob dieses Selbstbild sozial bestätigt wird oder nicht, d.h. ob auch andere ihn für innovativ halten. Im Falle der Bestätigung wird er das Selbstbild beibehalten, im Falle der permanenten Nichtbestätigung wird er die Situation neu interpretieren und sein Selbstbild entsprechend anpassen.

2. *Retrospektivität*: Sinnstiftung erfolgt in Organisationen in der Regel retrospektiv. Vergangene Handlungen oder Ereignisse werden rückbezüglich thematisiert und diskutiert und innerhalb eines rekursiven Prozesses der Äußerung eigener Interpretationen und der Rezeption der Interpretationen anderer mit gemeinsamem Sinn belegt.

3. *Gestaltung*: Während des Sinnstiftungsprozesses wird das Umfeld, in dem die Sinnstiftung stattfindet, von den betreffenden Personen selbst hergestellt. Erfahrungsströme werden in einzelne Einheiten aufgebrochen, die dann mit Kategorien bezeichnet werden. In diese Kategorisierung fließen eigene Wertvorstellungen mit ein, die wiederum das Ausgangsmaterial der Sinnstiftung bilden. Der kognitive Kategorisierungsprozess bildet damit die Voraussetzung für die Interpretation der Realität. Beispielsweise könnten häufigere Entlassungen, die im Berufsalltag im Zuge des allgemeinen Erfahrungsstromes erfahren und diskutiert werden, von Mitarbeiterseite ab einem bestimmten Zeitpunkt als eine „Kündigungswelle" komprimiert und in-

terpretiert werden, die dann den Ausgangspunkt für nachfolgende Interpretationen und Aktionen bildet.

4. *Sozialität*: Die Herstellung eines Sinns für bestimmte Ereignisse findet in
einem sozialen Rahmen statt. Im Falle von Diskussionen mit einer oder
mehreren Personen ist dies evident. Aber auch wenn andere Personen nicht
präsent sind, so bilden deren mögliche Reaktionen einen Bezugsrahmen, der
in die individuelle Sinnstiftung mit einfließt.

5. *Permanenz*: Sinnstiftung ist ein andauernder Prozess. Sie ist in einen
kontinuierlichen Erfahrungs- und Handlungsstrom eingebettet und besitzt
keinen Anfang und kein Ende. Angeregt durch neuere Entwicklungen in der
Umwelt sowie eigene Tätigkeiten, mit denen man sich aktuell beschäftigt,
wird immer wieder von neuem ein Bezugsrahmen konstruiert.

6. *Hinweisreize*: Bei der Auseinandersetzung mit der Umwelt wird speziell auf
bekannte Hinweisreize geachtet, die den Ausgangspunkt für Bedeutungs-
netzwerke liefern. Hat sich etwa die „Kündigungswelle" aus o. g. Beispiel
etabliert, so werden bei weiteren Informationen mit hoher Priorität solche
beachtet, die zu diesem Thema beitragen. Das Bild dieser „Kündigungswelle" erweitert sich so zunehmend zu einem Netzwerk, in dem Ursachen, Erscheinungsformen oder Folgen miteinander in Beziehung gesetzt werden
und das sozial akzeptable Erklärungen und Handlungsweisen zunehmend
eingrenzt.

7. *Plausibilität*: Bei der Interpretation von Ereignissen wird eher auf Plausibilität als auf Genauigkeit geachtet. Der Grund hierfür liegt nach Weick in
der unüberschaubar komplexen und von zahlreichen unterschiedlichen Interessen geprägten postmodernen Welt begründet. Dabei erscheint es aus-
sichtslos, allzu viel Aufwand auf die Überprüfung der Genauigkeit von
Informationen bzw. deren Interpretationen zu verschwenden. Interne Kon-
sistenz mit der bestehenden kognitiven Struktur stellt hierbei einen Ausweg
dar, der darüber hinaus auch rascheres Handeln erlaubt.

Arbeitsbox

- Was sind die zentralen Bestandteile der biologischen Evolution?
- Wie lässt sich dieses Evolutionsmodell auf soziale Prozesse in Organi-
  sationen übertragen?
- Was ist damit gemeint, wenn man sagt, man möchte den Sinn einer
  Sache erkennen?
- Inwieweit unterscheidet sich der Prozess der „Sinnstiftung" von der
  „rationalen Planung"?

VIII   Systemtheoretische Ansätze

1   Vorbemerkungen

Der Begriff des „Systems" war bereits Anfang des 20. Jahrhunderts in der Organisationsforschung geläufig; so sprachen beispielsweise Roethlisberger & Dickson (s. o.) von sozialen Systemen.

Eine systematischere Untersuchung von Systemen wurde durch den Begriff der „Systemtheorie", der von Bertalanffy (1968) maßgeblich geprägt wurde, eingeleitet. In der diesbezüglichen Systematik lassen sich Organisationen als offene Systeme mit folgenden Kennzeichnungen beschreiben:

- *Ganzheitliche Sichtweise* anstelle elementaristischer Detailanalysen.
- Die Berücksichtigung von *Umweltbeziehungen* durch Abhängigkeit von und Austausch mit der Organisationsumwelt.
- *Das System als Ganzes verfolgt idealiter bestimmte Ziele, z. B.* Überleben oder Komplexitätsreduktion.
- Eine spezifische *Struktur* kennzeichnet die internen sowie die Umweltbeziehungen des Systems.
- Interne und umweltbezogene *Strukturen und Prozesse stabilisieren sich dynamisch*, z. B. durch ein „Fließgleichgewicht".

Ähnlich zur Unterscheidung in „gegenständliche" versus „gedankliche Systeme" (Seiffert 1989) lassen sich „konkret-empirische" und „phänomenologisch-interpretative" Organisationsansätze differenzieren:

- *Konkret-empirische* Ansätze gehen davon aus, dass die als Elemente beschriebenen Systemkomponenten in der realen Welt vorhanden sind. Sie können sich z. B. auf Personen, Material oder Geld beziehen. Hierzu zählt das Konzept der sozio-technischen Systeme der Tavistock-Gruppe (z. B. Emery 1959) oder das Modell von Katz & Kahn (1978).
- *Phänomenologisch-interpretative* Konzepte beziehen sich auf die Bedeutung bzw. die subjektive Interpretation von empirischen Gegebenheiten. Dabei wird von der kulturanthropologischen Überlegung ausgegangen, dass das Handeln von Personen in Gruppen nur verstanden werden kann, wenn man die subjektive Interpretation von Sachverhalten, d. h. den gemeinsamen Sinn, den reale Objekte für die jeweilige Gruppe beinhalten, berücksichtigt. Erst dadurch ist es möglich, zu verstehen, wie sich soziale Ordnungsstrukturen ausbilden. Der Ansatz wurde beispielsweise von Luhmann aufgegriffen und weiterentwickelt.

2   Wichtigste Vertreter und Hauptaussagen

2.1   *Katz, Daniel (1903-1998)*

Katz wurde 1903 in Trenton, New Jersey geboren. Er graduierte 1925 an der Universität von Buffalo und begann unmittelbar danach an der Syracuse Universität mit seiner Dissertation im Fach Sozialpsychologie. Sein Doktorvater, Floyd H. Allport, gilt als einer der Pioniere der Sozialpsychologie. Zwischen 1928 und 1943 war Katz an der Fakultät für Psychologie an der Princeton Universität beschäftigt, danach wechselte er an das Brooklyn College, wo er die Fakultät für

Psychologie leitete. Während des zweiten Weltkrieges war er Direktor der ‚Division of Surveys of the Office of War Information' beim Verteidigungsministerium. Katz und einige andere Sozialforscher arbeiteten außerdem während der Kriegsjahre für das Institute for Social Research (ISR) an der Universität Michigan. 1947 wurde Katz Direktor des Instituts und erhielt eine Professur für Psychologie. In seinen Forschungen befasste er sich mit den Human Relations, Managementpraxis und Mitarbeiterpartizipation. Katz wurde für seine Arbeiten mehrfach ausgezeichnet, unter anderem mit der Goldmedaille der ‚American Psychological Association' und dem ‚Lewin Award of the Society for the Psychological Study of Social Issues'. Er arbeitete bis 1974 an der Universität Michigan und starb im Jahr 1998 in Ann Arbor, Michigan.

2.2   Kahn, Robert Louis (1918-)

Kahn wurde 1918 in Detroit geboren, wuchs in Nähe von Detroit auf und graduierte im Jahr 1935 an der Central High School. Während des Weltkrieges leistete er seinen Dienst bei der US-Army, studierte dann Sozialforschung an der Universität von Chicago und Michigan und interessierte sich insbesondere für Survey Research. Mitte 1948 bekam Kahn eine Stellung am Survey Research Center. 1952 promovierte er im Fach Sozialpsychologie und arbeitete am Institute für Social Research (ISR). Nach seiner Promotion wurde er Programmdirektor am ISR. Eines seiner ersten Bücher befasst sich mit den Methoden des Survey Research. Als Hauptwerk gilt sein Buch „The Social Psychology of Organizations", das 1966 erschien und das er gemeinsam mit Daniel Katz schrieb.

Ausgewählte Publikationen

Katz, D. & Kahn, R. L. (1966): The Social Psychology of Organisations. New York: Wiley & Sons
Katz, D. & Kahn, R. L. (1978): The Social Psychology of Organisations (zweite überarbeitete Auflage). New York: Wiley & Sons

Hauptaussagen

Katz & Kahn (1978) formulieren ein Organisationsmodell auf der Grundlage der Theorie offener Systeme. Organisationen stehen demzufolge mit ihrer Umwelt in einem (materiellen und informationellen) Austausch, wobei genügend Energie erzeugt wird, um die Prozesse kontinuierlich aufrecht zu erhalten. In sozialer

Hinsicht erfolgt der interne Transformationsprozess durch regelmäßige, koordinierte Aktivitätsmuster der Organisationsmitglieder. Diese Aktivitätsmuster
werden dadurch aufrechterhalten, dass die Organisationsmitglieder Rollen einnehmen, die Verhaltensweisen unabhängig von Personen definieren. Eine wichtige Forderung an die Organisation besteht darin, rollenkonformes Verhalten
aller Beteiligten sicherzustellen. Unter motivatorischer Hinsicht geschieht dies
durch externe Belohnungen oder intrinsische Motive, sowie durch Akzeptanz
formaler Regelwerke.

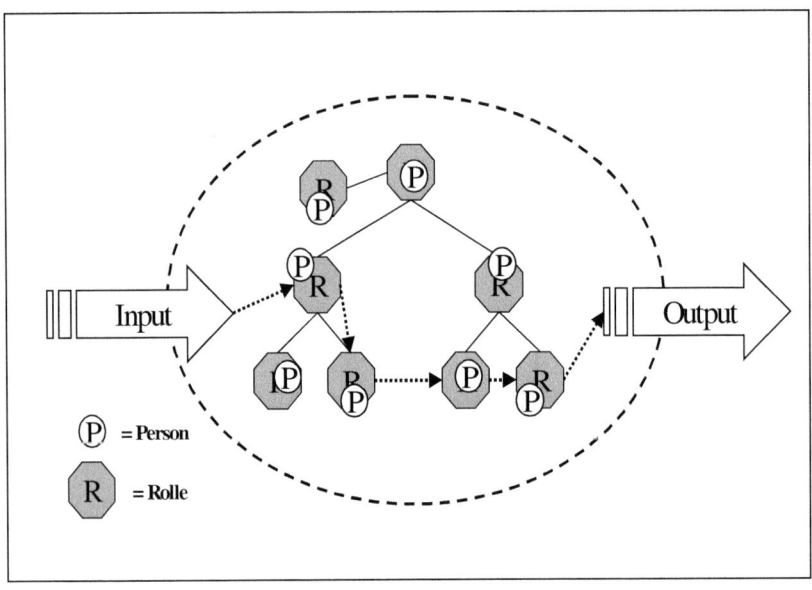

Abbildung 18: Die Organisation als offenes System mit Input, Output und
internen Aktionsmustern. Die organisatorischen Rollen werden
dabei unterschiedlich gut von den zugehörigen Personen
ausgefüllt.

2.3   Luhmann, Niklas (1927-1998)

Zur Person

Niklas Luhmann wurde 1927 in Lüneburg als Sohn eines Brauereibesitzers geboren. Er besuchte das Johanneum in Lüneburg und machte 1944 dort sein Abitur.
1944-45 diente er der Deutschen Wehrmacht als Luftwaffenhelfer und kam 1945
kurz in amerikanische Kriegsgefangenschaft. Von 1946-49 absolvierte er ein
Studium der Rechtswissenschaften an der Universität Freiburg im Breisgau, das
er 1949 mit einer Promotion beendete. Es folgte eine vierjährige Referendars-
ausbildung in Lüneburg. Von 1954 – 1962 war Luhmann Verwaltungsbeamter in
Lüneburg, unter anderem als Assistent des Präsidenten am Oberverwaltungsge-
richt Lüneburg und als Landtagsreferent im niedersächsischen Kulturminis-
terium im Rang eines Oberregierungsrats. Während einer Beurlaubung zum
Studium der Verwaltungswissenschaften an der Harvard Universität machte er
die Bekanntschaft Talcott Parsons und war von 1962-65 Referent am For-
schungsinstitut der Hochschule für Verwaltungswissenschaften, von 1965-68
war er auf Einladung von Helmut Schelsky Abteilungsleiter der Sozialfor-
schungsstelle der Universität Münster in Dortmund. Nebenher studierte er Soziologie an der Universität Münster, wo er auch habilitierte. Nach einem Jahr Lehr-
stuhlvertretung von Theodor W. Adorno in Frankfurt am Main war er ordentlicher Professor für Soziologie an der neu gegründeten Reformuniversität Bielefeld. Luhmann starb 1998 in Oerlinghausen bei Bielefeld.

Ausgewählte Publikationen

Luhmann, N. (1984): Soziale Systeme. Frankfurt/a. M.: Suhrkamp
Luhmann, N. (2000): Organisation und Entscheidung. Wiesbaden: Westdeutscher Verlag

Hauptaussagen

Die Systemtheorie Niklas Luhmanns gilt als der populärste interdisziplinäre
Theorieansatz der Gegenwart im deutschsprachigen Raum. Außer in der Soziologie ist sein Ansatz auch in der Psychologie und der Managementtheorie von
großer Bedeutung. Organisationen gelten bei Luhmann als soziale Systeme,
deren kleinste Elemente nicht handelnde Menschen, sondern Kommunikationen
sind. Das System produziert permanent Kommunikationen und steuert sich dadurch selbst und hält sich gleichzeitig anschlussfähig. Menschen beteiligen sich

über ihr Bewusstsein und ihre Gedanken als psychisches System am sozialen System. Der Begriff Kommunikation wird in drei Teile selektiert: Information, Mitteilung und Verstehen.

Luhmann beschäftigte sich mit sozialen Funktionssystemen wie Recht, Wissenschaft, Wirtschaft, Religion, Politik und Medien sowie für Interaktionssysteme wie Organisationen und Gesellschaften. Zentraler Begriff in den Ansätzen Luhmanns ist die operative Geschlossenheit eines jeden Systems. Ziel dieser Analyseart ist die Möglichkeit der trennscharfen Zurechnung von Kommunikationen, Ereignissen und Handlungen auf Subsysteme und Strukturen.

Ausgehend von Erkenntnissen der allgemeinen Systemtheorie, die zuerst im Bereich der Thermodynamik und Kybernetik formuliert und bekannt wurden, begann Luhmann, eine für die gesamte Sozialwissenschaft Geltung beanspruchende Theorie sozialer Systeme zu erarbeiten. Als Luhmann an der Universität Bielefeld sein oben genanntes Forschungsprojekt benennen soll, schrieb er: „Theorie der Gesellschaft, Laufzeit: 30 Jahre, Kosten: keine". Daraus wird deutlich, dass Luhmann mit seinem Ansatz an Talcott Parsons anknüpfte. Seit Anfang der 80er Jahre griff Luhmann den Grundbegriff der Autopoiese der beiden chilenischen Neurobiologen Humberto Maturana und Francesco Varela auf und versuchte, Parallelen organischer Systeme aus der Biologie auf die Soziologie übertragen.

3   Niklas Luhmann: Organisationen als Soziale Systeme

Mit der Theorie Sozialer Systeme versucht Luhmann, die Entstehung sozialer Ordnungen zu beschreiben und die moderne Gesellschaft in ihrem strukturierenden Funktionieren zu verstehen.

3.1   Systemarten

Luhmann unterscheidet drei verschiedene Systemarten:

- organische Systeme
- psychische Systeme und
- soziale Systeme.

Im Mittelpunkt seines Interesses standen die sozialen Systeme. Organische Systeme sind kaum ein Thema für die Soziologie und die Vernachlässigung der psychischen Systeme in den Arbeiten Luhmanns erklärt sich daraus, dass Gesellschaft für Luhmann nicht die Summe aller Menschen, sondern Kommunikation ist. Allerdings veranlasste ihn die Beschäftigung mit organischen Systemen in der Biologie zu einem Perspektivenwechsel in den 80er Jahren, als er sich an den Überlegungen der Neurobiologen Maturana und Varela anschloss und Parallelen aufzeigte, die für die Soziologie bedeutsam waren. Die Aufnahme der Autopoiesetheorie in die Soziologie läutete einen Paradigmenwechsel ein. Aus Sicht der Autopoiese wird ein System durch den Unterschied zu seiner Umwelt definiert. Durch eigene Produktion einer Systemgrenze hebt es sich von seiner Umwelt ab und wird zu etwas von der Umwelt Unterscheidbarem; es schafft sich also selbst. Deshalb auch der Begriff „Autopoiese" der aus dem Griechischen stammt und „selbsterzeugend" bedeutet. Während Maturana und Varela die Erkenntnisse der Autopoiese auf Organismen beschränken, findet Luhmann insbesondere für die Analyse sozialer Phänomene ein weiteres Anwendungsgebiet.

3.2   Merkmale und Funktionsweise autopoietischer Systeme

Voraussetzung für die Bezeichnung autopoietisches System ist, dass sich Systeme aus den Elementen und durch die Elemente, aus denen sie bestehen, selbst produzieren und reproduzieren. Autopoiesis bezieht seine materiellen und informationellen Voraussetzungen aus einer Umwelt, von der sich das System gerade durch den Akt der autopoietischen Abgrenzung unterscheidet. Systeme können sich wechselseitig nicht instruieren sondern nur irritieren. Die „gegenseitige Beeinflussung" von Systemen erläutert Luhmann mit den Begriffen strukturelle Kopplung und Interpenetration, mit denen sich ein System die Komplexität eines anderen erschließen kann.

Autopoietische Systeme bilden sich aus ihrer Umwelt heraus und grenzen sich dadurch von dieser ab. Dabei bilden sie interne Strukturen aus, die in ihrer Gesamtheit stabil sind. Stellt man sich beispielsweise die Ausbildung eines zellartig in sich abgeschlossenen Reaktionszyklus in einer Ursuppe vor, so sind die in der Zelle befindlichen molekularen Bausteine und wechselseitigen Prozesse auf eine bestimmte Weise, die den Erhalt der Zelle sicherstellen, miteinander verknüpft; die in der Zelle durch die Struktur realisierten molekularen Verknüpfungen sind damit gleichzeitig einfacher, weniger komplexer, als die prinzipiell möglichen Verknüpfungen bzw. molekularen Reaktionen. Obwohl grundsätzlich alle möglichen Verknüpfungen von A, B und C und deren Reaktionsprozesse denkbar wären, sind in der Struktur lediglich Bausteine A und B miteinander verbunden; Baustein X wird in der Zelle gebildet, könnte sich prinzipiell aber auch in der Umwelt bilden. Das System ist dabei zwangsläufig weniger komplex als seine Umwelt, da darin nicht alle möglichen sondern nur eine begrenzte Anzahl von Elementen und Prozessen vorliegen.

> „Als autopoietisch wollen wir Systeme bezeichnen, die ihre Elemente, aus denen sie bestehen, durch die Elemente, aus denen sie bestehen, selbst produzieren und reproduzieren. Alles, was solche Systeme als Einheit verwenden, ihre Elemente, ihre Prozesse, ihre Strukturen und sich selbst, werden durch eben solche Einheiten im System selbst bestimmt. Oder anders gesagt: Es gibt weder Input von Einheiten in das System noch Output von Einheiten aus dem System. Das System operiert als selbstreferentiell-geschlossenes System. Das heißt nicht, dass keine Beziehungen zur Umwelt bestehen, aber diese Beziehungen liegen auf anderen Realitätsebenen als die Autopoiesis selbst. Sie werden im Anschluss an Maturana oft als Koppelung des Systems an seine Umwelt bezeichnet." (Luhmann 1985: 403; nach Neuberger 1990).

Der Systembegriff im Ansatz der entwickelten Systemtheorie Luhmanns meint also nicht nur ein Netz von Beziehungen, die Teile zu einem Ganzen ordnen, sondern zielt auf eine sinnhaft strukturierte Transformation von Komplexitäten, auf die Auseinandersetzung des Systems mit seiner Umwelt.

Die Komplexität ist ein zentraler Begriff seines Theoriegedankens. Das analytische Verständnis der „Ganzes-Teil-Relation" führt in der Soziologie zu der Annahme, dass die Beobachtung eines Teils zur vereinfachenden Betrachtung des Ganzen beitragen könne. Für Luhmann sind Systeme sind nicht nur mehr als die Summe ihrer Teile. Sie sind in der Systemtheorie etwas gänzlich anderes: Sie sind der Mehrwert sozialer Interaktion, bzw. Kommunikationen. Soziale Systeme reduzieren in ihrem Operieren Komplexität.

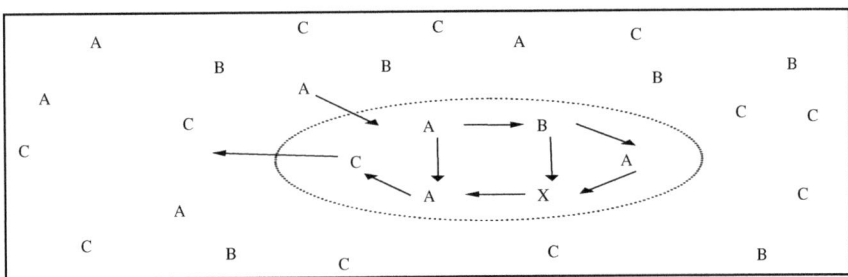

Abbildung 19: Vereinfachte schematische Darstellung eines autopoietischen Systems

Die Bausteine A und B sind so miteinander verknüpft, dass sie eine in sich stabile Struktur bilden und dabei als Zwischenschritt X ausbilden. Zum Strukturerhalt nehmen sie lediglich Bausteine A aus der Umwelt auf und geben Bausteine C an die Umwelt ab.

Die dem Organisationssystem zugrunde liegenden Elemente sind Kommunikationen. Dabei zu unterscheiden sind Kommunikationen, die dem jeweiligen Organisationssystem institutionalisiert zugrunde liegen und so als innere Struktur die organisationsbezogenen Ablaufprozesse bestimmen. Spezielle Systemstrukturen sind also Ergebnisse von Ablaufprozessen, also sozusagen feste Wege, an denen sich einzelne Prozesse zumindest für einen bestimmten Zeitraum orientieren. Das System 'gewöhnt sich' an bestimmte Prozesswege und richtet diese auf Dauer ein. Diese Dauereinrichtungen sind dann die systeminternen Strukturen.

„Organisationsstrukturen sind gleichsam Einschränkungen der Handlungsmöglichkeiten. Die Einschränkung der Vielfalt von Möglichkeiten, also die Strukturbildung, lässt sich auch als Aufbau von Erwartungen beschreiben. Erwartungen entstehen durch Einschränkungen." (Luhmann 1984: 397).

Die Austauschbeziehung des Systems mit seiner Umwelt wird dabei durch die interne Struktur eingeschränkt. Prinzipiell wäre es denkbar, dass eine Zelle alle möglichen Bausteine aus ihrer Umwelt aufnimmt bzw. diese wieder an die Umwelt abgibt, tatsächlich nimmt sie jedoch sehr selektiv ganz bestimmte Bausteine auf und ignoriert andere.

„Die Umwelt eines jeden Systems ist (...) weitaus komplexer als das System selbst. Zwischen Umwelt und System besteht ein Komplexitätsgefälle. Entsprechend hat jede Relation zwischen System und Umwelt einen doppelten Komplexitätsbezug. Sie verknüpft ausgewählte Elemente der Umwelt mit ausgewählten Elementen des Systems und trägt so ein zweifaches Selektionsrisiko; sie mag Gefahren oder Chancen in der Umwelt verkennen und mag im System die die richtigen Stellen oder Ressourcen nicht finden. (...) Das Komplexitätsgefälle zwischen Umwelt und System schließt es aus, ein System auf der Basis von Punkt-für-Punkt Relationen zwischen Ereignissen in der Umwelt und Ereignissen des Systems zu errichten." (Luhmann 1980: S.1067f; nach Neuberger 1990).

Das oben dargestellte autopoietische System könnte sich niemals höher entwickeln und seine Umweltanpassung bzw. seine interne Komplexität erhöhen. Da es durch die Gesamtheit der internen Relationen (=Struktur) bestimmt ist, hätte eine Veränderung dieser Struktur sofort den Zusammenbruch des System zur Folge. Eine Komplexitätserhöhung wird vielmehr durch Ausbildung in sich stabiler Subsysteme erreicht, die miteinander auf unterschiedliche Art und Weise in Beziehung treten können, und im Falle einer optimierten Umweltinteraktion bestehen bleiben, im Fall einer suboptimalen Umweltinteraktion lediglich wieder in ihre Subsysteme, nicht jedoch ihre Elemente zerfallen. Ein (soziales) System wird also durch die selbstreferentielle Struktur und die dadurch bestimmten Prozesse konstituiert. Nicht die Elemente selbst, sondern die Art und Weise wie sie miteinander verknüpft sind, die Relationen, bestimmen folglich, ob ein System vorliegt. Ein Gruppe besteht beispielsweise aus einer Anzahl von Personen, die sich wechselseitig aufeinander bezogen verhalten (doppelte Kontingenz) – man könnte auch sagen miteinander interagieren. Würden sie nicht wechselseitig aufeinander bezogen verhalten, würde man dieselben Personen nicht als Gruppe bezeichnen. Die Gesamtheit der Entscheidungen, als Voraussetzungen ihres Verhaltens, der einzelnen Personen sich so zu verhalten, dass ein wechselseitiger Verhaltensbezug stattfindet, ist also das konstituierende Merkmal eines sozialen Systems. Dabei geht Luhmann davon aus:

> „ (...) dass soziale Systeme ganz allgemein und ohne Ausnahme sich als selbstreferentielle autopoietische Systeme bilden und dass dies deshalb auch für organisierte soziale Systeme gelten muss. Autopoietische Systeme erzeugen die elementaren Einheiten aus denen sie bestehen, durch das Netzwerk eben dieser elementaren Einheiten. Sie sind also in dem, was für sie Einheit ist, auf Eigenproduktion eingestellt, obwohl dies natürlich nur in einer Umwelt und auf der Grundlage von Materialien, Reizen und Störungen von Seiten der Umwelt möglich ist. Auf dieser Theoriegrundlage können organisierte Sozialsysteme begriffen werden als Systeme, die aus Entscheidungen bestehen und die Entscheidungen, aus denen sie bestehen, durch die Entscheidungen, aus denen sie bestehen, selbst anfertigen. Mit 'Entscheidung' ist dabei nicht ein psychischer Vorgang gemeint, sondern eine Kommunikation, nicht ein psychisches Ereignis, eine bewusstseinsinterne Festlegung, sondern ein soziales Ereignis. (...) Geht man von dieser Annahme einer selbstreferentiellen Geschlossenheit aus, muss man alle externen Referenzen, die im System benutzt werden, als interne Operationen auffassen." (Luhmann 1988: 173).

Umweltereignisse üben folglich nur insofern einen Einfluss auf das Gruppengeschehen aus, als sie von der Gruppe innerhalb der darin stattfindenden Kommunikation beachtet werden oder nicht. Umgekehrt können nur solche Ereignisse aus der Umwelt beachtet werden, die im System symbolisch bzw. kommunikativ repräsentiert sind.

Im Kontext der autopoietischen Reproduktion wirkt die Umwelt als Irritation, Störung bzw. Rauschen, und sie wird für das System erst sinnvoll, wenn sie auf die Entscheidungszusammenhänge des Systems bezogen werden kann. Für das System liegt in der Umwelt eine Differenz, die für das System die eigene Differenz ist. Information sind deshalb immer ein Eigenprodukt des Systems, ein Moment des Prozessierens von Entscheidungen und nicht ein Faktum in der Umwelt, das unabhängig von Beobachtung und Auswertung existiert. Es steht dem System allerdings nicht frei, dieses Eigenprodukt Information zu erzeugen oder nicht. Das System wird durch die Umwelt laufend irritiert, und es sucht mit seinem Entscheidungsnetz geradezu Irritationen auf, um sie in Informationen umzuwandeln und für Entscheidungen benutzen zu können.

3.3   Subjektumwelt

Die Subjektumwelt eines Organisationssystems wird durch die Kommunikationsbeiträge der Subjekte gebildet und aufrechterhalten. Diese Beiträge sind allerdings nicht ein für allemal festgelegt und bedürfen auch der Abstimmung mit anderen Sozialsystemen, deren Grenzen ebenfalls dort tangiert werden, wo ein bestimmtes System seine Grenzen in die Umwelt der anderen Systeme placiert. Deshalb kann jedes System als Teilsystem eines übergreifenden Systems, jedes Teilsystem als übergeordnetes System für seine Teilsysteme betrachtet werden. Bisweilen können unscharfe Systemgrenzen entstehen, wie beispielsweise zwischen Wissenschaft und Wirtschaft. Werden sie bewusst angestrebt, dann um die Leistungsbeziehungen zwischen beiden Systemen zu optimieren.

Da Kommunikation nur im Dialog zwischen Subjekten entsteht, können einzelne Subjekte nicht kommunizieren und Organisationen nicht denken. Das Bewusstsein ist immer schneller und vielseitiger als die Kommunikation, an der es sich beteiligt. Es umkreist die laufende Kommunikation in Gedanken und greift auf eine Weise, die nicht mitkommuniziert werden kann, vor und zurück auf anderes, was schon gesagt worden ist. Es kann planen, was es sagt und verschweigen, was es nicht sagt. Es kann sich beim Reden beobachten und korrigieren. Es kann merken, dass das Gesagte etwas anderes als inkompatibel ausschließt. Es kann spüren, wie es sich in der Kommunikation festlegt. Es kann übertreiben. Es kann nicht ganz ernst Gemeintes sagen. Es kann lügen. Und es kann, ja muss es zwangsläufig, dasselbe Spiel des Überschusses von Bewusstsein beim anderen vermuten.

3.4   Strukturelle Kopplung

Die Verbindung zwischen den einzelnen Subjekten und dem Organisationssystem wird als „strukturelle Kopplung" bezeichnet. Impulse und Informationen der Subjektumwelt werden vom Organisationssystem verarbeitet. Diese Impulse und Informationen können als „Störungen" oder „Irritationen" Strukturveränderungen im Organisationssystem auslösen. Allerdings können sie Strukturveränderungen nicht determinieren oder instruieren, sie können sich nur gegenseitig pertubieren (=stören). Mit diesen 'reziproken Pertubationen' kann eine Rekursi-

vität zwischen Umwelt und Organisationssystem entstehen, so das eine Geschichte wechselseitiger Strukturveränderungen in Form von Ablaufprozessen
entsteht.

Das Netz der dynamischen Prozesse, die die Struktur des Organisationssystems bestimmen, überschreiten dabei in ihrer Wirkung nicht die Grenzen des
Netzes; es besteht eine operationale Geschlossenheit. Dabei werden das System
selbst und die Kontinuierung seiner operationalen Geschlossenheit zum Maßstab
für die Eignung der Operationen des Systems. Die Umwelt bietet Möglichkeiten
und setzt Restriktionen, welche je nur im Hinblick auf die Eigenarten der Opera-
tionsweise des Systems als solche erkennbar werden. Systeme nehmen damit den
selbst erzeugten oder durch ihre Struktur determinierten Zustand als Ausgangsbasis für weitere Veränderungen, wodurch sie sich auf sich selber beziehen, bzw.
'selbstreferentiell' sind. Die zukünftige Ausprägung einer Zustandsänderung des
Systems ist somit abhängig von dem aktuellen Zustand des Systems.

3.5   *Verknüpfung psychischer und sozialer Systeme*

Die Subjektumwelt als psychisches System und die Organisation als soziales
System operieren beide auf der Basis sinnhafter Selbstreferenz.

Beim psychischen System werden über das Nervensystem Gedanken und
Vorstellungen prozessiert und ein Bewusstsein erzeugt. Die Konstitution des
Bewusstseins erfolgt aus der Organisationsweise und Struktur dieses neuronalen
Systems. Das psychische System arbeitet nicht mit Abbildungen realer Außen-
weltereignisse, sondern mit Relationierungen von Relationen. Umweltereignisse
stoßen neuronale Relationen an, ohne determinieren zu können, was mit diesen
Anstößen passiert. Grundlegendes Element des Bewusstseins sind Gedanken.
Gedanken eines Subjektes können nur von den anderen Gedanken dieses Subjektes wahrgenommen werden, nicht aber von anderen Subjekten. Subjekte können
sich daher gegenseitig nur beobachten, bzw. sich eigene Vorstellungen bilden. Es
handelt sich um selbstreferentiell operierende Systeme, in denen an bestimmten
Punkten Umweltereignisse relevant werden. Organisationssysteme verarbeiten
Umweltereignisse in Form von selbst-referentiellen Kommunikationen. Grundlegendes Element des Systems ist die Kommunikation. Kommunikationselemente entstehen durch die Übermittlung Informationen und dem sich daran anschlie-
ßenden Verstehensprozess.

3.6 *Zum Verhältnis von Information, Mitteilung und Verstehen*

- *Information* wird als eine Selektion aus einer Menge von bekannten und unbekannten Möglichkeiten gesehen.
- *Mitteilung* wird als Verhalten gesehen, das gewählt oder festgelegt als Medium oder Mittel der Übertragung von Information dient. Informationen können aber auch über andere Formen, zum Beispiel schriftlich oder audiovisuell mitgeteilt werden. Sie können dann beispielsweise in Form von Führungsrichtlinien, Qualifizierungsprogrammen oder Aufgabenanweisungen vorliegen. Dann sind sie nicht mehr auf einzelne Subjekte zurückzuführen.
- *Verstehen* geschieht durch die Wahrnehmung einer Differenz von Mitteilung und Information, die selbstreferentiell vom Subjekt verarbeitet wird. Erst durch das Verstehen von Information und Mitteilung ist die Kommunikation realisiert. Für die kommunikative Einheit ist dabei unbedeutend, in welcher Weise verstanden wird. So wird auch ein Missverstehen als Verstehen nicht ausgeschlossen.

Das Wesen der Kommunikation wird durch die Selektivität von Information, Mitteilung und Verstehen ausgemacht. In Organisationssystemen kommen Anschlusskommunikationen nicht zufällig zustande. Dazu sind selektive Übereinkommen notwendig, die ein Zusammenwirken von Subjekten gewährleistet. Sie liegen in prozessualisierter und institutionalisierter Form vor und finden sich beispielsweise als formale, institutionalisierte Kommunikationen in der Aufbaustruktur des Organisationssystems.

Das Subjekt ist mit dem Organisationssystem entweder über die Information und Mitteilung verknüpft oder über das Verstehen. Zur Reflexion von Kommunikationselementen, wie zum Beispiel konsensuellen Übereinkünften, steht wiederum die Kommunikation zu Verfügung.

Allerdings wird Gleichsinnigkeit von Kommunikationen für Prozesse innerhalb des Organisationssystems notwendig. Damit ist nicht ein Konsens der Kommunikation gemeint. Gerade Dissens gleichsinniger Kommunikation kann Prozesse in Organisationssystemen vorantreiben.

3.7 *Zum Verhältnis von Kommunikation, Handlung und Entscheidung*

Handlungen sind als operative Mittel von Kommunikationen zu verstehen. Damit beziehen sich Handlungen auf Kommunikationen, beide zusammen sind Basis für die Konstituierung von Organisationssystemen. Die Beschreibung von Handlungen ist Voraussetzung für die Anschlussfähigkeit von Kommunikationen an Kommunikationen. Geleistet wird dies durch die Kommunikationskomponenten Information, Mitteilung und Verstehen und deren Selektion. Die Komponenten konstituieren das Grundelement Kommunikation. Kommunikationen beschreiben (Mitteilungs-)Handlungen Kommunikationen werden zu Handlungen reduziert. Mit dieser Reduzierung findet eine Vereinfachung statt. Die nächste Kommunikation bezieht sich auf die vorausgegangene Handlung und sichert so den Anschluss bzw. den Fortgang der Reproduktion von Kommunikation zu Kommunikation.

> „ (...) die Vereinfachung liegt darin, dass als Verknüpfungsstellen für Relationierungen nur Handlungen, nicht volle kommunikative Ereignisse dienen, dass man sich also mit einer Abstraktionsweise begnügen kann und dass man dabei von den Komplexitäten des vollen kommunikativen Geschehens absehen kann. Die Entlastung liegt vor allem darin, dass nicht (oder nur an bestimmten Stellen) geprüft werden muss, auf welche Information sich eine Mitteilung bezog und wer sie verstanden hat." (Luhmann 1988: 232).

Kommunikationselemente sind viel komplexer und auch schwieriger zu erkennen als Handlungen. Handlungen sind beobachtbar, während Kommunikationen über Verstehensprozesse erschlossen werden müssen. Eine Handlung, die sich auf das Organisationssystem bezieht, kann so als simplifizierte Kommunikation gesehen werden, durch die ein Ereignis an einem bestimmten Zeitpunkt fixiert wird.

Sinnbezogene Beiträge der Subjektumwelt konstituieren das Organisationssystem und werden einzelnen Subjekten zugerechnet. Aufgrund der inneren Determiniertheit der Subjekte und ihrer Positionierung im Organisationssystem fallen diese Beiträge unterschiedlich aus. Die Subjekte tragen für diese Beiträge jeweils Verantwortung. Das Ausmaß der Verantwortung wird letztlich daran gemessen, inwieweit Subjekte durch die von ihnen ausgehenden Handlungen und Beiträge zum Bestehen der Organisation am Markt beiträgt. Handlungsverantwortung geschieht jedoch nicht in einem kausal-linearen Zusammenhang und kann nicht nur einzelnen Subjekten zugerechnet werden. Kommunikationsketten sind Basis für die Koordination und Steuerung und zur Zielerreichung des Organisationssystems. Dabei besteht, wie oben ausgeführt, die Möglichkeit, dass ein Verstehen durch fehlende Gleichsinnigkeit der Kommunikationen nicht zustande kommt. Nicht sichergestellt, dass Subjekte erreicht werden oder, wenn sie erreicht werden, Informationen zur Prämisse ihres Verhaltens machen. Subjekte können ihre Kontingenz, die Freiheitsgrade ihrer Verhaltensspielräume wahrnehmen und Kommunikationen und daraus folgende Handlungen damit beeinflussen.

Über die Generierung von Spezialsprachen und den damit verbundenen Medien versuchen Organisationssysteme, die Bildung von Kommunikationsketten zu beeinflussen.

3.8   Organisationen und Entscheidungen

Organisationen werden bei Luhmann als Systeme begriffen, die aus Entscheidungen bestehen. Die Entscheidungen, aus denen sie bestehen, werden von der Organisation selbst abgefertigt. selbst angefertigt. Als Entscheidungen werden damit nur solche Handlungen verstanden, von denen bekannt ist, dass sie auch anders möglich gewesen wären. Entscheidung wird nicht im Sinne eines Tätigwerdens definiert. Auch Nicht-Tätigwerden kann als Entscheidung betrachtet werden. Anhand von Entscheidungen lässt sich beobachten und verfolgen, wie sich ein Organisationssystem manifestiert und reproduziert. Entscheidungen unter Einbezug unterschiedlicher Kriterien getroffen. Die Wahl von Gestaltungsalternativen unter Knappheitsbedingungen hinsichtlich von Organisationszielen gewinnt hier besondere Bedeutung.

Entscheidungen wiederum bestehen aus Kommunikationen. Was dabei eine Entscheidung ist, und was, weshalb zur Herstellung anderer Entscheidungen beigetragen hat, wird von der Organisation selbst bestimmt. Sie ist autonom. Die Organisation differenziert sich damit aus als rekursiv geschlossenes, mit eigenen und auf eigene Entscheidungen bezugnehmendes System. Es unterscheidet sich von der Umwelt durch ein Verfahren der Eigenzurechnung von Entscheidungen und kann deshalb auch von außen als ein System mit selbst gezogenen Grenzen beobachtet und behandelt werden. Wesentliche Strukturen werden durch das nachträglich Behandeln oder Sichten früherer Entscheidungen geschaffen und dienen als Grundlage anstehender Entscheidungen. Die so entstehenden Ordnungen sind nicht als kausallineare Entscheidungen einzelner Führungskräfte oder Abteilungen zu verstehen, sondern sind Ergebnis auf sich selbst bezogener in Strukturen vernetzter sinnvoller Kommunikationen und Handlungen.

Das Organisationssystem wird als nicht, oder zumindest nicht vollständig planbares System verstanden, dessen Veränderung linear vorhergesagt werden kann, sondern als ein System, das aus einen Netzwerk von Elementen und Kommunikationen eigene selbstorganisatorische Dynamiken erzeugt. Die Selbstorganisation selbst wird durch die Phänomene Selbstreferenz, Redundanz und Komplexität charakterisiert und präzisiert.

3.9   Organisationen als selbstorganisierende Systeme

Selbstreferenz

Unter Selbstreferenz wird Verarbeitungsweisen oder Verarbeitungsmuster verstanden. Durch diese Verarbeitungsweise kommt zum Ausdruck, wie Organisationssysteme mit Störungen umgehen. Von einem Organisationssystem gehen
Kommunikationen und Handlungen aus, die wiederum auf das System zurück-
wirken und gleichzeitig Ausgangspunkt sind für folgende Anschlusskommunikationen und -handlungen. Das Organisationssystem schafft damit bestimmte
Handlungsraster. Dieses Raster dient dazu, Informationen aus der Außenwelt zu
ordnen, zu reduzieren und zu verarbeiten. Alle Systemoperationen beziehen sich
auf sich selbst, weil sie das selbst erzeugte Handlungsraster für jede weitere
Operation zugrunde legen.

Störungen des Systems, ausgelöst durch Informationen aus der Außenwelt
verarbeitet das Organisationssystem unter Rückbezug auf vorhandene Elemente
und Strukturen, wie beispielsweise der Aufbauorganisation und deren wechselseitigen Beziehungen.

Es findet also eine laufenden Reproduktion durch die Systemelemente statt.
Durch eigene Operationen im System kann sich die Organisation von der Außenwelt schließen, indem sie ein grenzstiftendes Sinnraster schafft. Man spricht
von einer operativen Geschlossenheit. Die operative Geschlossenheit versetzt das
Organisationssystem in die Lage, sich der Außenwelt durch ein Raster zu verschließen um sich dann öffnen zu können.

Das Organisationssystem schafft sich damit eine relative Autonomie gegenüber der Außenwelt. Diese Autonomie kann auch als operationaler Raum bezeichnet werden. Diese Autonomie verschafft der Organisation eine gewisse Stabilität gegenüber der Außenwelt.

Da die Verarbeitung von Informationen nur im Rückgriff auf das System
selbst möglich ist, ist der Schluss zu ziehen, dass ein Organisationssystem keine
Umwelt an sich hat, sondern sich aufgrund seiner Lesarten und Handlungsmuster
eine Umwelt bildet. Es existieren nur die inner- und ausserorganisationsbezoge-
nen Welten, für die das Organisationssystem Wahrnehmungsstrukturen herausgebildet hat. Diese Wahrnehmungsstrukturen bilden die Grundlage für Umwelt-
modelle.

Die Herausbildung solcher Strukturen geschieht selektiv. Selektiv bedeutet,
wahrgenommene Umweltdaten werden unter Relevanzgesichtspunkten verarbeitet. Diese Selektion von Handlungsoptionen unter Knappheitsbedingungen führt
dazu, dass die Organisation über die Verwendung von Ressourcen und Strategien
entscheiden muss. Trotz der relativen Autonomie und Selbstreferenz der Organi-

sationssysteme können Umweltereignisse das System in unterschiedlichem Masse, im Sinne eines Bestehens auf dem entsprechenden Markt, beeinflussen.

Autonomie

Autonomie liegt dann vor, wenn die Elemente und Beziehungen und Interaktionen, die das System als Einheit und damit seine Identität definieren, nur das System selbst involvieren. Autonomie gilt deshalb auch als Charakteristikum selbstorganisierter Systeme. Die Gestaltung und Lenkung des Organisationssystems geschieht aus dem System heraus und nicht von außen. Durch die Auflockerung der Kopplungsbeziehungen wird eine relative Autonomie und damit Handlungsspielräume geschaffen.

Bei Luhmann steht hier die Abgrenzung gegenüber der Umwelt, gegenüber anderen Systemen und die Kreation und Aufrechterhaltung der Identität und Eigenständigkeit als Ziel- und Zweckorientierung des Systems im Vordergrund.

Redundanz

Genuin ist mit Redundanz eine Überfülle gemeint. Aus systemtheoretischer Perspektive ist nicht nur die Organisationsführung als Träger der betrieblichen Willensbildung verstanden, sondern alle Subjekte beteiligen sich über ihre Kommunikationen und die Herausbildung von Strukturen daran.

Informationen werden über das System verteilt aufgenommen und verarbeitet. Gehandelt wird von denjenigen Elementen, die am meisten Information haben. Für das Organisationssystem entsteht dadurch die Fähigkeit, innovativ zu handeln und sich flexibel zu verhalten. Dadurch findet sich eine Vielzahl von Fähigkeiten des Gestaltens, Entwickelns und Lernens, die von der Subjektumwelt in die Organisation eingebracht wird. Es herrscht eine Redundanz der Gestaltungsmöglichkeiten. Damit verbunden sind der Aufbau von Mehrfachqualifikationen und die Verteilung von Managementkompetenzen.

Komplexität

Komplexität wird als Grad der Vielschichtigkeit, Vernetztheit und Folgelastigkeit eines Entscheidungsfeldes definiert. Vielschichtigkeit meint den Grad der unterschiedlichen Referenzsysteme, z. B. die Teilsysteme eines Systems, Vernetztheit meint die Art und den Grad wechselseitiger Abhängigkeit zwischen

diesen Teilen und den Teilen zum Ganzen. Folgelastigkeit meint Zahl und Gewicht der durch bestimmte Entscheidungen in Gang gesetzte Kausalketten oder
Folgeprozesse. Der Begriff Entscheidungsfeld schließlich weist auf die Komplexität hinsichtlich eines Problems, es gibt damit keine Komplexität schlechthin.
Organisationssysteme sind komplex, weil ihre Ordnungsmuster und Operations-
weisen Resultat von sinndelegierten, interagierenden Kommunikationselementen
ist. Die Komplexität der Innenwelt steigt um den Grad der Umweltdifferenzen,
denen unterschiedliche, für das System relevante oder erkennbare Sinne zugrunde liegen.

Bei Luhmann gilt ein System dann als komplex, wenn nicht mehr jederzeit
jedes Element mit jedem anderen Element verknüpft werden kann; wenn es also
mehr Anschlussmöglichkeiten als realisierbare Anschlüsse gibt, oder, anders
gesagt, wenn die Elemente nur noch selektiv verknüpft werden können. Diesen
System- und Umweltdifferenzen liegen unterschiedliche Verständnisse von Zeit-
und Zeiteinwirkungen, sowie unterschiedliche Themen- und Interpretations-
möglichkeiten zu Grunde, die in irgendeiner Form zur systembezogenen Sinn-
verwirklichung beitragen, sie hemmen oder verhindern.

3.10   Ziele und Sinnsetzungen eigenständiger Organisationssysteme

Ein weiteres Merkmal der Eigenständigkeit eines Systems ist die Setzung von
Zielen. Systembezogene Ziele können Gewinnerzielung, Sicherung von Unter-
nehmenspotenzialen, Unternehmensprestige oder soziale und ethische Ziele sein.
Bedeutsam ist, dass diese Ziele vom System eigenständig gesetzt und variiert
werden. Das System zeigt sich damit in der Lage, in relativer Autonomie von der
Umwelt von seiner Umwelt operative Komplexität zu produzieren und selbstreferentiell zu verarbeiten.

Jedes Ziel ist dabei durch einen Zielinhalt, den Zeitbezug, den sachlichen
Geltungsbereich und das Zielausmaß gekennzeichnet. Organisationen verfolgen
ganze Zielbündel, die in meist hierarchisierter Form vorliegen und technische,
soziale und wirtschaftliche Ziele umfassen. Außerdem können Ziele in konkurrierender, komplementärer und indifferenter Beziehung zueinander stehen. Ziele,
die sich aus einem System herausbilden, sind immer in Verbindung mit dem
Sinn des Organisationssystems zu sehen. In diesem Zusammenhang sind Ziele
als Konkretisierungsform des Sinns zu verstehen.

Bezüglich der Interdependenz zwischen Systemzielen und Systemmitteln
wird davon ausgegangen, dass nicht nur die Systemziele die Systemmittel determinieren, sondern dass die vorhandenen Mittel auch einen Suchprozess nach

Zielen leiten können. Ziel/Mittel-Kombinationen sind ein Prozess wechselseitiger Anpassung.

4   Daniel Katz & Robert Louis Kahn

4.1   Historische Vorbemerkungen

Katz & Kahn (1978) bauten auf die empirischen Arbeiten von Likert (s. o.) auf und formulierten hierzu ein allgemeines theoretisches Modell. Dabei bedienten sie sich der allgemeinen Theorie offener Systeme. Für sie ist der Gedanke zentral, dass offene Systeme etwa beginnend von einzelnen Zellen über Menschen, Gruppen bis hin zu Nationen hierarchisch ineinander verschachtelt sind, wobei jedes System vom nächst höheren abhängt und dieses gleichzeitig konstituiert. Diese wechselseitigen Verschränkung von mikroskopischem, individuellem Verhalten und makroskopischen Einflussfaktoren wird ihrer Meinung nach weder von der Psychologie, die das Individuum im sozialen Vakuum betrachtet, noch von der Soziologie, die individuelles Verhalten ausklammert, ausreichend konzeptualisiert.

> „Psychologists have been characteristically unable or unwilling to deal with the facts of social organization and social structure. Societies and organizations consist of patterned behaviors, and the behavior of each individual is determined to a considerable extend by the requirements of the larger pattern. This context is not often incorporated into psychological theories (...) Sociological theories treat the superorganic or collective level without reference to individual characteristics or to the attributes of transactions between individuals. They are concerned with the products of such interaction but not with the process." (Katz & Kahn 1978: 15).

Aufbauend auf die Ereignis-Struktur-Theory von Allport (1962), den Allgemeinen Systemansatz von Miller (1955) und die soziologische Theorie von Parsons (1951) sollte mit Hilfe der Theorie offener Systeme die Grundlage zur Klärung der Beziehung zwischen Systemen unterschiedlicher hierarchischer Ebenen zur wechselseitigen Beziehung zwischen Person und Organisation und deren Umwelt liefern:

> „Open system theory seems to us to permit breadth without oversimplification. It emphasizes, through the basic assumption of entropy, the necessary dependence of any organization upon its environment. The open-system concepts of energetic input and maintenance point to the motives and behavior of the individuals who are the carriers of energetic input for human organizations; the concept of output and its

necessary absorption by the larger environment also links the micro- and macro-levels of discourse." (Katz & Kahn 1978: 15f).

Bürokratische Organisationsmodelle sowie den Ansatz des Scientific Managements werten Katz & Kahn als „Maschinen Theorien":

> „*Machine Theory* (...) is a graphic name for several production-emphasizing accounts of bureaucratic functioning, especially those of Weber, Gullick, and Taylor. The organization, although it consists of people, is viewed by all three as a machine, and they imply that just as we build a mechanical device with given specifications for accomplishing a task, so we construct an organization according to a blueprint to achieve a given purpose." (Katz & Kahn 1978: 259f; kursiv im Original).

Das so beschriebene Maschinenmodell der genannten Autoren baut nach Katz & Kahn (vgl. 1978: 260f) explizit oder implizit auf die folgenden Annahmen auf:

- Aufgabenspezialisierung: Effizienz kann durch Aufteilung von Operationen in ihre Elemente realisiert werden; die resultierenden Teilaufgaben können leicht gelernt und Verantwortlichkeiten einfach festgelegt werden.
- Standardisierung der Rollenverrichtung: Die rollenspezifisch geforderte Verrichtung von Tätigkeiten wird in einem optimalen Vorgang beschrieben, wodurch kostspielige Fehler vermieden werden.
- Eindeutige Weisungsstruktur und Zentralisation der Entscheidungsbildung: Die Entscheidungsbildung erfolgt zentral und die Koordination wird durch verantwortliche Vorgesetzte mit einer begrenzten, überschaubaren Leitungsspanne entlang der hierarchischen Linie sichergestellt.
- Einheitlichkeit von Verfahrensweisen: Tätigkeiten, die nicht standardisiert werden können, werden durch einheitliche Verfahrensweisen geregelt.
- Keine Doppelfunktionen: Alle Funktionen werden nur einer bestimmten Organisationseinheit zugeordnet.
- Belohnungen für Verdienste: Die Auswahl und Beförderung von Personen soll aufgrund deren Verdienste erfolgen und nicht aufgrund von persönlichen Freundschaftsbeziehungen oder sozialem Status.
- Entpersonalisierung des Amtes: Das Amt ist unabhängig von bestimmten Personen. Deren Verantwortung gründet sich auf die mit dem Amt verbundenen Regeln und Vorschriften und nicht auf persönliche Eigenschaften.

Dieses mechanistische Modell kommt greift allerdings in wesentlichen Aspekten des Organisationsgeschehens, die sich um die Offenheit von Organisationen und deren kontinuierliche Entwicklung zentrieren, zu kurz:

- Die Umwelt, die einen erheblichen Einfluss auf die Organisation ausübt und laufende Anpassungen (beispielsweise an technologische Entwicklungen) notwendig macht, wird nicht berücksichtigt.
- Viele Spezifika der Austauschbeziehung (z. B. Werte oder Bedürfnisse der Mitarbeiter) werden vernachlässigt. Beispielsweise üben individuelle Werte, die die Mitglieder in die Organisation hineintragen, einen erheblichen Einfluss auf deren Verhalten in der Organisation aus.
- Subsysteme mit ihren eigentümlichen Dynamiken und ökologischen Austauschbeziehungen werden kaum differenziert und beschrieben. Die Organisation wird in ihrem Status quo beschrieben und historische Entwicklungsprozesse vernachlässigt.
- Halbformelle und informelle Strukturen innerhalb der Organisation, die häufig als Reaktion auf den Formalisierungsprozess auftreten und dysfunktionale Effekte erzeugen, bleiben unbeachtet. So kann die Einführung bürokratischer Regeln zum Zwecke der Reduktion der Variabilität menschlichen Verhaltens dazu führen, dass Mitarbeiter weniger ein kundenorientiertes Problemlöse-, sondern ein regelkonformes, obgleich nicht unbedingt sachangemessenes Verhalten zeigen. Ferner werden spontane, innovative Entscheidungen unterdrückt. Durch mechanistische Regelwerke werden außerdem Macht- bzw. Führungsbeziehungen verschleiert, was zur allgemeinen Akzeptanz minimaler Leistungsstandards und damit zu einer Reduktion der Produktivität führt.
- Organisationen werden als statisches Arrangement ihrer funktionellen Bestandteile betrachtet, wobei vernachlässigt wird, dass die Erhaltung eines stabilen Zustandes selbst ein dynamischer Prozess der kontinuierlichen Steuerung und Anpassung ist.

4.2   Das (offene) System „Organisation"

Nach Katz & Kahn lassen sich soziale Gruppierungen und insbesondere Organisationen weniger durch ihre rational gestaltete Zielsetzung oder Zweckmäßigkeit, sondern grundsätzlicher als *offene Systeme* verstehen, die mit ihrer Umwelt in einem kontinuierlichen Austausch materieller als auch informationeller Art stehen:

> „Our theoretical model for the understanding of organizations is that of an energetic input-output system in which the energetic return from the output reactivates the system. Social organizations are flagrantly open systems in that the input of energies and the conversion of output into further energetic input consist of transactions between the organization and its environment." (Katz & Kahn 1978: 20).

„Human organizations are informational as well as energetic systems, and both the exchange of energy and the exchange of information must be considered in order to understand the functioning of organizations." (Katz & Kahn 1978: 471).

Diese Sichtweise entspricht in materieller Hinsicht zunächst der betriebswirt-schaftlichen Kennzeichnung in „Beschaffung", „Produktion" und „Absatz", wobei die Aufrechterhaltung eines laufenden energetischen Gleichgewichts zwi-schen Input und Output hervorgehoben wird. Die Organisation nimmt beispiels-weise Rohmaterialien auf, transformiert diese und gibt sie als fertige Produkte an die Umwelt (den Markt) ab. Dabei wird durch den Verkauf ein „energetischer" Ertrag (z. B. Geld) erzielt, der der Bezahlung von Arbeitskräften und der weite-ren Beschaffung von Materialien dient. In non-profit Organisationen kann der energetische Ertrag aber auch in der direkten Belohnung durch die Tätigkeit für andere Mitglieder liegen. Dies entspricht dem physikalischen Begriff des Entro-pieexports wobei das Beispiel der non-profit Organisation zeigt, dass nicht nur Belohnungen, sondern auch interne Ressourcen im Menschen (z. B. Freude über die gemeinsamen Aktivitäten) energetisch wirken können.

Dieser Transformationsprozess wird intern durch die regelmäßigen *Aktivi-tätsmuster* der Organisationsmitglieder abgebildet. Diese Aktivitätsmuster, we-niger die Personen, sind das bestimmende Kennzeichen einer Organisation:

„All social systems, including organizations, consist of patterned activities of a number of individuals. Moreover, these patterned activities are complementary or interdependent with respect to some common output; they are repeated, relatively enduring, and bounded in space and time. If the activity pattern occurs only once or at unpredictable intervals, we could not speak of an organization." (Katz & Kahn 1978: 20).

Folgende gemeinsamen *Merkmale* können für offene, soziale Systeme ausge-macht werden:

- Aufnahme von Energie (Personen, Material etc.) aus der Umwelt
- Interne Transformation von Energie
- Abgabe von Produkten an die Umwelt
- Zyklische Aktivitäten zur Energieumwandlung
- Dem natürlichen, entropischen Zerfallsprozess bis hin zur Desorganisation muss durch kontinuierliche Aufnahme von Energie entgegengewirkt wer-den.
- Lebende Systeme nehmen nicht nur Energie, sondern auch Informationen aus der Umwelt auf. Inwieweit diese verwertet werden können, hängt aller-

dings von der jeweiligen internen Fähigkeit zur Selektion und Übersetzung externer Signale ab.

- Die Austauschprozesse finden in einem dynamischen Gleichgewicht (Fließgleichgewicht) statt.
- Offene Systeme entwickeln sich, im Gegensatz zu geschlossenen, in Richtung auf eine zunehmende Differenzierung.
- Um zu verhindern, dass diese zunehmende Differenzierung zu einer Desintegration führt, werden in sozialen Systemen gemeinsame Werte zur Integration, sowie Koordinationsmechanismen festgelegt.
- Offene Systeme können sich von unterschiedlichen Ausgangsbedingungen über verschiedene Wege auf einen Zielzustand hin entwickeln (Equifinalität). Aus diesem Prinzip der Equifinalität resultiert die Konsequenz, dass es, etwa im Gegensatz zu Taylor, nicht nur einen, sondern mehrere optimale, gestalterische Wege zur Erreichung organisatorischer Ziele geben.

Im Gegensatz zu offenen, biologischen Systemen zeichnen sich allerdings soziale durch eine erheblich größere *Variabilität* bezüglich der Gesamtorganisation als auch der einzelnen Systemelemente aus. Diese betrifft insbesondere drei Bereiche:

- Soziale Systeme können sehr unterschiedliche Zielsetzungen verfolgen, die sich im Verlauf außerdem ändern können.
- Menschen als Elemente sozialer Systeme sind hinsichtlich ihres Verhaltens ebenfalls höchst variabel und müssen durch zusätzliche Kontrollmechanismen koordiniert werden, um stabile Aktivitätsmuster zu gewährleisten.
- Schließlich sind soziale Organisationen in ihrer Entwicklung und ihrem Wachstum weit weniger vorhersagbar. Manche Organisationen lösen sich nach wenigen Wochen wieder auf, wohingegen andere mehrere Generationen ihrer Mitglieder überdauern.

4.3   Die systemische Umwelt der Organisation

Organisationen stehen (und hierbei greift die elementare Organisationsanalyse zu kurz) in Abhängigkeit von ihrer Umwelt, mit der sie zum Zwecke des Systemerhalts in einem kontinuierlichen Austausch stehen. Dies betrifft beispielsweise die Abhängigkeit vom Markt, von gesetzlichen Verordnungen oder, im Falle eines Zulieferers, von einer anderen Organisation.

„Social systems as open systems are dependent upon other social systems; their characterization as subsystems, systems, or supersystems is relative to their degree of autonomy in carrying out their functions and to the particular interest of the investigator. From a societal point of view the organization is a subsystem of one or more larger systems, and its linkage or integration with these systems affects its mode of operation and its level of activity." (Katz & Kahn 1978: 63).

Ein wesentliches Merkmal zur Charakterisierung der Umweltbeziehung eines Systems bezieht sich auf den Grad und die Art seiner *Autonomie* gegenüber der Umwelt. Eine Universität ist beispielsweise erheblich autonomer bei der Gestaltung ihrer (Lehr- und Forschungs-)Produkte als der Zulieferer eines Automobilkonzerns. Zur Beschreibung der relativen Autonomie eines Systems bezüglich seiner Umwelt liegen drei miteinander in Beziehung stehende Konzepte vor:

- Die *Systemoffenheit* stellt als allgemeinstes Konzept dessen Empfänglichkeit für alle Arten des Inputs dar. Systeme können eine unterschiedliche Bandbreite möglicher Inputs aufnehmen und für einen bestimmten Input mehr oder weniger rezeptiv sein. Eine politische Partei ist zum Beispiel erheblich offener für neue Mitglieder aller Art als ein Unternehmen. Letzteres kann gleichzeitig einen erheblich größeren Bedarf an Elektro-ingenieuren besitzen.
- Über den *Systemkode* wird die spezifische Aufnahme von Energie und insbesondere Informationen in das System geregelt. Er bildet funktional die Grenze zur Umwelt und stellt sicher, dass nur systemadäquate Inputs durchgelassen werden. So bilden soziale Systeme (beispielsweise politische Interessengruppen) Mechanismen aus, nur bestimmte Informationen durchzulassen (etwa nur konform denkende Redner einzuladen) oder Informationen den systeminternen Interessen anzupassen.
- Die *Systemgrenzen* beschreiben die jeweilige Form der Abschottung des Systems gegenüber der Umwelt. So sind an nationalen Grenzen zum Beispiel Kontrollstellen eingerichtet, die nur bestimmten Personen oder Gütern den Zugang gewähren.

Am Übergang zwischen System und dessen Umwelt ist es ferner notwendig, das *Fließgleichgewicht zwischen Input und Output* zu erhalten bzw. Störungen dieses Gleichgewichts zu eliminieren:

„The persistence of organized activities implies reduction of uncertainty. Any organized activity, in order to persist, must have some degree of predictability of interdependent internal activities and interdependent activities with the environment. Unless a business organization can depend on people with appropriate skills and training to operate and maintain the machines, materials fed into the system will not be appropriately transformed. Unless customers can be counted on to buy a product or service, there is no point in producing. Organizations need some degree of certainty with respect to internal and external factors to operate at all." (Katz & Kahn 1978: 130).

Zur Verringerung der Unsicherheit gibt es die Möglichkeit, innerhalb der Organisation ein hohes Maß an Flexibilität zu bewahren, um sich an Veränderungen schnell anpassen zu können. Ferner kann auch versucht werden, einen externen Kooperationspartner in die Organisation zu integrieren, etwa durch Aufkauf eines wichtigen Zuliefererbetriebes. Eine weitere Möglichkeit, die Abhängigkeit zu verringern besteht darin, sich Reserven zuzulegen oder sich mit Partnern zu größeren Einheiten zusammenzuschließen, die wirkungsvoller agieren können.

4.4   Die Entwicklung von Organisationen

Mittels der oben beschriebenen systemtheoretischen Kennzeichen lässt sich nach Katz & Kahn (1978: 78ff) die Ausbildung von Organisationen und die horizontale Differenzierung in bestimmte Subsysteme einer dreistufigen chronologischen Abfolge zuordnen. Der Kerngedanke besteht darin, dass der Austauschprozess mit der Umwelt durch eine immer differenziertere interne Struktur des Systems aufrechterhalten bzw. optimiert wird.

Stufe 1: Das primitive System

Zunächst liegen ein durch die Umwelt erzeugter Druck aus der Gesamtheit im Sinne eines Problems o. ä., sowie spezifische gemeinsame Bedürfnisse einer Population vor. Aus diesem Umweltdruck resultieren Anforderungen und Aufgaben, die mittels einer geeigneten *Produktionsstruktur* bewältigt werden. Es entsteht ein primitives System, in dem durch gemeinsamer Bedürfnisse oder Erwartungen kooperative, produktive Aktivitäten entwickelt werden. Ein Beispiel für ein primitives System wäre etwa gegeben, wenn in einem Dorf ein Feuer ausbricht, und die Bewohner sich zur Feuerbekämpfung zusammenschließen. Mit dem primitiven System ist allerdings noch keine dauerhafte Bedürfnisbefriedigung verbunden, und es würde, wenn der äußere Druck beseitigt ist, aufgrund der Variabilität menschlicher Interessen und Verhaltensweisen schnell auseinander fallen.

Stufe 2: Die stabile Organisation

Hält der äußere Druck aber über längere Zeit an (beispielsweise auch wenn die Dorfbewohner registrieren, dass Brände sich wiederholen können und die Gefahr stets latent bleibt) so taucht die Notwendigkeit auf, die soziale Struktur zu stabilisieren und möglichst effizient zu gestalten. Individuelle Interessen und Interpretationen von Situationen variieren, wodurch sowohl die Beteiligung am sozialen Geschehen als auch die Koordination individueller Verhaltensweisen gefährdet wird. Der nächste Schritt auf dem Weg zu einer stabilen und zuverlässigen Organisation liegt im Aufbau einer *Autoritätsstruktur* als Vorstufe eines ausgereifteren Managementsystems. Diese Autoritätsstruktur ist zunächst häufig an eine Person gebunden; individuelles Verhalten ist nun weniger aufgaben-, sondern stärker regelbezogen. Im einfachsten Fall wird ein fähiger Brandmeister bestimmt, der Anweisungen gibt, was von den Einzelnen getan wird. Diese wiederum folgen den Anweisungen bzw. übernehmen bestimmte, im Voraus festgelegte Aufgaben.

Bald entwickelt sich eine weitere Struktur, das *Aufrechterhaltungssystem.* Seine Aufgabe besteht darin, die Beteiligung der Akteure sicherzustellen, neue Mitglieder zu integrieren und Belohnungen oder Sanktionen auszusprechen. Es vermittelt damit zwischen Anforderungen des Produktionssystems und individueller Variabilität durch unterschiedliche Interessen. Im Vordergrund seines Aufbaus steht also nicht (wie etwa bei Taylor) menschliche Faulheit, sondern die Notwendigkeit zur Erzeugung einer stabilen, vorhersagbaren und effizienten Gesamtorganisation. Auf dem Weg zu einer funktionierenden Feuerwehr entspräche dies beispielsweise einer Instanz, die die regelmäßige Teilnahme an Übungen überwacht sowie Gratifikationen ausstellt und das Fernbleiben von Mitgliedern anmahnt.

Stufe 3: Ausbildung unterstützender Strukturen an den Organisationsgrenzen

Als offenes System muss sich die Organisation um einen laufenden Austausch mit ihrer Umwelt bemühen. Soll das Aufrechterhaltungssystem der in der Entwicklung befindlichen Feuerwehr beispielsweise Geld als Anreiz zur Beteiligung verteilen, so muss dieses in der Umwelt beschafft werden. An den Systemgrenzen lassen sich drei Arten von Grenzsystemen identifizieren.

- Das *Beschaffungssystem* ist für die Aufnahme von Personen und Material zuständig.

- Das *Absatzsystem* sorgt für den Vertrieb des hergestellten Produkts. Für obiges Beispiel könnten beide Aufgaben etwa durch eine entsprechende Abteilung für Öffentlichkeitsarbeit übernommen werden, die die Bedeutung der Feuerwehr für die allgemeine Sicherheit herausstellen und gleichzeitig um finanzielle oder personelle Unterstützung werben.

- *Adaptive Subsysteme*, die die Anpassung an sich verändernde Umweltbedingungen sicherstellen, könnten ferner eine bautechnische Überwachung der zukünftigen Dorfgestaltung oder technologische Entwicklungen im Markt übernehmen.

4.5   Subsysteme der Organisation und deren Dynamik

Die im Zuge der Entwicklung von Organisationen entstandenen typischerweise fünf Subsysteme unterliegen selbst sehr spezifischen Dynamiken. Sie neigen dazu, ihre Daseinsberechtigung zu festigen bzw. ihre Einflussnahme innerhalb der Organisation weiter auszubauen und entwickeln dadurch *Eigendynamiken*, die durchaus in Widerspruch zueinander stehen können, die jedoch für das Verständnis organisatorischen Geschehens unabdingbar sind und es unmöglich machen, dieses auf isolierte Bedingungen zu reduzieren:

„Formal structures, once created, generate pressures for their own survival and enhancement. Organizations cannot be understood wholly in terms of the interactions of past, present, and future environmental requirements and personal needs of members. The very structures created to meet these demands exert a force of their own right. (...) One reason why the findings and concepts of small group experimentation within the laboratory are not adequate for an understanding of organizational functioning is that they deal with momentary pressures and not with the potency of formalized structures having historical depth and breadth." (Katz & Kahn 1978: 83).

Die *fünf Subsysteme* seien nochmals etwas ausführlicher skizziert und in ihren Eigendynamiken beschrieben (vgl. Katz & Kahn 1978: 51ff, 83ff):

A) Das Produktions- oder technische System

Dieses, für jede Organisation zentrale System, beschäftigt sich mit dem Durchsatz von Energie oder Informationen. Es beschreibt, je nach Art der Organisation, deren produktive Zielsetzung, z. B. den Bildungsprozess in einer Schule oder die Herstellung von Gütern in einer Fabrik. Produktionssysteme tendieren idealiter zu einer Steigerung der Arbeitsproduktivität. Ihre Tätigkeit wird durch Erfordernisse der jeweiligen Aufgabe angeregt und die ideologische Ausrichtung geht dahin, die Bewältigung dieser Erfordernisse zu optimieren, etwa durch Arbeitsteilung oder Erhöhung von Standards. Dies muss in der Praxis nicht notwendigerweise mit einer tatsächlichen Produktivitätserhöhung verbunden sein, widrige Einstellungen der Arbeiter können dem durchaus entgegenstehen, aber die ideale Zielrichtung bzw. ihr Rechtfertigungsanspruch verfolgt diese Tendenz.

B) Aufrechterhaltungssysteme

Sie beziehen sich auf die Ausrüstung, mit der der Produktionsprozess bewältigt wird. Von zentraler Bedeutung ist hier die Sicherstellung von der jeweiligen Tätigkeit angemessenen, koordinierten Verhaltensmustern, die adäquate Rollenübernahme (s. u.), seitens der Mitarbeiter. Neben der innerbetrieblichen Aus- und Weiterbildung nimmt hier insbesondere das Belohnungssystem (Geld, Status, etc.) eine zentrale Stellung für die Sicherung rollenadäquaten Verhaltens ein. Aufrechterhaltungssysteme versuchen Stabilität und Vorhersagbarkeit in der Organisation zu erzeugen und einen stabilen Zustand bzw. ein Gleichgewicht zu bewahren. Hierzu zählt die Personalauswahl bzw. -entwicklung gemäß organisatorischer Standards und Erwartungen oder die Formalisierung der organisatorischen Aktivitäten.

C) Grenzsysteme

Produktionsunterstützende Grenzsysteme

Diese knüpfen direkt an das Produktionssystem an und stellen Hilfen für die Umweltbeziehung des Systems im Rahmen der Beschaffung des Inputs bzw. der Platzierung des Outputs bereit. Die Marketingabteilung versucht hierzu beispielsweise, die öffentliche Meinung zu erfassen und zu beeinflussen, um den Absatz zu fördern. Produktionsunterstützende Grenzsysteme tendieren im Allgemeinen dazu, spezifische Umweltressourcen zu kontrollieren und eine diesbezüglich positive Darstellung der Organisation und deren Tätigkeiten, Produkte etc. nach außen abzugeben.

Institutionelle Grenzsysteme

Aufbauend auf Parsons (1960) identifizieren Katz & Kahn ergänzende institutionelle Grenzsysteme, die normalerweise auf oberster hierarchischer Ebene angesiedelt sind; ihre Mitglieder können (wie etwa beim Aufsichtsrat eines Unternehmen) mehreren Organisationen angehören. Sie wirken auf die soziale Umwelt des Unternehmens ein, und stellen damit auch einen politischen, gesellschaftlichen Faktor dar. Im Unterschied zu produktionsunterstützenden Grenzsystemen liegt ihre Tendenz nach zunehmender Gestaltung und Beeinflussung nicht im spezifischen Produktbereich (z. B. Werbung für ein bestimmtes Gut), sondern in der Herstellung sozialer Außenstrukturen zur Schaffung von Akzeptanz, Unterstützung für und Einflussnahme durch das Unternehmen.

D) Adaptive Systeme

Durch sie wird die kontinuierliche Anpassung der Organisation an sich laufend verändernde Umweltbedingungen überwacht und gegebenenfalls werden notwendige Informationen zur Organisationsveränderung geliefert. Wie bei Aufrechterhaltungssystemen dienen sie dem Erhalt der Organisation, allerdings ist ihre Orientierung nach außen gerichtet. Beispielsweise werden in Forschungsabteilungen technologische Veränderungen festgestellt und deren Bedeutung für notwendige innerorganisatorische Anpassungen ermittelt. Der Erhalt der Organisation kann einerseits durch eine Kontrolle der Umweltbedingungen gesichert werden, etwa durch Inkorporation konkurrierender Unternehmen. Ist dies nicht möglich, so drängen adaptive Systeme auf Veränderungen innerhalb der Organisation.

E) Managementsysteme

Schließlich übernehmen Managementsysteme die Koordination und Kontrolle der verschiedenen Subsysteme. Dabei erstrecken sie sich über alle anderen Subsysteme und bedienen sich vorwiegend zweier Verfahrensweisen: Durch *regulative Mechanismen* werden Informationen bereitgestellt, die eine Rückmeldung über den Systemoutput in Relation zum Input und damit über die Produktivität geben. Ein Beispiel hierfür stellt das betriebliche Controlling dar. Die *Autoritätsstruktur* beschreibt, wie das Managementsystem bezüglich der Entscheidungsbildung organisiert ist. Sie lässt sich an den Polen „autoritär" versus „demokratisch" darstellen, wobei in einer autoritären Struktur Anweisungen von oben nach unten weitergegeben werden, in einer demokratischen hingegen der Rat aller Beteiligten eingeholt wird.

Etwas spezifischer können drei grundlegende *Funktionen von Managementsystemen* mit unterschiedlichen Dynamiken differenziert werden:

Koordination von Substrukturen

Die spezifischen Dynamiken der anderen Substrukturen (Produktivitätssteigerung, Erhaltung von Stabilität, Manipulation der Umwelt und Veränderungsdruck) stehen oft in Widerspruch zueinander und erzeugen Konflikte. Das Management hat hier die Aufgabe, zwischen den verschiedenen Forderungen zu vermitteln und Lösungen herbeizuführen oder diese Konflikte in vertretbaren Grenzen zu halten. Hier wird häufig die Tendenz bestehen, laufende Kompromisse herbeizuführen, da diese Form der Konfliktbewältigung meist praktikabler als eine nach sachlogischen Überlegungen durchgeführte Reorganisation ist. In größeren Organisationen kommt es ferner oft zur zusätzlichen Einrichtung von institutionalisierten Gruppen zur Entscheidungsfindung.

Konfliktlösung zwischen hierarchischen Ebenen

Auf ähnliche Art und Weise können auch Konflikte zwischen hierarchischen Ebenen, die etwa aus unterschiedlichen Erwartungen resultieren, bewältigt werden. Autoritärere Organisationen tendieren allerdings auch dazu, Forderungen der untersten hierarchischen Ebenen zu unterdrücken.

Koordination externer Anforderungen mit organisatorischen Ressourcen und Bedürfnissen

Ergänzend zu diesen internen Koordinationsfunktionen besteht eine weitere Funktion des Managementsystems in der Koordination externer Anorderungen mit internen Zielsetzungen und Möglichkeiten, eventuell unterstützt durch adaptive Systeme. Im Vordergrund steht der dauerhafte Erhalt der Organisation, wozu eine kontinuierliche Optimierung der Nutzung bestehender und der Schaffung weiterer Ressourcen zählt. Das betriebliche Controlling im materiellen und die Organisationsentwicklung im sozialen Bereich zählen hier zu den typischen Verfahrensweisen.

4.6 Das organisatorische Rollensystem

Wie oben dargestellt besteht ein wesentlicher Aspekt offener Systeme aus den zyklischen Aktivitäten seiner Mitglieder, die in ständiger wechselseitiger Rückkopplung interne Prozesse bestimmen. Im Gegensatz zu physikalischen Systemen sind in sozialen die Beziehungen zwischen den Elementen (nämlich Personen) nicht durch naturgesetzliche Kräfte definiert, sondern besitzen ein erheblich größeres Maß an Freiheitsgraden. Hier dennoch für geordnetes, koordiniertes Verhalten zu sorgen, ist ein Vermögen der *formalen Organisation:*

> „Indeed, one of the chief strengths of formal organization is constancy under conditions of persistent turnover of personnel. It follows also that, since the units of organizations are not linked physically, they must be linked psychologically. Because the organization consists of the patterned and motivated acts of human beings, it will continue to exist only so long as the attitudes, beliefs, perceptions, habits, and expectations of human beings evoke the required motivation and behavior. In short, each behavioral element in the pattern is to a large extend caused and secured by others. These facts in turn imply that human organizations are characterized by a paradoxical combination of durability and fragility. They remain intact only so long as the psychological cement holds, and yet their intactness and legevity is independent of the life-span of any and all organization members." (Katz & Kahn 1978: 187).

Stabilität des koordinierten Verhaltens wird dadurch erreicht, dass die Organisationsmitglieder *Rollen* einnehmen, die das Verhalten in bestimmten Positionen unabhängig von einzelnen Personen beschreiben und für einen jeweiligen Rolleninhaber definieren:

> „Roles describe specific forms of behavior associated with given positions; they develop originally from task requirements. In their pure or organizational form, roles are standardized patterns of behavior required of all persons playing a part in a given functional relationship, regardless of personal wishes or interpersonal obligations irrelevant to the functional relationship." (Katz & Kahn 1978: 43).

> „Generally, role behavior refers to the recurring actions of an individual, appropriatedly interrelated with the repetitive activities of others so as to yield a predictable outcome. The set of interdependent behaviors comprise a social system or subsystem, a stable collective patters in which people play their parts." (Katz & Kahn: 189).

Dabei kann der Grad, in dem das durch die Rolle definierte Verhalten vom Rollenträger tatsächlich auch ausgeübt wird, durchaus variieren. Das *Konzept des teilweisen Einschlusses* betont hierbei den Umstand, dass die funktionale Stellung der Elemente innerhalb des Gesamtsystems in sozialen Organisationen eine andere ist, als in biologischen:

> „At the individual level the role concept implies that people need to be involved in system functioning only on the segmential or partial basis. Unlike the inclusion of a given organ of the body in the biological system, not all of the individual is included in organization membership. The organization neither requires nor wants the whole person. Even where the person cannot withdraw physically from a social system, as in the case of military service, his psychological space covers much more than his military duties. People belong to many organizations and the full engagement of their personalities is generally not found within a single organizational setting. Moreover, they frequently shift their membership in organizations." (Katz & Kahn 1978: 46).

Sind die Grenzen des Systems dabei unscharf umrissen, und ein Organisationsmitglied findet keine klare Orientierung für die gestellte Rollenerwartungen, so droht organisationsfunktional schädigendes Verhalten. Dies kann etwa die fälschliche Übertragung der Rollenerwartung eines anderen System (z. B. aus dem privaten sozialen Umfeld) in die Organisation betreffen, im Fall von nationenübergreifenden Rollenkonfusionen könnte dabei von „Verrat" oder „Spionage" die Rede sein.

Die Integration verschiedener Rollen, die Sicherstellung koordinierten Verhaltens innerhalb der Organisation und die Identifikation mit der Organisation können durch drei Mechanismen erfolgen:

- Durch die funktionale Inderdependenz von Rollen (beispielsweise durch die wechselseitige Abhängigkeit von Tätigkeiten in Produktionsprozess) werden Beziehungen zwischen Rolleninhabern hergestellt.
- Durch organisatorische Normen (etwa bezüglich der erwarteten Leistung oder des wechselseitigen Verhaltens [Reziprozität])) werden koordinierende Verhaltensanweisungen bereitgestellt.

> „Norms are the general expectations of a demand character for all role incumbents of a system or a subsystem." (Katz & Kahn 1978: 43).

- Schließlich können Werte als verallgemeinerte ideologische Rechtfertigungen und Zielsetzungen gemeinsame Orientierungen fördern.

> „Values are the more generalized ideological justifications and aspirations." (Katz & Kahn 1978: 43).

4.7   Organisatorische Effizienz und Effektivität

Zur Frage der Bestimmung der organisationalen Effektivität bzw. Produktivität nehmen Katz & Kahn eine neue, an der offenen Systemtheorie angelehnte Differenzierung vor (Katz & Kahn 1978: 223ff).

Demzufolge lässt sich die *organisatorische Effizienz* darüber bestimmen, in welchem Verhältnis der Input in einen Output verwandelt werden kann, bzw. wie hoch die anteiligen Kosten für die Erzeugung des Outputs sind. Maximale Effizienz hat einen Wert von 1 bzw. 100% und bedeutet, dass der gesamte Input in Output verwandelt wurde:

> „As open systems, organizations survive only as long as they are able to maintain *negentropy*, that is, import in all forms greater amounts of energy than they return to the environment as product. The reasons for this are obvious. The energic input into an organization is in part invested directly and objectified as organizational output. But some of the input is absorbed or consumed by the organization. In order to do the work of transformation, the organization itself must be created, energized, and maintained, and these requirements are reflected in an inevitable energetic loss between input and output. Electric motors and transformers are relatively efficient machines, but they extract an energetic price (recognizable as heat) in the process of changing electrical energy to mechanical, or alternating current to direct (...)

> For all open systems, it is appropriate to question the amount of this cost. How much of the energic input from the outside into the system emerges as product, and how much is absorbed by the system? In other words, what is the net energic cost of the transformation? The ideal answer to this question would be provided by a system which exported as intended output 100 percent of the energy that it received. For such a system the efficiency ratio of input/output would be 1.00 or 100 percent." (Katz & Kahn 1978: 226f; kursiv im Original).

> „The efficiency ratio tells us how well the organization utilizes the energy at its disposal, how much energetic investment in all forms (labor, supplies, power, and the like) is required for each unit of output. This concept of efficiency, in turn, can be resolved into two distict components: the political efficiency of the system design, and the extend to which that potential is realized in practice." (Katz & Kahn 1978: 232).

Eine Organisation, bzw. deren Verarbeitungsstruktur kann demzufolge mehr oder weniger effizient gestaltet sein, und eine bestehende Struktur kann unterschiedlich gut genutzt werden. Eine hohe Effizient hat zur Folge, dass Überschüsse erwirtschaftet werden können, die dann anderweitig verfügbar sind und dass relative Wettbewerbsvorteile die eigene Position im Vergleich zu Mitbewerbern stärken. Beides dient letzten Endes dem langfristigen Überleben bzw. der Autonomie der Organisation.

Mit der *organisationalen Effektivität* wird hingegen der zu maximierende Gesamtertrag der Organisation mit gegebenen Mitteln bezeichnet. Dieser wird zwar auch durch die Effizienz bestimmt, unterliegt jedoch zusätzlichen Einflüssen. Auf diese kann die Organisation durch politische Mittel (Lobbyismus, Diversifizierung, Monopole etc.) Einfluss nehmen.

> „Organizational effectiveness is a more inclusive and elusive concept. At an organizational level it can be defined as maximization of return to the organization by all means for some specific period of time. If the period is long, the tendency toward maximization must be constrained to insure continuing inputs, absorption of outputs, and acceptance by the larger society. At the societal level, the effectiveness of a particular organization is given by the costs and benefits associated with continuing functions.

> At the individual level, organizational effectiveness is discussed in terms of three generic requirements – joining and remaining in the organization, performing dependably the assigned activities, and engaging in occasional innovative and cooperative behavior in the service organizational objectives." (Katz & Kahn 1978: 759f).

4.8   Zum Erhalt der organisatorischen Leistungsfähigkeit

Organisationen sind naturgemäß bestrebt, möglichst effizient bzw. effektiv zu arbeiten. Aus sozialpsychologischer Sicht kommt dabei der möglichst optimalen Ausübung organisatorischer Rollen eine zentrale Stellung zu. Mit anderen Worten: Wie kann sichergestellt werden, dass die organisatorischen Rollen möglichst effektiv ausgefüllt werden, um eine möglichst hohe organisatorische Effizienz zu bewerkstelligen?

> „We defined the organization as an open social system, distinguished from other open systems in that it is a structure of events or human acts rather than of physical components. An array of such acts intended for performance by an individual we defined as a role, and the organization is therefore a system of roles.

> It follows that a continuing requirement for all human organizations is the motivation of role behavior, that is, the attraction and retention of individual members and the motivation of this members to perform the organizationally required acts (...) To state that requirement in other terms, every organization faces the task to somehow reducing the variability, instability, and inpredictability of individual human acts." (Katz & Kahn 1978: 296).

Zur Sicherstellung der organisationalen Leistungsfähigkeit sind unter Bezug auf die darin enthaltenen Rollen folgende *Bedingungen* bzw. Maßnahmen erforderlich:

▪ Eine genügende Anzahl qualifizierten Personals zur Erledigung der wesentlichen Aufgaben. Falsche Personalauswahl, hohe Fluktuation oder hohe Abwesenheitsraten sind dabei zu vermeiden.

▪ Die Organisationsmitglieder sollen die zugewiesenen Rollen ausfüllen und zumindest minimalen quantitativen und qualitativen Leistungsnormen entsprechen.

▪ Jenseits der Rollenerwartung sollen Organisationsmitglieder wenn nötig auch Verhaltensweisen zeigen, die zur Aufrechterhaltung des Organisationsablaufs notwendig sind. Hierzu zählen kooperatives Verhalten unter Kollegen, Aktivitäten die das System oder Subsystem aufrechterhalten, kreative Vorschläge für organisationale Verbesserungen, selbständige Weiterbildung für die Übernahme zusätzlicher Verantwortungen und Mitwirkung bei der Gestaltung eines günstigen externen Bildes der Organisation (PR).

Diesen Anforderungen stehen auf Personenebene drei unterschiedliche *motivationale Voraussetzungen* gegenüber, über die indirekt rollengerechtes Verhalten bewirkt werden kann:

1. Eine Möglichkeit, rollenkonformes Verhalten zu bewerkstelligen, besteht in der *Durchsetzung von Regeln.* Dies erfolgt in modernen bürokratischen Strukturen durch ein rational-legales, allgemein akzeptiertes Regelwerk des Weberschen Typs, z. B. durch arbeits- oder vertragsrechtliche Gesetze oder Vereinbarungen. Die handlungsregulierenden Grundlagen liegen dabei in der Akzeptanz von Gesetzen, legaler Normen und sozialer Werte. „Erzwungenes" Rollenverhalten ist dann möglich, wenn der Fordernde als legitime Autorität akzeptiert wird; dann kann es allerdings auch, wie das Milgram-Experiment zeigte, eine bemerkenswerte handlungssteuernde Wirkung ausüben. Allerdings sind die Kosten einer autoritativen Durchsetzung von Regeln zu beachten. Kreatives Potential der einzelnen Organisationsmitglieder geht dabei häufig verloren, und die Erledigung von Tätigkeiten bewegt sich oft am Leistungsminimum.

2. Durch *externe Belohnungen oder Anreize* kann ebenfalls rollenkonformes Verhalten erreicht werden. Hierzu lassen sich z. B. Entlohnung, Beförderung, gute Arbeitsbedingungen oder Wertschätzung durch den Vorgesetzten zählen. Dabei ist zu beachten, dass die Belohnung vom Betroffenen wirklich als wünschenswert gesehen wird, dass das belohnte Verhalten instru-

mentell zur Erreichung organisatorischer Ziele ist, und dass die Belohnung in angemessenem Verhältnis zum eingesetzten Aufwand steht.

3. Wenn Mitglieder einer Organisation deren Ziele als Bestandteil des eigenen Wertsystems *internalisiert* haben, ist ebenfalls rollenkonformes Verhalten zu erwarten. Allerdings ist dieser Motivationstypus am schwierigsten zu realisieren. Da individuelle Zielsetzungen höchst unterschiedlich sein können, der organisatorische Ablauf allerdings ein hohes Maß an Verhaltensstandardisierung erfordert, können organisatorische Zielsetzungen mit individuellen Bedürfnissen und Werten kaum vollständig in Einklang gebracht werden. Eine effektive Organisation ist umgekehrt nur dann zu erwarten, wenn Organisationsziele mit persönlichen Zielen in Deckung gebracht werden, Möglichkeiten der Selbstverwirklichung und Selbstbestimmung innerhalb der Rolle vorhanden sind und befriedigende soziale Kontakte in der Arbeitsgruppe vorliegen.

Organisationen sind nicht nur in materieller, sondern auch in informationeller Hinsicht offene Systeme. Der *Durchfluss und die interne Verarbeitung von Informationen* wird durch vier mikrotheoretisch recht elaborierte Prozesse beschrieben:

Kommunikation

Die in der Regel große Zahl von Beschäftigten macht schnell deutlich, dass es bei dem Thema „Kommunikation" nicht darum gehen kann, dass jeder mit jedem möglichst viel kommuniziert; die Informationskanäle und -kapazitäten wären dann hoffnungslos überlastet. Organisationen lassen sich eher als begrenzte Kommunikationsnetzwerke verstehen, wobei die Frage der angemessenen Begrenzung (nicht der Informationsmenge) – entscheidend für die Effektivität ist.

„The importance of information processes to organizational functioning does not imply, however, a simple relationship between amount of communication and organizational effectiveness. The advocacy of communication as a desideratum of organization needs to be qualified with respect to the nature of the communication process between individuals, groups, and subsystems of organization. Indeed, social systems can be defined as *restricted* communication networks; unrestricted communication implies noise and inefficiency." (Katz & Kahn 1978: 471; kursiv im Original).

Benötigte Informationen müssen einerseits rechtzeitig an relevante Empfänger mitgeteilt werden, um koordiniertes Verhalten zu bewerkstelligen; gleichzeitig darf es jedoch nicht zu einer Überlastung kommen.

Führung

Während soziale Einflussprozesse bei der Kommunikation eher unsystematisch betrachtet und mehr informellen Prozessen zugerechnet werden, stellt Führung die zentrale Kategorie der sozialen Einflussnahme in Organisationen dar. Führungsprozesse sind notwendig, da keine formale Rollendefinition vollständig sein kann, da sich Umweltbedingungen aber auch interne Bedingungen laufend ändern und da Menschen eigene Eigenarten und Motive besitzen und deshalb das von der Rolle vorgeschriebene Verhalten nicht immer optimal umsetzen. Führungsprozesse sorgen in solchen Situationen für eine Nachkorrektur des Rollenverhaltens.

Politische Entscheidungsfindung

Unter politischen Entscheidungen sind hier solche zu verstehen, die strukturelle Implikationen für die Organisation besitzen, d. h., in irgendeiner Weise in das organisatorische Handeln eingreifen bzw. eine Rollenneu- oder Umformulierung vornehmen. Die beiden zentralen Kategorien sind dabei erstens das Festlegen von Organisationszielen und zweitens die Bestimmung von Mitteln und Strategien, um diese Ziele zu erreichen. Getroffene Entscheidungen werden durch Kommunikations- und Führungsprozesse in der Organisation weitergereicht.

Konflikt

Als „Konflikt" lassen sich alle direkten Interaktionen zwischen zwei oder mehreren Parteien (Personen, Organisationen etc.) definieren, bei denen das Ergebnis einer oder mehrerer Parteien gegen den Widerstand der anderen Partei oder Parteien durchgesetzt werden soll. Konflikte können dabei durchaus auch als dysfunktionale Resultate der arbeitsteiligen, hierarchischen Organisationsstruktur entstehen:

> „Indeed, the internal structure or organizations can be seen as a complex set of arrangements, many of which have conflict as an unintended outcome and some of

which have the prevention or management of conflict as their primary purpose. To some extend the division of labor itself creates subsystems with distinctive interests and aims, and yet with the unavoidable need to reconcile and coordinate in order to create a common output. The situation includes conflict of interest and competition for scarce resources by definition; conflict itself begins as soon as the representatives of one subsystem act to prevent or handicap the efforts of another, or speak to disparage its claims.

Still more productive of conflict, of course, is the vertical or hierarchical dimension of organizational life, although this is also the major means for prevention and adjudication of conflict in conventional bureaucratic organizations. The organizational hierarchy is essentially a gradient of power and authority, concerned with the allocation of resources, the setting of performance commitments, the assignment of activities to roles, and the prevention or adjudication of differences. The scale of these concerns increases as one ascends the hierarchy, and the immediacy of surveillance and decision making decreases. These activities are in some respect conflict-preventing and conflict-limiting, and are so intended. On the other hand, leaders of organizations often encourage competition among individuals and subunits in order to energize them and improve their performance. Such competition readily escalates to conflict and many managements are continually engaged in reducing some of the resulting conflicts while unintentionally preparing for others." (Katz & Kahn 1978: 616f).

5   Weiterentwicklungen

Katz & Kahns Ansatz war zweifellos insofern originell, als er bereits zu einem relativ frühen Zeitpunkt systemtheoretische Analogien zwischen biologischen und sozialen Prozessen herstellte. Allerdings wurde der Versuch, recht viele insbesondere psychologische Theorien zu integrieren, nicht gewürdigt. Vielmehr wurde kritisiert, dass die angeführten Konzepte nicht hinreichend theoretisch integriert wurden, und teilweise in Widerspruch zueinander stehen (z. B. Wienert, 1998). Der Ansatz wurde in der Psychologie nicht nennenswert fortgesetzt und in der Soziologie durch alternative Konzepte ersetzt. Hierzu zählt insbesondere der Ansatz Luhmanns.

Als Weiterentwicklung, bzw. neue Strömung der Theorie sozialer Systeme kann die Theorie komplexer Systeme bezeichnet werden. Als einer der bedeutendsten Vertreter dieser Richtung kann Stuart Kauffman genannt werden. Bei diesem Ansatz gilt ein komplexes System als ein System, dessen Eigenschaften sich nicht, bzw. nicht vollständig aus den Eigenschaften seiner Komponenten erklärt werden können. Komplexe Systeme bestehen demnach aus einer Vielzahl von Teilen, die miteinander verbunden sind und in Interaktion treten, aus Entitäten oder Agenten.

Arbeitsbox

- Was ist ein soziales System?
- Inwieweit sind biologische und inwieweit soziale Systeme offen?
- Was bedeutet Autopoiese?
- Wie grenzen sich soziale Systeme von anderen Systemen ab?
- Was ist unter Komplexitätsreduktion zu verstehen?
- Was unterscheidet die Elemente in einem biologischen oder physikalischen System von denen im sozialen System „Organisation"?
- Welche zusätzlichen Kontrollmechanismen sind für Organisationen gegenüber biologischen Systemen gebräuchlich?

Literaturverzeichnis

Abramowski, G. (1966): Das Geschichtsbild Max Webers. Stuttgart: Klett

Allport, F. H. (1962): A Structuronomic Conception of Behavior: Individual and Collective. I. Structural Theory and the Master Problem of Social Psychology. Journal of Abnormal and Social Psychology, 64, 3-30

Argyris, C. (1957: Personality and Organization: The Conflict between System and the Individual. New York, Evanston, London: Harper & Row

Argyris, C. (1964): Integrating the Individual and the Organization. New York: Wiley

Ashby, W. R. (1956): Einführung in die Kybernetik. Frankfurt/a.M.: Suhrkamp.

Babbage, C. (1835): On the Economy of Machinery and Manufactures. London: Charles Knight

Barnard, C. (1938): The Functions of the Executive. Cambridge: Harvard University Press

Barnard, C. (1948): Organizations and Management. Cambridge: Harvard University Press

Barnard, C. (1969): Organisation und Management. Stuttgart: Poeschel.

Barnard, C. (1970): Die Führung großer Organisationen. Essen: Girardet (Lizenzausgabe der 17. Auflage des amerikanischen Originals von 1938)

Bendix, R. (1960): Herrschaft und Industriearbeit. Untersuchungen über Liberalismus und Autokratie in der Geschichte der Industrialisierung. Frankfurt: Europa Verlag

Bertalanffy, L.v. (1968): General Systems Theory. Foundations, Development, Applications. New York: Braziller

Brennan, M. (1953): The Making of a Moron. New York: Sheed and Ward

Chinoy, E. (1957): Automobile Workers and the American Dream. Garden City: Doubleday

Couvé, R. (1955): Behörden - Behörden - Behörden. Frankfurt/a.M.: Verkehrswissenschaftliche Lehrmittelgesellschaft

Crozier, M. (1964): The Bureaucratic Phenomenon. London: Tavistock.

Cyert, R. M. & March, J. G. (1963): A Behavioral Theory of the Firm. Englewood Cliffs: Prentice-Hall

Cyert, R. M. & March, J. G. (1992): A Behavioral Theory of the Firm. Malden: Blackwell Publishers. (zweite überarbeitete Auflage)

Cyert, R. M. & March, J. G. (1995): Eine verhaltenswissenschaftliche Theorie der Unternehmung. Stuttgart: Schäffer-Pöschel

Dubin, R. (1956): Industrial Workers' World: A Study of the Central Life Interests of Industrial Workers. Social Problems, 1, 131-142

Emery, F. E. (1959): Characteristics of Socio-Technical Systems. Document No. 527. London: Tavistock Institute of Human Relations

Etzioni, A. (1961): A Comparative Analysis of Complex Organizations. New York: Free Press

Guest, R. H. (1954): Work Carriers and Aspirations of Automobile Workers. American Sociological Review, 19(2)

Guest, R. H., (1955): A Neglected Factor in Labor Turnover. Occupational Psychology, 29, 217-231

Griffin, C. E. (1949): Enterprise in a Free Society. Chicago: Irwin.

Habermas, J. (1981): Theorie des kommunikativen Handelns. Frankfurt/a.M.: Suhrkamp

Helferich, C. (1985): Geschichte der Philosophie. Stuttgart: Poeschel

Hellpach, W. (1922): Sozialpsychologische Analyse des betriebstechnischen Tatbestandes „Gruppenfabrikation". In W. Hellpach & R. Lang (Hrsg.): Gruppenfabrikation. Berlin: Springer

Jeserich, W. & Opgenoorth, W. P. (1977): Führungsstilanalyse. Köln: Hanstein.

Katz, D., Maccoby, N., Gurin, G. & Floor, L.G. (1951): Productivity, Supervision and Morale among Railroad Workers. Ann Arbor: Institute for Social Research

Katz, D. & Kahn, R. L. (1966): The Social Psychology of Organisations. New York: Wiley & Sons

Katz, D. & Kahn, R. L. (1978): The Social Psychology of Organisations. New York: Wiley & Sons (zweite überarbeitete Auflage)

Kieser, A. & Kubicek, H. (1978): Organisationstheorien, Band 1 und 2. Stuttgart: Kohlhammer

Kieser, A. (Hrsg.) (1995): Organisationstheorien. Stuttgart: Kohlhammer

Lasswell, H. D. (1935): World Politics and Personal Insecurity. New York: McGraw-Hill

Lewin, K. (1946): Action Research and Minority Problems. Journal of Social Issues, 2, 34-64

Likert, R. (1961): New Patterns of Management. New York, Toronto, London, St. Louis, San Francisco, Mexico, Sydney: McGraw-Hill

Likert, R. (1972): Neue Ansätze der Unternehmensführung. Bern, Stuttgart: Haupt Verlag

Likert, R. (1975): Die integrierte Führungs- und Organisationsstruktur. Frankfurt/a.M., New York: Campus

Luhmann, N. (1972): Funktionen und Folgen formaler Organisation. Berlin: Duncker und Humblot

Luhmann, N. (1984, Erstauflage 1981): Soziale Systeme. Frankfurt/a.M.: Suhrkamp

Luhmann, N. (1988): Die Wirtschaft der Gesellschaft. Frankfurt/a.M.: Suhrkamp

Luhmann, N. (2000): Organisation und Entscheidung. Westdeutscher Verlag: Wiesbaden

Mann, F. & Baumgartel, H. (1952): Absences. Survey Research Center, Human Relations Program, Series 1, Report 2, 10-16

March, J. G. & Simon, H. A. (1958): Organizations. New York: Wiley & Sons.

March, J. G. & Simon, H. A. (1976): Organisation und Individuum. Menschliches Verhalten in Organisationen. Wiesbaden: Gabler

March, J. G. & Olsen, J. P. (Hrsg.) (1979): Ambiguity and Choice in Organizations. Bergen: Universitetsforlaget

March, J. G. & Olsen, J. P. (1989): Rediscovering Institutions. The Organizational Basic of Politics. New York: Free Press

March, J. G. & Olsen, J. P. (2000): Democracy and Schooling: An Institutional Perspective. In L. M. McDonnell, P. M. Timpane & R. Benjamin (Hrsg.): Rediscovering the Democratic Purposes of Education. Lawrence: University Press of Kansas

March, J. G. (1995): A Primer on Decision Making. How decisions Happens. New York: Free Press

Mayo, E. (1949): Probleme industrieller Arbeitsbedingungen. Frankfurt/a.M.: Verlag der Frankfurter Hefte

McGregor, D. (1960): The Human side of Enterprise. New York, Toronto, London: McGraw-Hill

McGregor, D. (1971): Der Mensch im Unternehmen. Düsseldorf, Wien: Econ. (Erstauflage: 1970)

Mill, J. S. (1861): Considerations on Representative Government. Oxford: Basil Blackwell

Miller, G. W. & Rosen, N. (1957): Members Attitudes Toward the Shop Steward. Industrial and Labor Relations Review, 10(4), 516-531

Miller, J. G. (1955): Toward a General Theory for the Behavioral Sciences. American Journal of Psychiatry. 116, 695-704

Morris S. V. (1953): Motivation and Morale in Industry. New York: Norton

Münsterberg, H. (1914): Grundzüge der Psychotechnik. Leipzig: Barth

Neuberger, O. (1990): Führen und geführt werden. Stuttgart: Enke

Olsen, J. P. (2001): Garbage Cans, New Institutionalism and the Study of Politics. American Political Science Review, 95(1), 191-198

Parsons, T. (1951): The Social System. New York: Free Press

Pugh, D. S., Hickson, D. J., Hinings, C. R., MacDonald, K. M., Turner, C. & Lupton, T. (1963): A Conceptual Scheme for Organizational Analysis. Administrative Science Quarterly, 13, 65-105

Roethlisberger, F. J. & Dickson, W. J. (1939): Management and the Worker. Cambridge: Harvard University Press

Roethlisberger, F. J. (1941): Management and Morale. Cambridge: Harvard University Press

Roethlisberger, F. J. (1954). Betriebsführung und Arbeitsmoral. Köln, Opladen: Westdeutscher Verlag

Rogers, R. E. & McIntire, R. H. (1983): Organization and Management Theory. New York: Wiley & Sons

Rosenstock, E. (1922): Werkstattaussiedlung. Untersuchungen über den Lebensraum eines Industriearbeiters. Berlin: Springer

Schmoller,G. (1894): Ueber Behördenorganisation, Amtswesen und Beamtenthum im Allgemeinen und speciell in Deutschland und Preußen. In G. Schmoller & D. Krauske (Hrsg.): Acta Borussica, Band I, Berlin: Parey

Segerstedt, T. & Lundquist, A. (1956): Man in Industrialized Society. Stockholm: Studieförbundet Näringsliv och Samhälle

Seiffert, H. (1989): System, Systemtheorie. In H. Seiffert & G. Radnitzky (Hrsg.). Handlexikon zur Wissenschaftstheorie. München: Ehrenwirth

Simon, H. A. (1945): Administrative Behavior. A Study of Decision-making Processes in Administrative Organizations. New York: Macmillan

Simon, H. A. (1955): Recent Advances in Organization Theory. In Bailey, S. K. (Hrsg.): Research Frontiers in Politics and Government. Washington: Brookings

Simon, H. A. (1981): Entscheidungsverhalten in Organisationen. Eine Untersuchung von Entscheidungsprozessen in Management und Verwaltung. Landsberg am Lech: Verlag Moderne Industrie

Smith, A. (1908): Eine Untersuchung über Natur und Wesen des Volkswohlstandes. Jena: Fischer

Smith, G. J. W., Lund, A. (1954): Women Workers in Industry. Stockholm: Studieförbundet Näringsliv och Samhälle

Staehle, W. (1991): Management. München: Vahlen

Weber, M. (1988): Gesammelte Aufsätze zur Religionssoziologie (Band I bis III). Tübingen: Mohr (9. Auflage)

Weber, M. (1976): Wirtschaft und Gesellschaft. Grundriss der Verstehenden Soziologie. Tübingen: Mohr (5. Auflage)

Taylor, F. W. (1903): Shop Management. New York

Taylor, F. W. (1913): The Principles of Scientific Management. New York

Taylor, F. W. (1917): Die Betriebsleitung insbesondere der Werkstätten. Berlin: Springer. (Autorisierte deutsche Bearbeitung von A. Wallichs; 3. Auflage)

Taylor, F. W. (1977): Die Grundsätze wissenschaftlicher Betriebsführung. Weinheim, Basel: Beltz

Urwick, L. (1953): The Elements of Administration. New York: Harper

Walter-Busch, E. (1977): Arbeitszufriedenheit in der Wohlstandsgesellschaft. Bern: Haupt

Weick, K. (1969): The Social Psychology of Organizing. Reading: Addison-Wesley

Weick, K. (1979): The Social Psychology of Organizing. Reading: Addison-Wesley. (Zweite überarbeitete Auflage des Werks von 1969)

Weick, K. (1985): Der Prozeß des Organisierens. Frankfurt/a.M.: Suhrkamp

Weick, K. (1995): Sensemaking in Organizations. Thousand Oaks: Sage Publications

Weinert, A. B. (1998): Organisationspsychologie: Ein Lehrbuch. Weinheim: Beltz

Wyatt, S., Frost, L. & Stack, G. F. (1934): Incentives in Repetitive Work: A Practical Experiment in a Factory. Great Britain Industrial Health Research Board, Report No. 69

Abbildungsverzeichnis

Neu im Programm Politikwissenschaft

MIX
Papier aus verantwortungsvollen Quellen
Paper from responsible sources
FSC® C105338

If you have any concerns about our products,
you can contact us on
ProductSafety@springernature.com

In case Publisher is established outside the EU,
the EU authorized representative is:
Springer Nature Customer Service Center GmbH
Europaplatz 3, 69115 Heidelberg, Germany

Printed by Libri Plureos GmbH
in Hamburg, Germany